마을평생교육지도자론

김 남 선 저

대구대학교출판부

[저자 약력]

김남선

서울대학교 농촌사회교육학과졸업
서울대학교 대학원 교육학석사(농촌평생교육전공)
서울대학교 대학원 교육학박사(농촌평생교육전공)
대구대학교 지역사회개발복지학과 교수
대구대학교 평생교육원장(현)
한국평생교육학회장 역임
한국평생교육총연합회 회장(현)
저서로는, [평생교육론]등 다수

발행일 | 2012년 4월 20일
지은이 | 김남선
펴낸이 | 홍덕률
펴낸곳 | 대구대학교출판부
경북 경산시 진량읍 대구대로 201
전화 053) 850-5661~3 | 팩스 053) 850-5669
http://press.daegu.ac.kr/
찍은곳 | 남경기획
ISBN 978-89-7794-571-5-93330
정가 | 13,000원

책을 내면서

평생교육을 공부하면서 늘 혼돈 스러운 것이 평생교육범위가 너무 광범위하기에 그것을 어떻게 영역별로 잘 분리하여 평생교육의 내용을 체계적으로 정리할 수 없을 가에 대한 고민이었다.

그러한 고민은 지금도 계속되지만 평생교육을 계속 연구해 나감으로써 학문적 영역과 제도적 영역이 상호보완되어야 한다는 생각을 가지게 되었다. 즉 학문적 영역으로서의 평생교육 영역은 교양/취미교육, 직업/기술교육,자격증취득 및 학력보완교육 등으로 매우 포괄적 영역을 제시하고 있으며, 우리나라 평생교육법 제2조의 평생교육영역에서는 학력보완교육, 성인기초문해교육, 직업/기술교육, 문화예술교육, 인문교양교육 및 시민참여교육 등 학문적 영역보다 좀더 세분하여 제시하고 있다.

그러한 영역을 보면 기능적 의미에서 분류하고 있으며 실천적 의미를 강조하고 있는 평생교육현장과는 거리가 있다고 여겨진다.

특히 우리나라 평생교육의 문제점은 고학력,고소득층이면서 시간적 여유가 있는 상류계층이 공공기관에서 제공하고 있는 각종 평생교육프로그램혜택을 상대적으로 많이 받고 있다는 사실이다. 그것은 결국 사회의 양극화를 평생교육이 더 확대시켜 나가는 꼴이되고 있다.

따라서 현장을 중심으로 한 평생교육에 대한 좀더 체계적인 분석과 프로그램제공 여건을 과학적으로 평가하여 모든 국민이 평생교육혜택을 골고루 받을 수 있게 해야 한다는 평생교육법 이념의 취지를 살려야 할 것이다.

본 [마을평생교육지도자론]은 그러한 현장의 문제점을 개선하기 위하여 평생교육혜택 특히 공공기관에서 제공하고 있는 각종 평생교육프로그램에 모든 주민이 참여 할 수 있는 기회를 제공 할 수 있도록 중심지에 있는 시설중심의 평생교육에서 학습소외계층도 쉽게 참여할 수 있는 거주지 중심(예,마을)의 평생교육을 이끌어 나갈 수 있는 지도자를 양성해야한다는 취지에서 그에 필요한 이론과 기법을 소개하는 전문서적이다.

본 저서는 마을평생교육의 의의, 마을평생교육지도자의 이해, 마을평생교육 지도자의 역할 그리고 외국의 마을평생교육사례 등을 제시함으로써 우리나라 평생교육이 주민중심 즉 밑으로 부터의 평생교육[Bottom-Up]을 실천할 수 있는 교재로 활용될 수 있을 것이다.

본 교재의 교정을 위해 수고해 준 안현숙 선생, 이미정 선생에게 그동안의 수고에 대해 진심으로 고맙게 생각한다.

2012. 4.

평생학습대학 학장실에서 저자 김남선

차 례

제3장 마을평생교육지도자의 역할

제 1 장

마을평생교육의 의의

1장에서는 마을평생교육의 의의에 대한 내용으로 마을평생의 개념, 마을평생교육의 이해, 마을개발유형에 대해 살펴본다.

먼저, 마을평생교육의 전반적인 부분을 이해하기 위해 마을평생교육의 개념, 이념, 목적에 대해 살펴본 후, 마을평생교육의 이해에서 마을의 일반적 의미, 마을의 이해, 마을평생교육의 중요성, 마을평생교육관련제도와 정책에 대해 알아본다. 다음으로는 대상지역별 유형과 추진방법별 유형에 대해 살펴봄으로써 마을개발유형을 이해한다.

Ⅰ. 마을평생교육의 개념

1. 마을평생교육의 개념

마을평생교육은 이미 오래 전부터 알게 모르게 우리 인간생활에 적용되어 왔다. 그 이유는 모든 사람은 마을에 소속되어 있기 때문이다. 이러한 과정에 대하여 깊이 있는 연구와 관심이 부족했던 관계로 그것에 대한 의미를 부여하지 못한 것도 사실이다. 그러므로 마을평생교육은 그때 그때의 주변상황에 따라서 융통성 있게 다양한 이름으로 적용되어 왔다. 예를들면, 서당교육, 향교교육, 품앗이 및 두레활동을 위한 각종 마을주민교육 등이 있다. 그러나, 그러한 마을평생교육은 지금까지 체계적으로 연구되거나 객관적인 용어로써 쓰여지지 못하고 있다.

그러므로 지금까지 체계적으로 전개되지 못하였던 마을평생교육은 1980년대 초반부터 제도 및 법적 체계화를 통하여 이제 마을평생교육도 마을평생교육관점에서 그 개념을 보다 명확히 할 필요가 있다.

이러한 의미에서 마을평생교육은 보다 체계 있게 논의되어야 하는 단계이기 때문에, 마을평생교육에 대한 분명한 개념정의와 그 영역은 다른 관련용어와 구분되어져야 할 것이다.

마을평생교육은 그 대상 또는 주체에 따라서 약간씩 다르게 언급할 수도 있지만 “마을평생교육이란 인간생활의 사회적 기본단위인 마을(예, 도시;아파트, 농촌;자연부락 등)에서 전개되는 학교정규교육을 제외한 일체의 체계적인 교육활동을 의미한다”고 할 수 있다.

이것은 마을평생교육법에 의해서도 유추할 수 있는 개념이기도 하다. 즉 우리나라 마을평생교육법 제2조 1항에는 “마을평생교육”이란 학교의 정규교육과정을 제외한 학력보완교육, 성인기초·문자해득교육, 직업능력 향상교육, 인문교양교육, 문화예술교육, 시민참여교육 등을 포함하는 모든 형태의 조직적인 교육활동을 말한다라고 명시되어 있다.

2. 마을평생교육의 이념

마을평생교육이 교육조직의 원리로서 모든 교육관계자들 또는 사회개혁가들에 의해 관심을 받게 된 것은 최근의 일이다.

마을평생교육은 1972년 일본 동경에서 개최됐던 제3차 성인교육세계회의(The 3rd World Adult Education Conference)가 그 모태라 할 수 있다. 이 회의에서 채택된 권고결의문은 모든 나라가 교육정책에서 마을평생교육의 원리를 우선적으로 고려의 대상으로 삼도록 권고함으로써 마을평생교육의 용어에 법적인 권위를 부여하게 했던 것이다. 그러나 그 개념에 내포된 핵심적인 사상이 부각되기 시작한 것은 벌써 19세기 중반 이후부터였다. 영국의 산업사회 정착과 때를 같이하여 대두하기 시작한 근로자들의 교육적 요구에 부응하기 위해 취해졌던 선구자들의 일련의 교육적 실험이 오늘날의 마을평생교육의 모태가 되었다고 할 수 있다. 그 후, 제2차 세계대전 이후 황량한 정신상황 속에서 인권의 존엄성과 항구적인 세계평화를 희구하던 인류의 욕구가 마을평생교육을 더욱 가능하게 했던 것이다. 즉 모든 인류의 계속적인 배움과 학습을 통해 개인의 삶의 질을 높이고 나아가 사회와 세계의 평화를 이룩하게 할 수 있는 사회 메카니즘을 갈구하였던 것이다.

그러므로 마을평생교육은 인간의 삶의 본질과 직접 관련되며, 그러한 마을평생교육의 이념은 마을평생교육이 궁극적으로 추구하고자 하는 목적을 의미하는데 이것은 인간이 교육을 통하여 추구하고자 하는 마을평생교육의 목적과 더불어 설명되어야 할 것이다. 그래서 여기서는 일반적인 마을평생교육의 이념을 준거로 하여 그러한 이념을 달성하기 위한 마을평생교육의 목적을 제시하였다.

1) 민주적인 마을 구축의 이념

마을평생교육은 학교교육이 추구하여온 교육자 중심의 교육보다 피교육자 중심의 교육체계가 설정되기 때문에, 일정한 마을을 구성하고 있는 주민들의 욕구가 마을평생교육과정에 최대한으로 반영되게 한다.

학교교육에서처럼 마을평생교육에서도 인격의 완성 및 전인교육의 개념과 더불어 자기개발, 자아실현 등 개인의 성장을 최대한으로 돕는 것을 마을평생교육의 중요한 목표로 하고 있다. 또한 교육기회의 균등이라는 입장에서 볼 때 학교교육에 대한 연장 및 보완의 의미와 학교교육의 기회를 놓친 성인들에게 학교교육을 보상하는 의미로도 마을평생교육이 중요한 사회적 보완기능을 담당하고 있다.

더구나 마을의 민주주의의 이념은 마을평생교육이 개인적인 차원에서 개인의 욕구를 최대한 충족시키고 자율적인 자기 성장을 추구하기 위한 자기교육의 중요성을 뒷받침하고 있다.

이와 같은 입장은 개인이 사회에 공헌 할 수 있도록 계발되어야 한다는 것을 강조하는 입장과 함께 개인이 사회에 통합되어 자신의 자아를 최대로 실현하게 되어 그 마을의 집단생활에 긍정적인 기여를 할 수 있게 하여 그 마을 안정과 평화를 가져오게 하는데 중요한 수단이 되고 있다. 이것은 밑으로부터의 안정을 가져와 전체 사회의 안정 즉 국가의 안정을 가져오게 하기 때문에 마을의 민주사회 구축을 위해 마을평생교육은 매우 중요한 역할을 담당하고 있다.

2) 복지마을 만들기의 이념

인간은 그들이 살고 있는 사회발전에 대하여 많은 관심과 이에 필요한 제반 이론과 기술을 개발한다. 복지마을이란 마을 속에 살고 있는 사람들이 필요로 하는 욕구를 최대한 만족시킬 수 있으며 또한 계층간의 차이가 크게 나타나지 않은 마을이라고 설명해 볼 수 있다.

이와 같은 마을을 만들기 위해서는 여러 가지 측면에서의 이론과 기술개발이 요구되고 있는데 마을평생교육은 복지마을 만들기와 밀접한 관련을 맺고 있다고 할 수 있다. 왜냐하면 마을평생교육이 표방하고 있는 주요 목적이 사회에서 상대적으로 낙후된 지역 또는 계층에 대하여 이들의 삶의 질을 향상시키는데 필요로 하는 교양, 기술 및 정보를 제공하는데 있기 때문이다.

복지사회의 이념을 직접적으로 마을평생교육에 실현시키기 위한 최초의 시도는 영국의 오웬(Robert owen)에 의하여 이루어 졌다.

오웬은 영국 산업혁명 완성기의 공상적 사회주의자로 불릴 만큼 복지사회 건설의 꿈을 실현시키고자 노력한 인물로서 그의 이른바 성격 형성의 원리, 즉 인간의 온갖 어리석은 행동과 범죄 등은 개인의 잘못이라기보다는 환경의 소치이므로 이러한 환경을 개선하면 인간상호간의 증오감이나 적대적 대립은 소멸되고 모든 사람이 화합하는 가운데 풍요한 삶을 누릴 수 있는 이상사회가 출현한다고 믿었다.

이와 같이 풍요한 사회건설에 관련된 중요한 변수가 환경변인이라고 설명하고 환경을 인간이 바라는 방향으로 변화시키기 위해서는 인간간의 성숙된 인간관계로 발전시켜 나가야 할 것이다. 여기서의 환경은 주로 인간관계를 의미하는 인적 환경을 의미하기 때문에 인적 환경의 가장 핵심적 요소가 가정, 학교 또는 일반 사회이다. 따라서 마을평생교육이 추구하는 중요목적이 가정교육 또는 학교 외에서 일어나는 마을을 포함한 사회에서의 체계적인 교육활동이므로 이러한 교육목적을 성공적으로 달성하게 되면 복지마을 건설에 필요한 인간환경을 만들어 나갈 수 있게 될 것이다. 특히 마을평생교육이 다루고 있는 교육내용은 마을평생교육의 대상 및 시기에 따라 다양하게 접근 될 수 있지만 대체로 과학, 예술, 종교, 윤리 도덕, 직업, 오락 등 사회생활 전반에 걸친 문제가 포함되기 때문에 인간관계에 필요한 내용을 풍부히 습득할 수 있는 기회로 제공될 수 있다.

또한 마을평생교육 내용이 직업기술, 가정생활, 일반교양, 마을주민으로서의 정치의식 및 스포츠, 오락의 영역에 토대를 두고 있고 인간환경 개선에 필요한 가정환경 및 마을환경 개선에 가장 중심을 두고 있기 때문에, 마을평생교육은 바람직한 마을 만들기의 핵심적 방법의 하나라고 설명할 수 있다.

따라서 마을평생교육 이념으로서의 복지마을만들기 이념은 부분적으로 잘사는데 만족해서는 안되며 전체적, 균형적 및 전인적으로 잘 살 수 있다는 관점에서 삶을 인간화하는 인간교육의 이념으로, 자유로운 학습을 통한 정신적 풍요의 성취로 개인적, 마을공동체적 차원에서 인간 삶의 질을 나선형으로 향상시키는 마을평생교육 이념으로 표현되고 있다.

3) 태어나서 죽을 때 까지의 배움

마을평생교육은 학교교육 또는 이미 학교교육을 떠났거나 아직 학교교육을 받을 연령이 되지 못한 아동들에게 적용되기 때문에, 평생동안 교육받을 기회를 제공함으로서 인간의 삶을 교육과정으로도 설명할 수 있게 하였다.

즉 삶이란 생명, 생활 등 다양한 의미를 내포하는 말이며, 특히 마을평생교육과의 관련 속에서의 삶이란 생물학적 생명체에만 국한된 개념이 아니라 개인, 사회, 자연환경의 모든 요소가 상호작용을 이루면서 삶의 의미와 목적 가치 등을 실현하여 나아가는 삶을 의미한다.

따라서 마을평생교육과 관련한 삶의 의미는 개개인이 가진 천부의 권리로서 인격의 존엄과 가치가 존중되고 이들이 가진 창의성과 자발성, 자유정신의 구현을 바탕으로 하는 인간의 삶의 향상발전을 의미하는 것으로서 결국 교육은 이러한 삶의 질의 개선에 궁극적인 목적을 두어야 함을 강조한다.

특히 평생에 걸친 학습 내지 교육의 이념은 평생이란 것이 단순히 시간적 계속을 뜻하는 것만이 아니라, 인생의 여러 시점에서의 성장과 발전이 일반적이고 독자적인 역할과의 관련 속에서 단계별로 색다른 국면에 직면하게 되고 그에 따라서 적절한 학습이 끊임없이 이루어져야 함을 함축하고 있다.

따라서 마을평생교육의 이념은 마을주민 개개인들이 그들의 삶의 질의 향상을 위하고 전인적인 성장발전 및 환경과의 조화 속에서 사회적인 변화발전에 기여하는 삶을 영위할 수 있도록 평생에 걸쳐서 그 단계 및 수준에 따라 요청되는 제반 지식과 기능, 태도, 가치관 및 새로운 역할을 습득할 수 있도록 기회, 장소, 프로그램, 교사, 교재 등을 갖추어 줄 수 있어야 함을 의미한다.

4) 마을의 학습사회 실현 이념

마을평생교육은 평생에 걸쳐 이루어지는 특성을 지니고 있기 때문에, 사람이 살고 있는 모든 사회에 마을평생교육이 전개됨으로써 사회를 학습의 장으로 이끌게 된다.

마을평생교육 내용은 과학, 예술, 종교, 윤리도덕, 직업, 오락 등 사회생활 전반에 걸친 문제가 포함되어 있음을 볼 때, 사회의 학습화가 마을평생교육을 통하여 이루어짐을 쉽게 짐작할 수 있다. 또한 평생에 걸친 배움이란 결국 생존을 위한 학습의 개념으로 보다 명확해 지는데, 이를 위해서는 인간의 삶의 모든 장이 교육의 장이며, 교육은 모든 삶의 조건과 상황 속에서 끊임없이 이루어져야 한다.

이러한 관점에서 사회는 그 자체가 학습의 장이라고 볼 수 있고, 따라서 학교교육뿐만 아니라 마을평생교육이 제구실을 다하기 위해서는 모든 사회가 교육의 장의 기능을 할 수 있는 소위 학습사회(Learning society)의 건설이 요망된다.

학습사회에서는 모두가 배우고 가르치는 입장에 서게 되며, 이것은 곧 인간간의 상호관계를 바람직하게 발전시키게 되어 나아가 마을과 사회의 안정과 발전에 기여하게 될 것이다.

5) 마을공동체의 이념

마을평생교육이 추구하고 있는 민주주의, 복지사회, 학습사회 건설은 곧 그 마을을 이루고 있는 모든 사람이 보다 인간답게 살 수 있는 마을을 만드는 데 일익을 담당하게 될 것이다. 특히 산업사회에서는 인간중심 문화 해체를 가져와 물질이 지배할 정도의 물질중심주의 시대를 가져오게 하여 인간이 인간다운 생활을 영위하는데 매우 장애가 되고 있다.

그러나 마을평생교육은 이러한 흩어져 가는 개인주의를 인본주의로 강화하는 인간다운 삶에 중심을 두고 있기 때문에, 인간공동체 형성에 크게 기여하고 있다. 인간공동체는 인간이 인간다운 삶을 영위할 수 있는 가장 바람직한 인간사회로써 마을평생교육이 주장하고 있는 모두가 가르치고 모두가 배우는 인간의존관계를 의미한다. 상호의존관계가 잘 형성된 사회는 곧 인간이 인간을 존중하며 자신의 이해관계보다 상대방의 이해관계를 보다 신중하게 여기어 산업사회에서 이루어지는 물적 중심의 사고를 인간중심의 사고로 형성하게 한다.

따라서 마을평생교육은 진실로 인간이 인간다움을 영위할 수 있는 공동체 마을 만들기의 중요한 이념을 지니고 있다고 볼 수 있다. 그 구체적인 내용을 보면 마을평생교육은 인간행동의 본질이 되는 의지(Will)를 다른 사람을 수단으로 대하는 계산된 의지, 즉 합리적 의지(Rational will)를 다른 사람을 목적으로 대하는 본질적 의지(Natural will)로 변하게 함으로써 상호 존중하는 진정한 공동체를 형성하게 된다.

3. 마을평생교육의 목적

현대사회는 기존의 교육체계를 마을평생교육체제로 변하게 하는 도전을 받고 있다. 여기에는 여러 가지 이유가 있으며 그것이 곧 마을평생교육을 지향하게 하는 목적을 제시하게 한다.

마을평생교육의 목적을 한마디로 표현하기란 매우 어렵다. 왜냐하면 마을평생교육의 철학적 기초를 밝히기 위해서는 먼저 그 개념의 구성요소인 마을, 교육 등에 대한 공통적 인식기반이 마련되어야 할 뿐만 아니라, 인류의 역사만큼이나 오랜 과거를 가진 마을평생교육활동이 세계적으로 많은 공통성을 가졌음에도 불구하고 나라마다의 특수한 배경과 시대의 변천에 따른 강조점이나 뉘앙스가 각기 서로 다를 수 있기 때문이다.

교육적 개념이 복잡하지만 학문적으로 보면 마을평생교육이란 R. H. Dave의 지적처럼 형식적 유형의 교육과 비형식 유형의 교육 두 가지를 모두 포섭하고 동시에 계획적인 학습(Planned learning)과 우발적인 학습(Incidental learning) 쌍방을 모두 포섭한 개념이자 인생의 모든 단계에서 행해지는 여러 형태의 학습의 수평적, 심층적 측면을 통합한 개념이다. 또한 마을평생교육은 모든 종류 모든 영역 모든 형태의 교육활동을 통합한 조직원리(Organixing principle)이자 이러한 교육활동을 실제적인 마을 차원에서 연계한 전체적인 체계라고 볼 수 있다.

따라서 마을평생교육의 기본목적은 마을평생교육의 이념적 기초를 바탕으로 그 실용성에서 찾아볼 수 있다. 이러한 차원에서 마을평생교육의 목적을 몇 가지 제시하면 다음과 같다.

1) 급속한 과학기술의 변화 대처

어느 사회를 막론하고 변화는 계속되어 왔지만 변화의 속도와 그 폭이 현대만큼 빠르고 광대한 예는 없다고 해도 과언이 아니다. 그 중에서도 과학기술의 발달은 현대 사회변화의 핵심적인 요인이라 하겠다. 또한 과학기술의 발달은 동시에 다른 분야의 연쇄적인 변화의 주된 원인이 되기도 한다. 미래학자 허만칸(H.Kahn,1970)은 미래사의 변화의 특징으로 우선 과학기술의 발달이 더욱 촉진될 것으로 전망하고 있다. 최근의 컴퓨터를 통한 사이버 기술 발달을 보면서 과학기술의 발달을 예측해 볼 수 있다.

과학기술의 발달은 생물과 화학기술의 발달, 정밀한 측정기술의 발달, 기계에 의한 의학진단 및 기술의 발달, 통신기술의 발달, 교통운반 수단의 발달 등 광범위한 영역을 포함하는 것이다. 이러한 과학기술의 발달은 생산의 증가, 산업구조의 변화, 작업구조의 변화, 가공할 무기의 생산으로 인한 파괴력 증대 등의 결과를 초래하고 반면에 인간 수명의 연장, 여가의 증대, 시간과 공간의 획기적 단축 등 인간생활의 광범한 분야에 걸쳐서 막대한 영향을 미치게 되었다.

이러한 과학기술의 발달은 기존의 생산수단과 기술에 익숙해 있는 모든 사람들에게 새로운 학습을 강요하고 있다. 또 산업구조의 변화에 따른 새로운 시설 투자에 의한 작업현장의 확대와 그에 의한 인구이동이 증대하고 있다. 새로운 주거지로 이동한 주민들이 그 마을이나 새로운 작업에 적응해야 하고 그 마을의 일원으로 마을의 행사에 참여하고 시민으로서의 자질향상을 도모하기 위한 교육도 아울러 필요하게 되었다.

직업생활에 있어서도 한편으로는 새로운 업무가 등장하게 되었고 다른 한편으로는 지금까지 쓰여오던 기술 및 정보가 쓸모없게 되었다. 이렇게 급변하게 등장하는 새로운 과학기술을 학교교육에서 수용하여 이를 보급하기에는 시간상 또는 교육의 체계상 매우 어려운 실정이다. 그러므로 급변하게 등장하는 과학기술에 관련된 내용을 각종 마을평생교육 프로그램에 도입하여 관련된 사람들에게 보급함으로써 마을평생교육이 추구하는 목적을 소기에 달성할 수 있을 것이다.

2) 마을사회·문화구조의 변화적응

현대사회는 여러 가지 원인에 의하여 급변하고 있다. 이러한 과정은 사회체계의 변화를 수반하게 되는데 여기에는 인간생활의 가치관 또는 행위 등이 포함되고 있다. 사회체계는 일반적으로 개인·집단·조직 및 마을로 구성되어 전체사회로 연계되는데, 이러한 각 변인간의 관계가 형성되는 과정에는 문화적 요인이 크게 작용하고 있다. 따라서 사회체계를 구성하고 있는 변인의 변화과정을 설명하게 되면, 전체 사회 및 문화의 변화를 예측해 볼 수 있게 되기 때문에 여기서는 각 변인별로 설명하였다.

(1) 개인의 가치관 변화

개인의 가치관은 현대사회의 변화와 더불어 변하고 있다. 즉 지금까지의 가족중심적 또는 공동체의식의 가치관에서 개인 중심의 가치관으로 급속히 변해왔으며 또한 변하고 있다.

이것은 곧 전체 사회문화의 공통화가 다양성으로 변하게 만들고 있으며, 여기에는 집단적 사고보다 개별적 사고를 중요시하는 개인주의가 팽창되고 있다. 또한 개인의 장래문제는 개인이 책임지는 책임주의로 팽배되어 각 개인으로 하여금 사회에 잘 적응할 수 있는 능력을 갖추도록 요구하고 있다.

따라서 개인은 스스로 그의 욕구충족을 위하여 필요한 교육과정에 참여하게 되고 또한 그러한 교육기회를 얻고자 노력하고 있다.

(2) 집단역할의 변화

개인의 가치관 변화에 따라서 개인으로 구성되는 집단의 역할도 변하게 되었다. 즉, 지금까지 일차적 집단과 이차적 집단(이익 집단)으로 분류되어 오던 집단의 개념이 이차적 집단으로 공통화 되는 현상을 초래하게 되어 그 집단의 역할도 변하게 되었다. 과거의 일차적 집단은 주로 그 집단 구성원들간의 대면관계를 통한 상부상조와 정신적 결합을 통해 집단구성원의 만족감을 충족시켜 왔으나, 현대사회에서는 이해관계에 따라 대면관계가 없이도 사이버공간을 통해 개인과 집단의 만족을 가져오게 되었다.

그러므로 전통적 의미의 집단관계에서 이해관계에 따라 집단이 형성된다. 또래 집단이라 하여도 그 구성원들의 사회적 지위가 어떤 사람들로 구성되어 있느냐에 따라 다른 구성원들의 소속감에 영향을 주게 되었다. 예를 들면 구성원들 중 사회적으로 인정되는 정치가, 경제인 또는 지식인들이 소속되어 있으면 그 집단은 활성화되고 그렇지 못하면 그 집단은 지속적으로 집단으로서 유지되기 어렵게 되는 경우가 많음을 볼 수 있다.

따라서 지금까지의 정적관계를 요구하던 집단역할이 동적 관계로 변하고 있다고 볼 수 있다.

(3) 조직의 변화

과거에는 사회를 구성하고 있는 조직이라 해도 그 구성과 역할이 매우 단조롭거나 그 규모가 작았다. 그러나 현대 사회에서의 조직은 매우 복잡 다양하고 그 규모가 매우 거대해 져서 거대한 관료성을 띠게 되었다. 이것은 곧 조직에 대한 익명성을 보장하게 되어 사회적 역할 관계에서도 조직간의 유기적 관계보다 조직의 이해관계에서 조직활동이 전개되게 되었다.

뿐만 아니라, 한 조직과 다른 조직과의 관계는 기능적 관계에서 갈등적 관계로 등장하게 되었기 때문에 갈등적 관계에서 낙오되는 조직은 힘없이 해체되기에 이르렀다. 이러한 결과의 하나로 산업사회에서 나타나는 정·경 밀착을 그 예로 설명해 볼 수 있다. 이와 같이 사회의 중요한 조직간의 관계가 기능적 관계에서 갈등적이고 형식적 관계로 발전되어 나간다면 우리 사회의 바람직한 변화라고 볼 수 없기 때문에 이에 대한 완화도구가 요구되고 있다.

(4) 마을의 변화

마을은 크게 농촌마을과 도시마을로 분류하여 설명할 수 있는데, 우리나라의 마을구조의 변화는 혁명적이라 할 만큼 급변하였다. 즉 60년대 농촌인구는 65-70%였던 것이 이제는 거꾸로 되어 도시인구가 85%정도 되었고 농촌인구는 급속히 줄어들었다.

이와 같은 현상과 아울러 인구구성의 특성도 농촌인구는 질적 측면에서 생산활동을 적극적으로 전개하기 어려운 노령화 또는 부녀화 되었다. 따라서 농촌은 새로운 농사기술과 영농의 기계화를 요구하게 되었으며, 이를 위한 각종기술교육 및 정보제공이 요청되고 있다.

뿐만 아니라 지금까지 농촌에서 전개되어 오던 협동의식과 공동체의식은 거의 소멸되어 비인간화 현상이 농촌의 도처에서 발생되고 있는 현실을 볼 때 농촌구성원들에 대한 농촌현실을 합리적으로 진단하고 판단할 수 있는 능력배양이 요구된다. 이를 위해서 각종 마을평생교육이 농민을 대상으로 전개되고 있으나 그 내용이 주로 기술 또는 영농교육에 치중하고 있기 때문에, 농촌현실은 더 삭막하게 비인간화 현상을 초래하고 있으므로 이에 대한 보완책이 요구되고 있다.

한편 도시 사회는 더할 나위 없이 사회적 문제를 지니고 있다. 갑자기 증가된 인구흡입에 필요한 사회 간접 시설의 부족 및 올바른 가치관 형성을 제공하지 못한 탓으로 각종 청소년 비행, 노인문제, 노동자 문제 및 기타 도시문제 등으로 도시사회는 그야말로 아노미 현상을 초래하고 있는 실정이다. 이러한 문제점들은 모두 인간의 문제에 귀착되기 때문에 도시를 구성하고 있는 구성원들의 합리적인 자각과 기능적 의식을 발휘할 수 있는 사회적 장치를 제공해야 한다.

이와 같이 현대사회 특히 한국사회는 표현하기 어려울 정도로 급변해 왔기 때문에 많은 사람들이 그 적응을 위해 몸부림치고 있다. 이렇게 몸부림치는 사람들의 적응력을 향상시키는 것이 곧 마을평생교육이 지향해야 할 중요한 과제인 것이다.

3) 학교교육의 보완

마을평생교육은 학교교육에서 이루어 내지 못하는 제반교육 목표를 능동적으로 달성하는데 관심을 둔다. 즉 오늘날 마을평생교육에 부여되어진 중요한 과제는 정보화 사회(Information society) 또는 학습화 사회(Learning society)인 만큼 이에 능동적으로 대처할 수 있는 사람을 길러내는 것이다.

이와 같이 마을평생교육은 학교교육과 완전히 분리하여 설명하기보다 학교교육을 보완하는 데에도 상당한 비중을 두고 있다. 따라서 마을평생교육은 일반적으로 개인의 자아발전을 돕는 일, 각자의 지적·정서적·도덕적 인격을 구성하는 의식적, 무의식적 요소들에 대한 이해를 촉진하는 일, 인간 두뇌의 작동구조와 신체발달을 지배하는 제법칙에 관한 이해를 돕는 일, 인간이 가진 꿈과 희망의 실현 및 마을과의 연관 등에 대한 이해를 촉진하는 일 등이 중요한 관심사가 되고 있다.

4) 함께 사는 능력의 제공

사람들로 하여금 남들과 어울려서 평화롭게 살아가며 다른 사람과 이웃과 세계를 사랑하며, 직장에서 훌륭하게 일을 해낼 수 있는 기법을 배우게 하는 일이 현대 마을평생교육이 지향하는 또 하나의 목표이다. 따라서 오늘날의 교육은 사람들이 각자 삶의 현장에서 평생동안 쉬지 않고 온갖 새로운 지식과 기능을 배워서 활용할 수 있도록 함으로서, 배우는 방법을 배우게 하고(How to learn), 다른 사람과 더불어 사는 방법을 배우게(How to live together)하는 것을 기본으로 삼아야 한다는 것을 말하고 있다.

이와 같이 마을평생교육을 교육의 중심이념으로 보았을 때, 마을평생교육은 마을평생교육의 이념 즉, 인간 삶의 질 개선과 인간의 학습권과 교육권의 실질적 보장을 실현하기 위해 동원될 수 있는 개념이며 실천적인 교육의 성격을 갖게 된다.

그러므로 마을평생교육은 가정교육, 학교교육과 상보적인 관계 혹은 교정 중심의 공생관계적 재사회화에 있게 되는 교육활동이 된다. 즉 가정이나 학교에서 미흡하게 배웠거나 잘못배운 학습내용을 교정, 확충, 보완해주는 교육활동이다.

따라서 마을평생교육활동이 다양하면 할수록 이 사회는 더욱더 학습사회로 바뀔 수 있을 것이다. 이렇게 마을평생교육이 추구하는 내용은 곧 마을평생교육의 이념을 현실화하는 실천과정에 관련된 내용으로 구성되어 있으며, 그 내용은 곧 마을평생교육이 추구하는 중요한 목표달성에 필요한 내용으로 구성되어 진다. 이와 같은 마을평생교육 내용이 구성될 수 있는 배경은 현대사회의 특성과 연계되기 때문에, 여기서는 현대사회의 특성을 포괄적으로 설명하여 마을평생교육의 목적을 제시하였다.

Ⅱ. 마을평생교육의 이해

마을평생교육은 마을(마을단위)에서 마을주민을 대상으로 전개되고 있는 평생교육이다. 그러므로 마을평생교육의 대상은 마을주민이며, 마을교육방법측면에서는 마을의 여건을 고려한 평생교육방법이고, 마을평생교육을 실시하고 있는 주체는 대부분 마을조직이다. 그리고 그러한 마을평생교육을 전개하게 되면 마을의 사회자본(Social Capital)이 증대되어 마을평생교육의 중요한 이념인 지역공동체가 형성된다.

1. 마을의 일반적 의미

마을은 주로 여러 집이 모여 사는 곳으로 교리(郊里)·동리(洞里)·방리(坊里)·방촌(坊村)·이락(里落)·이항(里巷)·촌(村)·촌락·촌리·향보(鄕保)로 불리기도 한다. 그리고, 마을은 사람들이 모여사는 곳으로 말이라고도 부르며 마실이라고도 한다. 촌과 부락 등이 마을을 대신하여 사용되기도 한다. 말은 지명에 사용되고 있는데 아랫말 윗말에 포함되어 있다. 즉 마을은 사람들이 모여사는 곳으로 '말'이라고도 부르며 '마실'이라고도 한다. 촌과 부락 등이 마을을 대신하여 사용되기도 한다.

말은 지명에 사용되고 있는데, 아랫말, 윗말에 포함되어 있다. 또한 '마실가다'의 본 뜻은 마을에 가다로 집에서 멀지 않은 사람들이 더 많이 모여있는 이웃에 가다라는 의미로 추정된다. 또한 일본어의 '무라'와 음과 뜻이 유사하다. 자연적으로 발생한 마을은 씨족 단위의 공동체로 분가한 가족이 근처에 살면서 이루어지게 된다. 최하위 행정단위 '리'를 구성하는 지역 단위로 여겨지고 있다.

따라서 현대적으로 마을의 의미를 구체적으로 제시해 보면 농촌지역의 경우 자연부락 또는 말단 행정단위 즉 "동" 또는 "리"와 같은 영역을 의미하며 도시의 경우는 단독주택단지 또는 아파트단지와 같이 공동주택으로 형성되어진 단위 또는 말단행정단위인 “통”단위를 의미한다고 할 수 있다. 그러나 마을은 학자에 따라 다양하게 설명할 수 있기에 최근까지도 마을이라는 개념과 함께 중요한 연구의 대상이 되고 있다. 왜냐하면 마을이란 의미는 공동체의식을 지닌 사람들이 모여사는 삶의 장이기 때문이다. 따라서 마을평생교육을 이해하기 위해서는 마을을 보다 체계적으로 이해할 필요가 있다

2. 마을의 이해

위에서 언급한 마을은 사람이 사는 기본단위이며 마을은 그러한 사람들이 공동체의식을 가지고 삶을 공유하는 인간집단이다.

또한 마을평생교육의 대상은 마을주민이고 마을주민이 거주하고 있는 공간이 바로 마을이다. 따라서 마을주민과 마을에 대한 이해는 마을평생교육을 적용하는 대상에 대한 이해로 볼 수 있으며 마을평생교육을 생산적으로 잘 전개하기 위해서는 마을주민과 마을을 이해해야한다.

마을주민은 일정한 마을에 거주하고 있는 주거인이다. 그러한 주거인은 일정한 영역내에서 상호작용(Social Interaction)을 통하여 공동유대감을 형성하면서 살아간다. 따라서 그들은 다른 마을과는 다른 특성을 지니고 있으며, 그들만의 느끼는 공유감(Common tie)을 가지게 된다. 그러므로 마을주민을 이해하기 위해서는 그들이 거주하고 있는 일정한 영역인 마을을 이해해야한다.

1) 마을의 개념

마을평생교육이 수행되는 기본단위가 마을인데 마을(community)은 일반 대중사회(Mass Society)와는 다른 사회적 의미를 지니고 있다. 즉 마을이란 용어는 「공동체」, 「공동소유」, 「공동운명체(common 또는 Communal)」과 같은 어원을 지니고 있다.

이러한 어원은 매우 포괄적 의미를 지니고 있음을 알 수 있다. 그래서 마을에 대한 정의는 학자에 따라 조금씩 다르게 표현되고 있다.

마을에 대한 정의는 학자에 따라 조금씩 다르게 표현되고 있는 데, 이에 대하

여 G.A.Hillery는 1950년대까지의 마을(community)에 관한 논문 94편을 분석하여 마을을 도덕적 또는 공통적인 정신적 연계를 이룬 인간집단으로 정의하였다. 마을의 가장 보편적인 개념은 지리적 영역, 공동유대, 사회적 상호작용의 세 가지 요소가 들어 있다는 것을 발견하였다. 그러한 세밀한 조사연구에 근거하여 G.A.Hillery가 주장하는 "마을은 어떤 지리적 영역 안에서 사회적 상호작용을 통하여 한 가지 이상의 공동유대를 가지는 사람들로 이루어졌다"고 하는 견해는 타당하다. G.A.Hillery의 정의를 통해 알 수 있는 것은 마을이 공간적 환경 속에 존재하며, 기본적인 사회 단위라는 데 합의가 이루어지고 있다는 것이다. 또한 마을에 관한 많은 사회학적 정의 가운데 강조되는 것은 마을 성원 사이의 공동유대 관계임을 알 수 있다.

여기에서 마을에 대한 여러 학자들의 정의를 간략하게 파악해 봄으로써 이해를 돕고자 한다. 먼저 우리나라 학자들의 견해를 살펴보면 마을은 첫째, 일정한 공간성을 기반으로 하여, 둘째, 그 속에서 사회적 상호작용이 이루어지고, 셋째, 상호작용 가운데에서 공통된 결속체를 형성하는 것을 골자로 한 공간적 테두리에 같이 모여 사회조직을 이룩하고 단일문화를 공유하면서 그 공동체에 대한 일체감을 지니는 생활터전이라고 정의하고 있다. 김영모는 마을의 개념을 주로 이익집단과 사회적 지역집단으로 나누고, 마을은 지리적 영역과 공동생활 요인을 동시에 구비한 인간집단으로 보고 있다. 문병집은 마을을 공통적 이해관계 위에서 형성된 공동생활, 다시 말하면 공동체사회라고 규정하고 있다. 신대순은 자연적으로 대면적 접촉을 하고 공통의 경험을 나누며 주민들이 공동생활을 하는 일정지역의 범위라고 마을을 정의하고 있다. 또한 정지웅·최상호는 마을이란 일정한 영역에서 공동의식과 그 영역에의 소속감을 갖고 활동하는 인간집단이라고 포괄적인 정의를 내리고 있다.

외국의 경우에도 마을에 대한 정의는 매우 다양성을 띠고 있는 데 이를 살펴보면 다음과 같다. 우선 독일 사회학자 F.Tonnies는 모든 사회적 관계는 의지(Will)의 소산이며, 이를 본질의지와 합리의지에 따라 두 가지 기본적인 사회관계인 공동사회(Gemeinschaft)와 이익사회(Gesellschaft)로 분류하여 설명하고 있다. 공동사회는 인간의 본질적 의지(natural will)에 기초한 사회를 말하며 이익사회는 합리적 의지(rational will)에 기초한 사회를 일컫는다. 따라서 마을을 공동사회와 이익사회의 개념으로써 설명하고 있다. 그리고 L.A.Cook은 마을을 공동생활의 배경이며 과정으로 보고 있다. 여기서 L.A.Cook은 공동생활을 영위하기 위해서는 "① 사람이 모여 있어야 한다. ② 사람은 제한되고 인접된 지역 내에 거주해야 한다. ③ 역사적 유산이 공유되어야 한다. ④ 사람들의 사회관계를 형성하기 위한 봉사기관이 있어야 한다. ⑤ 사람은 공동생활 양식에 참여해야 한다. ⑥ 사람들의 통일된 의식이 있어야 한다. ⑦ 사람들의 협동생활이 가능해야 한다." 등의 조건이 요구된다고 주장하고 있다. 이는 앞서 논의된 G.A.Hillery의 마을 형성 조건보다는 보다 세밀하고 구체적인 조건으로 받아들여지지만 기본적인 핵심은 같음을 알 수 있다. 또한 D.E.Poplin은 마을 개념에 욕망의 공통성이나 주변의 친근한 교제나 혈연적 우호적인 연계성이 공통된 운명을 분점하는 사람들에게 확대하는 데 대한 주민들의 막연한 바램을 표현하고 있다.

E.G.Olsen은 마을의 구성요소를 물리적 배경, 마을주민, 사회조직 등 세 가지 요소로 규정하고 있다.

R.M.MacIver는 마을은 공동 생활권으로 공동체의 토대는 지역성과 공동체 의식이 있어야 한다고 주장하며 지역성을 사회적 유사성, 공통된 사회적 표현, 공통된 전통, 공통된 습관, 공속감이라고 언급하고 있다. 그리고 공동체 의식의 구성요소로는 우리의식, 역할의식, 의존의식을 들고 있다. 이와 같이 마을을 정의하는데 조금씩 차이가 있지만 그 내용의 핵심은 거의 일치하고 있다. 특히 마을에 대한 정의를 논할 때는, 마을이 성립되기 위해 공통적으로 필요한 세 가지 조건인 '지리적 영역, 사회적 상호작용, 공동유대감'을 중요하게 다루고 있다는 것을 알 수 있다.

이와 같이 학자들간에 마을을 정의하는데 조금씩 차이가 있지만 그 내용을 분석해 보면 거의 일치하고 있음을 알 수 있다. 즉 마을은 인간집단으로서의 의견이 일치되고 있으며 이러한 인간집단이 형성되기 위해서는 공통적으로 공유하는 정신적 물질적 내용이 있어야 됨을 알 수 있다.

특히 마을이라는 개념으로 마을을 설명하기 위해 도시와 농촌으로 나누어 설명해 보면 다음과 같다.

첫째 농촌지역, 농촌지역은 전체적으로 공동체적 성격을 보다 많이 지니고 있으므로 도시보다 주민간의 정신적 연계가 잘 이루어진 집단이다. 여기에는 최소의 집단단위로 자연부락에서부터 전체농촌지역으로 광역화 시켜 볼 수 있지만 마을은 주민간의 정신적 연계를 중심으로 하기 때문에 주민간의 상호교류가 가능한 몇 개의 자연부락을 통합하거나 하나 또는 몇 개의 말단행정단위(예: 리, 동단위)를 통합하여 하나의 마을로 볼 수 있다.

둘째 도시지역, 도시지역은 상대적으로 농촌지역보다 주민간의 정신적 연계가 적지만 도시지역에 거주하는 주민들의 각종 생활영역에 따라 연계가 보다 잘 이루어지는 단위를 마을로 설명할 수 있다. 예를 들면 아파트단지, 생활환경이 열악한 도시빈민가 계층 또는 도시영세민 집단 등이 있다. 그 외에 거주지역을 벗어난 각종 노동자집단을 제시할 수 있다. 그러므로 마을은 일반행정 영역과는 다른 차원에서 접근되어야 할 개념이라고 볼 수 있다. 즉 마을은 그 지역주민의 기능적 관계를 중심으로 형성된다고 볼 수 있다.

2) 마을성립 조건

앞에서 살펴본 바와 같이 마을은 그 분류기준에 따라 매우 다양하게 분류될 수 있다. 그리고 대부분의 학자들은 마을을 일정한 지리적 영역을 배경으로 한 지역주민들 간의 교류를 통한 공동유대감으로 조건화 하고 있다. 그러므로 마을은 인간의 기능적 집단으로 볼 수 있기 때문에 공동체적 특징을 지니고 있다. 이와 같은 공동체적 사회를 구성하기 위해서 몇 가지 조건이 있는데 그 조건은 지리적 영역, 상호작용 및 공동유대감 등이다.

(1) 지리적 영역의 공유(Geographic Area)

마을이 성립되기 위해서는 주민간의 정신적 연계가 이루어질 수 있는 지리적 영역이 요구된다. 이러한 영역을 공간적 단위로 설명할 수 있는데 이러한 공간적 단위는 주민간의 상호교류가 가능하도록 근접성을 지니고 있어야겠다.

최근에는 대중매체와 교통망이 잘 발달되어 있기 때문에 공간단위가 확대되고 있다. 그러므로 자연히 마을로서의 지역적 영역이 광역화되고 있다. 그러나 마을로서의 공간적 영역은 일방적인 커뮤니케이션(communication)으로 이루어지는 것이 아니라 상호 커뮤니케이션이 가능한 영역에서 이루어지기 때문에 대중매체 또는 교통망이 발달된다고 마을이 무조건 광역화됨을 의미하지는 않는다.

상호교류가 가능한 지리적 영역이 되기 위해서는 그 영역 내에 거주하고 있는 주민들간의 공동생활환경이 요구된다.

공동생활환경은 비슷한 생활욕구에서 나타나는데 이것은 그 환경을 지배하고 있는 문화권이 있어야 한다. 이러한 문화권 또는 공동생활권이 마을의 지리적 영역이다.

(2) 사회적 상호작용(Social Interaction)

마을은 일정한 지리적 영역으로만 형성되는 것이 아니라 이러한 지리적 영역 내에 있는 주민들간의 상호교류가 있어야만 가능하다. 왜냐하면 마을은 그 지역주민들의 공동관심 또는 공동유대감이 이루어져야만 비로소 그 교류단위를 마을라고 할 수 있는데 같은 생활권내에 살고 있으면서 상호교류가 없으면 공동관심사 또는 공동유대감이 이루어질 수 없기 때문에 마을이라고 하기 어렵다.

주민은 상호교류를 통하여 본래의 자기본성을 수정해 나가게 됨으로써 안정된 자아를 형성할 수 있게 된다. 이것이 곧 인간의 사회화(Socialization)과정인데 이러한 사회화 과정을 이룩할 수 있는 상호교류가 이루어지지 않는다면 공동이해관계나 공동욕구가 이루어질 수 없기 때문에 그 마을에 대한 공동체운명이 약화되어 사회해체가 이루어져 결국 전체사회문제로 등장하게 된다. 그러므로 일정한 지리적 영역 내에 있는 주민들이 공동체적 운명체 또는 마을로서의 기능을 다하기 위해서는 주민들간의 상호교류가 필수적이다.

(3) 공동 유대감(Common Tie)

마을의 형성은 일정한 지리적 영역과 그 영역에 살고 있는 주민간의 상호작용을 통하여 공동유대감이 형성될 때 비로소 이루어진다. 여기서의 공동유대감이란 타고나면서부터 지니고 있는 혈연 또는 지연 등으로부터 나오는 원초적인 공동의식보다 그 마을의 주민들이 사회생활(상호교류)을 통하여 나타난 획득적 공동의식을 의미한다. 이것은 다른 말로 우리의식(We-Feeling), 소속감(Identification) 또는 공동체 의식(Common Conscience)이라고 표현할 수 있다.

이러한 공동유대감은 심리적 측면으로 접근할 수 있는데 이것은 그 지역의 전통 및 각종제도의 영향을 받는다.

일정한 지역의 주민은 상호교류를 통하여 공통적인 경험을 지니게 된다. 이러한 공통적인 경험은 그 마을의 공통적인 가치체계를 형성하게 되고 이러한 가치체계는 그 지역주민의 기존태도와 행위의 변화를 요구하게 되어 결국 새로운 규범과

제도를 창출하도록 요구하게 됨으로써 그 지역변화의 원동력이 된다고 볼 수 있다. 그러나 너무 강한 공동체 의식은 많은 사람들이 직면하고 있는 사회문제의 원인이 되기도 한다. 왜냐하면 사람들이 자신이 소속된 사회에 너무 강한 애착을 가질 때 공동체 의식은 오히려 그 마을의 발전을 저해시키게 되는 경우가 많기 때문이다.

3) 마을의 특성

마을은 대중사회(Mass Society)속에 있는 하나의 사회단위로서 인간생활과 밀접히 관련되어 인간에게 마을주민으로서의 독특한 기능을 부여하고 있는데 마을이 대중사회와 다른 몇 가지 특성을 제시해 보면 다음과 같다.

첫째, 마을구성원은 그 지역에 대한 소속감이 강하지만, 대중사회 구성원은 대중사회에 대한 소속감이 적다. 왜냐하면 마을구성원은 그 마을문화의 통제를 받기 때문에 그 집단에 대한 소속의식이 강하게 나타나지만 대중사회 구성원은 이익집단의 형태로 구성되어 있기 때문에 대중사회와 단절된 느낌을 받는다.

둘째, 마을 구성원은 공동목표를 추구한다는 일체감이 강하지만 대중사회 구성원은 개인의 목표달성을 중요시하므로 개인과의 관계는 대립적이다.

셋째, 마을 구성원은 각종 마을활동에 자발적으로 참여하지만 대중사회구성원은 이해관계에 따라 피동적으로 참여한다. 마을 구성원은 그 마을활동이 곧 자신의 행복과 직결된다는 통합의식이 강하기 때문에 각종 마을개발활동에 자발적으로 참여한다. 그러나 대중사회 구성원은 대중사회활동이 자신의 이익과 연계되어 있으며 그 이익의 정도에 따라 참여하게 된다.

넷째, 마을 구성원은 총체성을 지니고 있지만 대중사회 구성원은 분절성을 지니고 있다. 마을 구성원은 정신적으로 연계되어 있기 때문에 구성원 상호간의 본질의식(Natural Will) 즉 인간의 존엄성을 목적으로 대하여 구성원간에는 일체감을 가지게 된다. 그러나 대중사회 구성원은 대부분 물적 관계로 연결되어 있기 때문에 구성원 상호간의 관계는 합리적 의지(Rational Will) 즉, 다른 사람을 하나의 수단으로 간주하여 갈등관계를 수반하게 된다. 이렇게 마을은 대중사회와는 다른 특성을 지니고 있다.

4) 마을의 기능

앞에서 언급한 바와 같이 마을은 단순한 지리적 영역의 공유개념을 벗어나 그 지역주민간의 공동유대감을 중요시하기 때문에 인간생활에 많은 영향을 미치게 된다. 마을은 동적 개념이 아니고 정적 개념이지만 그 속성은 다양한 기능을 수행하고 있다.

(1) 생산, 분배 및 소비의 기능

생산, 분배 및 소비의 기능은 그 마을 주민들이 일상생활을 영위해 나가는데 필요한 재화와 용역을 효율적으로 생산하고 이를 일정한 경로를 통하여 분배하여 주민 각자의 욕구에 따라 소비하도록 하는 기능을 말한다. 이러한 기능을 사회 전체적인 입장에서 보면 체계적으로 이루어지고 있지만 국가단위의 생산, 분배 및 소비체계를 구조적으로 분석해 보면 모든 것이 마을 단위에서 이루어지고 있음을 알 수 있다. 예를 들면 도시의 아파트단지에서 각종 바자회, 자원봉사, 관리비납부 등을 통해 공동생활을 영위해 나간다.

(2) 상부상조의 기능

상부상조의 기능은 개인 또는 소집단이 스스로 해결하기 어려운 문제를 외부의 도움을 받아 그들이 욕구를 해결하는 과정을 의미한다. 즉 개인과 가정은 질병, 사망, 실업 및 사고 등의 문제에 직면하여 스스로 그 문제를 해결하기 어려운 때 그 마을에서 이를 공동으로 해결하게 되는 경우가 많다. 오늘날 이러한 기능을 정부, 민간지원단체 또는 종교단체에서 지원하고 있는 경우가 많지만 일차적으로 그 마을의 차원에서 이를 해결하게 된다. 예를 들면 주차문제, 자원봉사활동을 통한 노인정 운영 등

(3) 사회통제의 기능

사회통제기능은 마을이 구성원들에게 그 마을의 규범에 순응하게 하는 기능을 말한다. 모든 마을은 그 구성원들이 지켜야 할 도덕, 규범 및 규칙 등을 지니고 있는데 이러한 도덕, 규범 및 규칙 등을 준수하도록 하는 강제력을 마을이 지니고 있다.

만약 이러한 강제력이 결여될 경우에는 그 마을은 많은 사회문제를 야기 시키게 되고 더욱 심하면 마을해체현상을 경험하게 될 것이다. 오늘날 사회가 복잡해감에 따라 이러한 사회통제기능은 일정한 제도(예, 경찰서)가 이것을 담당하는 경우가 많아졌지만 제도만으로 통제가 불가능함을 경험하는 경우가 많다. 그러므로 자연스러운 사회통제를 위해서는 그 마을의 가치규범이 올바르게 형성되어 있어야 한다.

(4) 사회통합의 기능

사회통합의 기능은 마을이 전체사회를 유지 및 발전시키는데 보완적 역할을 담당함을 의미한다. 전체사회가 긍정적 방향으로 유지 및 발전되기 위해서는 전체사회를 구성하고 있는 여러 가지 마을이 상호 연계되어 결속되어야 한다. 마을은 일반 대중사회보다 구성원들간의 응집력을 강화시킬 수 있는 체계로 구성되어 있기 때문에 주민들이 자발적으로 마을활동에 참여하게 되어 점차 마을의식이 광역화되게 됨으로써 결국 전체사회의 통합에 중요한 역할을 하게 된다.

3. 마을평생교육의 중요성

1) 마을평생교육의 중요성

마을평생교육은 마을을 근거로 하여 성립될 수 있으며 마을발전은 학교교육과 더불어 마을평생교육의 결과에서 기대될 수 있다고 보기 때문에 마을발전과 마을평생교육과는 밀접한 관계에 있다.

마을발전을 위해서는 많은 자원과 재원 및 기술이 필요하겠으나 보다 중요한 문제는 사람의 문제이다. 그러므로 마을개발은 인간개발이라고 할 수 있다. 이와 같이 마을개발은 인간관계의 역학관계에서 나타나는 “흩어가는 작용”과 “묶어가는 작용“에서 교육적 원리를 적용하고 있다. 이러한 관점에서 마을평생교육은 마을개발의 중심적 기능이 되고 특히 마을개발에서 요구되는 마을의 질적 삶의 문제에 관련된 주민생활형태, 생활의 장 및 주민생활내용에 마을평생교육이 참여하게 된다. 이와 같은 두 변수와의 관계를 좀 더 접근해 보면 다음과 같다.

(1) 마을평생교육과 주민생활과의 관계

주민생활형태에는 ① 독자적인 삶으로서 각 개인의 독립된 자주적 생활의 형태 ② 관계적 삶으로서 대인 관계에서 이루어지는 사회적 상호작용의 생활형태 ③ 공동적 삶으로서 집단이나 조직, 마을이나 국가사회속에서 귀속감정과 공동운명체 의식으로 문화를 만들어 가는 공동체적 생활형태 등으로 분류해 볼 수 있는데 이러한 각 형태에는 마을평생교육이 필연적으로 요구된다.

(2) 마을평생교육과 생활의 장

생활의 장에 관련된 주민의 삶의 형태에는 공간적 삶과 시간적 삶의 형태가 있다. 공간적 삶에 대한 마을평생교육의 적용에는 첫째, 소극적 의미로서 환경의 비교육적 요소를 제거하는 사회정책적 배려와 대처이며, 둘째, 주민의 가치교육을 통해 대중문화의 선별 및 비판능력을 향상시키는 것이며 셋째, 마을을 교육화하고 교육을 마을화하는 마을운동을 전개하는 것이다.

시간적 삶은 개인으로 볼 때 태어나서 죽을 때 까지의 성장과정과 그 성장과정을 통한 각자의 역할이행을 의미하며 사회적으로 볼 때에는 사회변동 과정에서 오는 공동생활의 질적 변화와 이에 적응하는 재사회화를 의미한다. 이러한 시간적 의미에서의 삶의 과정에 마을평생교육으로 적절하게 대처함으로써 주민생활의 질적 향상을 가져올 수 있게 된다.

(3) 마을평생교육과 주민생활내용

주민생활의 내용에는 자연과의 삶, 상황 속에서의 삶, 생존을 위한 삶, 문화를 만들어 가는 삶 등으로 분류하여 설명할 수 있는데 마을발전 문제는 이 네 가지 영역 안에서 일어나게 되며 따라서 마을평생교육의 내용도 이들 문제와 연결된다.

자연과의 삶의 문제에서 보면 마을평생교육은 주민들로 하여금 자연과 더불어 사는 생활지혜와 방법과 태도를 익혀가도록 한다. 즉 자연을 이해하고, 아끼고, 파괴로부터 회복하고 자연을 인간문화공간으로 인식하게 한다. 상황 속에서의 삶은 사회변동에 슬기롭게 대처하는 생활이다. 즉 급변하는 사회 속에서 주민들로 하여금 마을에 잘 적응할 수 있도록 하는 것이 마을평생교육의 기본과제이다. 마을개발의 성패는 이러한 주민들의 상황 판단력에 의존된다고 볼 수 있다. 즉 주민들의 자율적인 상황 판단 능력이 있어야 그 마을이 보다 살기 좋은 사회로 이루어 질 수 있다고 볼 수 있다.

생존을 위한 삶의 문제는 개인과 가정의 의식주 생활, 안전, 보건, 마을의 생활구조 개선, 직업의 재구성 등이 있으며 이러한 문제에 마을평생교육이 적절히 대처함으로써 그 마을의 개선을 가져오게 된다. 문화를 만들어 가는 삶은 인간의 기본 욕구의 발현이다. 마을주민은 누구나 문화 속에서 살아가면서 의식 또는 무의식 속에서 문화를 만들어 가는 존재이다. 즉 문화를 만들어 가고 그 속에서 즐기면서 생활을 윤택하게 해나갈 수 있다. 특히 현대사회는 여가문제가 심각히 대두되고 있으므로 이러한 여가의 교육화라는 입장에서 마을평생교육은 문화 및 여가 생활에 매우 중요한 역할을 수행하게 된다.

이와 같이 마을개발과 마을평생교육과의 관계는 중요한 함수관계로서 마을 주민의 삶의 질의 향상에 결정적인 영향을 미치는 중요한 삶의 지표인 것이다.

2) 마을평생교육의 주체

마을평생교육은 마을에서 전개되고 있는 학교교육을 제외한 모든 체계적인 교육활동이라고 할 수 있다. 그리고 그러한 체계적인 교육활동을 전개하는 주체는 마을에 있는 각종 조직체이다. 마을교육을 담당하고 있는 조직체는 공공조직(예, 지역마을평생교육관, 마을평생교육관, 주민자치단체 등)과 마을민간단체(예, 사회복지관, 여성회관, 종교단체, 각종NGO 등)등이 있다.

여기서는 마을평생교육을 광범위하게 전개하고 있는 민간단체를 중심으로 한 마을조직에 대해 설명하였다.

(1) 민간단체의 개념

마을에 있는 민간단체는 마을주민들의 자발적인 참여로부터 만들어진 자생조직으로써, 그 마을주민은 민간단체를 통하여 생활의 보람과 행복을 증진시키는 경우가 많다. 특히 사람은 누구나 조직 속에서 살고 있기 때문에 조직과 인간의 삶과는 불가분의 관계인 것이다.

민간단체는 마을 속에서 지속적으로 이루어지게 되며 마을주민은 그 민간단체 속에서 생활하게 되는 경우가 많고 조직화를 통하여 주민 개개인의 삶과 그 마을의 발전이 증대된다.

마을주민간의 개인과 개인, 개인과 집단 또는 집단과 집단이 서로 상호 작용하여 상호관계를 맺는 과정에서 조직화가 이루어진다. 그러므로 민간단체는 주민간의 밀접한 상호작용이 바탕 되어 이루어지며 그 과정에서 주민의 공통된 욕구와 당면과제가 효과적으로 해결될 수 있는 계기를 마련하게 된다. 그러므로 마을에서의 민간단체는 주민의 공통된 욕구해결에 바탕을 두고 있는 마을교육의 중요한 주체가 된다고 할 수 있다.

(2) 민간단체의 역사와 중요성

민간단체는 마을수준에서 민주주의의 구체적인 산물이라고 할 r수 있다. 민간단체의 전통은 매우 오래되었지만 지난 10여년간 비영리조직이란 개념 하에 세계적으로 급속히 발전하였다. 존스 홉킨스키 대학의 레스터 샐러몬(Lester M. Salamon)교수에 따르면 선진국, 개발도상국을 불문하고 최근 10년간 많은 협회, 재단 등 비영리민간조직(Non-profit organization)이 결성되어 다양한 활동을 전개하고 있다. 그 조직들은 복지, 환경, 문화, 인권 등 다양한 분야에서 직접적인 서비스 제공, 조사연구, 캠페인을 벌이면서 활발히 활동하고 있다.

민간단체가 마을수준에서 계층 간의 상호부조를 통하여 마을 공동체를 이룩하는데 중요한 역할을 하고 있다. 특히 산업사회가 진행될수록 상대적 소외의식을 느끼고 있는 계층이 늘어감에 따라 마을 결속력이 약화되고 그것은 전체 사회발전에 큰 문제의 근원이 되고 있다. 따라서 민간단체는 계층 간의 협력관계를 보다 유기적으로 전개할 수 있는 체계를 지니고 있기 때문에 마을의 갈등을 완화시키는데 중요한 역할을 하고 있다.

① 자원봉사 활동의 주체

1970년대부터 여러 국가에서 새로운 유형의 자원봉사활동이 전개되고 있다. 사회변혁에 대한 관심이 여론을 주도하던 1960년대부터 당시까지 사회문제에 무관심하던 주부들을 중심으로 한 자선적 형태의 자원봉사활동이 새로운 단계로 접어들었고, 그 관심도 환경문제, 식품안전, 국제문제 등 사회변혁지향형으로 변화하였다. 그리고 참여대상도 신세대나 남성들이 주요 세력으로 참여하면서 민간단체는 자원봉사활동의 중심 주체가 되고 있다.

② 사회자본의 증대

민간단체는 마을주민간의 신뢰(Trust)를 바탕으로 한 인간관계를 통하여 나타난다. 그러므로 민간단체는 마을주민간의 협동심, 공동체의식 또는 집단 에너지를 통해 마을발전에 기여하게 된다. 그러한 차원에서 인간간의 상호작용을 통하여 나타나는 사회자본(Social Capital)을 증대시켜 사회발전의 잠재력을 향상시키게 된다.

특히 사회자본은 조직화된 행동을 유도함으로써 사회발전의 효율성을 증대시키는 인간간의 신뢰, 규범 및 네트웍을 의미하기 때문에 민간단체는 사회자본을 일으키는 중요한 방법으로 도입되고 있다.

또한 사회자본은 사람들이 바람직한 목표를 성취할 수 있도록 조정하는 사회적 규범과 사회관계를 강조하고 있기 때문에 인간개발과 공동체를 중요한 개발의 목표로 두고 있는 마을개발의 차원에서 매우 중요한 역할을 담당하고 있다고 볼 수 있다. 따라서 민간단체를 통한 사회자본의 증대는 사회발전의 큰 원동력이 되고 있다.

(3) 민간단체의 목표

마을을 발전시키기 위해서 마을수준에서 각종 민간단체가 활동하고 있는데 그러한 민간단체의 중요한 활동 목표는 다음과 같다.

① 주민의 잠재능력의 개발

민간단체는 마을주민들의 각자의 잠재능력을 개발할 수 있도록 여러 가지 프로그램을 마을주민들에게 제공하고 있다. 마을에 있는 민간단체는 여성, 노령자, 청소년 그리고 장애자 등과 같은 이질적인 집단간의 차별요인을 제거하여 그들의 잠재능력을 최대한 발휘하도록 각종 프로그램을 제공하고 있다.

그러한 차별요인들을 제거하는 것은 마을 주민간의 갈등요인을 제거할 수 있어 그들의 잠재력을 강화시키게 된다. 마을공동 캠페인 같은 것은 이질적인 주민간의 동질성을 확보할 수 있게 하여 좀 더 바람직한 마을을 만드는데 중요한 역할을 하게 된다. 또한 민간단체는 마을주민 각자가 지니고 있는 개인적인 능력을 향상시키고, 좌절감들을 극복하게 하고, 올바른 행동과 성공적 활동을 할 수 있도록 도와주고 있다. 그리고 민간단체는 각종 교육프로그램을 통하여 여러 가지 제약요소로 인하여 성취력이 약한 주민들에게 성취동기를 부여하고 사회봉사의식을 함양시켜 마을공동체의 주체가 되기도 한다.

② 마을문제해결

민간단체의 두 번째 목표는 마을 주민들이 직접 당면하고 있는 문제의 해결을 도와줌으로써 그들의 삶의 질을 향상시키는 것이다. 우리는 마을 주민들이 그들의 삶에 영향을 미치는 많은 문제들을 올바르게 처리하는 방법들을 알고 있을 것으로 생각하지만 그것은 그렇지 않다. 그들은 어떠한 방법으로 문제를 다루어야 하는지, 상태가 어떻게 변화되어 가는지에 대한 지식이 부족하다. 그러한 주민들의 지식 부족과 무기력한 감정은 민간단체의 노력에 의해서 그들이 문제에 직면하였을 때 올바르게 영향력을 행사할 수 있도록 하게 된다.

③ 마을주민의 민주적 가치관 형성

민간단체의 세 번째 목표는 마을 주민들에게 민주적 의식을 강화시키는 것이다. 민주의식을 주장하는 것은 민간단체의 중요한 기초이다. 민간단체가 민주적인 참여를 얼마나 중요하게 여기고 있는 가에 대해서는 그것의 설립가치를 이해하게 되면 좀 더 구체적으로 이해할 수 있게 된다. 민간단체는 주민의 민주적 참여에 의해서 그 활동의 가치가 존중되며 아울러 민간단체의 운영도 민주적 원리에 의해 수행될 지역주민의 참여를 유도해 낼 수 있게 된다. 즉 주민의 참여 없이는 민간단체의 존립가치가 없게 된다. 그러므로 민간단체의 민주원리는 가장 기본이라 할 수 있다.

그러한 민주적 과정은 주민 각자가 스스로에게 신뢰를 일으킬 수 있게 하여 그들의 삶의 현장을 보다 자율성 있게 만들어 준다. 이러한 마을의 민주적인 이념을 위해서는 주민을 위한 리더쉽이 마을에 알맞게 분산되어야만 그 구성원의 반응을 얻을 수 있다.

④ 마을 균형적 발전

민간단체의 네 번째 목표는 사회에 자원의 배분을 더욱 공정하게 하는 것과 부와 권력을 올바르게 이해하고 그것을 바르게 배분을 하는 것이다. 우리사회에는 정치·경제체계의 부와 권력이 불공평하게 분포되어있다. 한 나라의 국민의 20퍼센트가 인구 80퍼센트를 “부”로써 통제한다는 것과 가장 부유한 가족의 수입은 가장 빈곤한 가족 수입의 8배 이상 된다는 것은 큰 사회적 문제가 아닐 수 없다. 민간단체의 주요한 임무는 권력에 대항하여 그들의 권리를 주장할 수 있는 힘을 향상시키고 또한 그러한 정치. 행정 권력에 대한 정보를 소유하지 못하고 있는 마을주민들에게 올바른 정보를 제공해 줌으로써 마을주민들이 민주적으로 그들의 권력과 부를 획득해 나갈 수 있도록 도와주는 것이다.

⑤ 권력 및 정부기관에 대한 비판

마을평생교육조직은 마을 주민 개개인이 자주 느끼는 무기력한 감각을 극복하는 수단을 제공한다. 마을 주민은 그들의 삶에 결정적으로 영향을 미치는 권력기관이나 정부조직에 대해 각자의 직접적인 이해관계가 없으면 개별적 또는 집단적 대항에 대해 무관심한 태도를 취하는 경우가 많다. 그러나 마을평생교육조직은 그러한 무력감에 처해있는 마을주민들의 태도를 적극적이고 협동적인 태도로 변화시켜준다. 그러한 변화는 마을주민들로 하여금 할 수 있다는 자신감을 불러일으키게 한다. 마을 주민들이 무력함을 느끼는 중요한 원인은 무엇을 어떻게 해야 할지에 대한 정보 또는 지식의 부족으로부터 오고, 그런 경우 마을 전체가 고통에 처할 경우가 많아, 마을평생교육조직은 그러한 무력함의 원인을 제거할 수 있는 능력을 갖추고 있기 때문에 마을평생교육조직은 주민 각자가 스스로 그러한 무력함을 극복할 수 있게 한다.

⑥ 공공기관에 대한 욕구반영

마을평생교육조직은 마을의 공동 문제를 해결하기 위해 노력하고 있다. 예를 들면 마을내(예, 작목반, 부녀회, 등) 각종 이익집단은 그들에게 유리한 각종 공적 프로그램을 확보하기 위해 입법활동을 하고 있는 의회의원들에게 접촉하거나 협상하기도 하며 행정부와의 유대관계를 강화시키고 있다. 따라서 정부는 마을평생교육조직과의 협력을 통해 사회경제적인 문제를 해결하기 위하여 각종 시민단체와 사회복지기관 등의 설립과 보조 등에 관한 행·재정적 각종 제도를 정비해 나가고 있다. 그러한 제도적 정비는 각종 마을평생교육조직의 지속적인 노력을 통해서 나타나고 있다.

또한 마을평생교육조직은 중앙정부 또는 지방정부 차원에서 각종 정책이 합리적으로 제공될 수 있도록 여러 가지 제안을 통한 압력행사를 하게 된다. 그러한 압력은 마을평생교육조직의 개별적 욕구보다 그 마을주민의 공통된 욕구를 마을평생교육조직을 통해 반영함으로써 마을발전이 주민의 참여를 통해 보다 효율적으로 전개될 수 있다.

⑦ 정부역할의 보조기능

마을평생교육조직은 개인보다 집단의 공통문제에 관심을 두고 있으며 문제의 사회적 원인에 초점을 둔다. 마을평생교육조직은 집단의 공동문제 해결을 위해 권력기관과의 유기적인 역학관계를 형성한다. 즉 마을평생교육조직은 마을수준에서 자생적 설립 및 능동적 활동이 요구되지만 마을평생교육조직에 관련된 정부기관과의 적절한 조화와 협력관계가 요청된다. 왜냐하면 마을평생교육조직의 중요한 활동은 곧 정부의 역할을 보조해 주는 기능이기도 하기 때문이다. 그러므로 정부는 마을평생교육조직활동이 곧 정부의 업무를 지원해 준다는 인식으로 마을평생교육조직의 활성화를 위해서 체계적인 지원을 아끼지 말아야 한다.

3) 마을평생교육의 기본특성

마을평생교육은 마을개발의 원리와 그 전략이 적용된다. 마을개발은 일정한 마을의 집단적인 변화를 위해 의도적으로 수행해 나가는 하나의 과정이므로 이 과정에 관련된 주체는 그 마을의 주민이다. 그러므로 마을개발은 주민의 변화가 우선되어야 함을 알 수 있는데 이것을 중심으로 마을개발의 기본적인 특성을 다음과 같이 몇 가지로 설명해 볼 수 있다.

(1) 교육적 과정

마을개발은 하나의 교육적 과정이라고 볼 수 있다. 왜냐하면 마을개발은 일정한 마을의 사회, 경제적 발전을 가져올 수 있도록 마을주민의 태도나 행위를 변화시키도록 의도하기 때문이다. 마을개발은 주민의 물질적 여건(예, 소득증대, 보건위생개선, 환경개선, 주택개선 등)을 향상시키는 것도 중요하게 여기지만 무엇보다 주민들의 변화욕구를 창출시키고 이것을 통합시키는 과정이 마을개발의 중심과제이다. 이러한 욕구를 통합시켜 주민태도 및 행위의 변화를 가져오게 되면 자연히 물질적 향상을 기대할 수 있게 된다.

주민의 태도와 행위의 변화는 주민교육을 통해서 나타난다. 특히 마을의 중추적인 세력은 성인계층이라고 볼 수 있다. 그러므로 자연히 교육의 대상은 성인이다. 이러한 성인을 대상으로 하는 교육을 성인교육(Adult Education) 또는 사회교육이라고 부르고 있으며 사회교육은 마을개발의 핵심적인 수단이 되고 있다고 볼 수 있다.

(2) 조직화 과정

마을개발은 하나의 조직화 과정이다. 왜냐하면 마을개발은 주민 각 개인의 발전보다 마을 전체의 발전을 우선함으로 이를 위해서는 주민 각 개인의 욕구를 통합시켜야 하기 때문이다. 주민 각 개인의 욕구를 공통적으로 통합시키기 위해서는 주민을 조직화시켜야 한다. 주민조직은 여러 가지 방법을 통해서 이루어지는데 이것은 조직의 목적에 따라 그 방법이 다양하게 나타난다. 이러한 조직체는 주민욕구를 해결하는데 주민 스스로의 힘으로는 부족할 때 외부의 행정기관 또는 민간단체의 지원을 받을 때도 기능적으로 이용될 수 있다.

주민조직화의 결정체가 마을조직이다. 그러므로 마을주민조직화 과정을 통해 마을개발은 이미 전개되고 있으며 또한 주민조직화과정을 통해 나타난 마을조직의 체계적인 활동은 곧 마을개발이며, 이러한 조직은 마을개발을 보다 과학적이고 체계적으로 전개시키는 중요한 주체이다.

(3) 종합적 과정

마을개발의 대상은 사회, 경제, 문화 등 그 마을 구성요소의 종합적인 변화를 가져오는 것이다. 그러므로 마을개발은 주민의 태도 및 행동변화를 통하여 주민의 기술향상, 주민의 소득향상, 생활환경의 개선 등을 가져오게 하는 종합적인 개발과정이다.

(4) 실천의 과정

마을개발은 의도적 변화를 가져오는 것이므로 관념적으로 해결되는 것이 아니라 사회적 행동을 통하여 이루어지는 것이다. 이러한 사회적 행동은 주민의 공통된 욕구를 주민의 결집된 힘으로 해결하기 때문에 집단적 행동이라고 볼 수 있다. 이러한 집단적 행동은 곧 마을전체의 변화과정이라고 설명할 수 있다.

(5) 후진마을의 개발

마을개발은 상대적으로 낙후된 마을을 변화시키기 위한 하나의 의도적인 사회활동이다. 따라서 마을개발 적용지역은 도시보다 농촌, 도시자체에서는 빈민가가 그 주요대상이 되고 있는데 역사적으로 대부분의 마을개발대상은 농촌지역이었다. 그 이유는 농촌이 도시보다 상대적으로 여러 가지 측면에서 낙후되어있기 때문이다. 그러나 오늘날 마을개발은 대한 세계적인 추세는 농촌 또는 도시를 구분하지 않고 모든 마을 단위에서 전개되고 있다.

4) 마을평생교육의 이념

마을개발의 이념은 마을개발이 추구하는 궁극적인 목적을 의미한다고 볼 수 있다. 마을개발의 이념은 이상적인 마을(Ideal Community 또는 Good Community)를 만드는 것이다. 그러한 마을개발의 이념에는 인간평등화, 광역공동체 및 민주주의 실천 등이 있으며, 이념을 구체화시키는 마을개발의 목적에는 자립정신의 증대, 주민의식의 계발 및 마을의 물적 환경의 개발 등이 있다.

(1) 인간평등화

마을개발의 대상은 상대적으로 낙후된 지역이다. 상대적으로 낙후된 지역에 살고 있는 사람들은 여러 가지 측면에서 전체사회의 구성원들보다 좋지 못한 생활상태를 유지하고 있음을 추측할 수 있다. 이렇게 평균수준이하의 생활을 영위하고 있는 집단의 구성원들은 자연히 전체사회 발전에서 제외된 낙오집단이라는 사회적 열등감으로 항상 사회의 문제집단으로 등장한다. 그러므로 사회의 균형적 발전이라는 복지국가의 창출을 위해서는 소외집단의 사회참여를 유도할 필요가 있다. 이것은 결국 소외집단의 잠재된 활동에너지를 사회발전에 투여할 수 있게 함으로써 소외집단이라는 열등감을 해소시킬 수 있어 인간의 평등화를 가져 올 수 있다. 그러므로 마을개발은 인간은 누구나 인간답게 살 가치가 있고 그렇게 살 권리가 있다는 민주주의의 기본이 되는 것이다.

(2) 광역공동체

마을개발은 일정한 마을의 통합적인 변화를 가져오는 것이다. 여기서 통합의 범위는 일정하게 주어지는 것이 아니라 그 범위가 사회의 현대화 또는 산업화 과정에 따라 더욱 광역화 되고 있다. 그러므로 마을개발은 최소 단위인 자연부락 단위에서 최대 단위인 세계가 하나의 공동운명체적 의식을 가질 수 있도록 그 범위를 확대시키고 있다. 이것은 결국 지역간의 이데올로기 차이, 종교의 차이 및 빈부의 차이 등으로 인해 나타나는 갈등을 해소시켜 모든 인류의 에너지를 인간복지를 위해 투자할 수 있게 한다.

(3) 민주주의 실천

마을개발은 그 마을을 구성하고 있는 주민들의 욕구를 바탕으로 하기 때문에 개발과정에 모든 주민의 의사를 반영하게 된다. 그러므로 모든 주민은 자기의 이해관계를 다른 주민들과 연계시켜 생각할 수 있게 됨으로써 공통된 이해관계를 도출해 내게되어 민주주의를 실천하게 된다. 이러한 과정은 사회전체의 민주의식을 토착화시킬 수 있기 때문에 마을개발은 민주주의 실천의 장으로 제공되고 있다. 특히 지방자치화 시대에서의 마을개발은 지역주민들의 참여를 통한 주인의식을 고취시켜주기 때문에 민주적 방법을 통해 지역발전의 원동력을 제공하고 있다.

5) 마을평생교육의 목적

(1) 자립정신의 증대

마을개발은 그 마을을 구성하고 있는 주민들의 자발적이고 집단적인 노력에 의해 나타난다. 이러한 집단적인 노력은 외부의 지원에 관계없이 스스로 그 마을의 욕구를 해결해 보겠다는 자립정신을 바탕으로 하고 있다. 그러므로 마을개발은 원칙적으로 마을의 모든 문제는 그 마을의 인적, 물적 자원의 한계 내에서 이루어져야 하나 실질적으로 한정된 인적, 물적 자원 때문에 외부와 연계를 맺지 않을 수 없다.

(2) 주민의식의 계발

인간의 행동은 의식의 결과이다. 의식을 강화시키면 의지로 변한다. 그리고 인간의 태도 즉 의지의 여하에 따라 인간의 행동이 그 사회에서 긍정적이거나 부정적 결과로 나타난다. 또한 인간의 행동은 의지(Will)의 표현으로 설명될 수 있는

데 이러한 의지의 본질은 본질의지(Natural Will)와 합리적 의지(Rational Will)로 나누어 볼 수 있다.

본질의지란 이해의 통일성(Unity)이다. 즉 개인은 다른 사람을 충분히 이해하고 다른 사람의 이익에 직접 관심을 갖게 됨으로써 공통의 규범, 가치 및 목표를 추구하기 때문에 본질의지의 바탕은 다른 사람을 수단으로 생각하기 보다 목적으로 생각한다.

합리적 의지는 원하는 목적을 달성하기 위해 여러 가지 수단을 신중하게 따져보는 것이다. 합리적 의지에 따라 행동하는 사람은 주로 자기 자신의 장래 행복에 관심을 두기 때문에 다른 사람을 목적으로 생각하기 보다 수단으로 생각한다.

마을개발에서 주민의 의식변화 방향은 주민들로 하여금 본질의지를 지니게 하는 것이다. 물론 합리적 태도에 따라 가계경영 또는 기술수용을 하게 하는 것도 매우 중요한 마을개발의 내용이지만 마을개발의 궁극적인 변화방향이 그 마을 주민전체의 복지(Social Welfare)를 가져오는 집단적인 변화의 결과를 추구하기 때문에 남을 먼저 생각하는 공동운명체 정신을 강조하고 있다. 그러므로 마을개발의 목표인 주민의식의 계발은 주민의 협동의식을 고취시켜 집단적인 창의력, 발전의지 및 합리적인 생활양식을 향상시키는데 있다. 이러한 집단적인 활동을 위해서는 주민을 조직하여 각종 사회교육프로그램을 적용한다.

(3) 물적 환경의 개발

물적 환경의 개발은 그 마을 주민의 의식계발을 통하여 나타난 욕구를 충족시켜 주기 위한 외적수단을 의미하는데 여기에는 생활환경의 개선과 소득기반의 조성 등으로 분류하여 설명할 수 있다.

① 생활환경의 개선

생활환경은 인간이 생활하는데 쾌적하고 편리하게 이용될 수 있는 제반 물적 조건을 의미하는데 여기에는 주거환경과 편익시설이 있다. 주거환경의 개선은 주택, 부엌, 화장실 및 지붕 등을 개선하는 것으로서 주로 주택시설에 관련된 물적 조건의 변화를 의미한다. 편익시설의 개선은 각종 의료시설, 어린이 놀이터, 노인정 및 공회당 등과 같은 주민이 건강한 생활을 할 수 있고 여가시간을 선용할 수 있는 제반 물적 조건의 개선을 의미한다. 외국 특히 미국에서의 마을개발의 중요한 특성은 주민조직이 중심이 되어 주택조건을 개선하는 주택프로젝트(Housing Project)에 중심을 두고 있다. 그러므로 미국에서의 마을개발에 관한 연구도 주택프로젝트에 중심을 두고 있는 실정이다.

② 소득기반의 조성 및 소득향상

마을개발은 주민의 의식변화를 통하여 나타난 물적 욕구를 충족시키는 수단의 하나로 소득향상에 관심을 두고 있다. 인간의 물적 욕구는 경제적 수단을 통하여 어느 정도 해결될 수 있다. 이러한 경제적 수단을 얻기 위해서는 이에 필요한 기반은 농촌인 경우 농업기술의 향상, 새로운 종자의 보급, 농업기계의 보급, 농로확장, 경지정리, 관계배수 시설의 확충, 공동생산 조직의 확충 및 공동유통조직의 확충 등이 있다.

도시의 경우에는 가정의 유휴 노동력을 효율적으로 이용할 수 있도록 주민조직을 강화하여 협동적인 소득활동을 할 수 있게 하며 생활필수품을 저렴하게 이용할 수 있도록 시장을 주변에 유치한다든가 아파트단지의 경우 교통편의와 시장을 제시간에 이용할 수 있도록 공동으로 이용할 수 있는 차량을 마련한다.

이러한 소득향상에 필요한 기초작업을 통하여 주민의 경제적 수단인 소득을 향상시킬 수 있는데 주민소득의 원천은 농촌의 경우 농업소득과 농외소득으로 나누어 볼 수 있다. 마을개발에서는 이 두 가지 소득조건을 모두 향상시켜 주민소득을 높이게 한다. 도시의 경우에는 일정한 봉급을 통해 얻는 소득과 가정과 유휴노동력을 이용하여 얻는 소득으로 분류할 수 있는데 마을개발에서는 후자 즉 가정의 유휴 노동력을 이용한 소득향상에 관심을 두고 있다.

이러한 모든 마을개발의 목표는 항상 일정할 수 없으며 장소, 시간 및 주민의 특성에 따라 가변적으로 그 목표가 세워질 수 있기 때문에 마을개발의 목표는 기본적으로 그 마을 주민의 느낀 필요(Felt Needs)에 바탕을 두고 있다.

6) 마을평생교육의 기능

마을개발은 일정한 마을의 통합적인 변화를 의도적으로 추구하는 것이기 때문에 그 기능도 매우 포괄적으로 나타나게 된다. 이것을 몇 가지로 나누어 생각하면 다음과 같다.

(1) 사회 교육적 기능

마을개발은 주민태도의 변화로부터 시작된다. 이러한 태도변화는 무의식적으로 나타나는 것이 아니라 의도적인 변화과정을 도입하게 됨으로서 교육과정을 밟게 된다.

그리고 마을을 구성하고 있는 중심적인 주민집단은 성인계층으로 볼 수 있기 때문에 마을개발은 성인교육(Adult Education)적 기능을 하고 있으며, 특히 교육이 학교 밖에서 이루어진다는 의미에서 사회 교육적 활동으로 볼 수 있다. 그러므로 마을개발의 모든 과정은 결국 주민의 사회교육기회를 확대시키게 되어 사회전체를 학습의 장으로 제공하게 된다.

(2) 사회복지적 기능

마을개발은 주민의 경제적인 수준의 향상을 가져오는데 중심을 두는 것이 아니라 주민의 사회복지 즉 정신의 긍정적인 변화에 중심을 두고 있다. 그러므로 국가단위에서 추진하고 있는 경제개발의 역기능을 해소하기 위한 사회복지 향상이 마을단위에서 일어나는 것이 마을개발이다. 따라서 마을개발이 추구하고 있는 주민의 정신계발 및 기술개발 등은 곧 전체사회복지를 위한 마을 복지기능이라고 할 수 있다.

(3) 경제적 기능

마을개발은 주민의 정신 및 기술변화에 그 가치를 두고 있지만 이러한 정신 및 기술의 변화를 통해 주민의 경제적인 수준향상을 가져오게 된다. 특히 마을개발은 상대적으로 낙후된 지역을 대상으로 하기 때문에 수준이 매우 열악한 상태에 있는 그 마을 주민들의 욕구는 경제적 지위향상에 중심을 두는 경우가 많게 된다. 그러므로 이러한 욕구의 해결은 마을전체의 경제적 향상을 가져오게 되어 결국 사회전체의 부의 축적을 가능하게 한다.

(4) 정치적 기능

마을개발은 그 마을을 구성하고 있는 주민들이 공동운명체적 입장에 서게 하는 것이다. 그러므로 마을개발을 활성화하거나 그 단위를 광역화하게 되면 전체사회의 안정을 가져오게 된다. 이것은 곧 그 사회의 정치적 안정을 가져오게 되는 초석이 되어 마을개발은 정치적으로 긍정적인 기능을 하게 된다. 다만 개발도상국가에서는 정치질서가 중앙집중이 강하기 때문에 지방을 중심으로 하는 마을개발과정과는 이해관계가 상반되게 나타나 정치권력 집단과 마을개발 추진집단사이에 심각한 모순관계를 수반하는 경우가 많으나 이것은 과도기적인 사회형태이기 때문에 마을개발을 활성화시킴으로써 정치질서가 안정화되는 것이 건전한 사회발전의 과정이다.

7) 마을평생교육의 내용

마을개발의 본질은 주민생활의 행태변화를 중심으로 그 마을의 모든 분야에 대한 발전을 위한 종합 계획적 특성을 지니고 있다. 이러한 종합계획의 내용을 세분하면 주민의 태도 및 행동의 변화, 소득향상, 생활환경개선 및 문화시설의 확충 등이 있다.

(1) 태도 및 행위변화

태도 및 행위변화 중 특히 태도변화는 마을개발의 중심과제이기 때문에 그 중요성이 다른 개발내용보다 크다고 할 수 있다. 왜냐하면 그 마을의 제반 문제점을 발견하고 이것을 해결해 나가기 위해서는 우선 마을문제를 올바르게 인지할 수 있는 주민들의 태도가 요구되기 때문이다. 이러한 태도변화를 위해서는 그 마을의 관습, 규범 및 문화구조를 체계적으로 분석하고 이것을 바탕으로 하여 주민의 정신계발에 적절한 사회교육 프로그램을 전개한다. 그러한 태도변화는 마을개발에 필요한 행동변화를 일으키게 한다. 그러므로 바람직한 행동변화를 위해서는 우선 태도변화가 선행되어야 한다.

(2) 소득향상

소득향상은 그 마을의 재화 및 용역의 향상을 통하여 주민 각 개인의 물질적 생활을 윤택하게 해 준다. 그리고 소득향상은 물질적 변화만 가져오는 것이 아니고 주민태도 및 행위변화에도 영향을 미친다. 즉 소득향상은 주민의 근로의욕을 왕성하게 하고 나아가 전체사회의 경제활동을 활성화시키게 된다. 이러한 소득향상은 원칙적으로 주민 스스로의 힘에 의해서 이루어져야 하지만 한정된 주민능력과 마을자원 때문에 중앙정부, 지방자치단체 또는 민간지원단체로부터 지원을 받아 이루어지는 경우가 많다.

(3) 생활환경개선

생활환경개선은 주민들이 그 마을에서 편리하게 생활해 나갈 수 있도록 각종 하부구조(예, 교통, 통신, 상하수도) 및 주택환경을 개선하는 것을 의미한다. 이러한 생활환경개선은 주민들이 그 마을환경에 잘 적응할 수 있고 다른 마을과의 연계가 잘 이루어질 수 있도록 교통 및 통신시설을 확충함으로써 전체적으로 주민간 또는 그 마을을 이루고 있는 각종 유형, 무형의 체계가 기능적으로 이용될 수 있도록 한다.

(4) 문화시설의 확충

문화시설은 주민의 여가시간을 선용할 수 있도록 각종 편익시설을 제공하는 것을 의미한다. 오늘날 소득수준이 향상되고 주택구조가 단순화 되고 있기 때문에 가정은 여가시간을 충분히 소화시킬 수 있는 수단이 되지 못하고 있다. 그러므로 사회활동에 필요한 에너지를 충전시키기 위해서는 여가시간을 효율적으로 선용하는데 필요한 각종 문화시설을 확충시켜야 한다.

8) 마을평생교육의 원리

마을개발을 수행하는 데에는 여러 가지 조건이 필요하다. 그리고 마을개발은 그 특성상 불변적인 조건이 있는 것이 아니라 그 마을의 상황에 따라 가변적이다. 다만 어떤 마을이건 그 마을을 개발하고자 하는데는 기본적으로 알아야 할 조건이 있다. 그러한 조건에 대해 관련학회, 학자 및 U.N에서 제시한 내용을 제시하면 다음과 같다.

미국을 중심으로 한 국제마을개발학회의 하나인 지역사회개발학회에서 최근에 제시한 마을개발의 원리를 보면 다음과 같다(CDS, 2001).

① 마을주민이 그들의 생활에 관련된 의사결정과정에 적극적으로 참여하여 영향을 미치도록 해야 한다.

② 마을주민들의 생활환경에 관련된 경제, 사회, 정치 및 심리적 영역의 변화에 관한 이해와 학습의 과정에 마을주민들이 참여하게 한다.

③ 마을개발과정에서 나타나는 다양한 관심과 문화를 조화시켜야 하며, 그 마을의 소외계층에게 불리하게 의사결정이 내려지지 않게 한다.

④ 마을주민, 마을지도자 및 마을에 있는 각종 조직 구성원들의 리더쉽을 향상시켜야 한다.

⑤ 장기적으로 마을복지가 지속화 될 수 있도록 하는데 필요한 광범위한 활동전략을 모색한다.

4. 마을평생교육관련제도와 정책

국가 및 지방자치단체는 마을평생교육을 진흥하기 위해서 여러 가지 정책을 수행하고 있다. 그러한 정책은 평생교육법과 평생교육법 시행령 등 관련법적근거를 통해 시행되고 있으며 그 내용 중 모든 주민이 참여할 수 있는 마을평생교육과 관련 된 내용을 중심으로 살펴보면 다음과 같다.

1) 마을평생교육 이념적 측면에서의 마을평생교육 정책

마을평생교육법 제4조에서와 같이 국가는 모든 국민은 마을평생교육 혜택을 받을 수 있게 해야 하며 그것은 주민들의 자유로운 선택과 참여를 통해 이루어져야 함을 명시하고 있다.

- 마을평생교육법 제4조(마을평생교육의 이념)

① 모든 국민은 마을평생교육의 기회를 균등하게 보장받는다.

② 평생교육은 학습자의 자유로운 참여와 자발적인 학습을 기초로 이루어져야 한다.

③ 평생교육은 정치적·개인적 편견의 선전을 위한 방편으로 이용되어서는 아니 된다.

④ 일정한 평생교육과정을 이수한 자에게는 그에 상응하는 자격 및 학력인정 등 사회적 대우를 부여하여야 한다.

2) 국가 및 지방자치단체의 마을평생교육정책

평생교육법 제5조에는 국가 및 지방자치단체는 지역주민의 모두가 평생교육에 참여할 수 있도록 지원을 해야 하며 각종 시설을 평생교육위해 사용할 수 있도록 해야 한다고 제시함으로써 마을단위의 각종 마을평생교육시설을 마을주민을 위한 마을평생교육 시설로 이용할 수 있어야 한다.

• 평생교육법 제5조(국가 및 지방자치단체의 임무)

① 국가 및 지방자치단체는 모든 국민에게 평생교육 기회가 부여될 수 있도록 평생교육진흥정책을 수립·추진하여야 한다.

② 국가 및 지방자치단체는 그 소관에 속하는 단체·시설·사업장 등의 설치자에 대하여 평생교육의 실시를 적극 권장하여야 한다.

3) 교육과정에 대한 마을평생교육정책

평생교육법 제6조(교육과정 등)에 의하면 "평생교육의 교육과정·방법·시간 등에 관하여 이 법과 다른 법령에 특별한 규정이 있는 경우를 제외하고는 평생교육을 실시하는 자가 정하되, 학습자의 필요와 실용성을 존중하여야 한다."라고 명시하고 있다. 이것은 마을평생교육프로그램이 주민이 원하는 교육과정, 방법 및 시간에 이루어 져야함을 의미하는 이것은 마을이 처해 있는 상황에 따라 마을평생교육이 융통성 있게 전개되어야 함을 의미하고 있다.

4) 공공시설의 이용을 통한 마을평생교육정책

평생교육법 제7조에 의하면,

① 평생교육을 실시하는 자는 평생교육을 위하여 공공시설을 그 본래의 용도에 지장이 없는 범위 안에서 관련 법령으로 정하는 바에 따라 이용할 수 있다.

② 제1항의 경우 공공시설의 관리자는 특별한 사유가 없는 한 그 이용을 허용하여야 한다.

이와 같이 평생교육법에서는 마을단위에서 마을평생교육이 가능하도록 각종 공공시설을 마을주민을 위한 마을평생교육의 시설로 이용할 수 있게 하고 있다. 예를 들면, 도시의 경우, 마을회관, 주민자치센터(읍, 면사무소), 사회복지관, 보건소 시설 등을 마을평생교육시설로 활용할 수 있으며, 도시의 경우에도 주민자치센터(동사무소), 사회복지관, 아파트단지 내 노인정 또는 회의실 등을 마을평생교육시설로 활용할 수 있게 하고 있다.

5) 국가 및 지방자치단체의 학습휴가 및 학습비 지원을 통한 마을평생교육정책

평생교육법 제8조에 의하면, "국가·지방자치단체와 공공기관의 장 또는 각종 사업의 경영자는 소속 직원의 평생교육기회를 확대하기 위하여 유급 또는 무급의 학습휴가를 실시하거나 도서비·교육비·연구비 등 학습비를 지원할 수 있다." 로 명시하고 있어 마을단위에서 실시하고 있는 각종 마을평생교육프로그램에 참여하는 공공기관종사자 또는 각종 사업체의 경영자는 가까운 곳에서 마을평생교육 혜택을 받을 수 있으며 또는 유급, 무급의 학습휴가, 도서비, 교육비, 연구비 등도 지원 받을 수 있게 하고 있다.

6) 평생교육진흥기본계획의 수립을 통한 마을평생교육정책

평생교육법 제9조에 의하면,

① 교육과학기술부장관은 5년마다 평생교육진흥기본계획(이하 "기본계획"이라 한다)을 수립하여야 한다.

② 기본계획에는 다음 각 호의 사항이 포함되어야 한다.

1. 평생교육진흥의 중·장기 정책목표 및 기본방향에 관한 사항
2. 평생교육의 기반구축 및 활성화에 관한 사항
3. 평생교육진흥을 위한 투자확대 및 소요재원에 관한 사항
4. 평생교육진흥정책에 대한 분석 및 평가에 관한 사항
5. 그 밖에 평생교육진흥을 위하여 필요한 사항

③ 교육과학기술부장관은 기본계획을 관계 중앙행정기관의 장, 특별시장·광역시장·도지사·특별자치도지사(이하 "시·도지사"라 한다), 시·도교육감 및 시장·군수·자

치구의 구청장에게 통보하여야 한다.

위와 같은 내용은 평생교육법 제4조에 명시한 모든 국민이 평생교육의 혜택을 받도록 한 평생교육이념을 평생교육진흥기본계획에 포함하도록 하고 있다. 즉 중앙단위의 계획을 모든 기초 자치단체장에게 통보함으로써 지자체는 지역의 모든 주민이 평생교육의 혜택을 받을 수 있도록 해야 한다고 볼 수 있다.

7) 연도별 평생교육진흥시행계획의 수립 및 시행에 따른 마을평생교육정책

평생교육법 제11조에 의하면, 시·도지사는 중앙단위의 기본계획에 따라 연도별 평생교육진흥시행계획을 수립 및 시행하여야 한다고 하고 있다.

이것은 시·도의 평생교육은 시·도의 지역실정에 적합한 각종 평생교육프로그램을 계획, 수행 및 평가함으로써 지역실정에 적합한 마을평생교육프로그램을 통해 지역발전의 원동력으로 하고자 하고 있다. 여기에서 지역의 가장 기본 단위인 마을을 중심으로 한 각종 마을평생교육이 무엇보다 중요하며, 그것은 곧 마을주민의 역량을 제고시키고 나아가 지역민의 단합과 경제활동의 의지와 기술을 제공하는 지름길이 되고 있음을 의미한다.

8) 시 · 도평생교육협의회구성을 통한 마을평생교육정책

평생교육법 제12조에서는

① 시행계획의 수립·시행에 필요한 사항을 심의하기 위하여 시·도지사 소속으로 시·도평생교육협의회(이하 "시·도협의회"라 한다)를 둔다.

② 시·도협의회는 의장·부의장을 포함하여 20인 이내의 위원으로 구성한다.

③ 시·도협의회의 의장은 시·도지사로 하고, 부의장은 시·도의 부교육감으로 한다.

④ 시·도협의회 위원은 관계 공무원, 평생교육과 관련된 전문가, 평생교육 관계 기관의 운영자 등 평생교육에 관한 전문지식 및 경험이 풍부한 자 중에서 해당 시·도의 교육감과 협의하여 의장이 위촉한다.

⑤ 시·도협의회의 구성·운영에 필요한 사항은 해당 지방자치단체의 조례로 정한다.

이와 같이 시·도에서는 시·도평생교육발전을 위하여 시·도평생교육협의회를 구성함으로써 그 지역의 각계각층의 평생교육관련 내용을 수렴함으로써 마을평생교육을 지역발전의 원동력으로 하고자 하고 있다. 특히 교육청과의 긴밀한 협의를 통해 교육청 산하의 도서관, 각급 학교 및 교육청시설을 활용하게 함으로써 마을단위의 마을평생교육을 좀 더 구체화 할 수 있게 했다. 예를 들면 초등학교나 폐교를 마을평생교육의 중심시설로 활용하거나 도서관을 통해 마을주민의 마을평생교육기회를 보다 확대시켜 나갈 수 있게 하고 있다.

현재, 많은 초등학교 또는 폐교를 마을평생교육시설로 활용하고 있으며 도서관도 마을주민을 위해 여러 가지 교육프로그램을 제공하고 있다.

9) 시 · 군 · 자치구평생교육협의회를 통한 마을평생교육정책

평생교육법 제14조에 의하면,

① 시·군 및 자치구에는 지역주민을 위한 평생교육의 실시와 관련되는 사업간 조정 및 유관기관 간 협력 증진을 위하여 시·군·자치구평생교육협의회(이하 "시·군·구협의회"라 한다)를 둔다.

② 시·군·구협의회는 의장 1인과 부의장 1인을 포함하여 12인 이내의 위원으로 구성한다.

③ 시·군·구협의회의 의장은 시장·군수 또는 자치구의 구청장으로 하고, 위원은 시·군·자치구 및 지역교육청의 관계 공무원, 평생교육 전문가, 관할 지역 내 평생교육 관계 기관의 운영자 중에서 의장이 위촉한다.

④ 시·군·구협의회의 구성·운영 등에 필요한 사항은 지방자치단체의 조례로 정한다.

위의 내용과 같이 시·군·자치구에서는 그 지역의 평생교육을 진흥하기 위하여 평생교육협의회를 구성하도록 되어 있다.

본 조항에서 볼 수 있듯이 기초지방자치단체에서는 그 지역주민을 위한 마을평생교육을 활성화시키기 위해 구체적인 노력을 해야 한다. 특히 저학력층, 저소득층 및 학습소외계층이 마을평생교육혜택을 받을 수 있도록 각종 규정을 만들어 학습자의 접근성이 용이한 마을단위의 마을평생교육이 활발하게 전개될 수 있게 하고 있다. 특히 지자체는 주민자치센터를 중심으로 한 마을평생교육활성화를 모색하고 있어 마을단위 마을평생교육이 주민자치센터가 중심역할을 할 수도 있다.

10) 평생교육도시사업을 통한 마을평생교육정책

평생교육법 제15조에 의하면,

① 국가는 평생교육 활성화를 위하여 시·군 및 자치구를 대상으로 평생교육도시를 지정 및 지원할 수 있다.

② 제1항에 따른 평생교육도시 간의 연계·협력 및 정보교류의 증진을 위하여 전국평생교육도시협의회를 둘 수 있다.

③ 제2항에 따른 전국평생교육도시협의회의 구성·운영에 필요한 사항은 대통령령으로 정한다.

④ 제1항에 따른 평생교육도시의 지정 및 지원에 필요한 사항은 교육과학기술부장관이 정한다.

위내용에서와 같이 국가는 기초지자체를 중심으로 마을평생교육을 보다 체계적으로 운영할 수 있는 마을평생교육도시사업을 수행할 수 있게 하고 있다. 그리고 각 지자체는 지자체주민 모두가 마을평생교육의 혜택을 받을 수 있도록 각종 프로그램을 찾아가는 마을평생교육의 일환으로 마을단위에서 마을평생교육프로그램을 운영하고 있으며 한편으론 마을단위에서 마을평생교육프로그램을 마을주민들이 직접 계획하여 수행하고 있는 경우도 있다.

11) 경비보조 및 지원을 통한 마을평생교육정책

평생교육법 제16조에는

① 국가 및 지방자치단체는 이 법과 다른 법령으로 정하는 바에 따라 다음 각 호의 어느 하나에 해당하는 평생교육진흥사업을 실시 또는 지원할 수 있다.

1. 평생교육기관의 설치·운영
2. 제24조에 따른 평생교육사의 양성 및 배치
3. 평생교육프로그램의 개발
4. 그 밖에 국민의 평생교육 참여를 촉진하기 위하여 수행하는 사업 등

② 지방자치단체의 장은 해당 지방자치단체의 조례가 정하는 바에 따라 주민을 위한 평생교육진흥사업을 실시하거나 지원할 수 있다. 이 경우 교육감 또는 지역교육장과 협의하여야 한다.

국가 및 지자체는 각종 평생교육기관을 마을단위에 설치할 수 있으며, 마을에서 필요로 하는 프로그램도 개발 제공할 수 있다. 지방자치단체는 조례를 정하여 지역교육감과 협의하여 폐교 또는 마을에 있는 각급 학교를 마을평생교육의 중심센터로도 활용할 수 있게 되어 있다.

12) 지도 및 지원을 통한 마을평생교육정책

마을평생교육법 제17조에는

① 국가 및 지방자치단체는 평생교육기관의 요청이 있는 때에는 그 기관의 평생교육활동을 지도 또는 지원할 수 있다.

② 국가 및 지방자치단체는 평생교육기관의 요청이 있는 때에는 그 기관에서 평생교육활동에 종사하는 자의 능력향상에 필요한 연수를 실시할 수 있다.

이와 같이 국가 및 지방자치단체는 마을단위에 있는 각종 마을평생교육기관의 요청이 있을 때에는 지도 및 지원 할 수 있으며, 나아가 그러한 기관에 종사하는 자의 능력향상에 필요한 각종연수를 실시할 수 있게 하고 있다.

13) 시 · 도평생교육진흥원을 통한 마을평생교육정책

평생교육법 제20조에 의하면,

① 시·도지사는 대통령령으로 정하는 바에 따라 시·도평생교육진흥원을 설치 또는 지정·운영할 수 있다.

② 시·도평생교육진흥원은 다음 각 호의 업무를 수행한다.

1. 해당 지역의 평생교육기회 및 정보의 제공
2. 평생교육 상담
3. 평생교육프로그램 운영

4. 해당 지역의 평생교육기관간 연계체제 구축

5. 그 밖에 마을평생교육진흥을 위하여 시·도지사가 필요하다고 인정하는 사항

평생교육법 제20조와 같이 시·도에는 [시·도평생교육진흥원]을 설치 또는 지정·운영함으로써 해당 시·도지역의 모든 주민이 평생교육의 혜택을 받을 수 있는 시행계획을 수립하여 시행하도록 하고 있다. 여기에는 마을단위에 있는 각종 마을평생교육기관간의 네트웍을 구축하고 나아가 상호교류를 통해 협력체계가 활성화되도록 한다.

14) 시 · 군 · 구 평생교육관을 통한 마을평생교육정책

평생교육법 제21조에 의하면,

① 시·도교육감은 관할 구역 안의 주민을 대상으로 평생교육프로그램 운영과 평생교육 기회를 제공하기 위하여 평생교육관을 설치 또는 지정·운영하여야 한다.

② 시장·군수·자치구의 구청장은 평생교육관의 설치 또는 재정적 지원 등 해당 지방자치단체의 평생교육을 진흥하기 위하여 필요한 사업을 실시할 수 있다.

③ 제1항 및 제2항에 따른 평생교육관의 설치·운영 등에 필요한 사항은 해당 지방자치단체의 조례로 정한다.

시·군·구 자치단체는 좀 더 구체적으로 그 지역의 모든 주민이 평생교육프로그램혜택을 받을 수 있도록 마을평생교육관을 설치하거나 그 지역의 마을평생교육을 진흥하기 위하여 각종 마을단위 마을평생교육계획을 수립 또는 필요한 마을평생교육지도자를 양성할 수 있으며, 현재 많은 지자체에서 그러한 사업을 운영하고 있다.

15) 정보화관련 평생교육의 진흥을 통한 마을평생교육정책

평생교육법 제22조에 의하면,

① 국가 및 지방자치단체는 각급 학교·민간단체·기업 등과 연계하여 교육의 정보화와 이와 관련된 평생교육과정의 개발을 위하여 노력하여야 한다.

② 국가 및 지방자치단체는 각급 학교·평생교육기관 등이 필요한 인적자원을 활

용할 수 있도록 하기 위하여 대통령령으로 정하는 바에 따라 강사에 관한 정보를 수집·제공하는 제도를 운영할 수 있다.

국가 및 지방자치단체는 마을단위에서 마을평생교육을 전개할 수 있는 각종 정보제공 및 강사에 관련된 정보도 제공할 수 있게 하고 있다.

16) 학습계좌제를 통한 마을평생교육정책

평생교육법 제23조에 의하면,
"국가는 국민의 평생교육을 촉진하고 인적자원의 개발·관리를 위하여 학습계좌(국민의 개인적 학습경험을 종합적으로 집중 관리하는 제도를 말한다)를 도입·운영할 수 있도록 노력하여야 한다." 여기에서 마을단위에서 전개하고 있는 각종 마을평생교육프로그램참여자의 이력도 학습계좌제로 등록되어 필요한 혜택을 받을 수 있게 하고 있다.

17) 평생교육사 배치를 통한 마을평생교육정책

평생교육법 제26조에 의하면, 평생교육기관에는 평생교육사를 배치하여야 한다. 즉 「유아교육법」, 「초·중등교육법」 및 「고등교육법」에 따른 유치원 및 학교의 장은 평생교육프로그램을 운영함에 있어서 필요한 경우에 평생교육사를 채용할 수 있다.

또한 제20조에 따른 시·도평생교육진흥원 및 제21조에 따른 시·군·구평생교육관에 평생교육사를 배치하여야 한다. 평생교육사의 배치대상기관 및 배치기준은 대통령령으로 정한다로 되어 있으며, 국가 및 지방자치단체는 평생교육 프로그램 운영 및 평생교육사 채용에 사용되는 경비 등을 보조할 수 있게 함으로써 마을단위에서도 평생교육사를 배치할 수 있으며 또한 읍면동에 평생교육사를 배치하여 마을평생교육을 지원할 수 있게 하였다.

18) 학교를 통한 마을평생교육정책

평생교육법 제29조에 의하면 학교의 평생교육시설활용을 평생교육을 할 수 있게 하였다.

평생교육법 제29조에 의하면 각급 학교의 장은 평생교육을 실시할 수 있게 하였으며 그러한 평생교육시설을 활용하기 위해

① 「초·중등교육법」및 「고등교육법」에 따른 각급 학교의 장은 평생교육을 실시함에 있어서 평생교육의 이념에 따라 교육과정과 방법을 수요자 관점으로 개발·시행하도록 하며, 학교를 중심으로 공동체 및 지역문화 개발에 노력하여야 한다.

② 각급 학교의 장은 해당 학교의 교육여건을 고려하여 학생·학부모와 지역 주민의 요구에 부합하는 평생교육을 직접 실시하거나 지방자치단체 또는 민간에 위탁하여 실시할 수 있다. 다만, 영리를 목적으로 하는 법인 및 단체는 제외한다.

③ 제2항에 따른 학교의 평생교육을 실시하기 위하여 각급 학교의 교실·도서관·체육관, 그 밖의 시설을 활용하여야 한다.

④ 제2항 및 제3항에 따라 학교의 장이 학교를 개방할 경우 개방시간 동안의 해당 시설의 관리·운영에 필요한 사항은 해당 지방자치단체의 조례로 정한다.

이와 같이 각급 학교는 학교시설을 이용하여 지역주민에게 각종 마을평생교육 프로그램을 제공할 수 있게 하였으며 그러한 마을평생교육프로그램을 전문적으로 제공할 수 있는 인력배치 또는 자원봉사자가 요구된다. 마을평생교육지도자를 양성하여 그러한 역할을 할 수 있도록 하는 방안이 필요하다고 본다.

19) 마을평생교육자의 학습결과 인정

평생교육법 제41조에 따르면 일정한 평생교육을 이수한 자에게 필요한 학점 또는 학력 등을 인정할 수 있도록 하였다. 따라서 마을평생교육지도자 양성과정을 수료한 자에게는 그에 상응하는 학력 또는 학점 등을 인정할 필요가 있다.

Ⅲ. 마을개발유형

1. 대상지역별 유형

1) 농촌마을개발

(1) 농촌사회의 일반적 특성

농촌이라는 개념은 도시와의 공생적 관계에서 파악해야 하기 때문에 현대사회의 급속한 산업화와 도시화의 확대는 농촌의 구조적 성격을 변질시키고 있어서 더욱 농촌을 설명하기 어렵다. 각 나라마다 인구센서스의 분류에서는 농촌과 도시의 규정을 달리하고 있는데 이것은 각 나라마다 특이한 사회구조적, 문화적 배경 때문이라고 볼 수 있다.

이처럼 농촌의 개념을 규정하는 기준설정이 복잡하지만 인구 직업모형 및 사회문화적 특성에 따라 그 개념을 설명해 보면 다음과 같다.

첫째, 인구규모는 농촌과 도시를 구분하는 기준이 되고 있다. 농촌은 도시에 비해 상대적으로 적은 인구규모를 가지고 있다. 그러나 어느 정도의 인구규모가 농촌과 도시를 구분하는 기준점이 되는 가에 대해서는 각 나라마다 다르다.

미국인구통계국(U. S. Census of Bureau)에서는 2,500명의 인구를 농촌과 도시를 구분하기 위한 기준점으로 삼고 있다. 즉 2,500명 이하의 지역공동체를 농촌이라 하고 2,500명 이상의 인구를 가진 지역공동체를 도시로 구분하고 있다.

그리고 세계의 많은 나라에서는 인구 20,000명의 이상을 농촌과 도시의 분류기준점으로 삼고 있다. 우리나라에서는 인구규모가 50,000명 이하의 인구가 거주하는 지역을 농촌으로 구분하고 있다. 그리고 인구규모 못지않게 중요한 개념이 인구밀도이다.

인구밀도는 거주지역의 면적에 영향을 많이 받기 때문에 반드시 인구규모와 비례하지는 않는다. 비교적 국토면적인 좁은 나라에서는 넓은 나라에 비해 농촌으로 구분된 지역의 인구밀도가 높은 경향을 띠고 있다. 그러나 농촌, 도시의 구분에 있어서 인구밀도에 의한 숫자적 기준은 제시되지 않고 있다.

둘째, 직업모형별로 농촌은 토지에 바탕을 둔 영농에 의지하고 있다. 산업화의 확대로 농촌지역에 비농업인구가 증가하고 있으나 영농은 농촌산업구조 또는 직업구조의 가장 기본이 되고 있다. 이처럼 토지에 바탕을 둔 영농이 농촌의 지배적 모형이라는 사실은 농촌지역이 비교적 낮은 인구밀도를 나타내고 있다는 점과 관련되어 있다.

셋째, 사회문화적 측면에서 농촌은 도시와 차이가 있다. 이것은 농촌의 내면적 측면을 의미하는 것으로 Dewey는 농촌, 도시산의 사회 문화적 특성의 차이를 다음과 같이 5개의 수준에서 파악했다. ① 익명성(Anonymity), ② 분업(Division of Labour) ③ 주민의 다양성 (Heterogeneity), ④ 공식적 대인관계(Formal Relation), ⑤ 지위의 외변적 상징(Overt Symbols).

즉 농촌은 이 5가지 기준에서 비교적 정도가 낮은 사회, 문화적 특성을 나타낸다고 듀이는 설명하였다.

이러한 기준설정과 관련하여 Wirth는 농촌, 도시의 사회·문화적 차이가 인구규모나 인구밀도에 기인하는 것이라 한데 비하여 Dewey는 그러한 사회·문화적 측면에서의 차이가 인구의 측면과는 매우 대립적으로 나타난다고 하였다. 즉 인구규모가 작은 만큼 반드시 전형적인 농촌의 성격이 나타나는 것도 아니고 반대로 인구규모가 크다고 하여 그 만큼 도시적인 성격이 강해지는 것도 아니라는 점이다. 다시 말하면 인구의 적고 많음은 곧 그 마을의 변화 자체를 뜻하는 것이지 어떤 방향으로서의 변화를 뜻하는 것은 아니라는 입장이다.

이상의 농촌의 특성에 관한 세 가지 측면은 상호 관련되어 있기는 하나 비례적으로 나타난다. 결국 어느 한 측면만으로 농촌의 개념을 규정하기란 매우 어려우므로 농촌의 개념에 대한 파악은 이 세 측면의 복합적인 적용이 따라야 할 것이다. 그러나 실용적인 개념파악에 있어서는 통계적 자료가 풍부한 인구학적 측면이 가장 중요한 기준이 되고 있다.

(2) 농촌마을개발 내용

농촌마을개발(Rural Community Development)은 농민의 생활향상을 위해서 농촌의 인구·물적 및 기타 제반자원을 합리적으로 동원 및 개발하는데 있다. 그 중에서도 인적 자원의 합리적인 조직이나 활용은 매우 중요하다. 인적 자원이라는 것은 노동력, 지식, 기술, 협동심 등의 통합된 내용이다. 특히 농민의 지식과 기술은 농촌마을개발을 추진하는 중요한 조건이 된다.

농민이 효과적인 생산활동을 위해서는 농업제반에 관한 지식과 기술을 갖추어야 한다. 이러한 지식과 기술의 확충은 창의력과 협동심이 바탕이 되어주어야 한다. 농촌부분에 산재해 있는 유림자원(Idle Resources)의 발견과 이것을 활용할 수 있는 창의력이 발휘될 때 마을개발의 효과가 있다. 그러나 농민의 전통적인 의식구조(Consciousness Structure)는 새롭게 개선하려는 의지보다 현상을 유지하거나 전통적인 방식을 답습하려는 경향이 많다. 이러한 농민의 의식은 농촌사회의 창조적 개선을 가로막는 큰 장애요인이 되고 있다.

농촌의 물적 자원의 개선은 농지, 가축, 농기구, 건물 등의 합리적인 조직을 통하여 이루어진다. 이러한 물적자원(Physical Resources)의 조직화는 보다 창의적이고 과학적인 방법에 의해 체계적으로 이루어져야 하고 물적자원의 활용은 마을전체의 수익성과 개별주민의 이해관계를 고려해야 한다.

농촌사회의 개발을 저해하는 요인은 물적 투입요소의 부족이라는 경제적 요인뿐만 아니라 이러한 물적 자원을 합리적으로 활용할 수 있는 인적 자원의 부족이라고 볼 수 있다. 여기에서 농촌주민들의 지식을 개선하고 창의력과 협동심을 개발하기 위한 중요한 마을프로그램인 농촌사회교육이 요구되고 있다. 그리고 농촌사회를 보다 높은 차원으로 개발시키기 위해서는 사회적 대책과 더불어 농업생산력의 발전을 촉진시킬 수 있는 농촌경제의 향상을 가져올 수 있는 대책이 요구되고 있다.

2) 도시마을개발

(1) 도시사회의 일반적 특성

도시는 농촌에 대한 상대적 개념으로서 경제사회의 진보에 따라 형성된 역사적 산물이다. 도시는 역사를 통해서 보면 인류문명과 문화를 창조하고 발전시키는 원동력이 되어왔으며 배후지역을 지배하고 관리해 온 중추역할을 해왔다.

특히 산업혁명 이후 과학과 기술의 발전으로 인구 및 각종 재화가 도시를 중심으로 급속히 팽창하였다. 도시는 지리학적 측면에서 보면 인구와 건축물의 집단을 이룬 지역이며, 사회학적 측면에서 보면 인구집단을 가진 노동시장이고 경제학적 측면에서 보면 생산 및 소비시장이고 정치 및 행정학적 측면에서 보면 통치조직이나 행정기관의 중심지로서의 기능을 가진다.

도시는 농촌과는 다른 사회구조적 특성을 가지고 있기 때문에 여기에 살고 있는 주민은 농촌 주민과는 다른 생활구조와 의식구조를 가지고 있다. 일반적으로 도시인은 직업이 개별화됨에 따라 사회적 상호작용이 지연적 조건보다는 이해관계에 의해서 일어나며 이것을 바탕으로 해서 생활구조가 형성되고 있다.

농민의 사회적 의식이 ① 가족주의(Familism) ② 집합주의(Collectivism) ③ 권위주의(Authoritarionism) ④ 인본주의(Humanism) 등을 바탕으로 하고 있는데 비하여 도시인의 의식구조는 ① 개인주의(Individualism) ② 비인본주의(Nonhumanism) ③ 형식주의(Formalism)④ 자유주의(Liberalism) 등을 바탕으로 하고 있다.

이와 같은 도시사회는 농촌사회와는 많은 차이를 가지면서 이른바 도시주의(Urbanism)등을 바탕으로 형성되고 있다. 이러한 도시의 발전은 여러 가지 새로운 문제를 제기하고 있다. 즉 산업 및 교통수단이 발달하고 도시인구가 증가함으로써 교통, 주택, 급수, 대기오염 및 폐기물 등 무질서한 시가지의 공간적 확산으로 인한 공원녹지(Open Space)등의 부족을 비롯하여 산업구조의 파행성, 소외계층의 증가, 빈부격차의 심화, 범죄, 비행 등 각종 사회병리현상의 급증에 따른 사회불안의 초래, 공중위생의 약화 등으로 인한 사회, 경제적 문제가 확산되어 가고 있다.

(2) 도시마을개발 내용

경제가 발전되어감에 따라 도시화는 급속하게 추진되고 그 결과 여러 가지 문제가 제기되고 있다. 특히 도시로의 급격한 인구집중은 인구폭발(Population Explosion), 인구내파(Population Implosion), 인구의 다양화(Population Diversification)를 야기시킨다.

인구폭발이란 최근 수십년 동안 일어난 인구증가율의 현저한 가속현상을 뜻하고, 인구내파란 지표상 적은 지역에 인구가 계속 집중됨을 뜻하며, 인구의 다양화란 동일한 시공간에 문화, 가치관, 민족, 인종 등에 의한 이질성의 증대현상을 뜻한다.

이 외에도 사회적 병리, 빈민지역의 형성, 교통란, 주택란, 급수란, 각종 공해

등 생활환경의 변화 등이 도시민의 생활폐단은 물론이고 전체 사회에 많은 나쁜 영향을 끼친다. 특히 빈민지역(Slum Area)은 일반적으로 가난한 도시민이 불량한 가옥에 밀집 거주하는 지역으로서 여기에는 주택시설이 낡고 불량하여 토지의 이용정도가 침체되고 각종 건물이 토지의 수용능력 이상으로 과밀한 인구를 수용하고 있다. 이 지역의 주민들은 생활이 빈곤하고 범죄와 비행 및 실업률이 높으며 각종 생활환경이 마비되어 있다. 뿐만 아니라 공동체 의식이 낮아 각종 집단활동에의 참여정도가 미약하다.

이러한 빈민지역은 대체로 도시의 빈곤한 공장노동자, 농촌에서 이주하여 온 사람들에 의해 형성되고 이들 주민 가운데서 생산계층은 다른 지역으로의 이동이 가능하나 그렇지 못한 실업자 등 소외계층은 사회적 낙오자가 많다. 이와 같이 도시화 과정에서 야기되는 여러 가지 사회, 경제적 문제는 불안과 불합리를 낳게 한다. 그러므로 이러한 제반 도시문제를 해결하기 위해 마을개발 프로그램이 적극적으로 도입되어야겠다.

3) 농촌개발과 도시개발의 차이

농촌마을개발에 관련된 내용과 도시마을개발에 관련된 내용은 그 대상과 방법면에서 약간 다르게 나타날 수 있다. 왜냐하면 농촌지역과 도시지역에 거주하고 있는 사람들의 기질이 다르고 생활환경도 다르기 때문에 여기에 적합한 마을개발 프로그램을 전개하여야 하기 때문이다. 그 중요한 내용을 살펴보면 다음과 같다.

① 마을개발은 상대적으로 낙후된 마을을 대상으로 하기 때문에 도시지역은 농촌보다 소득 또는 생활의 질면에서 우세하므로 도시전체의 입장에서 보면 마을개발의 대상이 되기 어려우나 도시내부에서는 빈민지역에 대한 마을개발활동(문명퇴치, 직업교육, 이웃의식 강화, 근로의욕향상, 생활환경의 개선, 재개발 등)을 적용시킬 수 있다.

② 농촌은 자연부락 또는 행정단위별로 마을의 독립성을 유지할 수 있기 때문에 마을개발 프로그램을 쉽게 적용할 수 있으나 도시마을은 상호 공간적으로 연계되어 있기 때문에 빈민가를 제외한 단위별의 마을개발 프로그램 저용이 어려워서 공간개발적 접근이 많이 시도되고 있다.

③ 농촌주민들은 전통의식에 의해 주민간의 관계는 정신적으로 연계되어 있고

정착의식이 강하여 주거 마을에 대한 애착이 강하므로 마을개발 프로그램 적용이 용이하나 도시주민들은 상호이해관계로 묶여 있고 이동성이 강하여 정착의식이 약하기 때문에 마을개발 프로그램 적용이 어렵다.

④ 농촌마을은 산업기능이 단순하고 주민들의 직업이 대체로 동일하다. 따라서 주민간의 공동적 이익이 나타나므로 그 공동적 이익을 찾아 마을개발 프로그램을 전개하면 주민의 참여와 협동이 자극될 수 있다. 그러나 도시마을은 산업기능이 복잡하고 주민들의 직업이 다양하다. 따라서 주민간의 이해가 다양하기 때문에 공동적 이익을 중심으로 하는 마을개발 프로그램을 추진하기가 어렵다.

그러므로 농촌마을에서는 마을개발 프로그램을 다양하게 적용할 수 있으나 도시마을에서는 주로 환경시설의 개선사업을 위주로 할 수밖에 없으므로 이 사업은 연속성이 약할 뿐 아니라 도시지역의 시설사업은 주로 대규모적인 정부사업이기 때문에 주민들에 의한 자율사업이 어렵다.

이상과 같이 도시마을에서는 마을개발 프로그램이 효과적으로 전개되기가 어려운 실정이다. 그럼에도 불구하고 도시마을에서도 마을개발 프로그램이 요구되는 것은 마을개발 프로그램에 주민들이 참여함으로써 도시지역에서는 잃어버린 생활공동체적 연대의식과 전인격적 인간관계의 회복을 기하려는 데에 그 목적과 의의를 두고 있다고 볼 수 있다. 즉 농촌마을에서는 뿌리 깊은 비생산적인 관습과 전통을 변화시키는 데에 마을개발의 의의가 있다고 보면 도시마을에서는 연대의식과 인간관계의 회복에 그 의의를 두고 있다.

2. 추진방법별 유형

1) 하향식 개발계획(Top-Down Program-Planning)

하향식 개발계획이라 함은 국가적 필요에 따라 정부가 주도하여 개발계획을 수립하는 것을 의미한다. 이것은 하향식으로 사업계획을 추진해 나가는 것으로 정부의 정책이나 계획을 그대로 반영시키는데 중심을 두고 있다. 따라서 계획수립의 주체는 정부나 사업을 주관하는 기관이며 마을주민은 이러한 계획에 따라 수동적으로 참여하게 된다.

모든 의사결정은 상부조직으로부터 하부조직으로의 일방통로가 대부분이며 주민의 의사가 상부조직으로 전달될 수 있는 통로는 제한되어 있다. 이러한 과정에서 주민참여는 자발적이기 보다 행정적인 강제력에 의해 일어난다. 여기에서는 모든 계획이 국가적 필요를 충족시키기 위한 국가의 계획이라는 성격이 두드러지게 나타난다.

그리고 마을주체의 지도력은 향상되기 어렵고 행정적인 뒷받침을 통한 외부의 지도력이 훨씬 우세한 경향이 있다. 이러한 방법은 주민의 자발적인 참여를 얻기 어렵지만 마을주체의 지도력과 전문적 기술이 뒤떨어진 후진마을에서 채택되고 있는 방법이다. 그러나 마을개발의 기본이념이 주민의 적극적인 참여를 통한 지역의 발전에 있기 때문에 마을 지도력을 개발할 수 있는 방향으로 전환시켜야 할 것이다.

2) 상향식 개발계획(Bottom-Up Program-Planning)

상향식 개발계획은 주민에 의해 공통적으로 인식된 욕구나 문제를 주민 스스로 해결해 나가기 위해 수립하는 계획형태이다. 이 형태의 계획에서는 계획수립과정에 정부나 기타 외부기관의 개입이 없이 주민의 독자적인 필요와 방향설정에 따라 계획이 수행된다.

따라서 주민의 의사가 최대한으로 반영되고 마을의 지도력이 활발히 육성될 수 있다는 장점을 지니고 있다. 그러나 주민의 독자적인 계획수립에는 국가적인 정책이나 계획과는 벗어나는 내용이 포함될 수 있으며 정책이나 외부기관과의 공식적인 의사소통이 원만하지 못하여 외부와의 제반 협조가 어렵고 외부로부터 필요한 인적, 물적, 기술적 지원을 획득하기가 곤란한 경우가 있다.

상향식 개발계획은 마을내의 자원만으로도 어느 정도 개발계획을 수립할 수 있을 때 사용되어진다. 이 유형의 계획수립은 지역적으로나 사회적으로 고립되어 외부와의 소통이 용이하지 않고 자체의 유능한 지도력이 구비되어 있는 제한적 지역에서 볼 수 있다. 이러한 지역에서는 지역주민과 정부기관이 협력하여 의사소통의 통로를 확대함으로서 외부의 원조와 지원을 마을개발에 최대한 활용할 수 있도록 하는 방안이 강구되어야 한다.

3) 공동적 개발계획(Joint-Program-Planning)

공동적 개발계획은 주민의 의사와 욕구를 중요시하되 이를 국가적 요구와도 조화시키는 방향으로 수행된다. 지역주민을 대표하는 마을 자체 지도자와 국가소속 기관의 개발요원이 함께 마을문제를 놓고 토론하여 계획을 수립하는 방법이 보통이다.

정부는 계획수립의 기본지침이나 대강을 수립하고 이에 상반되지 않은 범위 내에서 주민의 의사를 최대한 반영시키는 것이다. 계획수립에는 주민의 자발적 참여가 최대한으로 장려되고 상부에서 하부로, 하부에서 상부로의 의사소통이 항상 원만하게 유지된다.

마을에서 동원 가능한 자원을 바탕으로 계획을 수립하되 정부나 외부의 관련기관이 이것을 보다 활발히 추진하기 위해 적극적으로 필요한 지원이나 제도적 기술적인 뒷받침을 하는 것을 원칙으로 한다. 마을주민의 창의가 존중되고 자체 내의 지도력을 육성하고 강화하기 위해 외부기관으로부터 훈련계획이 마련된다. 이러한 훈련기회를 통해 마을 자체 지도자의 자질이 향상되고 이들은 주민의 대표로서 적절한 계획수립에 보다 적극적으로 참여할 수 있다. 이 유형은 앞의 유형보다 더 효과적이고 바람직한 형태로서 시범적인 마을개발의 일환으로 세계 각국에 많이 소개되고 있는 방법 중의 하나이다.

제 2 장

마을평생교육지도자의 이해

2장에서는 마을평생교육지도자의 이해에 대한 내용으로 마을평생교육지도자 양성의 필요성과 마을평생교육지도자 양성교육 현황을 살펴본다.

마을평생교육지도자 양성 필요성의 세부내용으로는 마을리더십관련 내용, 마을리더와 마을조직, 마을리더 육성을 위한 학습방안, 마을평생교육지도자 양성의 필요성에 대해 알아본다. 다음으로 마을평생교육지도자 양성교육의 시작을 살펴본 후, 국가차원, 광역지자체, 대학 중심의 마을평생교육지도자 양성 현황을 통해 마을평생교육지도자의 전반적인 이해를 돕는다.

Ⅰ. 마을평생교육지도자 양성의 필요성

마을평생교육지도자 양성은 마을평생교육의 이념을 실현하고 지역공동체와 지역경제발전을 가능하게 하는 중요한 정책으로서 지속적인 학습사회조성이 밑으로부터 일어나게 한다.

1. 마을리더십관련 내용

1) 마을리더십의 개념과 접근방법

(1) 마을리더십의 개념

마을리더란 마을사회단위에서 리더십을 발휘하는 자를 의미하며 그러한 리더는 마을에 기초한 여러 가지 조건을 갖추고 있어야 하며 일반적인 리더십의 조건도 요구된다. 따라서 여기서는 일반적 리더십의 측면에서 접근하고 뒷 부문에 마을사회 차원에서의 리더십관련 내용을 제시하였다.

리더십이란 용어는 비교적 근래에 사용되어 졌다. 리더라는 용어도 기원을 더듬어 보면 A.D.1300년경까지 거슬러 올라갈 수 있으나, 본격적으로 사용되기 시작한 것은 겨우 200여 년 전에 불과하다. 리더십에 관한 대부분의 개념들에는 하나 또는 그 이상이 집단 구성원들이 "부하들"또는 "추종자들"이라고 불리워지는 사람들로부터 어떤 관찰 가능한 차이에 의해 리더로 확인될 수 있다는 사실이 함축되어 있다.

리더십의 사전적 정의를 살펴보았을 때 지도자로서의 역량이나 능력, 지도자로서의 권한이나 임무(브리테니커 온라인 사전), 집단의 목표나 내부 구조의 유지를 위하여 성원(成員)이 자발적으로 집단활동에 참여하여 이를 달성하도록 유도하는 능력(두산동아 엔싸이버 백과사전)이다. 리더십이란 적용범위가 무척 광범위하고 그 각 연구별 리더십의 정의 자체가 리더십을 연구한 환경에 영향을 많이 받기 때문에 그 정의가 연구 범위만큼 다양하다.

혹자는 발표된 논문만큼 많은 리더십의 정의가 존재한다는 말도 하였는데 이는 1000개가 넘는 리더십 개념의 다양성과 혼동 양상을 잘 나타내 주는 표현이며 또 리더십에 대한 많은 학자와 사회의 관심을 나타냄이라 할 수도 있을 것이다. 그리고 리더십의 정의는 리더십 현상을 조망하는 관점에 따라서, 또한 시대사조(Zeitgeist)에 따라서 리더십의 정의는 달라진다. 그래서 리더십을 일의 적으로 정의하기는 어렵다.

그러나 몇 개의 대표적 정의들을 간추리면 다음과 같다.

리더십이란 "집단의 활동을 공동의 목표로 지향케 하는 한 개인의 행동"이다.(Hemphill & Coons.1957), 리더십이란 "집단의 한 구성원이 다른 구성원으로서의 활동에 관한 행동 양식을 규정할 권리를 갖는다고 지각하는 것으로 특정되어지는 특수한 유형의 권력관계"이다.(Janda.1960), 리더십이란 "한 상황 속에서 행사되어지며, 의사소통 과정을 통하여, 명시된 목표의 달성을 지향하게 하는 대인간의 영향력"이다.(Tannenbaum, Weshler & Massarik.1961), 리더십이란 "한 사람이 어떤 종류의 정보를 제공하고, 다른 사람이 그에 따라 행동하면 그 결과가 개선될 것이라는 확신을 갖게 하는 상호작용"이다(Jacobs.1970), 리더십이란 " 기대와 상호작용 속에서 조직(Structure)을 주도하고 유지하는 것"이다.(Stogdill.1974), 리더십이란 "O의 행위가 P의 행동을 변화시키고, P는 그러한 영향력행사를 합법적인 것으로, 그리고 그 변화를 P자신의 목표와 일치하는 것으로 보는, 한 영향력 과정"이다.(Kochan, Schmidt & Decotiis.1975), 리더십은 한 사람이 집단이나 조직의 정해진 목표의 달성을 위해 다른 집단구성원에게 영향을 미치는 과정"이다.(Greenberg & Baron.1993), 리더십이란 "주어진 상황에서 목표달성을 위하여 개인이나 집단의 행위에 영향력을 행사하는 과정"(Hersey & Blanchard.1982)이라고 하였다.

이와 같이 리더십 정의의 다양성에도 불구하고 일반적 공통의 의미를 보여주는 하나의 현상은 리더십이란 한 집단 내에서 두 사람 이상이 상호 작용하는 과정에서 나타나는 것이며 결국 구성원으로 하여금 그들이 맡은 일과 직무를 열성적으로 기꺼이 실현하는 기술이라는 것이다. 또 리더십의 여러 가지 정의에 내포된 기본 개념을 보면, 첫째, 리더십은 조직목표와 관련을 가진다. 둘째, 리더십은 리더와 추종자 관계이다. 셋째, 리더십은 공식적 조직계층의 책임자만이 갖는 것이 아니라 집단내 다른 구성원의 행동을 자극하고 영향을 미치는 과정이라면 동료간 또는 하위직에 있는 자에 의해서 행사되기도 한다. 넷째, 리더십은 리더가 추종자에게 일반적으로 행동을 강요하는 것이 아니라 어디까지나 상호작용의 과정을 통해서 발휘되는 것이다. 다섯째, 리더십은 리더의 권위를 통해서 발휘되는 것이 아니다. 여섯째, 리더십은 소속집단 및 조직 내에서 분화된 여러 가지 직능을 수행한다. 이러한 과정에서 리더의 특성, 행동, 환경, 정서 등이 영향을 미친다. 그리고 이러한 영향을 주는 변수 설정에 따라 이론적 연구방법이 다르다고 할 수 있다. 다음은 리더십 개념에 대한 논쟁점들과 리더십 연구의 접근방법에 따른 리더십 이론에 대하여 살펴보겠다.

(2) 마을리더십 접근방법

마을리더는 그 마을사회의 특성을 즉 마을의 역사, 정치·행정, 경제, 교육, 종교, 문화 등에 대해 잘 알고 있어야 하며 나아가 마을주민의 사회적 특성을 다른 사람보다 잘 파악하고 있어야 한다. 그러한 마을 리더가 지니고 있는 특성을 분석하는 몇 가지 방법이 있다. 예를 들면 특성론적 접근, 행동론적 접근, 귀인론적 접근, 대체론적 접근, 인지론적 접근, 상황적응적 접근, 환경적응적 접근등이 그것이다. 그러나 이렇게 다양한 리더십으로의 접근에서 본 연구는 일반적으로 구분하는 특성론적 접근방법, 행동론적 접근방법, 상황론적 접근방법과 최근 나타난 신조류이론 등으로 구분하여 보았다.

그리고 이렇게 구분하는 경우에 찾아볼 수 있는 몇 가지 특징 적인 사항은 다음과 같다.

첫째, 마을리더십에 관한 연구는 개인, 집단, 그리고 조직 등의 서로 다른 차원이나 수준을 중심으로 이루어진다. 분석수준을 개인으로 할 때의 연구에서는 성공적인 리더의 특성에, 집단으로 할 때는 공식적·비공식적 리더의 행동에, 그리고 조직으로 할 때는 리더와 부하와 상황간의 상호작용에 의해 결정되는 조직효과에 중점을 둔다.

둘째, 마을리더십의 접근 방법이 이처럼 세 가지 범주로 구분되어 논의되기는 하나 이들은 발전론적으로 전개된다. 즉 이 같은 구분은 여타 사회과학의 발전 경험에 힘입어 리더십 이론은 (특성이론-행동이론-상황이론)이라는 도식에 따라

발전되고 있다. 이론의 이 같은 발전적인 현상은 각 이론(접근방법)이 지배적이었던 시대적 흐름에서도 설명된다. 그 후 신 조류 이론으로 카리스마적 리더십이나 변혁적 리더십과 등의 이론들이 도입된다.

<표-1> 각 이론의 지배적 시기

논자	특성이론	행동이론	상황이론
C.A. Schriesheim et(83)	예수탄생~40년대 후반	60년대 초반	60년대 후반
M.M Chemers (84)	10년대~2차 대전	2차대전~60년대 후반	60년대 후반~
Daft/Steers(86)	1904~1948년	40년대~50년대	60년대
Szilagyi/Wallace(90)	40년대~50년대	50년대~60년대	60년대~80년대
R.M. Steers(91)	~40년대	50년대 초	60년대~
A. Bryman(91)	~40년대 초	40년대 후반~60년대 후반	60년대 후반~80년대 초
R. Kreiner(92)	~50년대 말	60년대	70년대~80년대 중반
Hersey/Blanchard(93)	~45년	45년~60년대 중반	60년대 후반~
J,R, Gordon(93)	40년대~50년대	50년대	60년대~
R.N. Lussier(93)	~50세기 초반	40년대 후반	60년대 후반~
S.P. Robbins(94)	~40년대 초반	40년대 후반~60년대 중반	60년대 후반~

위와 같은 리더십의 기본적인 3가지 이론적 경향(특성이론, 행동이론, 상황이론)과 신 조류 이론을 바탕으로 살펴보면 다음과 같다.

<표-2> 리더십의 흐름

기 간	리더십 이론	핵 심 내 용
과거~1950년	특성이론	리더와 리더가 아닌 사람을 구별할 수 있는 특징이나 특성이 존재한다.
1950년~1970년	행동이론	리더십의 가장 중요한 측면은 리더의 특성이 아니라 리더가 여러 상황에서 실제로 하는 행동이다. 성공적 리더와 비 성공적 리더는 그들의 리더십 스타일에 의해 구분된다.
1970년~1980년	상황이론	리더의 효과성은 그의 스타일뿐 아니라 리더십 환경을 이루는 상황에 의해서도 결정된다. 상황에는 리더나 하급자들의 성격, 집단구조, 강화 등의 유형이 포함된다.(상황에 의존된다.)
1980년~ 현재	신조류이론	리더는 비전을 지녀야하며 부하와 정서적 동질감을 지녀 부하 스스로 상사의 기대를 능가하는 추가 노력을 유발시키는 것으로 인지적 측면 및 비전 제시능력을 강조한다.

그리고 4가지 리더십 연구의 접근방법에 따른 모델을 살펴보면 모델(modal)이란 관심의 대상이 되는 복잡한 현상에 대해 그 저변에 깔려있는 근본 원리를 찾아내어 이런 원리를 간단명료하게 제시할 수 있게 해주는 이해의 틀이라고 볼 수 있다. 우리가 관심을 갖는 현상에 대해 알고 싶어 하는 것은 그 현상에서 원인이 무엇이고 결과는 무엇이며, 또 그러한 원인-결과간의 관계에 영향을 미치는 다른 요인으로서 어떤 것들이 있는가 하는 것이다.

그러므로 모델은 그 현상을 이해하는 데 유용한 주요 요소인 독립 변수, 종속변수, 매개변수, 조정변수에 해당하는 것이 무엇이며, 이 변수들이 서로 어떤 관계를 갖고 있는가를 보여준다.

변수들 간의 예상되는 인과 관계에서 원인이 된다고 생각되는 변수를 독립변수라 하고, 그 인과 관계에서 결과에 해당된다고 생각되는 변수를 종속변수라고 한다. 독립변수와 종속변수 사이에 개재하여 독립 변인의 영향을 받아서 값이 변화되고, 이것이 다시 종속 변인에게 영향을 주는 요인을 매개변수라고 한다. 그리고 독립변수가 종속변수에 영향을 미치는 수위를 조절하는 영향력을 갖는 상황적 변수를 조절변수라고 한다.

위의 4가지 접근방법 모델을 다시 살펴보면 첫째, 특성론적 접근은 독립변수 리더의 특성(리더의 능력, 성격, 기술)에 따라 종속변수인 리더십의 유효성에 영향을 준다고 보았다. 둘째, 행동론적 접근은 독립변수를 리더의 행동으로 보았고, 이 독립변수에 영향을 받은 매게변수(부하의 동기, 노력, 능력, 집난 응십성)능이 종속변수인 리더십의 유효성에 영향을 준다고 보았다. 셋째, 상황론적 접근은 독립변수를 리더의 특성과 행동으로 보았고 이 독립변수가 종속변수인 리더십의 유효성에 미치는 영향에 대한 수위를 조절하는 변수 즉 조절변수로 부하의 특성, 과제의 특성, 환경적 특성이 있다고 보았다. 넷째, 신조류 접근은 독립변수 리더-부하의 관계특성에 따른 종속변수 리더십의 유효성이 달라진다고 보았다.

이와 같은 마을 리더십의 특성은 마을 특성과 매우 관계되기 때문에 리더십이론 중 마을리더에게는 무엇보다 상황론에 근거한 이론적 접근이 요구된다.

1980년대에 들어서 리더십 연구자들은 카리스마적 리더십, 조직 문화의 창조 및 조직의 변화 또는 희생에 깊은 관심을 갖기 시작하였다. 카리스마적 리더십과 변혁적 리더십이라는 용어는 조직 구성원들의 태도 및 가정에 중요한 변화를 일으키도록 영향을 주고, 조직의 임무나 목표에 대해 적극적 참여 분위기를 구축해 나가는 과정을 의미한다. 변혁적 리더십과 카리스마적 리더십보다는 광범위하게 정의되나 두 개념들간에는 중복되는 부분도 상당히 있다는 것이 일반적 견해이다. 이러한 신 조류 이론가들은 전통적 리더십 이론이 집단의 과업을 이루거나 조직 목표실현에 집착한 수단적 행위에만 관심을 나타낸다는 주장을 펴면서 전통적 리더십을 수단적 리더십 이론 또는 전통적 리더십 이론으로 제한하였다.

여러 리더십 이론에서 사용된 유형이 비록 동일한 용어라 하더라도 학자에 따라 포함하는 내용을 달리하고 있기 때문에 용어보다는 학자들의 이론을 중심으로 논의를 전개하는 것이 바람직하다.

먼저 카리스마적 리더십이란 Beber의 카리스마를 개념화시킨 이론으로서 이 유형의 리더는 부하의 마음속에 긍정적인 이미지를 형성하여 유지하도록 하고 부하를 신뢰하며 비전을 제시하고 사명감을 강화하는 방법으로 행동하고 미래에 대한 희망을 주는 사람으로 본다. House는 카리스마적 리더를 개인적인 능력에 의해서 부하들에게 특별한 영향을 미칠 수 있는 자로 성과 면에서 더 효과적이라고 하였다.

Conger & Kanungo는 카리스마는 하나의 특성 현상이라는 가정에 기초를 두고 카리스마적 리더십 이론을 제시했다. 그들은 카리스마와 비 카리스마를 구분하는 신뢰할만한 리더 행동으로 다음과 같은 일곱 가지 행동특성-극단적 비전(extremity of the vision)의 제시, 높은 개인적 위험 부담(high personal risk), 비일상적인 전략의 활용(use of unconventional strategies), 상황의 정확한 평가(accurate assesment), 추종자의 각성(follower disenchantment), 자신감 있는 커뮤니케이션(communication of self-confidence), 개인 권력의 활용(use of personal power)-을 제시하고 이러한 행동을 많이 하는 리더를 카리스마 리더로 규정하였다. 카리스마적 리더십에 대한 여러 학자들의 공통점은 강한 신념, 자신감, 비전의 제시, 개인권력의 활용, 변화 및 하위자가 리더와 동일시 되고자하는 과정을 통한 높은 성과의 실현에 있다.

변혁적 리더십에는 거래적 리더십과 변환적 리더십으로 양분하여 생각할 수 있다.

거래적 리더십(Transactional Theory)은 추종자에 의한 지도자의 행위나 동기에 대한 인식과 기대에 중심을 둔 이론이다. Burns는 리더십을 개개인이 자신에게 가치 있다고 여기는 정치, 경제, 심리적인 것들을 상호 교환하는데 있어서의 계약적 정립이라고 하였다.

변환적 리더십(Transformational Leadership)이론은 Burns가 1978년에 처음으

로 주창한 이론으로 리더십을 지도자와 추종자가 높은 수준의 동기부여와 덕성(morality)을 갖추도록 하는 전환의 과정이라고 설명한다. 변환적 리더십은 리더십 과정(leadership process)에 초점을 둔 것으로 개인적인 리더십이라기 보다는 조직 내의 여러 수준과 하위 조직의 여러 리더들의 행동이 포함된 조직 전체의 리더십 과정을 의미한다.

<표-3> 행위별 MLQ 대표 항목들

이 설문은 자기가 자신의 행동을 평가하든가 하급자들이 팀장이나 상사의 행위를 1(전혀 그렇지 않다)에서 5(매우 그렇다)까지로 평가하도록 되어 있다.

리더십	변수	내용
변환적 리더십	카리스마	내가 지금 평가하고 있는 사람은 어떤 장애물도 스스로의 능력으로 극복할 수 있다고 나는 신뢰한다.
	지적자극	내가 평가하고 있는 사람은 내가 고민해온 고질적인 문제를 새로운 관점에서 생각해볼 수 있게 해준다.
	개별적배려	내가 평가하고 있는 사람은 내가 필요한 경우 나를 코치해 준다.
거래적 리더십	조건적 보상	내가 지금 평가하고 있는 사람은 내가 무엇을 해야 하는지와 그 노력의 결과로 어떤 보상을 받을 수 있는지를 내가 확실히 알고 있는지 확인한다.
	예외에 의한 관리	내가 평가하고 있는 사람은 내가 실수를 저질렀을 때만 관여한다.

변혁적 리더십과 거래적 리더십의 논의에서 여러 가지로 유사한 점도 많지만 몇 가지 차이점이 있다. 변환적 리더십은 추종자들의 높은 윤리적 가치 및 높은 위계 수준의 욕구에 호소하는 보다 진보된 리더들에 국한한다. 이에 비에 거래적 리더십은 그 효과가 궁극적으로 추종자들을 이롭게 하는가의 여부에 관계없이 추종자들의 동기를 자극하고 참여를 증대시키는 사람으로 정의한다. 거래적 리더십에서는 안전, 생존, 및 경제적 욕구와 같은 낮은 차원 수준의 욕구에 호소하는 리더들도 이 범주에서 배제하지 않고 있다.

그리고 카리스마적 이론과 변혁적 이론의 차이점은 카리스마적 리더는 극단적 존경을 받고, 부하들로 하여금 무조건 적으로 복종하고 신뢰하게 하는 리더인 만변 변혁적 리더는 부하로 하여금 더욱더 자율적, 자기 지시적, 자아 실현적이고, 이타적이 되도록 하는 리더라고 할 수 있으며 이러한 차이로 인해 두 형태의 지도자는 요구되는 상황이 각기 달라진다.

신 조류이론에 근거한 마을리더는 마을이 지닌 특수성을 감안 할 때 양립할 수 있는 조건을 갖출 필요가 있다. 왜냐하면 농촌주민들은 지적 수준이 상대적으로 낮기 때문에 다분히 변혁적 리더십(카리스마)을 요구하고 있지만 한편으로 조건적 보상을 요구하고 있기 때문이다.

2. 마을리더와 마을조직

1) 마을리더와 마을조직과의 관계

마을조직은 마을주민을 조직화하고 마을 욕구를 파악하여 최종적으로는 마을의 복지로 나아가기 위한 마을개발 전략 과정에서 가장 중요한 연결고리라 할 수 있다. 마을개발은 주민의 자발적 참여를 바탕으로 이루어지는 하나의 과정이라 할 수 있으며 그러한 주민역량을 모으는 주체이다.

마을조직은 마을의 문제해결과정에서 공유되는 리더와 자발적 주민참여를 통하여 주민들이 문제 해결을 위해 계획을 수립하고 수행하고 평가할 수 있도록 지원해야 한다. 따라서 이러한 마을조직의 리더는 마을조직의 존속과 직결된다고 할 수 있다.

즉 마을조직의 리더는 마을조직이 목표를 달성하려는 구성원들의 의지를 끌어가는 행위로 설명할 수 있다.

리더십의 본질은 조직으로 정해진 힘의 증가와 관계가 있다. 이것은 지시적인 힘을 포함하고 있다고 하겠는데 조직이 조직의 목적을 수행하는데 리더의 행위가 없이 기능을 발휘할 수 없는 이유는 ① 조직의 목표를 적절히 제시할 수 없게 된다. ② 변화하는 환경에 대처하기 어렵게 된다. ③ 조직 내부의 역동성을 발휘할 수 없게 된다. ④ 조직 내의 구성원의 특성을 적절하게 활용하기 어렵다. 조직은 변화하는 환경에 있고 여기에 변화의 욕구가 수반되어 적절한 계획을 요구하는 리더십을 요구하게 된다.

마을 조직은 그 분류기준에 따라 여러 가지 형태로 나누어질 수 있다. 분류기준이란 활동영역, 활동목적, 조직의 주체, 활동의 복잡 정도 등을 들 수 있다.

따라서 마을 리더십도 이러한 마을조직의 다양한 형태에 따라 다양하게 나타날 것이다. 마을에 기반을 둔 리더십(The Community-based Ledership Model)이 리더십 모델은 Hustedde(1991)에 의해 1990년대 초에 주창된 것으로 상호 대가 지불(payoff)보다는 고차원의 동기부여에 중점을 둔다는 점에서 변혁적 이론과 유사하다. 변혁적 이론에서의 리더는 불변하는 반면, 마을에 기반을 둔 리더십 이론에서는 지도자와 추종자가 마을의 관심거리에 따라 서로간의 위치가 바뀔 수 있다는 점에서 차이가 있다. 다시 말하면, 한 마을의 관심분야에 따라 그 분야에 가장 전문적인 기술을 소유한 마을주민이 지도자가 되며, 그 관심분야가 바뀔 경우 바뀐 분야에 대해 가장 잘 아는 마을주민이 지도자가 되는 논리이다. 또한 변혁적 리더십 이론이 마을 내의 특정 집단의 이익에 관심을 두는 반면, 이 이론은 마을 전체의 이익에 관심을 둔다는 점에서도 차이가 있다. 이 모델은 상당히 합리적이며 기능적이지만, 우리나라처럼 정부나 각종 단체의 직위에 있는 사람들이 마을 지도자로 여겨지고, 마을 주민들에게 영향을 주는 마을에서는 아직은 시기상조인 듯하다. 하지만 앞으로 마을가 보다 더 분화될 것이라는 전제하에서는 마을에 기반을 둔 리더십 이론이 여러 마을의 리더십에 대한 설명력을 갖출 수 있을 것이다.

2) 마을조직의 의의

(1) 마을조직의 개념

마을 조직은 마을주민들로 구성되어 있는 학습집단이라고 할 수 있다. 학습집단 구성원들은 대부분 성인들로 구성되어 있기 때문에 그러한 조직을 성인조직으로 호칭할 수도 있다(김남선, 2001;2).

마을주민들은 그러한 조직을 통하여 생활의 보람과 행복을 증진시키는 경우가 많다. 특히 사람은 그것이 어떤 형태든 조직 속에서 살고 있기 때문에 조직과 인간의 삶과는 불가분의 관계인 것이다.

마을조직은 마을 속에서 지속적으로 이루어지게 되며 마을주민은 그 마을조직 속에서 생활하게 되는 경우가 많고 그러한 조직화를 통하여 주민 개개인의 삶과 그 마을의 발전이 증대된다.

마을주민간의 개인과 개인, 개인과 집단 또는 집단과 집단이 서로 상호 작용하여 상호관계를 맺는 과정에서 조직화가 이루어진다. 그러므로 마을조직은 주민간의 밀접한 상호작용이 바탕 되어 이루어지며 그 과정에서 주민의 공통된 욕구와 당면과제가 효과적으로 해결될 수 있는 계기를 마련하게 된다. 그러므로 마을조직은 주민의 공통된 욕구해결에 바탕을 두고 있는 마을개발과 마을복지의 중요한 수단이 된다고 할 수 있다.

(2) 마을학습 조직의 목표

마을 속에서 인간은 요람에서 무덤에 이르기까지 교육을 받으면서 살아간다. 그리고 인간은 자신이 알고 있든 모르고 있든 간에, 인간환경은 그를 형식적으로 혹은 비형식적 기회를 통하여 가르치고 기른다.

교육은 어느 특정한 시간의 삶을 준비하는 과정이 아니라 삶의 한 측면이며 부분이다. 교육은 가치로운 미래에 대한 삶의 질을 결정하는 척도에 속한다. 그러므로 미래에 전개될 생애의 기간이 짧다고 해서 교육이 줄어들거나 끝날 수는 없다.

교육은 인간의 생활이며 그 성장을 의미한다. 사회적 동물로서 주어진 집단 속에 태어나는 인간은 그 생명의 지속과 성장을 위하여 의식적이건 무의식적이건 간에 어떠한 형태의 교육을 필요로 한다. 이와 마찬가지로 마을형성과 그 발전을 위하여 각 마을은 창조적인 힘이 요구되는데 이러한 역할을 교육이 수행하고 있다(이희수, 2001). 그러한 교육과정에서 마을에는 각종 학습 또는 봉사조직이 나타나는데 그러한 마을조직의 활동 목표는 다음과 같다.

마을조직은 여러 가지 목표하에 다양한 기능을 수행하고 있는데 일반적인 마을조직 기능은 다음과 같다(김남선, 2001).

① 개인의 삶의 질을 향상시킨다.

② 개인의 특성을 활용할 수 있다.

③ 개인의 취미 생활을 할 수 있다.

④ 공동체의식을 향상시킨다.

⑤ 마을의 중요한 자원이다.

⑥ 마을의 중요한 자원봉사 역할을 한다.

그리고 마을을 발전시키기 위해서 마을수준에서 각종 마을조직이 활동하고 있는데 그러한 마을조직의 중요한 활동 목표는 다음과 같다.

첫째, 마을 주민들과 개인적인 잠재력을 향상시키고, 발전 가능성들을 증가시킨다.

둘째, 마을주민들이 공통적으로 느끼고 있는 마을내의 문제들을 해결함으로써 그들 '삶의 질'을 높인다는 것이다.

셋째, 마을주민들이 민주적 가치관이 형성되도록 교육시킨다.

넷째, 마을 및 지역사회의 균형발전을 가져오게 한다.

다섯째, 지역권력 및 지자체의 견제와 비판기능을 한다.

여섯째, 공공기관에 대해 주민욕구를 반영시킨다.

일곱째, 지방자치단체 역할의 보조기능을 한다.

이것을 좀 더 세분해 보면 다음과 같다.

① 마을주민의 잠재능력의 개발

마을조직은 마을주민들의 각자의 잠재능력을 개발할 수 있도록 여러 가지 프로그램을 마을주민들에게 제공하고 있다. 마을 조직체는 여성, 노령자, 청소년 그리고 장애자 등과 같은 이질적인 집단간의 차별요인을 제거하여 그들의 잠재능력을 최대한 발휘하도록 각종 프로그램을 제공하고 있다.

그러한 차별요인들을 제거하는 것은 마을 주민간의 갈등요인을 제거할 수 있어 그들의 잠재력을 강화시키게 된다. 마을공동 캠페인 같은 것은 이질적인 주민간의 동질성을 확보할 수 있게 하여 좀 더 바람직한 마을을 만드는데 중요한 역할을 하게 된다. 또한 마을조직은 마을주민 각자가 지니고 있는 개인적인 능력을 향상시키고, 좌절감들을 극복하게 하고, 올바른 행동과 성공적 활동을 할 수 있도록 도와주고 있다. 그리고 마을조직은 각종 교육프로그램을 통하여 여러 가지 제약요소로 인하여 성취력이 약한 주민들에게 성취동기를 부여하고 사회봉사의식을 함양시켜 마을공동체의 주체가 되기도 한다.

② 마을문제해결

마을조직의 둘째 목표는 마을 주민들이 직접 당면하고 있는 문제의 해결을 도와줌으로써 그들의 삶의 질을 향상시키는 것이다. 우리는 마을 주민들이 그들의 삶에 영향을 미치는 많은 문제들을 올바르게 처리하는 방법들을 알고 있을 것으로 생각하지만 그것은 그렇지 않다. 그들은 어떠한 방법으로 문제를 다루어야 하는지, 상태가 어떻게 변화되어 가는지에 대한 지식이 부족하다. 그러한 주민들의 지식 부족과 무기력한 감정은 마을조직의 노력에 의해서 그들이 문제에 직면하였을 때 올바르게 영향력을 행사할 수 있도록 하게 된다.

③ 마을주민의 민주적 가치관 형성

마을조직의 셋째 목표는 마을 주민들에게 민주적 의식을 강화시키는 것이다. 민주의식을 주장하는 것은 마을조직의 중요한 기초이다. 마을조직이 민주적인 참여를 얼마나 중요하게 여기고 있는 가에 대해서는 그것의 설립가치를 이해하게 되면 좀 더 구체적으로 이해할 수 있게 된다. 마을조직은 주민의 민주적 참여에 의해서 그 활동의 가치가 존중되며 아울러 마을조직의 운영도 민주적 원리에 의해 수행되어 마을주민의 참여를 유도해 낼 수 있게 된다. 즉 주민의 참여 없이는 마을조직의 존립가치가 없게 된다. 그러므로 마을조직의 민주원리는 가장 기본이라 할 수 있다.

그러한 민주적 과정은 주민 각자가 스스로에게 신뢰를 일으킬 수 있게 하여 그들의 삶의 현장을 보다 자율성 있게 만들어 준다. 이러한 마을의 민주적인 이념을 위해서는 주민을 위한 리더쉽이 마을에 알맞게 분산되어야만 그 구성원의 반응을 얻을 수 있다.

④ 마을 균형적 발전

마을조직의 넷째, 목표는 마을에 자원의 배분을 더욱 공정하게 하는 것과 부와 권력을 올바르게 이해하고 그것을 바르게 배분을 하는 것이다. 마을조직의 주요한 가진자의 횡포에 대항하여 그들의 권리를 주장할 수 있는 힘을 향상시키고 또한 그러한 정치·행정 권력에 대한 정보를 소유하지 못하고 있는 마을주민들에게 올바른 정보를 제공해 줌으로써 마을주민들이 민주적으로 그들의 권력과 부를 획득해 나갈 수 있도록 도와주는 것이다.

⑤ 지방자치단체에 대한 비판

마을조직은 마을 주민 개개인이 자주 느끼는 무기력한 감각을 극복하는 수단을 제공한다. 마을 주민은 그들의 삶에 결정적으로 영향을 미치는 권력기관이나 지자체에 대해 각자의 직접적인 이해관계가 없으면 개별적 또는 집단적 대항에 무관심한 태도를 취하는 경우가 많다. 그러나 마을조직은 그러한 무력감에 처해있는 마을주민들의 태도를 적극적이고 협동적인 태도로 변화시켜준다. 그러한 변화는 마을주민들로 하여금 할 수 있다는 자신감을 불러일으키게 한다. 마을 주민들이 무력함을 느끼는 중요한 원인은 무엇을 어떻게 해야 할 지에 대한 정보 또는 지식의 부족으로부터 오고, 그런 경우 마을 전체가 고통에 처할 경우가 많아, 마을 조직은 그러한 무력함의 원인을 제거할 수 있는 능력을 갖추고 있기 때문에 마을 조직은 주민 각자가 스스로 그러한 무력함을 극복할 수 있게 한다.

⑥ 지자체 및 공공기관에 대한 욕구반영

마을조직은 마을의 공동 문제를 해결하기 위해 노력하고 있다. 예를 들면 각종 이익집단은 그들에게 유리한 각종 공적 프로그램을 확보하기 위해 입법 활동을 하고 있는 지역의원들에게 접촉하거나 협상하기도 하며 행정부와의 유대관계를 강화시키고 있다. 따라서 정부기관은 마을조직과의 협력을 통해 사회경제적인 문제를 해결하기 위하여 각종 시민단체와 사회복지기관 등의 설립과 보조 등에 관한 행·재정적 각종 제도를 정비해 나가고 있다. 그러한 제도적 정비는 각종 마을 조직의 지속적인 노력을 통해서 나타나고 있다.

또한 마을조직은 중앙정부 또는 지방정부 차원에서 각종 정책이 합리적으로 제공될 수 있도록 여러 가지 제안을 통한 압력행사를 하게 된다. 그러한 압력은 마을조직의 개별적 욕구보다 그 마을주민의 공통된 욕구를 마을조직을 통해 반영함으로써 마을발전이 주민의 참여를 통해 보다 효율적으로 전개될 수 있다.

⑦ 지자체역할의 보조기능

마을조직은 개인보다 집단의 공통문제에 관심을 두고 있으며 문제의 사회적 원인에 초점을 둔다. 마을조직은 집단의 공동문제 해결을 위해 권력기관과의 유기적인 역학관계를 형성한다. 즉 마을조직은 마을수준에서 자생적 설립 및 능동적 활동이 요구되지만 마을조직에 관련된 정부기관과의 적절한 조화와 협력관계가 요청된다. 왜냐하면 마을조직의 중요한 활동은 곧 정부의 역할을 보조해 주는 기능이기도 하기 때문이다. 그러므로 정부는 마을조직활동이 곧 정부의 업무를 지원해 준다는 인식으로 마을조직의 활성화를 위해서 체계적인 지원을 아끼지 말아야 한다.

3) 마을조직의 유형

마을조직은 그 분류기준에 따라 여러 가지 형태로 나누어질 수 있다. 최근 우리나라에는 비정부조직(Non-governmental organization)이 급속도로 만들어지고 있는데 그것의 유형은 그 기준에 따라 다양하게 접근될 수 있다. 마을조직을 몇 가지로 분류해 보면 다음과 같다.

첫째, 활동영역에 따른 분류, 마을조직은 활동영역의 기준에 따라 전국단위 마을조직과 마을단위 마을조직으로 분류할 수 있다. 즉 활동의 영역을 어떻게 하느냐에 따라 분류된다.

둘째, 활동목적에 따른 분류, 마을조직은 무엇을 목적으로 하여 조직되었느냐에 따라 분류된다. 즉 어떤 마을조직은 순수한 학습을 활동목표로 하고 있으며, 어떤 마을조직은 사회봉사를 중심으로 하고 있으며, 또 어떤 마을조직은 마을개혁을 위해 설립되는 등 그 설립목적에 따라 다양하게 설명된다.

셋째, 조직의 주체에 따른 분류, 누가 조직했느냐에 따라 자생조직, 비자생조직 등으로 분류된다. 대체로 주민의 욕구에 따라서는 자생조직의 특성을 많이 지니고 있으며 정부의 목적과 지원에 따라 조직되는 마을조직은 비자생적 특성을 지니게 된다.

넷째, 활동의 복합정도에 따른 분류, 마을조직의 활동내용이 단일기능을 지니고 있는가 또는 여러 가지 복합기능을 지니고 있는가에 따라 분류하는 방법이며 사회가 복잡할수록 전문성을 지닌 마을조직이 더 요구되고 있으나 여건에 따라 마을조직의 연계활동 또는 복합활동을 하는 경우가 있다.

이와 같이 마을조직은 분류기준에 따라 그 특성이 다양하게 나타나고 있으며 건전한 사회봉사를 통해 마을발전을 이룩하기 위해서는 마을주민의 욕구에 바탕을 둔 마을조직이라야 바람직하다. 그러나 마을조직의 성격은 그 마을조직을 구성하고 있는 구성원들의 특성에 따라 특성화되는 것이 보통이다. 또한 마을은 복합적인 삶의 공간단위이므로 마을조직의 활동도 상호 연계적이며 종합성을 지닌 경우가 많아 마을조직간의 중복적 기능이 많은 것도 현실이다. 따라서 그러한 마을조직간의 유기적인 상호협력관계가 요청되고 있다. 이와 같은 유형을 몇 가지 다시 분류하여 제시하면 다음과 같다.

(1) 전통적인 마을 조직분류

우리나라의 전통적인 농촌마을에는 촌락의 내부적 필요와 여건에 따라 제도화되어온 협동관행이 있었는가 하면 일제시대 이후 관의 농업정책일환으로 투입된 여러 비자발적인 조직이 활동해 왔다(정무성, 1999).

우리나라 농촌마을조직은 자생조직집단, 비자생조직집단으로 구분 하고 있다. 그 종류에서 자생집단으로는 계, 두레, 품앗이, 사랑방모임 등이 있고, 비자생집단으로는 부녀회, 4H회, 그리고 영농회, 부녀회, 농악모임, 청소년회 등의 협동조합 내부육성조직이 있다. 한편 이러한 집단들은 주로 농업생산을 영위할 목적으로 조직되었다는 관점에서 농업생산조직의 개념으로 파악하기도 한다. 농업생산조직의 종류로는 전통적으로 두레, 품앗이, 공동작업반 등이 있고, 해방이후 농기계 공동이용조직, 기계화 영농단, 작목반 등이 있다. 그리고 부락단위를 벗어난 광역조직으로서는 자생적인 협동농장들의 사례가 있다.

이러한 제반 조직들은 같은 촌락 내에서 동일구성원을 갖고 서로 중첩되어 왔으며 역사적으로 활동하던 시기에 따라 자발성과 관계없이 그 시대의 농업생산양식에 맞춰 사실상의 연결고리를 갖고 있다. 그러므로 이러한 연장선상에서 현존하는 조직 역시 그 제도적 설립취지 및 설립목적과 별도로 촌락사회 내에서 역사적으로 생성 소멸했던 이러한 조직들이 지녔던 거의 모든 협동의 경험이 촌락자체에 축적되고 필요에 따라서는 다시 구현되는 것이라 생각할 수 있다.

마을조직을 구분하는 방법이 학자나 연구목적에 따라 다양하게 분류하고 있으나 대체로 ① 자생친목조직(계, 두레, 품앗이 등) ② 종합적 조직(4-H, 새마을운동조직 등) ③ 전문기능조직 ④ 제도화된 공식조직(주민자치센터, 새마을문고, 신용협동조합, 마을학교, 마을종합복지관 등) 등의 유형으로 나누고 있다.

(2) 활동영역 및 대상별 분류

마을조직의 활동영역은 사회일반, 환경, 인권, 여성, 복지, 산업, 경제, 소비자, 교육, 보건, 의료, 주택 등등 그 대상에 따라 활동영역이 정해진다. 또한 마을조직의 활동대상 주민의 특성에 따라 농민, 노동자, 여성, 아동, 장애자 등으로 분류할 수 있다. 마을조직의 활동대상을 비인간의 특성에 따라 분류하면 경제-사회발전 프로그램, 과학기술발전, 문화 및 이념의 개발 그리고 종교의 보급 등으로 분류된다.

(3) 활동기능별 분류

마을조직의 활동기능에 따라 분류하면 ① 상담기능, ② 복지기능, ③ 개발 및 자족능력 배양기능 그리고 ④ 교육기능 등이 있다. 마을조직은 혜택 받지 못한 사람들에 대한 상담과 복지기능과 특정 사업목적이나 프로젝트를 수행하거나 자발적 사회봉사를 수행하는 적극적인 기능을 수행하기도 한다. 또한 개별 주민들의 자유를 신장시키거나 아니면 권한을 부여하거나 기술적이고 재정적 보조를 통하여 자족능력을 배양시켜주는 기능을 담당하며 또한 사회변화를 위한 교육을 담당하거나 이를 향한 대변자적 역할을 수행한다.

마을조직의 활동범위는 크게 ① 마을주민의 공동체 형성, ② 국가 및 지방자치단체활동에 대한 감시와 대안 제시, ③ 조직구성원의 개별 이익증대, ④ 정부활동의 대상을 벗어난 영역에서 역할의 증대 등이다. 이들 활동범위에 따라 마을조직은 ① 압력집단, ② 자율적 행위자, ③ 경쟁적 행위자 등으로 활동한다. 대체로 국가정책에 대한 감시나 대안제시를 하기 위한 마을조직은 압력집단으로 활동하며, 개별 조직구성원이나 사회집단의 이익증대를 위해서는 자율적인 행위자로서의 압력집단으로 활동하며, 정부영역을 벗어난 영역에 대한 활동을 주요대상으로 할 때는 국가와의 경쟁적 또는 협조적 행위자가 되는 것이다.

3. 마을리더 육성을 위한 학습방안

마을발전을 위해서는 주민 개별적 노력으로는 한계가 있다. 따라서 주민들의 잠재역량을 결집할 수 있는 각종 마을조직이 필요하며, 그러한 각종 마을 조직은 그 마을조직의 리더에 의해 크게 좌우되고 있다. 한편 그러한 리더와 마을조직은 각종 마을차원에서 전개되고 있는 마을교육에 의해 육성되고 발전되어 나간다. 따라서 마을의 리더개발과 마을조직은 마을교육을 실천하고 있는 각종 유형의 마을교육 기관을 통해 이루어지고 있음을 알 수 있다. 그리고 마을 리더는 진정한 마을 일꾼 즉 주민과 함께하고 주민에게 다가가는 리더십을 갖춘 리더라야 진정한 마을의 리더라 할 수 있으며 그러한 리더가 마을을 이끌어 갈 때 그 마을주민의 참여를 통해 마을의 혁신을 이루어 나갈 수 있을 것이다. 따라서 여기서는 마을 단위에서 전개되고 있는 각종 마을평생교육프로그램을 통해 진정한 마을 리더를 발굴 및 육성하는 데 필요한 전략 몇 가지를 소개하였다.

1) 지자체 및 주민자치센터 교육을 통한 마을리더의 발굴 및 육성

마을 리더의 리더십은 교육과 훈련을 통해 육성될 수 있다. 그러한 마을의 리더육성을 위한 교육은 마을주민이 가장 접근하기 쉬운 마을교육기관을 통해 전개되어야 한다. 그러한 교육을 실제 전개하고 있는 교육기관으로 주민자치센터를 제시할 수 있다. 실제 많은 마을조직을 이끌어 가는 마을 리더는 시·군 및 주민자치센터에서 전개하고 있는 각종 교육프로그램을 통해 그들의 리더십을 향상시키고 주민들과 함께하는 학습을 익히고 있다 따라서 주민자치센터의 마을교육을 통해 마을주민 진정으로 이해하고 함께할 수 있는 리더를 발굴하고 육성해 나가야 한다.

주민자치단체가 위의 기능을 수행하기 위해서는 지방자치단체에도 마을평생교육을 관장하는 부서를 두고 전문가를 배치해야 한다. 그 이유는 지방행정의 말단이면서 출발이 되고 있는 주민자치센터의 가장 중요한 기능이 주민교육임에도 불구하고 교육기능을 담당할 부서가 없다는 것은 문제가 있다. 그러한 기능을 보완하여 마을의 리더가 그 마을에서 마을주민의 참여를 통해 자연스럽게 발굴되고 육성 될 수 있도록 주민자치센터가 그 기능을 다해야 한다. 특히 주민자치센터에 마을주민의 리더십을 체계적으로 발굴 및 육성할 수 있는 프로그램을 개발 및 보급해야한다.

2) 마을평생교육관을 통한 마을리더의 발굴 및 육성

마을평생교육관은 대부분 과거부터 마을주민들에게 각종 마을평생교육프로그램을 제공하여 마을주민의 리더십을 고양시키고 있다. 그러나 아직까지 체계적인 리더의 발굴 및 육성에 필요한 프로그램을 개발 및 보급하지 못하고 있어 마을의 혁신을 위해 마을주민들에게 체계적인 리더십개발 프로그램의 개발 및 제공이 요구되고 있다. 그러나 마을평생교육관은 공식적으로 마을교육을 통해 마을혁신을 위한 마을 리더의 발굴 및 육성에 중심 역할을 다해야 함에도 불구하고 그러한 기능을 제대로 수행하고 있지 못하고 있는 실정이다. 그 이유는 마을별로 차이는 있지만 행정편의 주의로 도서관중심으로 지정되어 있기 때문이다. 도서관 본래의 기능은 마을주민들에게 도서를 통해 교양증진과 각종 정보를 제공하는 데 있다. 뿐만 아니라 도서관 종사자 자신들도 마을 리더와 마을혁신 및 마을평생교육에 대한 이해가 부족하고 전문성이 약하다. 그러므로 도서관을 마을교육의 중심센터로 하기 위해서는 도서관의 기능을 교육기능으로 과감하게 확대시켜야한다. 이를 위해서는 도서관의 명칭도 개칭함과 아울러 전문성 향상을 위해 도서관에 평생교육사를 반드시 배치하여야 할 것이다. 또한 도서관 전 직원들이 마을평생교육을 이해할 수 있는 교육을 시켜야 한다.

3) 민간단체의 교육프로그램을 통한 마을리더의 발굴 및 육성

사실 우리나라 민간단체(예, 각종 민간단체, 농협, 신협, 새마을금고 등)는 공공단체보다 마을평생교육을 통해 마을리더십개발에 더 기여해왔으며, 현재도 많이 기여하고 있다. 그러나 그러한 민간단체의 활동에 대한 국가적 관심이 부족하여 정확한 통계자료도 거의 없으며, 행·재정적 지원도 약한 실정이다. 다만 평생교육의 주무부서인 교육과학기술보다 행정안전부와 지방자치단체에서 "비영리민간단체지원법"으로 민간단체의 마을평생교육활동을 지원하고 있는 실정이다. 그러므로 마을차원에서 마을교육을 통해 진정한 마을혁신을 위한 마을 리더십을 향상시키고 발전시킬 수 있는 중심역할을 민간단체가 할 수 있도록 해야 한다.

왜냐하면 민간단체는 주민들의 자생적인 모임이기 때문에 마을의 문제에 대해 어느 단체보다 잘 알고 있으며 그러한 문제를 주민의 입장에서 해결할 수 있는 중요한 중심체이기 때문이다. 따라서 진정한 마을혁신을 위한 리더의 발굴 및 육성은 민간단체의 각종 교육프로그램을 통해 이루어진다고 할 수 있다. 따라서 민간단체는 그 마을의 밑으로부터의 개혁과 혁신을 위해 필요한 인적자원을 개발하고 나아가 그러한 인적자원을 체계적이고 지속적으로 이끌어 갈 수 있는 리더의 발굴과 육성에 필요한 프로그램을 개발해 나가야 한다.

4) 종교기관을 통한 마을리더의 발굴 및 육성

종교기관은 종교적 목적을 위해 신도 또는 마을주민들에게 많은 교육프로그램을 제공하고 있다. 최근에 와서 각종 종교기관은 마을에 있는 소외계층에 대한 체계적인 교양중심의 교육프로그램을 제공하는 수가 늘어나고 있다.

그러한 교육프로그램을 통해 마을의 소외 계층에 대해 이해하게 됨으로서 마을 소외계층을 마을혁신에 참여 시킬 수 있는 능력있는 리더를 육성해 나갈 수 있다.

5) 학교기관을 통한 마을 리더의 발굴 및 육성

마을에는 많은 학교(초. 중등, 고등)가 있다. 현재 대부분의 대학은 지역주민들에게 각종 교육프로그램을 제공하고 있지만 초등과 중등에서는 아직 미미한 실정이다. 사실 마을교육의 출발은 학교기관이었다. 현재도 대학은 다른 평생교육기관보다 양·질적 측면에서 많은 교육프로그램을 제공하고 있다.

따라서 오랜 역사와 전통을 지니고 인적자원과 물적자원을 보유하고 있는 대학과 같은 교육기관을 통한 마을평생교육프로그램에 마을 리더를 체계적으로 육성해 나갈 수 있는 프로그램제공이 요구된다. 그리고 대학의 리더십프로그램과 주민자치단체, 민간단체 및 종교기관의 리더십개발 프로그램은 차이가 있어야한다.

대학의 리더십개발프로그램은 보다 전문성을 지닌 리더양성이 요구된다.

이와 같은 마을혁신을 위한 마을 리더 양성을 위해 주민자치단체, 마을평생교육센터, 종교기관, 민간단체 및 학교기관은 유기적 협력을 통해 체계적인 노력을 해야한다. 각 기관은 그 기관의 특성에 적합한 리더십개발 프로그램을 제공해야한다.

4. 마을평생교육지도자 양성의 필요성

마을평생교육지도자 양성은 마을평생교육의 이념을 실현하고 지역공동체와 지역경제발전을 가능하게 하는 중요한 정책으로서 지속적인 학습사회조성이 밑으로부터 일어나게 하여야 한다. 특히 현재의 마을평생교육 학습자는 대체로 고학력자, 고소득자 그리고 여유가 있는 자 중심으로 참여하여 사회의 양극화를 심화시키고 있다. 이를 극할 수 있는 방안으로 마을평생교육지도자를 양성하여 그들이 중심이 되어 마을평생교육기회를 갖기 어려운 주민을 위해 마을단위에서 마을평생교육이 전개 될 수 있도록 하여야 한다.

1) 마을평생교육지도자 양성의 일반적 필요성

평생교육이 교육조직의 원리로서 모든 교육관계자들 또는 사회개혁가들에 의해 관심을 받게 된 것은 최근의 일이다.

평생교육은 1972년 일본 동경에서 개최됐던 제3차 성인교육세계회의(The 3rd World Adult Education Conference)가 그 모태라 할 수 있다. 이 회의에서 채택된 권고결의문은 모든 나라가 교육정책에서 평생교육의 원리를 우선적으로 고려의 대상으로 삼도록 권고함으로써 마을평생교육의 용어를 간접적으로 이해할 수 있게 하였다.

그러나 그 개념에 내포된 핵심적인 사상이 부각되기 시작한 것은 벌써 19세기 중반 이후부터였다. 영국의 산업사회 정착과 때를 같이하여 대두하기 시작한 근로자들의 교육적 요구에 부응하기 위해 취해졌던 선구자들의 일련의 교육적 실험이 오늘날의 마을평생교육의 모태가 되었다고 할 수 있다. 그 후, 제2차 세계대전 이후 황량한 정신상황 속에서 인권의 존엄성과 항구적인 세계평화를 희구하던 인류의 욕구가 지역단위에서의 평생교육을 더욱 가능하게 했던 것이다. 즉 모든 인류의 계속적인 배움과 학습을 통해 개인의 삶의 질을 높이고 나아가 사회와 세계의 평화를 이룩하게 할 수 있는 사회 메카니즘을 갈구하였던 것이다.

그러므로 마을평생교육은 인간의 삶의 본질과 관련되며, 그러한 마을평생교육의 이념은 평생교육이 궁극적으로 추구하고자 하는 목적을 의미하는데 이것은 인간이 교육을 통하여 추구하고자 하는 평생교육의 목적과 더불어 설명되어야 할 것이다.

그러한 인간의 삶의 본질과 관련된 평생교육은 누구에게나 참여할 수 있는 기회를 제공해야 하며 나아가 그것은 시간적 공간적 여건을 초월할 수 있어야 한다. 그러한 평생교육여건이 모든 사람에게 골고루 제공된다면 평생교육이 지향하는 민주주의 이념, 복지사회의 이념, 학습사회의 이념, 그리고 공동체의 이념과 같은 이념을 삶의 현장에서 구현 할 수 있다고 볼 수 있다. 그러한 이념이 제대로 실현되기 위해서는 주민의 구체적 삶의 현장인 마을 나아가 마을단위에서 마을평생교육을 이루어지게 하면 누구든지 보다 쉽게 평생교육의 혜택을 누릴 수 있게 될 것이다. 그러한 마을단위에서 평생교육을 실시하기 위해서는 마을단위에서 마을평생교육을 이끌어 나갈 수 있는 전문가가 필요하며 또한 그러한 전문가는 마을을 잘 이해할 수 있는 주민 중에서 양성되는 것이 바람직하다.

2) 평생교육법에 근거한 필요성

새로 전면 개정된 평생교육법에 각 조항에 비추어본 마을평생교육지도자 양성의 필요성을 보면 다음과 같다.

(1) 제4조(평생교육의 이념)

① 모든 국민은 평생교육의 기회를 균등하게 보장받는다.

② 평생교육은 학습자의 자유로운 참여와 자발적인 학습을 기초로 이루어져야 한다.

③ 평생교육은 정치적·개인적 편견의 선전을 위한 방편으로 이용되어서는 아니 된다.

④ 일정한 마을평생교육과정을 이수한 자에게는 그에 상응하는 자격 및 학력인정 등 사회적 대우를 부여하여야 한다.

(2) 제5조(국가 및 지방자치단체의 임무)

① 국가 및 지방자치단체는 모든 국민에게 평생교육 기회가 부여될 수 있도록 마을평생교육진흥시책을 수립·추진하여야 한다.

② 국가 및 지방자치단체는 그 소관에 속하는 단체·시설·사업장 등의 설치자에 대하여 평생교육의 실시를 적극 권장하여야 한다.

(3) 제6조(교육과정 등)

평생교육의 교육과정·방법·시간 등에 관하여 이 법과 다른 법령에 특별한 규정이 있는 경우를 제외하고는 이를 실시하는 자가 정하되 학습자의 필요와 실용성을 존중하여야 한다.

(4) 제7조(공공시설의 이용)

① 평생교육을 실시하는 자는 평생교육을 위하여 공공시설을 그 본래의 용도에 지장이 없는 범위 안에서 관련 법령이 정하는 바에 따라 이용할 수 있다.

② 제1항의 경우 공공시설의 관리자는 특별한 사유가 없는 한 그 이용을 허용하여야 한다.

(5) 제8조(학습휴가 및 학습비 지원)

국가·지방자치단체와 공공기관의 장 또는 각종 사업의 경영자는 소속 직원의 평생교육기회를 확대하기 위하여 유급 또는 무급의 학습휴가를 실시하거나 도서비·교육비·연구비등 학습비를 지원할 수 있다.

평생교육법에 근거한 관련 조항에서도 누구든 원하는 내용을 언제 어디서나 배울 수 있도록 마을단위의 평생교육여건의 필요성을 제시하고 있다.

3) 평생교육 지속성을 위한 필요성

(1) 평생교육의 지속가능성

마을단위의 마을평생교육을 실시하게 되면 지자체에서 지속적으로 마을평생교육을 전개할 수 있게 된다. 그 이유는 많은 평생교육도시의 평생교육정책은 지자체장의 의지여부에 따라 평생교육의 성패가 좌우 되고 있는 실정이다. 그러나 마을단위의 마을평생교육지도자를 육성하게 되면 그들 간의 네트웍을 통해 지자체장의 의지와 관계없이 지속적으로 마을평생교육을 밑으로부터 활성화 시키는 힘이 될 수 있다

(2) 마을주민참여의 극대화

현재의 평생교육은 일부 제한된 주민을 대상으로 반복적으로 이루어지고 있어 학교교육격차와 함께 평생교육격차로 인해 교육격차를 더욱 심화시키고 있다. 따라서 평생교육이념이 제시하고 있듯이 모든 주민이 골고루 참여하게 할 수 있는 방안이 마을단위로 마을평생교육을 실시하게 하는 것이다. 그러면 공간적, 시간적 또는 정보의 부재로부터 참여하기 어려운 마을주민이 고르게 평생교육기회를 가질 수 있게 된다.

(3) 지자체 발전에 기여

마을발전의 주체는 마을주민이다. 마을주민이 교육수준이 높으면 그 마을이 발전 한다는 것은 역사가 증명해 주고 있다. 따라서 마을주민 모두에게 필요한 교양/취미, 직업/기술 또는 자격증 및 학력인정프로그램에 참여할 수 있는 여건을 마련해 주게 되면 그들이 마을발전의 원동력이 되어 마을의 공동체와 마을경제발전에 기여하게 되어 결국 그 지자체는 더욱 발전하게 되는 것이다.

Ⅱ. 마을평생교육지도자 양성교육 현황

우리나라에서 마을평생교육지도자 양성의 역사는 오래 되지 않았다. 우리나라 마을평생교육의 역사가 얼마 되지 않은 것과 같이 마을평생교육지도자 양성과정 운영도 최근부터 라고 할 수 있다. 우리나라에서 마을평생교육지도자양성과정을 최초로 전개한 자치단체는 2007년 12월에 실시한 경상북도 칠곡군이며 칠곡군의 마을평생교육지도자양성과정에 관련된 교육과정, 교육내용, 강사 등의 일체를 담당하여 수행한 단체는 (사)한국지역사회개발협회(회장, 김남선)이다. 그 후 칠곡군에서 실시한 마을평생교육지도자 양성과정의 중요성을 인식하여 평생교육진흥원에서 평생교육결과 표준화 사업의 일환으로 본격적으로 7개 평생교육도시에 표준화된 교육과정으로 마을평생교육지도자 양성과정을 운영하였다. 또한 경상북도에서는 지역특성화 프로그램으로 마을평생교육지도자 양성과정을 실시하였으며, 기타 많은 평생교육도시에서는 다양한 명칭으로 마을평생교육지도자 양성교육을 실시하고 있다. 그 내용을 보다 상세하게 살펴보면 다음과 같다.

1. 마을평생교육지도자 양성교육의 시작

우리나라에서 최초로 마을평생교육지도자 양성교육을 운영한 지자체는 경상북도 칠곡군이며 칠곡군은 [그림-1]에서 보는 바와 같이 (사)한국사회개발협회에 『마을평생교육지도자 양성과정』을 운영해 주기를 의뢰하였으며, 칠곡군과 (사)한국지역사회개발협회가 중심이 되어 프로그램을 기획, 운영 및 평가하였다.

(사)한국지역사회개발협회

수신자 칠곡군수(교육문화복지회관장)

(경유)

제　목 마을평생학습지도자 양성과정 사업계획서 제출

1. 교육문화복지회관-5472(2007.11.26)호와 관련입니다.

2. 의뢰하신 『마을평생학습지도자 양성과정』을 다음과 같이 실시하고자 계획서를 제출하오니 성공적으로 개최될 수 있도록 많은 협조 바랍니다.

- 다　　음 -

○ 일　　시 : 2007. 12. 4 ~ 17일(2주간) 14:00 ~ 18:00

○ 장　　소 : 칠곡군교육문화복지회관

○ 인　　원 : 40명 정도

○ 사업예산 : 6,000천원

붙 임 : 사업계획서 1부. 끝.

(사) 한국지역사회개발협회장

담당자　안현숙　　　　　협회장　김남선

협조자

시행 한국지역사회개발협회-04(2007.12.04)　접수 (2007.11.26)

우 712-714 경상북도 경산시 진량읍 내리리 15번지　/

전화 (053) 850-6364 / 전송(053) 850-6349 / namshun@daegu.ac.kr / 공개

[그림-1] 칠곡군 마을평생교육지도자 양성교육과정 운영 공문

(사)한국지역사회개발협회에서 운영한 교육 내용을 살펴보면 다음과 같다.

먼저, 교육대상은 주로 마을단위에서 일정한 역할을 담당하고 있는 마을리장, 부녀회장, 새마을지도자, 청년회장, 노인회장 등을 중심으로 하였으며, 그밖에 학습동아리 대표와 마을 주민들이 참여하였다.

교육은 2007년 12월 4일부터 17일까지 칠곡군 교육문화복지회관에서 진행되었으며, 총25시간으로 구성되었다.

교육내용은 총10회로 이루어졌으며, 8회는 강의형태로 진행되었으며, 나머지 2회는 현장학습과 직접실습으로 진행되었다. 자세한 내용은 〈표-4〉와 같다.

<표-4> 칠곡군 마을평생교육지도자 양성교육과정 세부 내용

일자	과목명	내용	강사	시간
2007. 12.4(화)	마을평생교육도시란?	-개강식 및 오리엔테이션	이경숙	4
	나는 마을평생교육도시인이다	-칠곡마을평생교육도시 -칠곡마을평생교육도시인으로서의 자세		
12.5(수)	내가 마을평생교육지도자?	-마을평생교육지도자란? -마을평생교육지도자의 역할	김남선	4
	평생교육마을 어떻게 만들지?	-평생교육마을만들기 방법		
12.7(금)	일본의 평생교육마을만들기	-일본의 평생교육마을만들기 사례	양홍권	4
	유럽의 평생교육마을만들기	-외국 평생교육마을만들기 사례		
12.11(화)	가보자! 평생교육마을 (견학)	-평생교육마을 견학	김남선	5
12.12(수)	주민들과 회의는 어떻게 하지?	-회의 기법	고익환	4
	주민들을 어떻게 이끌지?	-마을평생교육지도자 리더십		
12.17(월)	해보자! 평생교육마을 만들기 (실습)	-마을 현황 및 문제점 분석 방법 -마을평생교육지도자 실습을 통한 평생교육마을만들기 계획	김남선	4

〈표-4〉에서 보는 바와 같이 교육내용은 평생교육마을만들기를 수행할 목적으로 마을평생교육지도자를 양성하고 있음을 알 수 있다.

이 교육과정으로 80%이상을 출석한 19명이 마을평생교육지도자로 양성되었다.

칠곡군은 기획 당시부터 평생교육마을만들기 사업을 진행할 마을평생교육지도자를 양성하기 위한 목적으로 교육과정을 운영하였으며, 2007년을 기점으로 매년 마을평생교육지도자 양성과정을 운영하고 있다. 또한 교육과정을 세분화하여 기초과정과 심화과정으로 운영하고 있으며 마을평생교육지도자들의 역량 강화를 위해 힘쓰고 있다.

기초과정과 심화과정을 모두 수료한 지도자들은 각자의 마을에서 마을평생교육 프로그램을 활발히 운영하고 있으며, 2009년 '칠곡군마을평생교육지도자협의회'를 조직하여 정보를 교류하고 있다.

<표-5> 칠곡군 제1기 마을평생교육지도자양성과정수료자명단

연 번	성 명	교육 이수시간
1	김명복	25시간
2	박규택	25시간
3	김진귀	25시간
4	최옥수	21시간
5	이종규	25시간
6	김종심	21시간
7	정금수	25시간
8	임계자	25시간
9	여환숙	25시간
10	전창숙	21시간
11	조규복	25시간
12	오혜숙	21시간
13	이덕우	25시간
14	옥명선	25시간
15	이순덕	25시간
16	김기자	25시간
17	이순자	21시간
18	최성교	21시간
19	류태자	17시간

2. 국가차원의 마을평생교육지도자 양성교육 현황

국가차원의 마을평생교육지도자 양성교육은 현재 시행되고 있는 마을평생교육 계좌제가 시행되기 이전에 평생교육진흥원에서 수행했던 "평생교육결과 표준화 시범사업"에서 시작하였다. 마을평생교육결과 표준화 시범사업은 2006년부터 시행되었으며, 강원도 삼척시, 경기도 광명시, 이천시, 경상북도 칠곡군, 전라남도 목포시, 순천시, 충청북도 단양군 등 총7개 평생학습도시가 참여하였다.

마을평생교육지도자 양성교육이 이 사업의 일환으로 7개 평생학습도시에서 공동으로 추진하게 된 계기는 2008년 1월 23일~24일 양일간에 걸쳐 개최된 「마을평생교육결과 표준화 시범사업을 위한 실무자 워크숍」에서 진행되었다.

논의된 내용은 국가 표준교육과정(National Curriculum)을 설정하여 학습과목명, 학습내용, 총 학습시간, 교강사 요건 등의 기준을 표준화하여 7개 평생학습도시에서 공동운영 하는 것이었다.

국가 표준교육과정은 현재 합의를 얻기 쉬운 분야, 여러 기관에서 많이 운영하고 있는 과정, 과정이수 후 사회적 파급효과가 큰 과정, 향후 학력인증이나 자격인증과 연계성이 높은 분야, 평생교육정책 시행에서 시급한 분야부터 우선 개발하기로 하였다.

그 결과 성인문해교육과 마을평생교육지도자 양성교육을 선택하였다. 성인문해교육의 경우 그 당시 학력인정 작업이 시작되었고, 여러 지역(2007년 센터 지원으로 101지역, 365개 기관)에서 운영하고 있었고, 개정 평생교육법에 의해 실시하도록 의무화되어 강제성과 시급성이 있는 영역이므로 1단계 국가 표준교육과정에 의한 학습결과 표준화 영역으로 "문해교육"프로그램 실시하였다.

마을평생교육지도자 양성과정은 평생학습도시의 증가와 개정 법률에 의거 광역 및 기초지자체가 의무적으로 평생교육을 시행해야 하고, 많은 지자체의 거주민과 가장 가까운 지역에서 마을평생교육의 분위기를 조성하기 위한 요원양성이 시급하기 때문에 학습결과 표준화 영역으로 개설하였다.

이에 평생교육진흥원에서는 마을평생교육지도자 양성교육의 교육과정을 표준화하기 위하여 김남선 교수에게 자문을 구했으며, 그 결과 다음과 같은 내용으로 7개 평생학습도시에서 공통으로 운영하게 되었다.

제시된 내용은 다음과 같다.

<표-6> 마을평생교육지도자양성과정 표준화 교육내용

가. 총 시 간: 30시간(주당 2시간) 나. 기 간: 15주 다. 교과목명: 마을평생교육지도자

라. 교과목의 내용별 영역

교과목 내용은 우선 프로그램제공자 및 참가자에게 평생교육시대에서 마을평생교육지도자에 대한 중요성과 신념을 가지게 하는 것이 필요함으로 첫째 주는 특강시간을 가진 후 4가지 영역으로 분류하였으며 그 내용은 상호연계 되도록 하고 실제 이용할 수 있는 내용으로 구성하였다.

① 마을평생교육의 이해

본 영역에서는 마을평생교육에 대한 일반적인 내용을 익히게 한다. 여기에는 마을평생교육의 이해, 평생학습도시 및 마을의 중요성, 국가평생교육정책, 지자체 및 마을의 평생교육 필요성, 그리고 외국의 마을평생교육에 대한 내용을 학습하게 한다.

② 마을의 이해

본 영역에서는 지자체와 마을에 대해 체계적으로 이해, 분석 및 개발할 수 있는 내용으로 구성되어 있다. 여기서는 마을의 이해 및 마을개발전략 등의 내용을 배우게 된다.

③ 리더십의 이해

본 영역에서는 마을평생교육지도자로서 갖추어야 할 자세와 기능 등에 관해서 익히게 한다.
여기에는 리더십의 개념과 유형, 마을평생교육지도자의 역할과 자세, 마을평생교육마을 프로그램 개발방법 및 회의진행법에 대해 공부하게 된다.

④ 현장의 이해 및 평가

본 영역에서는 마을리더의 실무능력을 향상시킬 수 있는 내용을 학습한다. 여기에는 사례발표 및 선진지 견학 등을 통해 리더의 실무능력을 익혀 배운 내용을 실습할 수 있는 시간을 가지게 된다. 평가는 실습, 마을평생교육, 마을 관련 지식 정도 등이 포함된다.

마. 교육내용

주별	강의내용	담당강사	시간수	비고
1	학습사회에서의 마을평생교육지도자의 중요성과 자세	마을평생교육관련교수, 관련전문가	2	
2	마을평생교육의 이해	관련교수, 전문가	2	
3	평생교육도시 및 마을	관련교수, 전문가, 평생교육사	2	
4	국가평생교육정책	교과부, 전문가, 관련교수	2	
5	지자체 및 마을평생교육필요성	지자체장, 관련교수	2	
6	외국의 마을평생교육마을	관련교수	2	
7	마을의 이해	관련교수	2	
8	마을개발전략	관련교수	2	
9	리더십의 개념과 유형	관련교수, 리더십전문가	2	
10	마을평생교육지도자의 역할과 자세	관련교수	2	
11	마을평생교육프로그램	관련교수	2	
12	회의진행법	회의진행전문가, 관련교수	2	
13	사례1	선진마을리더	2	
14	선진지 견학	지자체 실무담당자, 평생교육사	2	
15	실습 및 평가	관련교수, 평생교육사	2	
계			30	

바. 학습대상 및 학급인원
마을평생교육지도자 양성과정에 참여할 수 있는 지역주민은 원칙적으로 마을단위에서 추천된 주민으로 하고, 그 외 학습동아리대표 또는 마을평생교육에 관심있는 자를 대상으로 한다. 한 학급의 인원수는 20명 이내로 한다.

사. 수료 후 인정
본 과정을 이수한 자에게 중앙정부에서는 학습계좌제에 의해 학습시간을 공식적으로 인정해 주고, 공통과목과 지자체에서 자율적으로 이수하게 하는 관련 내용을 모두 이수한 자에게는 해당지자체 단체장이 인정하는 [마을평생교육지도자 자격증]을 부여한다.

7개 평생학습도시는 개발된 마을평생교육지도자 양성과정 교육내용을 기준으로 하여 지역실정에 적합한 내용을 약간씩 보완하여 실시하였다.

3. 광역지자체 마을평생교육지도자 양성교육 현황

광역지자체에서 마을평생교육지도자 양성교육을 처음시작 한 곳은 경상북도이다(당시 인재양성과 평생교육담당계장:정무호, 주무:안상미). 경상북도는 농촌을 배경으로 한 지리적 특성을 지니고 있어 마을평생교육센터 중심의 전개로는 마을평생교육을 필요로 하는 지역주민에게 그 혜택을 골고루 제공하기 어려운 환경적 특성을 지니고 있다. 따라서 경상북도는 마을평생교육지도자를 육성 및 배출하여 마을단위의 마을평생교육을 실시할 수 있는 기반을 조성하고자 하였다. 이에 2009년부터 인재육성사업의 일환으로 마을평생교육지도자 양성을 위한 계획을 수립하여 수행하고 있다.

2009년 마을평생교육지도자 양성 사업은 경상북도 23개 지자체를 대상으로 총 140,000천원의 예산으로 공모사업의 형태로 진행되었으며, 1개 지자체당 10,000천원을 지원하고 대응투자를 50% 이상 하도록 하였다. 이에 포항시, 경주시, 김천시, 안동시, 구미시, 영주시, 영천시, 경산시, 군위군, 청도군 등 10개 지자체가 각 10,000천원씩 지원받아 사업을 운영하였다.

또한 경상북도는 마을평생교육양성과정을 지속적으로 전개하기 위하여 시군별로 마을평생교육지도자협의회를 자발적으로 조직하게 한 후, 2010년 1월 12일 도단위 마을평생교육지도자협의회 임원진을 구성하고 2010년 1월 29일 김관용 경북도지사가 참석한 가운데 대구 Exco인터불고호텔에서 출범식을 가졌다.

<표-7> 2010 경상북도 마을평생교육지도자협의회 임원 명단

직 위	시 군	성 명	비 고
회 장	경주시	정학진	민족통일경주시협의회장
수석부회장	안동시	권기탁	농업경영인회장(축산업)
부회장	김천시	백성기	이장(자영업)
	경산시	김미화	통장
	군위군	양동수	문화해설사
감 사	구미시	이성기	이장
	영주시	김광평	전)영주농협 전무
사무국장	안동시	김선애	주민자치위원회봉사팀장
간 사	경주시	강경미	주민자치위원회부위원장

그와 더불어 경상북도는 평생학습마을지정 · 지원 계획을 수립하였다. 본 사업은 '시·군 평생학습마을 만들기'사업으로 5년간 50개 마을을 지정하는 것을 목표로 하고 있다. 사업 대상은 23개 지자체의 338개 법정 읍·면·동을 대상으로 한다.

경상북도는 2009년 5개 마을(포항시, 경주시, 김천시, 영주시, 봉화군)을 시작으로 계속적으로 사업을 운영하고 있으며, 한번 선정된 마을은 3년간 매년 10,000천원을 지원 받는다.

4. 대학 중심의 마을평생교육지도자 양성교육 현황

대학이 중심이 되어 마을평생교육지도자를 양성한 대학은 대구대학교가 중요한 사례 대학교이다. 대구대학교는 정부에서 2008년부터 실시한 평생학습중심대학(전국 7개 대학*)으로 선정되어 지방자치단체와의 파트너십을 통해 지역주민에게 여러 가지 평생교육프로그램을 제공하고 있다. 이러한 프로그램 중 대구대학교는

* (4년제)광주대, 대구대, 순천향대, (전문대) 명지전문대, 부산정보대, 서강정보대, (컨소시엄) 백석대 백석문화대

다른 대학교와 비교되는 프로그램으로 마을평생교육지도자 양성과정을 중심으로 하여 지방자치단체와의 협력을 통해 사업을 실시하였다.

대구대학교는 경산시, 경주시, 군위군, 청도군, 칠곡군과 함께 마을평생교육지도자 양성교육을 실시하였다. 세부 교육내용을 살펴보면 〈표-8〉과 같다.

<표-8> 지자체별 마을평생교육지도자 양성교육 내용

차시	경산시	경주시	군위군	청도군	칠곡군
1	마을평생교육과 지역마을평생교육 지도자	입학식 및 지자체장 특강	입학식 및 국 · 내외 마을평생교육정책 이해	특강-삶의 질	입학식 및 지자체장 특강
2	국·내외 마을평생교육정책 이해	마을평생교육과 마을평생교육지도자	지역리더의 중요성과 할 일	마을평생교육과 지역마을평생교육 지도자	국· 내외 마을평생교육정책 이해
3	지자체장 특강	전국마을평생교육축제 현장 견학	가정, 지역리더로서의 부모	국· 내외 마을평생교육정책 이해	지역리더의 중요성과 할 일
4	지역리더의 중요성과 할 일	전국마을평생교육축제 현장 견학	마을평생교육프로그램 개발	지역리더의 중요성과 할 일	가정, 지역리더로서의 부모
5	가정, 지역리더로서의 부모	국·내외 마을평생교육정책	마을평생교육과 지역마을평생교육 지도자	가정, 지역리더로서의 부모	마을평생교육프로그램 개발
6	마을평생교육프로그램 개발	지방자치와 주민자치	마을분석과 마을개발	마을평생교육프로그램 개발	마을평생교육과 지역마을평생교육 지도자
7	특강-삶의 질	지역리더의 중요성과 리더십	지방자치와 주민자치	지자체장 특강	마을평생교육 선진사례 견학 (마을평생교육도시 견학)
8	마을분석과 마을개발	지역리더 특강(시의회 의장 등)	지역마을평생교육 선진사례 견학	마을평생교육 선진사례 견학 (마을평생교육도시 견학)	마을분석과 마을개발
9	지방자치와 주민자치	학습마을 만들기와 마을평생교육	특 강	마을분석과 마을개발	지방자치와 주민자치
10	지역 내 마을평생교육기관 탐방	마을분석과 마을개발	지자체장 특강	지방자치와 주민자치	특 강
11	마을평생교육 선진사례 견학 (외부사례)	마을의 문제발굴과 문제진단	종합정리, 평가 및 수료식	지자체 의회 의장 특강	종합정리, 평가 및 수료식
12	특강	마을평생교육프로그램개발 I		종합정리, 평가 및 수료식	
13	종합정리, 평가 및 수료식	문제해결을 위한 프로그램 개발			
14		종합정리 및 평가, 수료			

제 3 장

마을평생교육지도자의 역할

3장에서는 마을평생교육지도자의 역할에 관한 내용으로 마을평생교육프로그램 기획, 마을평생교육자원 조사, 마을평생교육 프로그램 요구분석, 마을평생교육 프로그램 운영, 마을평생교육 프로그램 평가, 마을평생교육관련 조직, 마을평생교육을 위한 회의법, 성과분석 및 평가에 대해 살펴본다.

Ⅰ. 마을평생교육프로그램 기획

1. 프로그램 기획의 개념

기획 : 목적과 방향을 설정하는 것	계획 : 방법론적인 측면이 강조
- 무엇을 할 것인가 - 무엇을 만들 것인가 - 무엇이 될 것인가 - What to do - Why to do	- 어떻게 할 것인가 - 어떻게 만들 것인가 - 어떠한 방법이 가능한 가 - How to do - Which to do

☞ 프로그램 기획의 의미

➢ 프로그램개발에서 무엇을 할 것인가?

➢ 프로그램을 왜 개발해야 하는가?

➢ 프로그램개발을 통해서 내놓을 혁신적인 결과물이 무엇인가?

➢ 프로그램개발을 어떻게 할 것인가를 체계적이고 논리적으로 추진하는 것

☞ 프로그램 기획(program planning)에 포함되는 과정

➢ 추진팀 구성과 운영 : 프로그램개발 팀(PDT)구성, Workshop운영

➢ 학습고객 분석 : 학습고객 매핑, 학습자 요구 및 필요분석, 우선순위 설정

➢ 상황 분석 : 마을평생교육기관 분석, 마을 분석

➢ 기본방향 설정 : 프로그램개발 범위, 프로그램 형태, 프로그램개발 모델 설정

2. 프로그램 기획의 원리와 성격

1) 프로그램 기획의 원리

(1) 구체적이고 세밀하게 편성
(2) 많은 사람들의 참여
(3) 협동과 공동의 노력
(4) 불확실성과 모호성을 명백히, 방해되는 요소 제거
(5) 새로운 전망을 예측할 수 있는 기능적인 역할 수행

2) 프로그램 기획의 성격

(1) 미래지향적인 활동(futuristic activity)

➢ 마을평생교육기관의 목적과 이념을 실천해 나가기 위한 교육프로그램을 사전에 준비하는 것으로, 현재에 계획하여 추진하는 프로그램개발이 바로 미래를 준비하는 과정

(2) 적극적이고 능동적인 행위(proactive behavior)

➢ 마을평생교육기관의 생존과 발전을 위해 적극적으로 취하는 조치가 프로그램개발

(3) 마을평생교육기관의 효율성 증대 기능

➢ 프로그램 운영에 대해 사전에 철저한 준비과정을 거침으로써 자원의 배분과 운영의 합리화를 통해 마을평생교육기관의 운영과 관리면에서 효율성을 증대시킬 수 있다.

(4) 연속적이며 단계적인 과정

➢ 관련 정보를 수집·분석하고 확인·사정·분석하는 연속적이며 단계적인 과정이다.

(5) 협동적(collaborative)인 노력

➢ 프로그램 기획에 영향을 끼치는 제반 요소들을 반영하되 특별히 프로그램개발과정에 영향을 끼치는 많은 사람들의 참여가 필요하다.

3) 프로그램 기획의 원칙(Boone: 1985)

(1) 계획된 변화(planned change)

➢ 프로그램 기획 속에는 마을평생교육 학습자에게 의도적인 변화를 유발하려는 원리가 반영되어 있음을 뜻한다.

(2) 연결(linkage)

➢ 학습고객집단과 마을평생교육기관 사이의 긴밀한 상호작용을 의미

(3) 민주성(democracy)

➢ 민주적인 의사결정-잠재적 학습자의 개방적이고 자유로운 참여

(4) 전이(translation)

➢ 프로그램개발자와 학습자의 협동적 계획

4) 프로그램 기획절차 및 방법

(1) 프로그램 상황분석

❒ 마을평생교육 프로그램의 궁극적인 목표는 사람들로 하여금 자신에게 이익을 줄 수 있는 내용을 체계적으로 습득하도록 도와주는 것이다.

❒ 때문에 변화나 개선을 요구하는 문제나 상황을 정확하게 파악하는 일은 프로그램개발의 중요한 과업이다.

❒ 기관을 둘러싸고 있는 외부적 환경과 내부적 실태분석을 파악하는 것은 프로그램 기획에서 핵심적인 요소이다.

(2) 외부환경 분석

➢ 기회(opportunities) 및 위협(threats)의 분석

➢ 기관을 둘러싸고 있는 거시적 환경 분석

➢ 향후5-10년 사이에 현 조직의 의미 있는 변화를 가져다 줄만한 외부환경의 변화와 흐름(trends)을 파악하기 위함

➢ 경제적, 정치적, 기술적, 사회적, 트렌드와 생활양식 및 인구 특성의 변화, 경쟁 대상자의 조짐, 마을평생교육의 사회적인 붐 등의 경향

➢ 어떤 변화가 기회적 요소이며, 어떤 변화가 위협적 요소인지를 결정

➢ 그 중에서도 현 조직의 행로에 함의를 주는 핵심 요소들을 선택

➢ 그러한 요소들에 대해 조직 내에서 향후 어떻게 대응할 것인지에 대한 방법을 모색

환경변화 요인	기회(O)	위협(T)	대응방안

➢ 마을의 분석

➥문화적 요소 : 개인이 주변의 세계에서 배우는 환경 → 학습자의 행동, 사고, 성격 등에 영향을 주고 학습한다.

➥사회적 요소 : 인구의 구성, 사회적인 계급 등을 포함 → 집단행동의 역동성을 드러내므로 마을의 문제와 요구를 파악하는 데 중요하다.

➥심리적 요소 : 동기, 요구, 자아개념 등 집단의 심리적인 요인은 개인행동에 큰 영향을 미치는 요인으로 프로그램 참여와 관련된다.

➥경제적 요소 : 생산과 서비스를 포함하는 것으로 → 마을의 현실적인 변화와 마을의 전체적인 조건에 영향을 미친다.

➥정치적 요소 : 의사결정, 경영, 법적 체계에 의해 프로그램에 직접적인 영향을 준다.

➥물리적 요소 : 토지, 기계설비, 시설, 기술적인 요인

예) 문화센터의 에어로빅 프로그램개발의 경우

➢ 에어로빅의 구체적인 내용은 그 프로그램의 환경에 따라 달라진다.

➢ 대학캠퍼스 근처의 문화센터 ➔ 젊은 강사에 재즈를 겸비한 에어로빅

➢ 위성도시의 문화센터 ➔ 퇴직자, 노년여성이 주고객 ➔ 사교춤, 대중음악, 지루박 등을 겸비한 에어로빅

➢ 강남구의 문화센터 ➔ 수강료보다는 유명한 강사가 직접 지도하는 에어로빅

(3) 내부환경 분석

➢ 조직의 강점(strengths)과 약점(weakness)분석

☞ 마을평생교육기관 내부의 환경에 있어서 인적, 물적 자원의 장단점을 분석하는 것

➥프로그램 기획단계에서 대단히 중요한 기초 자료를 제공

➥인사관리(유급/무급), 재정운영, 시설, 기술력, 교육매체, 관리행정, 협의회 운영, 교육프로그램·사업·서비스, 시장에서의 위치 등에 대한 평가 및 분석과정을 통하여

➥우리 조직의 강점과 약점을 파악한다.

영역	강점(S)	약점(W)	해결방안
행정관리			
조직관리			
재정관리			
프로그램 관리			

➢ 조직의 목적 분석

➥전적으로 마을평생교육만을 목적으로 설립된 조직(예: 마을평생교육센터, 교육방송, 문화센터 등)은 프로그램개발을 위해 조직에 대한 분석이 따로 실시될 필요가 없다.

➥보통 조직은 마을평생교육 프로그램 실시만을 목적으로 설립된 것이 아니기 때문에,

➥조직의 목적과 임무를 파악하여 완성될 프로그램이 해당 조직의 성격과 일치되어야 한다.

이러한 일을 위해 자문위원회(program development committee) 또는 프로그램개발 팀(program development team) 구성한다. 그 이유는

➢ 프로그램개발자ㅈ는 프로그램의 환경을 혼자서 분석하는 것은 실제로 어렵다.

➢ 마을 단위가 아주 작은 경우 ➔ 프로그램개발자가 독립적으로 마을환경을 분석하는 것이 가능하기도 하다.

➢ 마을 단위가 넓을 경우 ➔ 프로그램개발자 혼자만의 작업으로는 불가능하다.

➢ 프로그램개발자의 독립적 능력으로 프로그램 대상자와 환경을 분석하고 마을의 변화를 모두 인식하는 것으로는 부족할 수밖에 없다.

➢ 자문위원회는 이런 경우 마을과 조직의 환경 분석을 위해 매우 유용하다.

➢ 프로그램개발자 자문위원회를 구성하고 이들과의 협력적로 마을을 분석하는 것이 바람직하다.

❐ 자문위원회를 구성할 때 고려해야할 요소

➢ 자문위원회의 대표성과 영향력을 행사할 수 있는 자질

➢ 프로그램에 대한 관심

➢ 위원회에 할당하는 시간

➢ 거주지

➢ 다른 위원들과 함께 일할 수 있는 가능성

❐ 자문위원회는 다양한 배경을 가진 사람들로 구성되는 것이 바람직하다.

➢ 자문위원회는 다양한 집단의 이익과 의견을 대표하고

➢ 프로그램에 필요한 편의시설정보 및 인적자원의 목록도 제공하며

➢ 자문위원회가 프로그램개발에 참여함으로써 지역주민들이 프로그램에 대해 긍정적인 이미지를 갖게 하기도 한다.

➢ 이런 의미에서 자문위원회는 마을과 마을평생교육기관의 가교역할을 한다.

5) 프로그램 고객분석

➢ 프로그램개발자는 '누구를 위한 프로그램인가'를 명확히 해야 한다.

➢ 누구를 위한 프로그램인가는 곧 참여자를 예측하는 작업이다.

➢ 프로그램 참여대상에 대한 분석을 통해 구체적인 목표집단(대상)을 파악하고

➢ 이들 목표집단 내의 지도자를 명시하여야 한다.

➢ 목표집단의 지도자와 상호작용을 통해 요구를 쉽게 진단할 수 있다.

➢ 참여가 예상되는 인원, 참여 가능한 시간, 거주지역, 연령층, 교육수준, 성별, 사회적 배경, 장애여부, 지식, 기술 경험 수준, 선호하는 학습스타일, 프로그램 비용 부담 정도, 프로그램 참여 이유 파악

❐ 이상의 내용을 확인하기 위한 절차

1단계. 잠재적 학습고객에 대한 인지 ➔ mapping의 방법으로

2단계. 목표집단과 지도자 규명

3단계. 학습고객에 대한 요구 및 필요분석(다음 장에서)

4단계. 우선순위 설정(다음 장에서)

(1) 잠재적인 고객의 인지방법

잠재적인 고객을 인지하기 위해 매핑(mapping)개념을 도입한다.

가) mapping이란

➢ 사전적 의미 ➔ 경계를 잘라 정한다.

➢ 구체적 의미 ➔ 일정한 기준에 의해 경계를 정하여 구획하는 것

○ 마을평생교육 프로그램개발과 관련한 잠재적 학습고객의 매핑(mapping of publics) ➔ 마을평생교육기관이나 프로그램개발자가 앞으로 개발될 교육 프로그램의 잠재적 학습집단의 윤곽을 정하는 것

나) mapping의 전략 및 방법

① 사회체제분석(social system analysis)

➢ 사회체제 속에 소속된 인간집단의 사회적 구조를 일정한 기준에 의해 분석하여 유형화시키는 것

➢ Loomis(사회적 체제의 상호작용)

➥사회체제의 구성요소 ➔ 구성원의 신념, 감정, 목표, 시설, 지위역할, 권력, 규범, 사회적 서열

➢ Bertrand(사회적 계층화)

➥구성원을 단화 또는 계층화시키는 사회적 현상 ➔ 소득수준, 직업, 교육, 가

문, 명성, 자아개념, 역사적 발전 등을 제시

➢ Williams(사회적 차별화)

➥사회구성원이 가진 고유한 특성에 의해 차별화

➥연령, 성별, 사회적 역할, 사회경제적 상태, 윤리적 배경, 교육경험

② 문화 분석(cultural analysis)

➢ 문화란 → 한 사회 집단에서 오랜 세월 동안 형성된 가치, 지식, 기술, 구조물 등의 통합적인 실체

➢ 언어, 신념, 태도, 생산 및 생활양식, 교육체제, 제반소유물 등을 포함

➢ 문화는 구성원의 행동신념, 생활스타일 등을 나타내므로 잠재적 학습자집단을 이해할 수 있는 통찰력을 제공한다.

다) mapping의 사례

➢ 정치적 마을, 교육적 마을, 매스미디어 마을, 경제적 마을, 문화적 마을, 공통 서비스 마을, 사회통제 마을, 종교적 마을, 물리적·생태적·환경적 마을

(2) 목표 집단과 지도자 규명

➢ 프로그램의 고객 분석은 직접 그 대상을 분석하는 방법도 있지만

➢ 목표고객의 대표를 분석하는 방법이 사용되기도 한다.

➢ 그것은 잠재적 고객 전체를 분석하기에는 어려움이 있기 때문이다.

➢ 프로그램 대상자와 조직에 대한 분석을 바탕으로 목표집단을 구체화하기 위해 집단의 지도자를 규명하는 작업

➢ 프로그램의 참여대상자가 파악되면 참여자 중 지도자를 알아내는 작업이 필요하다.

➢ 목표집단의 지도자들은 대상자들이 프로그램 참여 혹은 비참여를 결정하는데 중요한 영향을 미칠 수 있고

➢ 프로그램의 성패에 영향을 끼칠 수 있으며

➢ 지도자들을 통해 참여대상자들의 의견을 수렴하고 반영할 수 있는 통로가 되기 때문이다.

➢ 목표집단의 지도자를 선별하는 기준

➢ 구체적으로 지위, 명성, 리더십, 의사결정권, 사회참여 등이 사용된다.

<표-9> 목표집단의 지도자 선별 접근방법의 특징

접근방법	의 미	장 점	단 점
직위	-교육 프로그램과 관련된 조직 내에서 지도자적 위치에 있는 사람들을 기준으로 지도자를 선별하는 방법	-지도자를 구체화하는 것이 가시적이고 쉬움 -비용이 저렴 -영향력 사람 선정기회 제공(요구분석에 도움)	
명성	-마을의 명성이 있는 사람들의 명단을 작성하여 지도자를 선정하는 방법		-프로그램의 특수한 문제나 이슈를 해결하는 데 필요한 지도자가 아니라, -일반적으로 영향력 있는 지도자를 선정
영향력	-개인의 신분과 생업영역에서 대중매체에 대한 영향력을 기준으로 지도자를 선별하는 방법	-자기가 속한 집단구성원들의 의사소통망을 통제 -접근하는 사람을 구체화 -의사결정의 효과성과 경제성	-지도자들이 수동적일 수 있음
의사결정	-의사결정의 참여가 지도자의 선정과 승인을 위한 평가기준	-명성보다는 실질적인 행동을 평가 -의사결정자들의 역할을 정확히 파악	-시간과 경비가 많이 듬
사회참여	-개인의 자원봉사 참여 정도로 지도자를 선정하는 방법	-목표집단 조직, 활동집단, 대상 프로그램 내에 적극적으로 참여하는 자들을 선정	-그 이면에서 활동하는 조력자들을 간과하기 쉽고 -시간과 비용의 문제가 따름

(3) 목표집단의 지도자가 선별되면

➢ 프로그램개발자는 프로그램개발을 위해 목표집단의 지도자들과 상호교류를 위한 전략을 세우고 접촉

➢ 선정된 지도자들과 비형식적이고 의미있는 대화를 지속적으로 실시

➢ 가능한 한 지도자들과 공감대를 형성하도록 노력

➢ 지도자들과의 상호교류를 통해 프로그램개발에 필수적인 신뢰감을 형성

➢ 지도자들이 제시한 마을의 가치를 바탕으로 한 교육요구의 구체화, 분석에 필요한 지침 마련

6) 우선순위 설정

➢ 상황분석과 고객분석이 끝나면, 프로그램개발자는 학습자들의 다양한 요구를 발견
➢ 프로그램개발자는 다양한 요구를 모두 충족시키는 프로그램을 개발하려고 한다.
➢ 그러나 실제 모든 요구를 동시에 만족시키는 프로그램을 개발하기란 불가능하므로
➢ 요구들을 걸러내는 작업이 필요
➢ 조직이 운영할 수 있는 몇 개의 요구를 추출하여 프로그램으로 전환
➢ 이때 프로그램개발자는 많은 요구 가운데 우선적으로 개발해야할 것에 대하여 결정해야 한다. 이것이 우선순위 설정이다.

(1) 우선순위 선정기준

➢ 우선순위 선정기준은 프로그램개발의 상황과 여건에 따라 다르게 적용되는 것이 보통이다.
➢ 실제 우선순위 선정의 기준을 제시한 학자들마다 상이한 준거들을 제시하고 있다.
➢ Knowles는 기관의 목적, 실현가능성, 고객의 흥미,
➢ Forest & Mulcahy는 고객, 마을, 기관, 자아
➢ Boyle는 개인, 조직, 고객, 마을, 정치성, 자원
➢ 이무근·원상봉은 학습고객의 자원, 훌륭한 교수자의 확보 가능성, 사용 가능한 시설, 사용 가능한 장비, 사용 가능한 재정 등을 제시
➢ 이런 다양한 기준은 보통 다음과 같이 요약하여 제시할 수 있다.

<표-10> 요구의 우선순위 결정기준

주요기준	고려요소
인력	특정 요구와 관련해 지식이나 기술을 제공할 사람은 있는가?
목표달성	특정 요구가 조직의 목표에 기여하는가?
긴급성	특정한 요구는 즉각적으로 실행되어야 하는가?
파급효과	다른 요구의 실현에도 영향을 미치는가?
요구의 정도	현재 상태와 이상상태간의 요구격차가 얼마나 큰가?
자원제공	물리적 편의시설이 제공될 수 있는가?

(2) 우선순위 선정기법

➢ Caffarella는 우선순위 차트를 제시

➢ 우선순위 차트는 다양한 요구 가운데 그 중요도나 긴급성의 정도를 기준으로 우선 실현되어야 할 요구를 선별하는 데 유용하다.

예 1 우선순위 선정차트

<표-11> 우선순위 선정차트

조사된 요구	파급효과	목표달성	긴급도	자원	총점
성희롱 방지윤리	4	4	4	4	16
의사소통	4	3	2	3	12
리더십	5	4	5	5	19
갈등해결	2	1	1	2	6
동기부여	3	4	2	2	11

✍ 어떤 기업이 직원들을 대상으로 요구분석을 실시하여 성희롱방지 프로그램이 개설된 예

❖ 직원들은 직업과 자신의 윤리간의 갈등상황을 해결하고자 하며,

❖ 조직의 구성원들간의 의사소통기술을 개선시키고자 하고

❖ 여성사원의 리더십 향상 기술을 필요로 하였으며

❖ 남녀 동료들간의 갈등을 해소하고자 하며

❖ 업무추진을 위한 동기부여 기술 향상에 대한 요구를 제시하였다.

➥실제 요구는 다양했으나 이를 범주화시켜 다음의 네 가지로 제시되었다. (성희롱방지 윤리, 의사소통, 리더십, 갈등해결, 동기부여)

➥프로그램개발자는 조직의 CEO와 상급의 의사결정자, 노동조합원, 동료 프로그램개발자, 각 부서의 팀장에게 요구순위 차트를 배부

➥요구별로 점수를 매기게 한다.(최소의 요구는 '1', 약간 중요한 요구는 '2', 중요한 요구는'3', 반드시 실현되어야 할 요구에'4' 값을 매기도록 했다.

➥차트가 수합된 후 각 항목의 평균값을 매긴다.

➥그 평균의 합산이 총점으로 제시된다.

➥최고점부터 요구의 순위가 주어진다.

➥조직의 자원이 허락하는 범위 내에서 각 요구가 프로그램으로 개발된다.

➡리더십의 요구가 가장 높은 순위로 나타났으나

➡해당기업은 이미 리더십 프로그램을 실시하고 있으므로

➡성희롱 방지 윤리 프로그램이 조직의 가장 우선적인 요구로 선정(기존의 리더십 프로그램의 수정, 보완 요구가 나타남)

예 2 가중치를 활용한 우선순위 선정 차트

<표-12> 가중치를 활용한 우선순위 선정차트

조사된 요구	파급효과 무게값=2	목표달성 무게값=7	긴급도 무게값=5	자원 무게값=9	총점
성희롱 방지윤리	4--8	4--28	4--20	4--36	16--92
의사소통	4--8	3--21	2--10	3--27	12--66
리더십	5--10	4--28	5--25	5--90	19--153
갈등해결	2--2	1--7	1--5	2--18	6--34
동기부여	3--6	4--28	2--10	2--18	11--62

✍ 예1)의 요구순위 차트는 우선순위 선정기준을 모두 동급으로 간주한 경우

➡조직의 이윤을 추구하고, 위험도를 낮추기 위해 특별히 고려되어야 하는 기준에 값을 더 부여하는 방법

➡각 기준에 다른 무게값을 적용하여 우선순위를 매기는 방법

➡최종 요구의 순위는 변동이 없지만 요구 값의 격차는 다 크게 벌어졌다.

➡이 방법은 조직의 주요 의사결정자의 신념이 반영할 때 사용된다.

➡기준에 따라 다른 가중치를 할당하는 것은 조직의 특성이나 자원 혹은 프로그램의 실행시기나 상황에 따라 달리 적용

7) 프로그램 목표 전환

➢ 프로그램 목적 및 목표 설정은

➡프로그램개발의 초점을 명확히 해주고

➡마을평생교육기관의 자원을 통제하는 관리 책임자, 프로그램 운영자, 마을평생교육사, 학습자에게 프로그램의 의도를 명확하게 전달할 수 있게 한다.

(1) 프로그램 목적 및 목표의 이해

➢ 우리말로 目的과 目標

➢ 영어로는 目的 : aim, goal, purpose, end, intention

目標 : objective, target

➢ 이러한 다양한 용어는

➢ 서로 구분되기도 하고 혼용되기도 한다.

➢ 최종적으로 기대되는 결과를 지칭하고 있다.

➢ 각 용어는 그것이 사용하는 수준에 따라 다르다.

➢ 목적을 엄밀하게 구분하여 규정하는 것은 어렵다.

➢ 구별한다면

➥目的은 보다 포괄적이고 궁극적이며 일반성을 갖는 것

➥目標는 구체성을 가지며, 다수의 항목으로 세분되는 것으로 볼 수 있다.

➥aim(목적)은 국가 혹은 사회적인 차원에서 가장 포괄적인 의미의 목적을 지칭하며

➥objective(목표)는 가장 최소한의 단위의 목적을 지칭할 때 사용된다.

➢ 이러한 용어의 혼선에서 개념상의 혼돈을 막고 그 의미를 명확히 하기 위하여

➢ 마을평생교육기관 수준-프로그램 수준-교육활동 수준에 따라

➢ 교육목적-프로그램목적-학습목표로 위계화시켜 다음의 그림과 같이 제시할 수 있다.

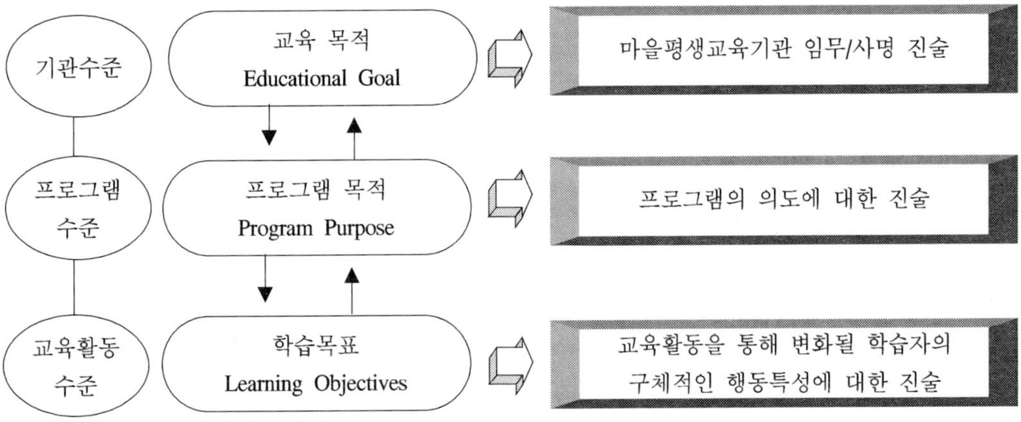

[그림-2] 교육목적-프로그램목적-학습목표의 개념도

❑ 교육목적(Educational Goal)

➢ 마을평생교육기관이 지향하는 궁극적인 교육이념을 구체화시켜 놓은 것으로

➢ 그 내용이 상당히 추상적이고 일반적이다.

➢ 왜냐하면, 교육목적은 즉시적이고 단기적으로 성취될 수 있는 것이 아니라 보다 장기적으로 실현될 수 있는 내용이기 때문이다.

➢ 한편, 교육목적의 설정은 마을평생교육기관이 지향하는 이념이 무엇이며,

➢ 마을평생교육기관의 구체적인 임무와 사명에 근거하여 이루어진다.

❑ 프로그램 목적(Program Purpose)

➢ 프로그램이 직접적으로 의도하는 바가 무엇인지를 체계적으로 명시하고 있는 것으로 교육목적보다는 훨씬 더 구체성을 띤다.

➢ 프로그램목적의 개념 속에는 의도성(intentions)이란 의미가 강하게 함축됨

➢ 프로그램의 의도는 개인, 조직, 마을 등 프로그램의 잠재적 대상에 따라 다양하게 규정

➥어떠한 프로그램을 제공→개인의 지속적인 성장과 발전을 조장할 것인가?

➥어떠한 프로그램을 동원→개인이 즐겁게 학습에 참여하도록 할 것인가?

➥어떠한 프로그램을 제공→ 조직혁신과 재생을 지원할 것인가?

➥어떠한 프로그램을 제공→마을의 문제해결과 삶의 질 향상의 기회를 제공할 것인가?

❑ 학습목표(Learning Objectives)

➢ 프로그램에 참여한 학습자가 구체적으로 어떠한 행동변화를 가시적으로 일으켰는가에 초점이 맞추어진다.

➥프로그램 속에서

➥학습자가 알아야 할 것이 구체적으로 무엇인가?

➥학습자가 의미 있게 체험한 내용이 무엇인가?

➥학습자들이 프로그램에 능동적으로 참여하여 직접 경험하고 체험함으로써 터득한 것이 무엇인가?

➥학습자가 의도된 학습결과에 도달하기 위해서는 프로그램에 참여하는 동안 마땅히 수행해야할 과제가 무엇인가?

(2) 프로그램 목적의 진술기법

➢ 프로그램을 고객에 알릴 목적으로 팜플렛을 만들거나 프로그램을 간략히 소개 할 때

➢ 프로그램 목적을 설정하여 진술하고 있다.

➢ 미국의 확장교육에 사용되는 프로그램 목적의 진술을 위한 기본원칙

❑ "To-By-For"

❖ 프로그램 목적의 진술 원칙

➢ "To": to achieve specific objectives(프로그램을 통해 이루고자 하는 결과)

➢ "By": providing programs(제시될 프로그램의 유형)

➢ "For": identified learner(프로그램의 수혜자(참여자))

❖ 프로그램 목적 진술의 구성요소

➢ "상황": 학습자가 처해있는 상황 혹은 학습자의 상태를 명시함

➢ "대상": 프로그램참여를 명시함

➢ "내용": 제공될 프로그램의 구체적인 내용을 제시함

➢ "직접적 결과": 프로그램의 결과로 즉시적으로 변화된 특성을 명시함

➢ "기대효과": 프로그램의 결과로 나타날 기대효과를 명시함

예 주부 컴퓨터 및 인터넷 강좌 프로그램

❖ 프로그램목적

기술혁명과 정보화시대에 컴퓨터 사용 능력이 없는
①(상황)

중년 주부들에게 컴퓨터 입문, 워드, 인터넷 활용 프로그램을 제공함으로써
②(대상) ③(내용: 프로그램)

과학 마인드 형성과 능력을 향상시켜
④(직접적 결과)

삶의 자신감을 갖도록 하는데 프로그램의 목적이 있다.
⑤(기대효과)

Ⅱ. 마을평생교육자원 조사

마을평생교육지도자는 가장 먼저 그 지역의 인적자원, 물적자원, 제도적 자원 및 문화구조자원을 조사 및 분석해야한다.

1. 마을자원

1) 인적자원

마을평생교육 계획을 세우기 위해서는 그 마을평생교육의 주체가 되는 마을 인적 자원을 조사하여 개발계획수립에 적극 반영되도록 해야 한다. 인적자원의 조사영역은 학습계획의 목적에 따라 다양하게 나타나는데 일반적으로 마을평생교육발전계획을 수립하는데 있어서 필요한 인적자원 조사의 영역은 마을주민이 지니고 있는 일반적 특성을 파악하는데 있다.

그리고 인적자원을 마을평생교육계획에 참여 및 활용할 수 있는 영역은 그 마을평생교육 계획이 지니고 있는 특성에 따라 독특하게 나타나지만 일반적으로 그 마을에서 교육수준이 높거나 변혁을 일으키려는 태도가 강한 마을주민이 마을평생교육계획에 참여하는 경향이 강하다.

결국 마을조사에서 인적자원을 조사하게 되면 그 마을의 개발대상 또는 주민욕구를 파악하게 되어 마을평생교육 목적을 설정하는데 이용할 수 있게 된다.

인적자원조사 항목에 포함되는 일반적인 내용을 제시하면

① 인구수와 밀도 ② 인구증가와 이동 ③ 성별, 연령별, 인구분포 ④ 직업별, 산업별, 인구분포 ⑤ 소득수준별 가구분포 ⑥ 교육수준별 종교별 인구분포 ⑦ 지도력(잠재지도력, 현재지도자 등) 등이 해당된다.

2) 물적 자원

마을평생교육의 내용은 주로 인간의 태도변화와 행동의 변화에 일차적인 목표를 두고 있다. 그러므로 마을평생교육의 주요관심도 마을주민의 태도, 기술 및 정보 등의 변화에 관심을 지니게 된다. 그러나 마을평생교육이 지니고 있는 특성이 마을 주민의 태도, 기술 및 정보자체의 변화에 목적을 두고 있다기 보다 이러한 변화를 통하여 그 마을 또는 각 개인의 물적욕구를 충족시켜 줄 수 있게 할 수 있는 가장 핵심적인 수단으로 태도 및 행위변화에 관심을 지니고 있다.

그러므로 마을평생교육을 장기적으로 그 마을의 물적 향상을 가져오게 함으로서 좀 더 윤택한 마을생활을 가져오게 하는데 있다고 볼 수 있다. 그래서 마을평생교육 계획을 수립하기 위해서는 현재 그 마을이 보유하고 있는 물적 자원을 분석해 보고 이를 좀 더 나은 방향으로 개발시키려 해야 한다. 이를 위해서 개발과정에서 이용할 수 있는 물적구조가 어느 정도인지를 파악하여 그 이용가능성을 분석하기 위하여 물적 자원을 조사하게 된다. 물적자원의 조사영역은 마을평생교육방향에 따라 그 특성이 있겠지만 일반적으로 개발계획을 수립하는데 필요한 조사내용은 다음과 같다.

① 기상
② 지리 : 위치, 지형, 교통 등
③ 용도별 토지분포 : 농경지, 택지, 상가 등
④ 토질 및 토양조건
⑤ 산업자원 : 농업자원, 공업자원 기타
⑥ 천연자원 : 산림자원, 수자원, 광업자원 등
⑦ 사회간접자원 : 상, 하수도, 도로확장 등

3) 제도적 자원

마을제도는 마을을 이루고 있는 중요한 골격이라고 말할 수 있다. 마을제도가 의미하는 것은 그 마을의 기본단위가 될 수 있는 주민 각 개인이 일정한 지위와 역할로부터 독특한 집단을 형성하게 된다. 이러한 집단이 일정한 영역에서 확대되어 체계적인 조직활동을 하게 됨으로써 하나의 제도적 조직체로 그 기능을 수행하게 된다.

여기서의 제도적 조직은 그 마을의 개발활동을 주체적으로 이끌게 되거나 마을 평생교육 활동을 적극적으로 지원하게 됨으로써 효과적으로 마을평생교육 활동이 일어나게 한다.

그러므로 마을평생교육 계획을 효율적으로 수립하기 위해서는 이에 관련된 마을제도를 잘 파악하여 이를 참여하도록 해야 한다. 제도적 조직의 범위는 그 성격에 따라 매우 다양함으로 일정하게 한정하기가 어려우나 일반적인 마을제도는 다음과 같은 것이 해당된다.

① 가족제도 : 가족구조(예: 대가족, 핵가족 등)

② 행정제도 및 조직 : 마을행정기구(예: 면사무소, 농촌지도소, 보건소 등), 행정제도간의 관계 등

③ 경제제도 및 조직 : 생산조직, 분배 및 유통체계

④ 교육제도 : 학교교육제도, 사회교육제도

⑤ 보건위생제도 : 공중보건위생제도(약국, 병원, 목욕탕 등)

⑥ 종교제도 : 교회, 성당, 사찰 등

4) 문화 자원

마을의 문화구조는 그 성격에 따라 매우 다양하게 설명될 수 있다. 즉 그 마을 주민의 형태를 통제하는 문화규범에서부터 주민 각자가 지니고 있는 가치관 그리고 그 마을에 포함되어 있는 각종 유, 무형문화재 등이 마을 문화구조라고 볼 수 있겠다.

이러한 문화형태가 마을평생교육에 중요한 위치를 차지하고 있는 이유로는 문화구조가 마을평생교육의 주요 관심대상이 되고 있는 주민의 태도와 행위에 가장 밀접하게 영향을 미치고 있기 때문이라고 볼 수 있다. 그러므로 마을의 문화구조를 파악하게 되면 마을 주민의 개발전 요인을 분석하게 되고 나아가서 이의 개선 방향을 제시할 수 있기 때문에 마을평생교육 계획을 세우는데 좋은 자료로 이용할 수 있게 된다. 마을 문화구조에는 일반적으로 다음과 같은 내용이 포함되어 있다.

① 생활양식(의생활, 식생활, 가정관리, 관혼상제, 가치관, 심리상태 등)

② 종교 및 신앙(종교상황, 종교의식, 종교관련 행사 등)
③ 문화재, 명승고적지 및 관광문화재(지정문화재, 명승지, 관광고적지 등)
④ 무형문화재(민속, 역사적 인물 등)
⑤ 오락 및 여가생활 등

2. 마을조사

1) 마을조사의 필요성

마을평생교육은 현재의 상태를 바람직한 상태로 개선하기 위한 계획이므로 먼저 현재의 상태 및 실정을 명확히 알아야 한다. 어느 특정 마을의 주민들이 어떤 생각을 하고 있으며 소득은 얼마나 되고 그들은 그 마을에 대하여 무엇을 바라고 있으며 무엇이 개선되어야 하는가 또는 그 마을의 각종 인적, 물적 및 사회적 자원은 어떤 것이 있는가를 파악해야만 개발계획을 수립할 수 있게 될 것이다. 예를 들면 [그림-3]에서와 같이 마을 주민들의 지식, 기술, 태도 등이 바람직한 상태에 도달하게 되고 그 마을이 어느 정도 향상될 수 있게 되는 수준이라고 예상하게 되면 필요격차는 현 상태 주민들의 지식, 기술, 태도변화가 요구되는 간격이라고 볼 수 있겠다.

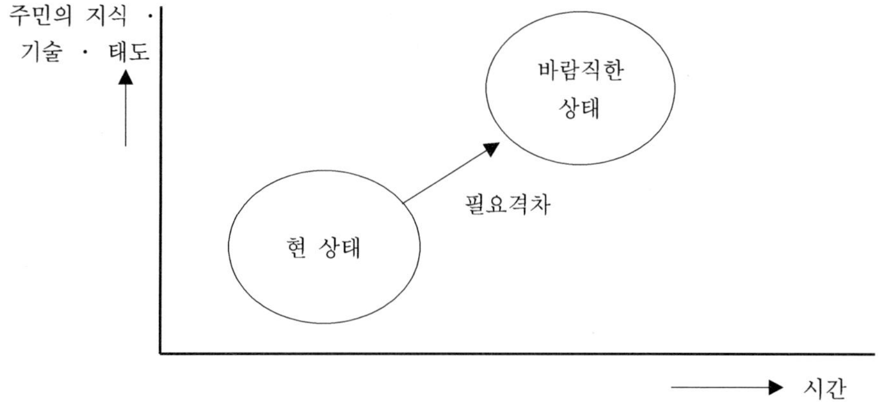

[그림-3] 마을평생교육필요격차

[그림-3]에서 나타난 바와 같이 마을의 현 상태에서 바람직한 상태로의 변화에 필요한 격차를 주민욕구(Needs)의 정도라고 표현할 수 있다. 즉 주민욕구란 현재의 산출과 기대되는 산출간의 격차를 말하며 마을평생교육을 전개하기 위해서는 주민욕구를 분석해 내야만 효과적인 계획이 될 수 있다.

2) 마을조사내용

마을조사는 마을평생교육의 전개하는데 필요한 자료를 수집하기 위하여 그 마을의 제반여건을 체계적으로 분석하는 과정이라고 말할 수 있다. 그러므로 마을조사는 마을평생교육이 지니고 있는 목적 또는 목표와 매우 밀접하게 연결되어 있으며 또한 마을평생교육은 마을조사를 통하여 나타난 분석내용에 매우 영향 받게 되어 있다. 마을수준에서 마을평생교육을 위해 조사해야 할 자원은 앞에서 제시한 바와 같이 인적자원, 물적자원, 제도적 자원 및 문화적 자원 등이 있으며 그러한 자원을 조사하기 위한 방법을 제시하면 다음과 같다.

3) 마을조사방법

마을평생교육을 수립하기 위해서는 학습대상이 되고 있는 마을에 대한 자료가 요구된다. 학습관련 자료에는 앞의 마을 조사내용에서 제시된 인적자원, 물적자원, 제도적 자원 및 문화적 자원이 포함되어 있다.

이러한 제반자원을 효과적으로 마을평생교육 활동에 이용하기 위해서는 그 자원의 체계적 조사 및 분석이 요구된다. 이러한 체계적 조사 및 분석을 위해서는 여러 가지 조사방법이 이용되는데 조사방법에는 그 마을의 특성 및 연구자의 특성에 따라 다양한 방법이 있으며 또한 마을평생교육전개의 특성에 따라서도 역시 다양한 방법으로 접근될 수 있다.

일반적으로 마을평생교육을 수행 하는데 이용되는 조사방법을 제시하면 직접조사와 간접조사, 양적조사와 질적조사, 실태조사와 의견조사, 전수조사와 표본조사 등으로 분류할 수 있다.

첫째, 직접조사와 간접조사, 직접조사는 조사자가 마을에서 필요한 자료를 직접 수집하는 것으로 관찰, 토의, 면접조사서, 질문지 등을 통하여 실시한다.

간접조사는 조사자가 마을평생교육 수립하는데 필요한 자료를 간접적인 방법(예를 들면 기존문헌 또는 통계자료 이용)으로 수집하는 형태를 의미한다. 이것은 직접조사활동보다 경제적인 방법이지만 정확한 자료를 수집하지 못하는 단점을 지니고 있다.

둘째, 양적 조사와 질적 조사, 양적조사는 통계적 조사로도 생각할 수 있는데 이것은 조사사항을 어떤 척도로서 미리 수량화하여 그 내용을 파악하고자 하는 조사방법을 의미한다. 질적조사는 조사대상의 질적인 차이를 조사하기 위한 방법으로 수량화가 곤란한 조사항목에 많이 사용된다.

셋째, 실태조사와 의견조사, 실태조사는 마을의 제반여건 또는 마을의 현 상황에 대해 객관적으로 그 사실을 조사하는 방법을 의미한다. 의견조사는 마을평생교육 수립에 필요한 자료 중 매우 중요한 자료수집 방법으로 그 마을주민 또는 집단이 지니고 있는 생각을 수집하는 조사방법이라고 할 수 있다. 즉 의견조사는 마을 주민의 주관적 사고를 수집하는 방법이다.

넷째, 전수조사와 표본조사, 전수조사란 마을평생교육을 수립하는데 필요한 자료수집대상에 대하여 전부 조사하는 방법을 의미하는 것으로 많은 비용과 시간이 요구된다.

표본조사는 조사대상의 모집단을 대표할 수 있다고 생각되는 표본을 설정하여 그 표본에 대해서만 조사활동을 수행하는 방법을 의미한다. 일반적으로 마을평생교육계획을 수립하는데 이용되는 조사방법은 표본조사방법이 많이 이용된다. 그러나 표본조사방법을 채택하기 위해서는 적절한 통계적 방법을 이용해야 하기 때문에 통계적 지식이 요구된다.

이와 같이 조사방법은 그 기준에 따라 여러 가지로 분류하여 설명할 수 있는데 그 분류기준이 무엇이든 간에 마을조사 방법에는 일반적으로 질문지법(Questionnaire Survey), 면접법(Interview), 관찰법(Observation), 기존자료 활용 및 내용분석법(Using available data and content analysis) 등이 이용된다.

(1) 질문지법(Questionnaire Survey)

① 질문지의 의의

질문지에 의한 조사방법은 주로 우편을 통한 자료수집방법에 많이 이용되는 방법이다. 그 외에도 질문지에 의한 방법은 면접법이나 관찰법에도 이용된다. 질문지는 조사표와는 조금 다른 의미를 지니고 있는데 즉 조사표는 면접자가 피면접자(면접법)와 접할 때 사용하는 조사항목(items)들의 세트를 의미하는 것으로서 면접자가 기입하는데 반해서 질문지는 피조사자가 기입하는 것이 원칙이므로 우편을 통해 많이 이용된다. 그러나 질문지와 조사표는 각각 기입하는 사람이 다르기 때문에 문항의 어귀표현이라든가 문항의 배열 등이 각각 조금씩 다를 수 있지만 근본적으로 질문의 내용에는 별 차이가 없다.

② 질문지의 내용

마을평생교육계획을 수립하기 위한 자료수집방법으로 질문지법을 선택할 때에는 내용이 무엇이냐에 따라 질문지의 구성 내용이 달라지게 된다.

일반적으로 질문지에 포함되는 내용은 그 조사목적에 따라 다음과 같이 분류된다.

첫째, 마을의 사실을 찾는 것을 목적으로 하는 조사

사실조사는 마을의 객관적 사실(facts)을 발견해 내는 것이다. 즉 마을의 물적 특성을 있는 그대로 파악하는 것이라든가 마을 주민의 연령, 성별, 종교, 직업, 교육정도 및 수입 등과 같은 사실을 발견하기 위하여 질문지에 관련항목을 삽입하는 것을 말한다.

둘째, 마을주민의 감정을 찾는 것을 목적으로 하는 조사

이것은 마을 주민들이 어떤 사실에 대해 어떤 생각을 가지고 있는가를 밝혀내는 조사내용이다. 즉 마을 주민의 좋다, 나쁘다, 증오, 동정 등과 같은 감정을 찾는 것으로 이것은 매우 복잡하다. 그러므로 질문자체를 간단히 표시하기가 어렵기 때문에 마을 주민의 감정을 충분히 표현할 수 있게끔 질문어귀 및 응답형태를 고려해야 한다. 또한 이러한 질문내용에서 사용되는 단어가 동일하더라도 상이하게 받아들여지는 경우가 많으므로 세심한 주의를 기울여야 한다.

셋째, 어떤 사실에 대한 마을 주민의 믿음(belief)을 찾는 조사

이것은 마을 주민들로 하여금 어떤 사실에 대해 자신의 의지가 어떤 것인가를 밝히게 하는 조사활동 내용이다. 예를 들면 자신의 삶이 다른 사람의 삶에 비해 어떻다고 생각하십니까? 와 같은 질문으로 마을 주민의 신념체계를 묻는 형태이다.

이 경우에 먼저 그러한 사실에 대한 믿음을 묻기 전에 그 질문의 내용에 대하

여 주민이 어느 정도 지식과 정보를 가지고 있는지를 알아보아야 한다. 문제를 정확하게 이해하지 못했거나 대답할 지식이나 정보가 부족한 경우에는 대답이 정확하지 못하고 중립적 대답 예를 들면 「모른다」「그저그렇다」등에 대답하기 쉽다.

넷째, 마을 주민의 현재나 과거의 행동을 알려고 하는 조사

이 조사목적은 마을 주민의 현재나 과거의 행동으로부터 미래의 행위에 대한 예측을 목적으로 많이 이용된다. 이런 경우에는 일반적 질문보다도 특수한 질문이 보다 효과적이며, 질문범위를 넓혀서 질문하고, 다시 좁혀서 질문하는 것이 좋다. 예를 들면 「당신은 어떤 행정기관에 출입하십니까?」라는 질문보다 「당신은 행정기관에 출입하십니까?, 출입하시면 어떤 행정기관에 출입하십니까?」라고 질문하는 것이 좋다.

③ 질문지 작성과정

질문지는 대체로 다음과 같은 절차를 통해서 작성된다. 즉 ① 질문지작성의 목적 및 범위확정 ② 질문항목의 선정 ③ 질문형태의 선택 ④ 질문어귀의 구성 및 순서결정 ⑤ 시험조사 ⑥ 인쇄 및 편집 등의 과정을 거친다.

첫째, 질문지 작성의 목적 및 범위 확정

질문지를 이용하여 질문하고자 하는 목적이 무엇인가를 확실히 하고 질문지를 어디에 적용할 것이며, 어떻게 누구에게 적용할 것인가를 확실히 하고 또한 어떻게 적용할 것인가를 질문지 작성 이전에 충분히 고려하여야 한다. 특히 질문대상이 되고 있는 마을 주민의 교육정도, 연령, 경제수준 등을 고려해야만 다음단계인 항목선정 및 어귀구성이 쉽게 된다. 아울러 수집된 자료가 어떻게 이용될 것인지 확실해지기 위해서는 질문지를 작성하는 목적 및 범위가 분명해져야 한다.

둘째, 질문항목의 선정

질문서를 작성하는 목적 및 범위가 확정되면 이러한 목적을 달성하기 위하여 어떠한 사실을 알아내야 하는지의 기준이 서게 된다. 이러한 기준에 따라 질문항목을 선정하는데 질문항목을 선정할 때 지켜야 할 일반적인 내용은 다음과 같다.

□ 질문에 직접 관계되는 항목이나, 질문방법상의 평가나 분석에 이용할 항목

만을 선정해야 한다. 단순히 흥미가 있을 것이라는 이유에서 항목을 증감시켜서는 안 된다.

□ 다른 곳에서 더 정확한 자료를 수집할 수 있는 경우에는 관련항목을 빼는 것이 좋다.

□ 통계조사의 경우에는 항상 자료처리나 통계표를 염두해 두고 항목을 선정해야 한다.

□ 응답자가 대답하지 않을 항목은 포함시키지 않는 것이 좋다.

□ 일반적으로 조사항목의 수는 조사내용에 따라 조사 목적을 달성할 수 있을 정도의 최소한의 수가 바람직하다. 대체로 질문 응답시간이 30분 이상 걸리지 않도록 잡는 것이 좋다.

셋째, 질문의 형태 선정

질문 항목의 선정이 끝나면 다음 단계로 어떠한 질문형태로 또는 어떠한 문구를 써서 질문을 구성하는 것이 적합한가를 결정해야 한다.

질문의 형태에는 질문에 대하여 자유롭게 대답할 수 있는 개방형 질문(open-ended question)(예. 당신이 이 지역에 살고 있는 이유는 무엇입니까), 응답자가 선택할 수 있는 응답의 내용이 몇 개로 한정되어 그 중 하나를 선택하도록 하는 폐쇄형 질문(closed-question)

(예, 당신이 좋아하는 농산물은? ① 쌀 ② 보리 ③ 밀 ④ 콩), 「그렇다, 아니다」와 같은 찬부식 질문(dichotomous question), 「새마을 운동이 중요한 이유 3가지만 골라라」등과 같은 다항선택식 질문(multiple choice question), 「여기서 살기는 어떠한가? ① 편리하다 ② 보통이다 ③ 불편하다」등과 같이 어떠한 질문에 대하여 강도를 요구하는 평정식 질문(rating question), 「결혼조건에 중요하다고 생각하는 순서를 표시하라」와 같은 서열식 질문(ranking question) 등이 있다.

넷째, 질문의 어귀구성 및 순서결정

질문의 어귀는 같은 말이라도 사람에 따라서 각각 다른 의미로 받아들이게 되고 똑같은 의미라고 하더라도 그것을 표현하는 말이 다르면 반응에 상당한 차이를 가져오는 경우가 많다. 그러므로 질문서에서 사용하는 말은 그 개념에 대해 오해를 일으키지 않도록 명백해야 하며 질문이 너무 길고 복잡하거나 어려워도

안 된다.

질문의 순서결정은 하나의 질문서에 포함될 여러 가지 질문들은 가급적 논리적 연관성이 있고 동시에 심리적으로 일관성 있게 되어 있어서 질문서가 전체적으로 하나의 통일성을 이루도록 배열하는 것이 필요하다.

다섯째, 시험조사(pre-test)

시험조사는 본 조사에 들어가기 전에 본 조사에서 실시하는 것과 똑같은 절차와 방법으로 질문서가 잘 구성되어 있는지의 여부를 확인하고 본 조사에 필요한 자료를 수집하기 위한 것이다.

여섯째, 인쇄 및 편집

시험조사가 끝나고 나면 질문서를 인쇄하게 된다. 이때 인쇄된 질문서가 피조사자에게 호감을 주고 중요한 것이라는 인식이 들게끔 표지, 용지, 활자, 크기, 공간 등 여러 면을 고려해야 한다.

질문서 인쇄 시 유의사항으로는 익명으로 할 것인가의 여부를 결정하고 또 조사기관을 밝힐 것인가의 여부를 결정해야 한다. 태도조사의 경우 대부분 무기명이 보통이나 무기명인 경우에는 조사에 임하는 태도가 덜 진지해지기 때문에 될 수 있으면 기명으로 하는 것이 좋다.

(2) 면접법(Interview)

① 면접법의 성격

면접은 마을평생교육에 필요한 자료를 얻기 위하여 면접자가 응답자와 서로 대면하여 실시하는 언어적인 상호작용을 의미한다고 할 수 있다. 다시 말하면 일정한 조건하에서 언어를 매개체로 하여 질문을 함으로써 대답을 얻는 즉 언어의 상호작용과정을 통하여 피면접자가 내적으로 가지고 있는 바를 알아내는 조사방법이라고 할 수 있다.

이러한 면접이 지니고 있는 역할로는 첫째 면접은 관찰과 더불어 여러 가지 마을조사활동에 사용될 수 있는 일반적인 도구이다. 둘째 자료수집이 주된 도구가 된다. 셋째 면접은 관찰이나 질문지법 등으로 얻은 발견을 더욱 명백히 하는데 사용된다. 이와 같이 면접은 마을조사 활동에 많이 이용되는 도구이다. 특히 면접법은 개별적인 상황에 높은 신축성과 적응성을 지니고 있으며 또한 문맹자를 포함한 모든 사람에 대해서도 질문이 가능하다. 그리고 질문지법은 질문서의 회수율이 낮고 회수된 것도 대개 그 문제에 관심이 있는 사람이나 상식이 있는 사람들의 것이기 때문에 전체의 특성을 파악하기 어렵지만 면접은 회수가 필요 없기 때문에 보다 더 공평한 자료를 얻을 수 있다.

② 면접의 종류

면접방법의 종류에는 그 기준에 따라 여러 가지가 있으나 여기서는 질문내용의 구성형식에 따라 표준화 면접(standardized interview)과 비표준화 면접(unstandardized interview)으로 분류할 수 있다.

표준화 면접은 면접하기 전에 미리 질문지를 만들어 가지고 모든 응답자에게 같은 순서와 어조로 질문하여 면접하는 것을 말한다. 따라서 면접자가 임의로 질문표현을 바꾸거나 새로운 문제를 도입할 수 없다. 표준화 면접법의 장점은 첫째 정보의 비교가 가능하다. 둘째 신뢰도가 크다. 이것은 표준화 면접법에서는 어떤 하나의 질문에 응답자가 다르게 대답할 가능성만 있는데 반하여 비표준화 면접법은 이것 외에 질문을 달이 할 가능성이 첨가되어 있기 때문이다. 셋째 질문어귀나 질문의 어귀 구성에서 오는 오류를 최소한으로 줄일 수 있다.

비표준화 면접은 질문의 순서나 내용이 미리 정해져 있지 않고 면접상황에 따라 적당히 변경될 수 있는 것으로 비교적 자연스러운 면접법이라 할 수 있다. 이러한 비표준화 면접은 질문 자체가 고정되어 있지 않기 때문에 자유응답식인 경우가 많고 응답자에게 어떻게 대답하라든가 또는 내용 면에서 최소한의 지시나 방향을 제시할 뿐이다. 비표준화 면접의 장점으로는 첫째 융통성이 있다. 즉 면접자는 응답자의 개인적인 특수상황에 따라 질문의 어귀나 순서를 조절할 수 있다. 둘째 의미의 표준화를 가능하게 한다. 같은 말이라도 다른 의미를 가질 수 있어서 표준화가 될 수 없는 경우가 있다. 그래서 표준화된 질문에만 얽매이게 되면 의미의 표준화를 무시하여 더 큰 오류를 범할 가능성이 있다. 셋째 면접결과의 타당도가 높다. 표준화 면접은 신뢰도가 높은데 비하여 비표준화 면접은 타당도가 높다.

③ 면접기술

면접의 궁극적 목표는 조사자가 원하는 정보를 가장 정확하게 얻는데 있다. 면접에 이러한 목표를 달성하려면 면접자의 선정에서부터 면접이 끝날 때까지 신경을 써야 한다.

면접자의 선정은 알아내려는 사실에 따라 또는 응답자의 종류에 따라 달라져야 한다. 예를 들면 농민의 의식구조를 파악하려는데 도시민을 면접자로 삼아서는 효과적으로 내용을 파악하기 어렵다. 따라서 면접자의 선정은 어디까지나 피면접자에 대한 접근 용이도나 조사목적 및 질문내용 등에 따라 잘 결정되어야 한다.

면접자의 훈련방법으로는 간단한 테스트, 시범면접, 시험면접 등이 이용되는데 면접내용의 용이도에 따라 면접장의 훈련정도도 달라지게 된다.

면접조사가 피면접자로부터 면접조사에 협력을 얻어야 조사활동을 효과적으로 하게 되는데 일반적으로 면접자가 응답자와 대면하였을 경우 응답자로 하여금 협력하는 마음을 가지게 하기 위해서는 첫째 응답자로 하여금 면접자에 대하여 인간적인 흥미를 갖도록 한다. 둘째 응답자로 하여금 조사의 중요성 내지 가치를 깨닫게 해야 한다. 셋째 응답자가 면접에 대해 가지고 있는 심리적 장애를 극복해야 한다. 이를 위해 면접자는 응답자에게 자신을 솔직하게 소개하고 면접의 목적을 정확하게 설명한다.

④ 면접결과의 기록 및 종결

면접자가 기록하는 방법은 세 가지로 나누어 생각할 수 있다. 첫째 현장에서 기록하는 방법이다. 여기에는 응답자가 말한 대로 전부 쓰는 경우와 면접현장에서 요약해 두었다가 기록하는 방법이 있는데 후자는 편견이 개입될 여지가 있다. 둘째 면접을 마친 후 기억하여 둔 것을 기록하는 방법, 셋째 녹음기 같은 기계를 사용하여 기록하는 방법이 있다.

면접을 종결시키는 기술은 그 동안의 면접협조에 대한 감사를 적절히 표현해야 한다. 그리고 응답자가 혹시 가지고 있을지도 모르는 의문점을 모두 해결해 주어야 한다.

(3) 관찰법(Observation)

① 관찰법의 의의

관찰이란 우리 주위에서 일어나는 사실들에 대한 지식을 얻는 가장 기본적인 방법으로서, 인간의 감각기관을 매개로 외계의 현상을 인식하는 기초적인 방법이다. 마을조사에서 관찰방법이 이용될 수 있는 것은 면접법이나 질문지법에 의해 자료를 수집하게 되면 구두표현이나 기호에 의해 피조사자의 행동을 회상 또는 예측하는 간접적인 자료수집 방법이 되지만 관찰법은 관찰자가 직접 피조사자들의 행동을 현장에서 즉시 포착하게 되는 장점을 지니고 있다.

또한 조사대상이 어린애들 또는 기호나 구두표현 능력이 없는 사람일 때 관찰방법이 유일한 자료수집 방법이 되는 때가 있다. 그리고 구두표현 능력이 있다고 하더라도 조사활동에 비협조적인 사람에게는 관찰방법이 효과적이게 된다.

② 관찰방법의 종류

마을평생교육계획을 수립하는 과정에서 관찰방법은 개발계획에 필요한 자료수집의 주된 방법으로 사용되기도 하고 질문지법, 면접법 또는 내용분석법을 통해 얻은 자료에 부가적인 자료를 수집하기 위한 방법일 수도 있다. 대체로 관찰방법은 그 조사절차가 비조직적 관찰(Unstructured Observation) 또는 조직적 관찰(Structured Observation)로 나눌 수 있다.

비조직적 관찰은 관찰의 대상이나 그 도구를 명백히 규정하지 않고 어떤 현상을 관찰하는 방법으로서 대상의 자연성과 유기성을 살려나가는 방법이다. 도구를 사용하지 않는 비조직 관찰은 대부분 참여관찰을 하게 된다. 비조직적 관찰의 관찰내용은 관찰의 대상이 되는 마을집단의 참여자가 누구이며 그들의 연령, 성별, 직업 등이다. 그리고 관찰의 대상이 처해 있는 배경을 알아보게 되며 또한 관찰대상 집단 참여자의 참여동기 및 목적 등을 알아본다. 비조직적 관찰의 기록방법은 현장에서 포착하는 내용을 현장에서 기록하는 것이 가장 바람직하지만 그렇지 못할 경우에는 현장에서 주요내용만 기록하고 나머지는 기억하여 두었다가 나중에 자세히 기록한다.

조직적 관찰은 관찰의 절차와 그 대상을 명확하게 사전에 정하고 타당성과 신뢰성을 확보하기 위해 관찰조건을 표준화하는 것을 말한다. 조직적 관찰의 관찰내용은 관찰의 상황과 문제가 이미 규정되어 있으므로 관찰자가 그 상황을 분석하려는 목적을 기초로 하여 카테고리를 정하고 그에 따라 관찰하고 기록하면 된다. 관찰의 기록은 이미 관찰할 내용을 기록한 관찰표에 따라 관찰내용을 기록하면 된다.

(4) 기존자료활용 및 내용분석법(Using available data and Content analysis)

① 기존자료활용(Using available data)

마을평생교육계획을 수립하는데 있어서 기존자료를 활용하는 목적은 대체로 전반적인 마을여건을 알아보기 위해 각종 기존의 통계자료나 조사대상의 특성을 파악하며, 기존자료를 비교 및 검토해 봄으로써 흥미 있고 이론적인 중요한 가설을 제시하는 데 있으며, 기존자료를 분석 및 비교함으로써 이론적으로 중요한 가설을 제시하려 한다. 또한 기존자료를 분석 및 비교함으로써 가설의 타당성을 직접 검증할 수도 있게 된다.

마을조사에 활용될 수 있는 기존 자료에는 여러 가지가 있으나 그 중에서 인구조사자료, 공문 및 단체의 기록문서, 신문, 잡지, 서적 등이 있다.

② 내용분석(Content analysis)

내용분석이란 변수를 측정하기 위해 체계적, 관찰적, 양적인 방법으로 주로 통신관계 연구에 많이 쓰이는 분석적 방법이다. 마을평생교육계획을 수립하는데 필요한 내용분석에 이용되는 대상에는 그 마을에 관련된 각종 문서, 통신관계, 잡지 또는 신문 등 매우 다양한 것이 있다.

내용분석을 하기 위해서는 먼저 내용소스(content element)를 수량화하여야 한다. 이렇게 하기 위해서는 내용분석의 단위를 결정해야 한다. 내용분석의 단위에는 단어, 명제, 인물, 항목 및 지면 등이 해당된다. 이러한 내용분석 단위가 결정되고 나면 내용분석의 범위를 정해야 한다. 내용분석의 범위에는 「무엇을 말하는가」에 관한 범주로써 주제(subject matter), 방향(direction), 기준(standard), 가치(value), 방법(methods), 특징(traits), 중심인물(actor), 권위(authority), 기원(origin) 및 표적(target) 등이 있으며, 「어떻게 말하고 있는가」에 관한 범위로써 커뮤니케이션 형식, 발언형식 및 강도(intensity) 등이 있다.

내용분석은 많은 경비와 시간이 필요하며 정확하게 한다는 것이 어렵다. 그러므로 내용분석은 가능하면 다음과 같은 때 사용하는 것이 좋다. 첫째 고도로 정확하고 정밀한 결과가 필요할 때, 둘째 결과에 고도의 객관성이 요구될 때, 셋째 분석자료가 노력할 만한 대표성이 있을 경우, 넷째 분석할 자료가 너무 많아서 조작적으로 정리해야 할 때, 다섯째 범위를 고도로 세분화할 필요가 있고 또 그것이 가능할 때, 여섯째 범주의 빈도가 많을 때 이용하는 것이 좋다.

4) 마을조사의 절차

(1) 조사목적의 명확화

마을평생교육을 수립하기 위해 마을 조사활동을 해야 하는 것은 이미 알게 되었다. 그러면 이러한 개발계획에 마을 조사내용을 어떻게 그리고 어떤 내용을 적용할 것인가를 명백히 해야 한다. 즉 마을 조사를 어떤 목적으로 실시하며 또 그 결과를 어떻게 개발계획 수립에 적용할 것인가를 명백히 해야 한다.

조사목적을 명확하게 하지 않고 조사를 하게 되면 조사된 자료를 개발계획 수립과정에 효과적으로 활용하기 어려우며 또한 시간과 노력의 낭비를 가져오게 된다. 따라서 마을조사는 뚜렷한 조사목적을 가지고 시작해야 한다.

(2) 조사범위 및 대상선정

마을조사 범위는 매우 다양하고 광범위하기 때문에 모두를 조사하기가 어려운 대가 많다. 그러므로 개발계획 수립에 도움이 될 수 있는 내용을 중심으로 조사해야 한다. 즉 마을평생교육계획을 수립하려는 의도가 조사활동에 충분히 반영되어야 한다. 조사범위를 어느 정도 확보해 놓지 않게 되면 나중에 혼선을 가져올 경우도 있다.

일정한 조사범위가 선정되고 나면 조사대상을 정해야 한다. 조사 대상을 선정하는 이유는 조사범위에 속하는 모든 내용을 조사하기 어렵게 될 때 표본조사를 해야 할 경우가 있다. 이때는 표본을 선정해야 한다. 물론 전수조사(Complet study)를 하는 경우도 조사대상을 분명히 해야 한다.

(3) 조사항목의 선정

조사항목의 선정은 조사범위 및 소사대상이 선정되고 나면 그 대상에 대하여 알아보고자 하는 내용을 선정하는 것이다. 이것은 조사목적에 따라 나타나는데 예를 들면 조사목적이 마을주민의 의식구조를 알려고 하면 의식구조에 관련된 조사항목이 선정되어야 한다.

조사항목의 선정과정에서도 개발계획수립에 이용될 수 있는 내용이 조사 항목으로 선정되어야 한다. 조사항목의 수는 조사 목적에 따라 크기가 다양하겠지만 너무 많으면 분석하기가 곤란할 때가 많다.

(4) 조사방법의 선정

조사활동에 필요한 조사항목이 선정되고 나면 조사항목을 알아내기 위해 어떤 조사방법을 동원할까를 정해야 한다. 조사방법에는 질문지법(우편을 통한), 면접법, 관찰법, 기존자료분석 및 문헌분석법 등이 있는데 각 방법에는 앞에서 제시한 것처럼 독특한 특성이 있다.

조사방법의 선정은 조사목적에 부합될 수 있는 방법이어야 하는데 일반적으로 마을조사에 이용되는 방법으로는 우편을 통한 질문지법과 면접법이 있다. 면접법에도 구조화된 면접법(Structured interview)이 많다. 이용되고 있기 때문에 조사방법이 선정된 후에는 질문지를 작성하여야 한다. 물론 질문지를 사용하지 않을 조사방법을 이용할 때에는 조사표를 작성하지 않아도 된다.

(5) 조사요원의 훈련

마을 조사를 체계적이고 효율성 있게 전개하기 위해서는 마을조사 책임자는 조사활동에 참여할 조사요원에 대하여 조사활동에 필요한 내용 예를 들면 조사목적, 조사방법 및 조사필요성에 대해 교육을 실시한다.

조사요원의 훈련은 조사방법에 따라 그 훈련방법 및 내용이 달라질 수 있다. 즉 관찰법에 의한 조사활동은 매우 복잡하므로 이에 대한 훈련도 많아져야겠다. 그리고 면접법도 조직화된 면접법(Structured interview) 비 조직화된 면접법(Unstructured interview)은 훈련내용이 달라져야 한다. 적절한 훈련이 이루어지지 않으면 조사된 자료에 대한 신뢰성 또는 객관성이 결여될 수 있다.

(6) 조사의 실시

조사요원에 대한 훈련이 끝나면 조사활동을 시작하게 된다, 마을조사에는 예비조사(pre-survey)와 본 조사(main-survey)가 잇다. 예비조사란 본 조사목적을 당성하기 위하여 본 조사를 하기 전에 본 조사에 필요한 참고자료를 수집하려 하는데 있다. 특히 질문지를 통한 조사활동을 하려고 할 때에는 그 질문지가 조사목적을 제대로 달성할 수 있게 구성되어 있는지를 마을에서 미리 확인하는 과정이 요구되는데 이 과정이 예비조사활동이라고 볼 수 있다.

예비조사를 통하여 나타난 문제점을 보완하여 본 조사를 수행하게 되는데 본 조사 활동을 수행하는 가운데도 문제점이 도출되면 적절히 수정 및 보완해 나가야 한다.

(7) 조사결과의 처리

마을조사 활동을 통하여 수집된 자료는 일정한 절차에 따라 분류하여 분석해야 한다. 마을평생교육에 이용될 수 있는 자료는 조사활동에서 얻어진 모든 자료가 해당되겠으나 조사에 대한 마을주민의 반응 결과가 개발계획에 이용하기가 어렵거나 이용할 가치가 없는 자료는 분석자료로서 취급하지 않는다.

자료분석방법에는 여러 가지가 있으나 최근에는 컴퓨터를 이용하여 체계적으로 분석하기도 한다.

5) 마을 욕구분석 및 문제선정

(1) 마을 욕구분석

① 욕구분석의 의미

마을평생교육 계획을 수립하기 위해서는 마을주민들이 무엇의 변화를 요구하고 있는가를 파악해야 한다. 이를 위해서 마을조사 활동을 하게 되는데 이러한 마을조사활동을 통하여 나타난 자료를 일정한 조사자료의 분석방법을 이용하여 나타난 결과에 마을주민의 욕구가 어느 정도 담겨 있다고 할 수 있다.

이러한 욕구는 일반적으로 주민들이 그 마을에서 지니고 있는 공통적인 변화욕구라 볼 수 있는데 이러한 변화욕구가 강하면 강할수록 마을평생교육의 활성화가 요구된다고 볼 수 있다. 그러므로 마을평생교육 계획을 마을 입장에서 체계적으로 세우기 위해서는 반드시 주민욕구 분석이 있어야 하겠다. 물론 어떤 마을평생교육계획은 국민의 욕구와는 관계없이 행정기관의 필요나 개발관련 기관의 필요에 따라 일방적으로 수립되어 추진되는 경우가 있는데 이러한 마을평생교육 계획은 대부분 실패하게 된다. 그러므로 개발계획을 효율적이면서 지속적으로 전개하기 위해서는 반드시 마을주민욕구를 바탕으로 하여 개발계획이 수립되어야 한다. 따라서 마을주민 욕구의 분석은 마을평생교육계획의 성·패와도 관련되어진 중요한 과정이라고 볼 수 있다.

② 욕구분석의 형태

마을주민이 현재 지니고 있는 욕구를 분석해 낸다는 것은 매우 어렵다. 그러나 마을평생교육계획의 과정에 핵심 되는 과정인 주민욕구분석(Needs Assessment)을 함으로써 체계적으로 주민욕구를 분석해 낼 수 있기 때문에 여기서 5가지 방법을 제시하여 설명하였다.

가. 알파(Alpha)욕구분석

마을실정의 분석에 대한 아무런 제약조건이 없이 전면적인 개혁을 목적으로 실시되는 욕구분석이다. 즉 마을평생교육 사업의 현행 실시내용이나 방법 등이 그 마을에서 필요로 하는 것인지 또는 불필요로 하는 것인지에 대해 아무런 제약 조건이 없이 분석하여 그에 따른 분석 결과대로 새로운 마을평생교육 계획을 수립하는 방법이다. 이 방법은 욕구분석의 가장 기본적인 형태이면서, 마을의 큰 변화를 초래할 수 있지만 대신에 위험 부담이 높다.

나. 베타(Beta)욕구분석

현재 추진되고 있는 마을평생교육 사업은 그 전개 및 내용에 있어서 큰 문제점이 없다는 전제 조건하에서 단순히 현재의 상황과 바람직한 상황만이 차이를 분석하는 방법이다. 따라서 이 방법은 α(알파) 욕구분석 만큼 큰 변화를 가져오지 않지만 마을평생교육사업의 방법과 결과를 모두 개선한다는 측면에서 그 가치가 있다.

다. 감마(Gamma)욕구분석

α분석과 β분석을 한 결과, 현재 상황과 바람직한 상황에는 차이가 있다는 사실이 발견되었을 때 마을평생교육 사업의 우선순위를 결정하기 위하여 사용된다.

즉 마을평생교육 사업은 한 가지 사업을 수행하는 것이 아니라 여러 가지 형태의 사업은 그 필요격차가 서로 다를 것이다. 이때 어떤 사업에 그 우선순위를 두어야 하는가를 분석하는 것이 γ(감마) 욕구분석 이다.

라. 엡실론(Epsilon)욕구분석

γ(감마)욕구분석의 결과 사업별 목표에 대한 우선순위가 결정된 후 그 목표가

달성되었는지의 여부를 분석하는 방법으로 총괄평가(Summative Evaluation)와 그 성질이 비슷하다.

마. 제타(Zeta)욕구분석

결과보다는 결과를 수행하기 위한 방법이나 과정들이 제대로 이행되었는가 하는 점을 분석하는 방법이기 때문에 사업의 수행 도중 여러 차례에 걸쳐 분석되어 본래의 마을평생교육 사업계획을 수정할 수 있게 된다.

(2) 문제선정

① 문제선정의 의미

마을평생교육 계획을 수립하기 위해서는 마을 주민의 욕구분석을 통하여 나타난 내용을 개발계획에 반영 시켜야 한다. 그러나 마을 욕구는 매우 다양하고 포괄적이기 때문에 모든 마을 욕구를 반영시키기 어려우므로 그 마을에서 시급히 해결되어야 하는 과제나 장기적으로 개발되어야 하는 내용이 우선 개발계획에 반영되게 한다.

마을문제란 현 마을 상태와 바람직한 마을 상황과의 차이 즉 필요격차를 의미하는데 이것이 크면 클수록 어떤 행위나 변화가 더 많이 필요하게 된다.

② 문제선정의 방법

마을평생교육 계획의 수립을 위해서 마을문제를 결정하고자 할 때에는 여러 가지 관련 변인을 고려해야 하는데 그 중에서 관심 있게 고려해야할 내용은 첫째 문제에 관련되는 마을 주민의 수, 둘째 문제에 좌우되는 주민소득의 정도, 셋째 문제에 좌우되는 주민의 협동의식 정도, 넷째 문제에 대한 주민의 관심도, 다섯째 문제해결에 필요한 가용자원 이용정도, 여섯째 문제에 관련된 외부관련기관 연계 정도 등이 있다.

마을문제의 우선순위를 결정하는데 있어서 마을의 문제 영역별로 현 상황과 바람직한 상황간 필요격차의 크기를 상호비교 하는 일이 매우 중요하다.

[그림-3]에서와 같이 일정한 마을의 우선과제 즉 마을문제를 결정하는데 도움을 줄 수 있는 변인으로 필요격차가 큰 변인으로 나타난다. 그림에서는 마을 위행문제가 가장 큰 문제이고 다음이 주택개선에 관한 문제이다.

Ⅲ. 마을평생교육 프로그램 요구분석

1. 프로그램 요구분석의 개념과 목적

1) 교육적 의미의 요구

교육적 의미의 요구란 미래에 희망하는 바람직한 상태와 학습자가 처해있는 현재의 상태의 격차에 의해 발생하는 교육에 대한 요구를 의미한다.

미래에 희망하는 바람직한 상태 ↔ 학습자가 처해있는 현재의 상태 ↓ 격차(gap) ↑ 교육요구(education needs)

2) 프로그램 요구분석의 목적

□ 프로그램의 출발점, 미래의 방향을 제시하며, 프로그램의 개선 또는 폐지를 정당화하며, 프로그램을 수정, 보완하고, 기관의 목표와 사명을 평가하는 기준을 제시하는 기준이 된다.

□ 마을평생교육에 있어 요구분석은 성인학습자들이 자발적으로 프로그램에 참여하도록 하기 위해 학습활동이 학습자의 요구와 흥미에 기초하여 개발 되어야 한다는 점에서 특히 중요하다.

2. 프로그램 요구분석의 방법

프로그램 요구분석 방법을 요약하면 다음 〈표-13〉과 같다.

<표-13> 프로그램 요구분석 방법

방법	의미	장점	단점	활용지침
interview	-직접대면이나 전화를 통해 수집하는 방법	-문제해결 가능성과 원인 예측가능 -그들 자신의 용어로 표현가능	-시간 소모 -면접자의 주관적 해석이나 편견작용 우려 -결과의 수량화 어려움	-면담질문을 미리 작성, 수정 -면담자의 성실한 의견청취태도 -해석이나 교육시키는 태도는 금지
질문지	-고객의 요구를 수집하는 가장 보편적인 방법 -우편으로 가능	-다수 정보를 단시간에 수집가능 -저렴한 비용 -익명성 보장 -자료의 요약 및 분석 용이	-회수율 저조 -질문지 개발에 시간과 노력 요구 -근본적 문제파악 어려움 -자신의 의견 반영 여지없음	-질문하는 이유에 대한 설명을 표지에 포함 -질문지는 사전테스트를 통해 수정 -익명으로 실시하게 하여 보호
관찰	-사람들이 어떻게 활동하는지를 지켜보는 방법	-응답자의 일상 활동 방해 최소화 -실제상황을 볼 수 있다. -객관적이다.	-숙달된 관찰자 요구 -작업 상황 자료만 수집가능(모든 쟁점 관찰 불가능) -반응자의 거짓반응의 가능성(관찰 당할 때 행동 변경 가능)	-다른 방법과 병행하라. -연구자가 그곳에 있는 이유와 관찰내용을 설명해 줘라. -관찰대상의 활동을 방해마라.
집단토의	-질적인 방법을 통한 요구수집 -주제에 관심이 많은 사람들이 모여 토론하는 방법	-훌륭한 주관적 정보 획득 가능 -다양한 관점을 한 번에 관찰가능 -개방적인 분위기 조성 -참여자가 문제분석가나 경청자의 기능수행	-보다 일회적이거나 주관적인 의견을 얻을 가능성 -정보관리의 어려움	-최상의 결과 획득위해 다양한 팀원으로 구성하라. -회의 일정을 짧게 잡아라. -참여자의 편의를 고려하라.
각종기록 및 문서분석	-기존문서 검토하여 그 효과성을 분석 -물리적 측면: 물질적 흔적 사용하는 방법(닳은 잔디는 인도의 필요성, 닳은 책은 그 주제에 대한 사람들의 관심도) -옛 기록 분석: 학교 확장을 위해 과거 출생율 기록 분석	-구체적인 예를 찾을 수 있다. -단서를 얻을 수 있다.	-초점이 제한 -많은 문서를 사용하지 못할 수 있다.	-다른 방법과 병행하여 사용하라.

Delphi technique	-전문가집단의 의견을 우편에 의한 설문을 통해 수렴하는 방법 -고대 그리스의 미래를 예측할 수 있는 델포이 신전을 참고로 이름 지어짐	-지리적, 시간적 한계로 일정한 장소에 모일 수 없는 사람들이 참여할 수 있다. -동기수준이 높고 해결에 몰두하는 경향 -의견 개진 시 타인의 영향을 받지 않는다. -아이디어의 양과 질을 높일 수 있다.	-비용과 시간이 많이 소요 -명료화하는 기회가 적다. -즉각적인 강화가 어렵다. -비협조적 태도와 비전문가의 왜곡된 참여 가능성도 배제할 수 없다.	

3. 프로그램 요구분석의 절차

1) 준비

- 요구분석의 대상자, 고객집단을 확인한다.
- 요구분석의 목적을 분명히 한다.
- 요구분석의 범주와 영역을 설정한다.
- 요구분석에 참여할 사람을 결정한다.

(핵심적집단과 개인을 참여)

2) 정보수집

- 유관 정보원을 결정한다.
- 표집계획을 결정한다.
- 정보수집절차와 도구를 개발, 선정한다.
- 실행계획을 구체화한다.
- 확인 및 집계절차를 실행해 옮긴다.
- 보관, 저장한다.

3) 요구분석

- 지금까지 수집된 모든 배경정보를 검토하고 수정한다.

(문제와 관심사, 변화하는 여건, 새로운 발전)

- 기술적 통계분석을 실시한다.

• 가용정보를 분석한다.
• 결과를 논의하고 결론을 도출한다.

4) 요구분석 결과보고

• 보고서의 체제를 설정한다.
• 대상, 목적, 내용, 형식, 매체 선정

5) 요구분석 결과활용

• 결과와 목표를 활용한다.
• 자원을 확인한다.
• 요구에 따라 프로그램을 설계한다.

4. 학습자참여 요구분석방법

마을평생교육프로그램계획을 위한 학습자의 요구분석방법은 매우 다양하다. 앞에서 제시한 바와 같이 면접법, 질문지법, 관찰법, 집단토의법, 기존자료분석법 그리고 델파이 조사법등이 있다. 여기서는 앞의 분석방법을 종합적으로 이용할 수 있고, 마을평생교육이 강조하고 있는 학습자의 참여연구 방법인 학습자참여 요구분석방법을 알아보도록 하였다.

1) 참여연구의 개념

참여연구(Participatory Research)는 영국에 있는 "Tavistock 연구소"의 연구원이었던 Curle가 1949년도에 발표한 논문에서 사용한 "Action Research(실천연구)"란 용어를 배경으로 하여 개념화되기 시작하였다고 할 수 있다.

참여연구는 실천연구를 보다 발전시킨 연구방법의 하나로 전통적인 연구방법인 면접법(Interview research), 관찰방법(Observation research), 질문지법(Questionnaire research) 그리고 내용분석법(Content analysis)등과 같은 연구방법을 종합적으로 변형 및 적용시킨 현장연구방법으로써 주로 마을평생교육현장 연구에 도입하는 종합응용연구방법(Comprehensive applied research)에 속한다.

특히 참여연구는 사회과학연구의 특성을 인본주의를 강조하면서 인간의 연구 도구화에서 탈피하고자 노력하는 인간중심 즉 연구자와 피연구자의 구분보다 연구의 질을 높이는데 중심을 두고 있으며 한편으로는 연구자의 연구가치관을 객관화하여 주관성을 강조하는 연구자의 책임성을 강조하는 특성도 지니고 있다. 그 이유는 참여연구에서는 객관적인 자료보다 연구자의 주관적 판단을 중요시하여 좀 더 피연구자의 입장에서 자료를 분석하려 하기 때문에 객관화에 어려움을 줄 수 있기 때문이다.

따라서 참여연구는 사회과학의 주요대상인 인간과 사회 특히 특정한 마을(The community)속에서 마을주민의 심리·행위 등에 관해서 연구하게 됨으로써 마을을 보다 발전시키고자 하는 마을평생교육의 중요한 연구방법으로 도입되고 있다. 그러므로 참여연구의 특징은 연구과정에 학습자를 참여시킨다는 특성을 지니고 있다.

왜냐하면 마을평생교육학문은 어떤 객관적인 자료를 통한 이론을 도출하는데 중심을 두기보다 각 개인의 삶의 질과 마을을 보다 발전시키려는 구체적인 활동에 필요한 자료와 그 행위를 강조하기 때문이다.

그러므로 참여연구는 현장에서 다양한 연구방법을 활용하여 실제적이고 구체적인 자료를 학습자와 더불어 수집하고 분석하여 그것을 통한 개인 및 마을문제의 해결에 중심을 두고 있는 종합응용연구방법(Comprehensive applied research)이라고 할 수 있다.

어떤 연구방법이든지 그 연구방법이 지니고 있는 기본이념이 그 연구의 특성을 가장 잘 설명하고 있으므로 참여연구방법의 중요한 세 가지 기본이념을 보면 다음과 같다.

첫째, 참여연구는 연구, 교육 및 실천을 통합시킨 개념이다.

참여연구는 어느 일정한 연구방법만을 도입하는 것이 아니라 연구, 교육 및 실천의 개념을 종합적으로 통합시켜 보다 질적인 마을평생교육을 전개하기 위한 독특한 연구방법이다.

둘째, 참여연구방법은 민주주의 이념을 현장에서 적용하게 된다.

민주주의는 이해 당사자의 참여를 통한 협의와 갈등해소를 통해 사회발전에 기여하는 인간의 건전한 사회화의 행동준칙이다. 참여연구는 연구자와 피연구자를 구분하기보다 그들간의 관계가 동반자관계로 형성되기 때문에 연구과정에서의 연구자와 피연구자와의 층화를 방지하여 쌍방간의 욕구를 적절하게 조화시켜 연구방법 측면에서 인간평등화를 도모하게 된다.

셋째, 참여연구방법은 양적 연구보다 현장중심의 질적 연구를 중시한다.

이러한 질적 연구를 강조하는 점에서는 인류학에서 적용하여 오던 참여자 관찰법(Participant observation)과 같은 입장을 취한다. 즉 이 연구법은 구조화된 조사지(Structured questionnaire)를 조사된 계량적 연구보다 각종 연구방법을 종합하여 연구자의 주관적 특성을 가미하여 보다 질적 연구내용을 도출하는데 중심을 두고 있다. 즉 연구중심의 연구보다 그러한 연구결과로 나온 연구결과를 마을평생교육 현장에서 마을평생교육운동에 직접 적용할 수 있는 연구결과 도출에 중심을 두고 있다.

넷째, 참여연구법은 소외계층 주민들의 참여와 인본성을 강조한다.

참여연구법은 소외계층과 농촌사회와 같은 후진지역의 발전을 위한 마을평생교육 실천을 위해 관련 마을 주민들의 참여와 의식계발에 중요한 관심을 두고 있다. 특히 낙후된 마을 주민들은 여러 가지 측면에서 정보가 부족하기 때문에 합리적 참여와 그것을 통한 의사결정을 하기 어렵다. 따라서 참여연구방법에서의 그들의 참여가 자발적이고 합리적으로 공통된 의견을 도출하기 위하여 참여연구법의 적용과정에 적절한 마을평생교육프로그램을 도입함으로써 소외계층주민들의 합리적인 판단과 참여를 가능하게 해주고 있다.

다섯째, 참여연구법은 연구과정에 해당 잠재학습자들을 연구의 주체로 참여하게 한다.

참여연구방법에서는 피연구자가 연구과정에 적극적으로 참여하게 함으로써 연구 그 자체를 위한 연구보다 피연구자들의 욕구를 그들 스스로 드러내고 그러한 욕구를 해결할 수 있는 방안을 모색하게 함으로써 지속적이고 효과적이며 실용가능한 연구결과를 도출하게 하고 있다.

이와 같은 참여연구방법의 이념을 통해 참여연구법은 마을평생교육을 위하여 학습자의 적극적인 참여를 통해 실용성, 민주성 및 인본성의 특성을 지니고 있다는 사실을 알 수 있다.

2) 참여연구의 발전

참여연구는 민중 투쟁에서 시작되었다.

참여연구는 막스와 엥겔스의 계급투쟁과 프랑스 산업혁명당시 민중들의 투쟁에서부터 시작되었다고 할 수 있다.

그리고 개발에 관련된 참여연구는 1940년대부터 시작된 실천연구에서 그 배경을 찾을 수 있다. 그 대표적인 실천연구는 런던의 타비스톡 연구소(Tavistock Institute of London)와 미국의 하이랜더 센터(Highlander Center)에서 전개되었으며 그 특성이 참여연구와 비슷하게 이루어졌다.

마을평생교육분야의 참여연구시작은 탄자니아에서 출발하였다.

마을평생교육에서의 참여연구의 기원은 Marja Liise Swantz, Budd Hall, Yusuf Kassam, Kemal Mustafa 등이 탄자니아에서 자원활용 및 토지이용계획 연구에서이다. 그 계획은 지역주민들의 참여와 교육을 통해 전개되어 성공할 수 있었다.

탄자니아에서의 연구는 브라질에 영향을 미쳐, Paolo Freire's 민중의 의식개혁 운동을 일으키게 했으며 칠레에서도 유사한 운동이 일어났다.

참여연구의 마을평생교육분야의 확산은 1970년대 후반부터였다.

그 후 참여연구는 국제사회교육협회(ICAE: International Council for Adult Education)의 사무총장이었던 홀(Budd L. Hall)이 협회가 발간하는 정기전문지 "Convergence" 제 8권(1975)에 [참여연구법: 변화를 위한 한 가지 접근방법]이란 제목으로 논문을 제시하면서 부터였다. 관련 학자들이 이 방법에 호응하였으며, 1976년에 하나의 실제적인 참여연구가 스웨덴의 인류학자 Swantz 에 의하여 탄자니아에서 실험적으로 실시된 후 새로운 사회과학적 연구방법의 하나로 대두되었다.

1977년 9월에는 참여연구에 관한 유럽회의가 열려 많은 국제기관의 관심을 모았고, 1978년에는 국제사회교육협회가 공식적으로 참여연구법 확산사업을 국제운동으로 벌이기 시작하였다.

아시아 지역에서의 참여연구에 관한 회의는 1979년 4월에 처음으로 아시아 남태평양지역 사회교육협회(ASPBAE: Asia-South Pacific Bureau of Adult Education)가 주선하여 방콕에서 개최되었고, 인도의 Tanton 박사가 아시아 지역

담당 조정관으로 활동하면서 아시아참여연구학회(PRIA: Participatory Research Society in Asia)를 조직하고 이를 중심으로 다양한 사업을 펴고 있다. 이러한 참여연구는 UN의 각종 개발관련 연구기관과 선진국의 국제 개발기관의 커다란 관심을 불러일으키고 있다가, 1980년 4월에는 이들 국제기관과 함께 유고슬라비아 류블랴나에서 첫 번째 세계참여연구대회를 열게 되면서 학계와 실천분야에 종사하는 전문가들의 관심을 가지는 중요한 계기가 되었다.

3) 참여연구의 절차

참여연구를 진행하는 과정은 종래의 이론 및 조사연구와는 달리 실천연구보다 연구대상자들과 함께 연구목적을 달성하는 것을 강조한다.

참여연구과정은 그것을 어떤 방법으로 전개하느냐에 따라 그 절차도 다양하게 나타날 수 있지만 여기서는 보편적인 참여연구의 절차를 제시하였다.

(1) 문제의 발견

참여연구는 피연구자인 학습자·집단(학습자)들이 지니고 있는 중요한 문제를 그들과 함께 발견하여 연구주제로 한다.

① 위원회구성

마을수준에서의 참여연구의 시작이라고 할 수 있는 마을문제를 확인하고 추출해 낼 수 구체적인 작업집단인 참여연구위원회를 구성한다.

② 참여연구협의 및 계획수립

위원회가 중심이 되어 참여연구의 대상 즉 마을평생교육의 중요 대상인 마을문제를 발견해 내기 위한 협의를 진행한다.

그러한 협의과정에는 위원회 위원뿐만 아니라 마을의 각종 조직의 대표 또는 지역주민의 참여를 적극 유도해 내야한다. 그러한 참여를 통하여 학습자의 학습욕구 발견을 위한 계획서를 수립한다.

③ 자료수집

학습욕구를 발견하고 확인하기 위하여 여러 가지 조사 기법을 동원하여 관련 자료를 수집한다.

조사기법에는 전통적인 면접법, 질문지법, 관찰법 및 내용분석법 등이 포함되며 기타 양·질적인 조사기법을 도입하며 전개한다.

④ 자료의 분석

적절한 자료수집 방법을 통하여 나타난 자료를 일정한 절차에 따라 그 자료를 분석하여야 한다.

자료분석은 양적 분석과 질적 분석을 동시에 도입하며 양적 분석은 주로 통계적 방법을 적용한다. 그리고 질적 분석은 주로 연구자의 주관적 특성을 분석에 적용시켜 학습욕구를 도출하게 된다.

그러나 그러한 질적 방법은 그 마을을 잘 알고 있는 학습자와 더불어 수행하는 것이 바람직하다.

⑤ 문제의 확인 및 우선순위 결정

자료분석을 통하여 나타난 내용을 바탕으로 학습자와 더불어 학습자의 문제를 규명하며 그러한 문제의 해결을 위한 우선순위를 정한다.

우선순위는 마을실정과 사업의 특성을 고려하여 학습자의 입장에서 실행 가능한 것을 중심으로 전개하는 것이 바람직하다.

(2) 문제해결 계획서 작성

학습자의 욕구와 그러한 욕구의 우선순위가 결정되면 욕구해결을 위한 프로그램을 작성하게 된다.

프로그램은 장기계획, 단기계획 그리고 활동계획 등의 내용이 포함되게 된다.

이러한 프로그램을 작성하기 위해 필요한 몇 가지 사항을 제시하면 다음과 같다.

① 공동관심사 및 원하는 활동의 집약

연구 대상자 즉 학습자들이 갖는 공동 관심사나 꼭 이룩하고자 하는 욕구나 활동을 개별적으로 발표케 하고 이를 집약시킨다.

의견을 발표하고 집약하는 과정도 민주적으로 수행되어야 하고, 누구의 의사이건 존중되고 발표의 기회도 고르게 나누어져야 할 것이다. 집약된 의견이나 활동은 하나 또는 여러 개가 있을 수 있으며, 그 내용이 곧 참여연구의 주제가 될 수도 있을 것이고, 실천 활동의 주제가 될 수도 있을 것이다.

② 방해 및 문제점의 추출

제시된 활동을 전개하고자 할 때 주민들이나 집단성원 개인 또는 전체가 당면하게 될 방해 또는 문제점을 민주적 방식을 거쳐 추출하는 과정이다.

이러한 문제를 추출할 때 누구나 솔직하고 비판적인 의견표시를 충분히 할 수 있는 분위기가 보장되어야 할 것이다.

③ 문제의 이유와 해결책의 제시

앞에서 제시된 문제점이 왜 생겼는지, 또는 왜 존재하는지의 저변 이유를 먼저 따져 보고 그 원인을 근절 할 수 있는 해결책을 역시 민주적 방식으로 소집단별 또는 집단전체로 발표·제시케 하는 과정이다.

문제점의 이유를 생각하지 않고 해결책을 곧장 제시하게 되면 그 해결책이 임시방편이 되거나 구호에만 그치게 될 위험성이 생기기 쉬우며 문제의 근본적 해결과는 거리가 멀게 되기 쉬울 것이다.

여기서 나올 해결책을 몇 개의 항목으로 명확히 정리하여 표현하여야 다음 단계로 넘어갈 수 있게 된다.

④ 우선순위의 결정

앞에서 제시된 문제해결의 항목 하나 하나에 대하여 참여자 개인들이 각각 중요하다고 생각하는 것부터 우선순위 점수를 주게 하고 모든 참여자들의 순위점수를 합산해 내면, 그 집단의 종합점수와 우선순위를 정연하게 설정할 수 있게 될 것이다.

순위점수를 주는 요령은, 만약 항목이 모두 7개라고 가정한다면, 제일 중요하다고 1점, 그 다음 중요한 것은 2점, 이런 식으로 우선순위 점수를 주어 맨 끝으로는 가장 덜 중요하다고 생각하는 것은 7점을 주게 된다.

이러한 우선순위 점수는 개인별 점수와 소집단별 또는 집단 전체의 순위점수를 비교하면서 얼마나 비슷하냐 아니면 얼마나 어긋나느냐를 비교하면서 각 개인의 집단의견과의 일치성과 상치성을 살펴보는 기회도 가질 수 있을 것이다.

문제해결을 위한 우선순위가 결정되면 다음과 같이 장단기계획을 세운다.

가. 장기계획서

장기계획서는 3-5년간의 장기적인 목표를 학습자들과 함께 수립해 나가는 과정으로써 여기에는 반듯이 기초평가가 도입되어야 한다.

즉 학습자의 욕구가 장기계획에 잘 반영되었는지를 확인하는 절차가 요청된다. 참여연구법에서는 철저하게 학습자의 참여를 통하여 그러한 평가가 진행되어야 한다.

나. 단기계획서

장기계획서가 작성되고 나면 이것에 따라 단가계획서(약 1년 단위)가 작성되어야 한다. 이와 같은 연간활동계획은 일 년간의 구체적인 프로그램으로 당해 마을평생교육사업의 청사진이라 할 수 있다.

여기에서는 장기 마을평생교육계획에서 그해에 달성해야할 과제가 무엇인가를 확인하고 이를 제시하여야한다. 이를 위해서는,

첫째, 교육제별로 그 학습자의 실정과 문제점을 기록한다.

둘째, 그해에 성취하여야 할 교육목표를 구체적으로 제시한다.

셋째, 설정한 교육목표를 달성하기 위한 프로그램과제를 선정하여 프로그램과제별로 활동내용, 활동시기, 활동책임자에 등에 관하여 기술한다.

다. 활동계획서

단기계획서 즉 연간활동계획서가 작성되면 그것에 따라 직접 마을평생교육프로그램이 전개되도록 하기 위한 최종적인 활동계획서가 작성되어야 한다.

활동계획서는 위원회가 장기교육계획서를 수립한 후에 이에 따른 단기계획서가 수립되고 다시 단기계획서에 따른 직접활동내용을 문서화한 것이다.

참여연구에서는 활동계획서에 주민의 참여정도가 가장 중요한 요인으로 등장할 수 있게끔 해야 한다. 뿐 만 아니라 활동계획서는 마을평생교육 참여연구가 실천에 옮겨질 수 있게 작성되어야 하기 때문에 현실성과 그 적용가능성이 분명하게 있어야 한다.

(3) 연구 및 활동전개

이것은 참여연구계획서에 따라 참여연구를 전개해 나가는 것을 의미하고 있으며 여기서는 전개과정의 원리, 전개과정의 유형으로 구분하여 제시하였다.

① 전개과정의 원리

참여방법을 통한 마을평생교육 전개과정의 원리는

첫째, 실제 이용될 수 있는 내용으로 전개하는 것이 바람직하다. 즉 참여연구는 학습자들이 그들의 욕구를 발견하고 그러한 욕구를 해결하기 위하여 어떠한 계획을 가지고 접근해 나가는 가를 학습자와 함께 탐색하게 되는데 여기에는 실제 활용 될 수 있는 방법으로 전개해야한다. 즉 지역실정을 고려, 지역주민의 참여가능성을 근거로 해야 한다.

둘째, 비교 및 평가할 수 있도록 현장중심으로 전개한다. 참여연구가 획일적 판단이나 주관적 평가로 인해 연구자의 인위적 결론을 도출하기보다 다른 마을의 교육활동에 관련된 참여연구의 내용과 체계적으로 비교하거나 자체적으로도 비교할 수 있는 방법으로 전개되는 것이 바람직하다.

셋째, 다양한 방법을 활용하여야 한다. 참여연구는 다양한 융통성을 지니고 있으므로 제한된 계획서에 너무 얽매이거나 규격화해서는 문제가 있다. 뿐 만 아니라 참여연구과정의 전개에는 마을주민들로 하여금 그들의 경험을 최대로 나타내게 한다.

② 전개과정의 유형

마을교육의 참여연구의 전개과정의 유형에는 다양한 방법이 복합적으로 도입된다. 그 중에서 마을평생교육 차원에서 많이 이용되는 유형을 영역별로 나누어 제시해 보면,

첫째, 교육대상에 의한 분류로서 개인접촉법 및 대중접촉법 등이 있다.

둘째, 사용수단에 의한 분류에는 문자에 의한 분류, 언어에 의한 방법 및 시청각 교재에 의한 방법 등이 있다.

셋째, 주민의 참여정도에 의한 분류로서 설명식 방법, 문제해결중심방법, 문제발견 및 해결방법 등이 있다.

넷째, 수행주체에 따른 분류에는 주민주체, 마을조직주체, 연구자주체 및 협동

주체 등의 방법이 있다.

(4) 참여연구의 평가

참여연구의 평가는 참여연구가 처음에 설정된 목표가 어느 정도 되었는가를 확인하는 과정이다. 즉 당위적인 목표와 현실적인 성과간의 차이를 발견하는 과정이라고 볼 수 있다. 마을평생교육에 있어서 참여연구의 당위적인 목표는 참여연구계획에 의하여 결정되고 현실적인 성과는 참여연구계획의 수행에 의하여 결정된다. 따라서 참여연구계획의 수행에 대한 평가과정은 참여연구의 계획과 수행을 비교하는 과정이라고도 할 수 있다.

즉 계획은 기준치가 되고 성과는 그 기준치와 대비된 실제치가 된다. 마을평생교육은 한 번의 사업으로 완성되는 것이 아니기 때문에 참여연구는 학습자의 욕구와 참여를 바탕으로 지속적으로 전개되어야 할 내용이다. 참여연구의 평가과정의 중요성을 보면,

첫째, 평가는 현재의 실정을 파악하는데 도움을 준다.

둘째, 평가는 계획이 얼마나 추진되고 있는가를 보여준다.

셋째, 평가는 참여연구를 올바른 방향으로 추진하고 있는가를 보여준다. 평가는 참여 연구의 효율성을 나타내준다.

넷째, 평가는 참여연구계획의 장·단점을 파악하는데 도움을 준다.

다섯째, 평가는 학습자와 함께 활동해 나갈 수 있는 기술을 개선하게 해준다.

여섯째, 평가는 참여연구계획에 있어서 우선순위를 결정하는데 도움을 주며 사업에 대한 신념과 만족을 불어 넣을 수 있다. 이와 같은 평가과정은 참여연구의 최종단계를 의미함과 동시에 또 다른 참여연구의 최초단계가 된다.

4) 참여연구의 유형

마을평생교육차원에서의 참여연구방법에는 다양한 연구방법이 개발·적용될 수 있다. 그러한 연구방법은 마을·집단의 여건과 연구자의 형편에 따라 다양하게 나타나며, 어떤 특정한 연구방법이 보다 효과적이라고 보기는 어려울 것이다. 연구방법에 따라 이용되는 횟수의 차이가 나타날 것이다.

일반적으로 참여연구방법을 위하여 이용되는 방법이나 기술은 집단협의, 공공회

합, 연구분과위원회 조직, 마을 세미나, 자유의사 진술형, 관찰 및 견학, 시청각 교재의 공동제작, 대중연극, 교육야영 등이 있다.

(1) 집단협의(group discussions)

마을평생교육 과정에서 참여연구의 집단협의는 어떤 지역·집단의 문제를 규정하고 이를 해결하기 위한 방안을 찾아내기 위하여 관련된 사람들이 협의하는 방법으로 참여연구에서 가장 널리 쓰이는 방법이다.

이 방법은 연구의 전 과정을 통하여 적용되는 방법으로서 보통 다른 방법과 함께 쓰인다. 어떤 경우에는 이 집단협의가 처음에 1회만 이루어지고는 그 다음부터는 분과위원회로 발전되어 협의하게 될 수도 있다. 또 때로는 집단협의는 오랜 간격을 두고 정기적으로 갖게 되고, 그 동안 몇 개의 분과 위원회를 자주 열 수도 있을 것이다.

이러한 집단협의에서는 보통 다음과 같은 내용을 다룬다.

① 학습자와 마을의 문제를 찾아내고 그 문제의 원인을 규명하며 문제해결을 위한 대책을 협의하고 활동에 대한 평가를 한다.

② 마을 주민·집단 구성원들이 자유롭게 자신들의 의사를 표출시킬 수 있는 분위기를 조성한다.

③ 상호작용을 통하여 신뢰 및 존중할 수 있는 분위기를 조성한다.

④ 자유롭고 효율적인 대인면접이 이루어지도록 한다. 그 면접의 내용은 기록, 녹음 또는 비디오에 녹화해 놓으면 유용하게 활용할 수 있다.

⑤ 학습자를 주제에 따라 소분과로 나누어 활동 및 연구하게 하는 등의 효율적인 작업분담도 할 수 있다.

⑥ 집단협의는 지역이 다르고 일하는 시간이 달라 자주 접촉하지 못하는 학습자들간에 서로 통할 수 있는 좋은 기회가 되게 한다.

(2) 공공회합(public meeting)

공공회합은 개인, 마을이나 조직체의 모든 성원을 모아 공개적으로 회합을 가지는 것이다. 우리나라의 반상회의 경우와 같이 지역에 따라서는 지방 행정당국의 요청에 따라 공공회합이 열리기도 하며 이 회합에서의 협의의 내용과 의사결정의 범위는 지역에 따라 다양하다.

이러한 공공회합에서 다루는 중요한 내용은 다음과 같다.

① 지역주민 및 성원에 대한 연구진행 사항의 보고 또는 홍보

② 연구사업에 대한 마을의 호응과 지원의 획득 또는 유지

③ 연구사업 수행에 대한 지역주민의 참여 및 기여의 기회제공

④ 연구사업에 대한 지역주민의 적극적 역할을 유발하기 위한 관심의 촉구, 즉 소분과협의에의 참여, 상호면담, 노력·특별기술 봉사(부기, 건축기술 등)의 제공

이러한 공공회합은 그 마을이 비교적 동질적이고 생활수준이 비슷하게 어려운 형편에 있으면서 서로 협동하여 잘 살고자 하는 경우에 많이 쓰인다.

(3) 연구분과위원회(research teams)의 조직운영

이 방법은 연구사업을 수행하면서 특별히 연구방법에 밝은 관련 학습자, 마을 또는 사업장의 주민 일부나 외부의 연구전문가가 연구분과위원회를 결성하여, 주민들이 행하는 모든 교육활동이 연구의 일부가 되기도 하고 그들도 그러한 연구에 참여하고 있다는 점을 인식시켜 주는 것이다.

학습자들은 연구분과위원회의 연구계획 및 수행과정을 점검, 평가할 수도 있을 것이다. 그 마을 내에 연구수행 능력이 있는 사람이 있으면 외부의 연구전문가의 도움이 필요하지 않을 것이다. 만약 그러한 연구수행을 할 수 있는 사람이 없어 외부인사를 초청하게 될 때는 그 마을 주민을 위하여 함께 일할 수 있는 입장에 있는 전문가이면 보다 바람직하다.

(4) 마을 세미나(community seminars)

이 방법은 관련된 한 지역공동체의 성원들이나 몇 개의 지역공동체 성원들, 또는 그들 성원들과 정부기관, 대학, 민간 마을 교육단체 등과 같은 외부기관들이 연구에 관한 집중적인 협의를 하기 위하여 세미나를 여는 것으로 여기서 다루는 내용은 다음과 같다.

① 학습자의 욕구 추출, 마을문제의 추출, 그리고 그러한 문제에 대한 토론

② 외부의 전문집단과의 정보교류 및 연구전략의 계획수립

③ 마을 문제해결을 위해 관련된 기관과의 협력관계협의

④ 마을내의 각종 조직과의 협력 방안 모색

이러한 마을 세미나에서는 앞으로 추진해 나갈 교육계획을 구체적으로 세우는

경우가 많으며, 첫 번째 모임에서는 그 계획을 세우기 전에 먼저 함께 일할 것을 다짐하면서 그 마을의 상징이 되는 기를 만들거나 모임 때마다 함께 부를 수 있고 함께 일하겠다는 결심을 상징하는 노래를 짓고, 부르도록 할 수도 있을 것이다.

(5) 자유응답형 조사(open-ended surveys)

인구가 많은 지역에서는 주민 전체의 회합을 가진다거나 마을 세미나를 개최하기가 어렵기 때문에 그들의 관심과 필요를 알기 위하여 그들이 자유롭게 응답할 수 있는 융통성 있는 면접조사를 실시할 수 있을 것이다. 많은 조사문제들이 종래에는 연구자의 준거와 편의에 따라 작성되었으나, 참여연구에서는 주민들이 스스로 알고 싶어 하는 관심거리를 다루도록 해야 할 것이다. 이러한 조사를 통하여 주민 전체가 생각하고 있는 문제와 그 원인 및 해결방안, 그리고 그것이 각 개인에게 미치는 영향이 무엇이겠는가 하는 것에 대한 전반적인 상황을 파악할 수 있을 것이다. 또 이러한 조사를 실시함으로써 그 마을의 모든 주민들이 연구문제의 포착과정에 참여하고 있다는 점을 확인하게 되어야 할 것이다. 즉 참여연구에서의 조사는 조사나 연구 자체를 위한 것이 아니라 주민들의 필요에 따라 실시되는 연구의 한 과정이 되어야 하는 것이다.

(6) 사실발견을 위한 견학여행(fact finding tours)

보통 한 마을의 일부 학습자집단으로 하여금 그들이 당면한 비슷한 문제를 가진 다른 지역에서는 어떻게 해결하고 있는가를 연구하게 하기 위하여 다른 지역을 방문하게 하는데 이것이 곧 사실발견을 위한 견학여행이다. 이러한 여행을 통하여 그들은 자신의 지역발전을 위한 아이디어나 지원을 받아 내는 방안을 찾아낼 수도 있을 것이다.

이와 같은 견학여행은 섭외활동을 위한 계기를 마련하게 되기도 할 것이며, 다음과 같은 여섯 가지 내용을 다룰 수 있을 것이다.

① 마을평생교육프로그램을 성공적으로 이끌 수 있던 요인은 무엇이었는가를 알아낸다.

② 활동과정에서 당면하게 된 정치적·사회적·경제적 장애요인이 무엇이었는가를 찾아낸다.

③ 앞으로 그 마을이 방문한 지역과 비슷한 활동을 하게 될 때 자기 지역에 자

주 와서 도와줄 만한 자원인사는 누가 될 수 있겠는지를 알아보고 찾아본다.

④ 연구사업 수행에 필요한 주민들로부터의 호응을 얻어낼 시기나 자금 또는 활동내용에 대한 보다 기발한 아이디어를 얻어낸다.

⑤ 다른 마을에 사는 주민들과 공동의식을 가지고 서로 비슷한 문제를 해결하고자 일하고 있다는 점을 함께 인식하도록 한다.

⑥ 앞으로의 활동이나 협력을 위하여 보다 넓은 지역단위 또는 국가, 나아가서는 국제적인 협조적 유대를 맺을 수 있는 가능성을 생각해 볼 수도 있을 것이다.

(7) 시청각 교재의 공동제작(collective production of audio-visual materials)

학습자 또는 마을이 주로 당면하고 있는 하나 또는 몇 가지 문제를 부각시키거나 설명 또는 분석해 주는 시청각 자료를 계획하고 제작해 내는 자원집단이 있을 수 있다.

이들 집단은 집단 협의과정을 거쳐 그러한 자료를 제작하는 중요한 역할을 해내게 될 것이다. 이들은 그림, 사진 또는 비디오, 슬라이드, 영화 등 그들이 이용할 수 있는 자료는 모두 만들 수 있을 것이다. 어디서나 누구나 쉽게 쓸 수 있는 방법은 그 중에서도 '그림 그리기'가 될 것이다. 필기기구나 종이 또는 흑판과 백묵만 있으면 되기 때문이다. 그러나 좀 더 발전된 지역에서는 비디오와 같은 매체를 써서 효과를 올릴 수도 있을 것이다.

(8) 대중연극(popular theatre)

각 지역이 당명하고 있는 문제를 연극으로 나타내는 대중연극, 민중연극은 주민들의 실정에 알맞은 것을 소재로 하여 쉽게 나타내기 때문에 강력한 호소력을 갖고 흥미를 끄는데도 효과가 큰 방법이다. 여기서 '대중' '민중'이라는 표현을 쓰는 이유는 종래의 연극의 계층이나 교육수준이 높은 일부 집단만이 즐기던 표현행위였으나, 참여연구에서 다루는 연극은 잠재 학습자 전체를 참여시킨다는 점 때문이다.

비록 내용이 간단하고 예술성이 약하고 섬세하지는 못하지만 이 대중연극에서는 누구나 시나리오 작성에도 참여하고, 직접 어떤 배역을 맡아 공연을 할 수도 있고 연출도 하고 말도 할 수 있도록 의도적으로 학습을 시키는 것이기 때문에 교육연극이라고도 쓰이고 있다. 상식적으로 쉽게 만들어 낼 수 있는 기구를 사용하고 쉽게 알 수 있는 문제를 다루기 때문에 경비도 별로 들지 않고 아무리 가난한 주민들에게도 쉽게 적용할 수 있는 방법이다.

각본도 배역을 맡아 공연할 사람들이 그들의 경험을 토대로 하여 서로 이야기를 나누거나 또는 주민들이 평소에 말하고 몸짓하고 행동하는 그대로 연습을 해 나가고, 그 내용이나 장치도 그들 주변에서 쉽게 구할 수 있는 것으로 하면 되는 것이다. 따라서 이러한 행동은 외국의 영향을 많이 받는 정규 학교제도가 과거의 전통문화를 무시하고 발전하는 동안 등한히 취급되어 온 어떤 전통문화 양식에 대하 자부심마저도 북돋아 주는 계기가 되기도 할 것이다.

이 대중연극은 대체로 다음과 같은 장점을 가진다.

① 이는 하나의 오락물로서 다수 주민들의 흥미를 불러일으킨다.

② 그 지역의 말투로 의사를 전달하는 구전방법을 이용하므로 글자를 모르거나 표준어를 하지 못하는 낮은 수준의 주민들이 그들의 무지 때문에 학습활동에서 제외되었다 하더라도 이 연극에는 참여할 수 있을 것이다.

③ 이 방법은 적합기술을 이용하여 사진이나 영화 또는 비디오와는 달리 특별하거나 비싼 자료나 기술을 필요로 하지 않는 기구를 어느 곳에서나 구할 수 있어 쉽게 적용될 수 있을 것이다.

④ 누구나 이미 쉽게 써 오는 방법으로 옛날부터 해 오던 '옛날이야기 해주는 식'이나 '덩실 춤을 추는 기분'으로 이 방법을 적용 할 수 있다.

⑤ 이 방법은 여러 사람이 하나의 공동체가 되는 것을 촉진한다. 이 연극에 참여하는 주민은 연구 전문가로부터 보다는 서로 간에 무엇인가를 더 많이 배우게 되는 것이다. 그들 주님들은, 첫째 전통적인 형태의 문화와 의사전달이란 점에서, 둘째 그들이 당면한 소재를 다룬다는 점 때문에 그들 자신들의 연극을 제작한다고 볼 수 있을 것이다.

(9) 교육야영(educational camps)

이 교육야영은 공통된 경험을 가진 한 집단이 며칠 동안 적당한 야영지에서 함께 생활하면서 서로의 경험과 의사를 나누는 비형식적인 합숙형의 연찬회이다. 이러한 야영에서는 보통 다음과 같은 사항을 유리하게 학습할 수 있을 것이다.

① 경험의 교환

② 뜻이 있는 개인들은 외롭지 않다는 사실을 알게 되는 점

③ 한 마을의 개별적인 문제를 일으키게 되는 여건의 이해

④ 결속의식의 형성

⑤ 공동활동 계획의 마련

⑥ 자료수집 및 분석방법의 학습 등

이러한 야영방법은 이미 4-H 클럽 활동을 통하여 오래전에 소개, 적용된 바 있고 최근에는 청소년 선도를 위하여 여러 지역에 청소년 야영장을 설치하고 있음을 볼 때 더욱 중시되고 있음을 알 수 있다. 참여연구는 이러한 교육적 야영방법을 활용하여 사실을 발견하고 문제해결을 촉진할 수 있을 것이다.

종래의 학술적인 연구에서는 보통 관찰, 면접, 질문지법, 관계자료 활용 등의 방법으로 모은 자료들을 주로 통계적인 방법으로 분석하여 어떤 이론이나 지식체계를 지지하거나 수정·보완하는 것이 보통이었으나, 참여연구는 연구대상들과 더불어 또는 연구대상이 따로 있는 것이 아니고 모두다 연구집단이 되어 실시하는 활동 자체가 모두 연구방법인 것이다.

따라서 이 참여연구에서는 지금까지는 마을평생교육의 방법으로만 생각해 오던 이상의 집단협의, 공동회합, 연구분과 운영회의 조직·운영, 마을 세미나, 자유의견 진술형 조사, 사실발견을 위한 견학여행, 시청각 교재의 공동제작, 대중연극, 교육 야영 등을 통하여 그들 소외되고 불우한 위치에 있는 연구집단 모두가 함께 민주적인 과정을 통하여 발전할 수 있는 활동, 즉 그들이 당면한 공통적인 문제를 찾아 해결해 나가는 활동을 전개해 나가는 데 역점을 두는 것이다. 종래의 학술연구가 가설의 검증이나 어떤 사실의 발견을 위한 이른바 과학적 연구방법을 강조하지만, 참여연구에서는 과학적으로 제시된 이론이나 지식을 실제 상황에 적용하여 어려운 형편에 있는 집단을 인간답게 잘살게 해 보면서 그 이론과 지식의 진실성을 가려 보려는 데 뜻을 두고 있다고 볼 수 있다. 따라서 이러한 참여연구는 실험적 성격을 띤 실천연구와는 다른 것이며, 어렵게 사는 지역이나 집단이 잘살 수 있는 발전적 활동을 취하여 행하는 하나의 공동 적응연구의 성격을 띠고 있는 것이다.

그렇다고 연구를 수행해 나가는 과정에서 과학적인 방법을 무시하는 것은 아니며, 정적 상태에서 보다 오히려 동적 상태에서 이들 집단의 사고나 행동을 파악할 수 있다는 점에서 오히려 이 연구방법은 가치를 인정받고 있다. 더구나 마을평생교육이나 마을 개발과 같은 실천지향의 응용학문에서는 이러한 교육 및 개발

방법이 곧 연구방법일 수 있는 독자적인 방법을 가지고 있음에 그 장점이 있는 것이 아닐까 한다.

5) 참여연구법과 타 연구법과의 비교

이제까지 학자들에 의하여 수행되어 온 연구는 흔히 학술연구와 정책연구(용역연구)로 나누어 볼 수 있는데 이들 연구들이 참여연구와 어떻게 다른지를 알게 되면 참여연구를 이해하는 데 더욱 도움이 될 것이다.

이러한 차이를 연구문제의 추출, 연구방법, 연구결과의 처리라는 세 가지 면에서 살펴보면 다음과 같다.

첫째, 연구제목이나 문제를 결정할 때 학술연구에서는 연구자 개인의 흥미와 관점에 따라 결정하고, 정책연구의 경우에는 행정당국이나 관계기관 및 단체의 필요에 따라 좌우되지만, 참여연구의 경우는 주민들, 즉 연구대상자들이 당면한 가장 심각한 문제 -이는 보통 구조와 기능상의 모순에서 나타난다-를 그들 합의에 따라 연구의 소재로 삼는 것이다.

둘째, 연구를 수행하는 방법에 있어서 학술연구나 정책연구에서는 모두가 연구 전문가나 학자에 의하여 그 연구의 내용이나 도구가 정해지고 적절한 자료가 수집·분석되는 데 비하여 참여연구에서는 주민들과 연구자가 공동으로 합의된 계획에 따라 전체 연구자들(연구 전문가와 대상자)이 몇 개의 소집단으로 나누고 서로 일을 분담하여 자료를 수집하고 분석하도록 하는 것이 보통이다. 이러한 참여연구의 방법이 다소의 주관성에 따라 편견이 있을 수도 있는 점은 있으나 외부인의 일반적인 관찰에 의하여 극히 피상적인 자료를 얻기보다는 그 내용이 절실하고 정확한 정보를 얻을 수 있다는 점에서 참여연구의 방법은 가치를 인정받고 있다.

셋째, 연구결과를 처리하는 데 있어서 학술연구의 경우는 연구자의 전공과 관련된 학술지나 학회에서의 발표 또는 단행본 책자로 출판하는 것이 보통이다. 그러나 이들 종래의 연구에서는 연구의 결과를 어떻게 실제에 활용하여 사회구조를 개선하게 하느냐 하는 것보다 학술 활동이 더욱 중요시되는 인상을 주고 있다.

또 정책연구에 있어서는 용역을 주었던 당국이나 기관이 그 연구결과의 내용을 세심하게 검토하여 그 결과의 발표가 알려져서는 안 될 사항이 많으면 '대외비(對外秘)'로 묶어 놓고 숨겨 두며, 반대로 당국이나 기관의 홍보에 유리한 결과이면 그 결과를 출판하여 홍보까지 하는 경우가 많다. 이에 반하여 참여연구에서는 연구결과의 학술발표나 출판, 도는 홍보보다 그 결과를 주민들에게 알리고 그들의 학습자료로 쓰게 하거나 그들을 자극시켜 사회구조와 기능의 현실을 깨닫거나 알게 만들며, 이에 대한 어떤 각오까지도 하게 만들어 그 연구결과를 스스로의 발전에 활용하게 하는 것이다.

<표-14> 참여연구법과 다른 연구법의 비교

과정	참여연구	다른 연구(학술/정책연구)
누가 문제를 규정하는가	학습자	보통 마을 외부에 사는 연구자
누가 연구방법을 선택하는가	학습자	외부연구자
사용되는 연구방법	다양(집단협의, 마을 세미나, 자유의견 조사법, 대중연극, 시청각 교재제작 등)	주로 개인 전문가의 전문성에 의존
누가 자료를 분석 · 해석하는가	학습자와 전문연구자	개인 전문연구자
연구결과의 활용방법	학습자가 주체가 되어 마을평생교육계획을 수립할 때	연구자, 학자, 정부당국, 사회봉사 기관 등에 의해 때로는 마을이 활용하기도 하지만 그들의 의견이 종합적으로 반영되지 않는 경우가 많다.

6) 참여연구의 자질

기존의 학술연구를 수행하는 학자나 연구자는 주로 연구방법에 익숙하여야 하고 또 그러한 연구방법을 잘 적용할 줄만 알면 되지만, 참여연구는 연구방법만이 아니라 실제 활동에 필요한 자질을 요구하고 있다. 참여연구자라고 해서 완전할 수는 없지만 대체로 그 바람직한 자질로서 세계사회교육협회가 제시한 여덟 가지를 제시하면 다음과 같다.

첫째, 참여연구자는 계속적인 관찰, 탐문, 청취, 협의, 분석 등의 방법으로 어떤 마을이나 학습자에 대한 깊이 있는 지식을 얻는 일을 즐겨 행할 수 있어야 한다.

가능하다면 연구자는 연구대상 주민들과 함께 살며 활동할 수 있어야 할 것이다. 이는 그 지역이나 집단의 여건을 알게 되는 점에서도 좋을 것이며, 그 지역주민들·집단의 행동양식이나 기술, 자원, 문화 등을 이해하여 참여연구에 필요한 기본자료를 수집하고 앞으로의 발전계획을 세우게 될 때에도 매우 큰 도움을 주게 될 것이다.

둘째, 참여연구자는 국가적 및 국제적 관계와 연구대상 지역이나 집단의 정치적·사회적·경제적 여건을 이해할 수 있어야 할 것이다. 이는 누구와 함께 일을 해야 하고 또 누구와 어떻게 접촉해야 할 것인지에 대한 암시, 그 지역이 당면한 문제의 파악, 연구수행상의 장애요소 등의 파악에 중요한 실마리가 될 것이다.

셋째, 참여연구자는 자기 자신을 비판할 줄 알뿐만 아니라 그 마을이나 집단의 비판에 대하여도 귀를 기울이는 아량을 가져야 할 것이다. 즉 참여연구자는 지역주민·집단성원 누구와도 잘 어울리며 서로 허심탄회하게 이야기를 나눌 수 있어야 하고 존경받는 바른 행동을 지켜 나갈 수 있어야 할 것이다.

넷째, 참여연구자는 그 지역주민들이나 집단이 어떤 최종적인 결정을 내릴 때 예리한 비판을 가하고 문제를 신중히 다룰 수 있는 능력을 가져야 한다. 연구자들은 참여연구를 통하여 그 지역·집단에서 문제가 될 수 있는 어떤 구조적 특성을 알아내고 이를 분석하여, 그 문제를 해결할 수 있는 새로운 안목과 기술까지도 갖게 될 것이 기대된다. 또 그는 그 마을·집단의 발전을 위하여 세워진 계획이 과연 그 지역의 문제를 근본적으로 해결하는 것인지를 살펴보아야 할 것이며, 세워진 단기계획과 장기계획은 잘 연계되고 있는지도 검토해 보아야 한다.

다섯째, 참여연구자는 그 마을 주민들이나 학습자가 장기간의 연구과정에 빈번하게 참여시키도록 해야 한다. 이러한 연구와 활동과정에 그들을 참여시키는 것만이 참여연구자가 참으로 책임 있고 주민과 동등한 위치에 선 참여자가 되는 방법인 것이다. 사회변화란 근본적으로 정확히 짜여진 어떤 시간표에 따라 수행될 수 있는 것은 아니기 때문이다.

여섯째, 참여연구자는 그 참여연구 경로가 나타날지도 모르는 유력층으로 부터의 반발과 핍박에 대한 위험부담도 감수해 낼 각오가 되어 있어야 한다. 참여연구자는 악화된 사태를 가져오거나 그 마을·학습자를 위기에 처하게 할지도 모르는 무책임한 결과를 자아낸다는 오해를 가져 올 수도 있는 가능성이 있음을 알아야 한다.

일곱째, 참여연구자는 자기가 가진 기술을 필요하다면 마을 주민들이나 학습자에게 가르쳐 주어야 할 사명을 가진다. 참여연구자는 대개가 외부로부터 전문가로서 그 지역주민들·집단에게 전달할만한 전문적 기술을 가진 경우가 많으며, 주민들이 그것을 활용할 것을 원하는 한, 그 기술을 그들의 발전을 위하여 수요하도록 해주어야 할 것이다.

Ⅳ. 마을평생교육 프로그램 운영

1. 마을평생교육프로그램 수행의 개념

마을평생교육프로그램 수행이란 프로그램계획을 달성하기 위한 모든 계획적인 활동을 의미하지만 그 내용은 한 마디로 정의할 수 없을 정도로 다양하고 복잡하다. 일반적으로 대개 세 가지 관점에서 정의되고 있다.

첫째, 넓은 의미로는 학교교육, 가정교육, 마을평생교육 등 넓게 교육이 행해지고 있는 시설, 장소, 교육 행정기관 등 또 거기에서 행해지고 있는 활동 등을 포괄해서 사용하는 경우이다.

둘째, 교육학의 전문 용어로서의 의미에서 비교적 널리 사용되고 있는 경우이다. 예를 들면 헤바르트와 같이, 마을평생교육프로그램목적을 달성하기 위한 학교교육에 있어서의 교육 작용의 세 분야(관리, 교수, 훈련)를 포괄한 것으로써의 교육방법이라고 하는 해석법이다.

셋째, 협의의 정의로 마을평생교육프로그램의 계획서에 따라 실행하는 것을 의미한다.

2. 마을평생교육프로그램 수행의 조건

1) 마을평생교육프로그램 수행을 위한 기초이해

마을평생교육프로그램을 수행에 있어 마을평생교육기관과 학습자라는 변인을 전제한다. 이들 두 변인에는 체제와 투입이라는 요소가 포함된다. 마을평생교육기관의 체제에는 마을평생교육 전담기관, 자원단체, 그리고 개별기관으로 나눈다.

마을평생교육기간의 체제는 마을평생교육 전담기관의 자치성, 보수, 혁신, 마을봉사, 그리고 중점분야로 나눈다. 자원단체는 압력집단, 봉사집단, 사회적 집단, 전문직 집단으로 분류된다. 개별기관을 기업체와 자원기관으로 구분된다.

마을평생교육학습자의 체제는 학습자의 소속여부에 따라 차이 있는 특징이 있다. 즉, 학습자 자신이 어떤 기관 또는 단체에 소속되어 있다면, 이는 기관 혹은 단체의 구성원으로 불리어진다.

한편 전혀 소속되지 않은 학습자이면, 그들 각자의 거주지역, 인구특성, 역할담당, 관심분야, 그리고 사회적 요구를 찾아 구분하게 된다.

2) 학습행위의 사회적 수용성

마을평생교육 프로그램을 실행함에 있어 다음과 같은 사회적 특성이 강조되어야 한다.

첫째, 학습자의 요구가 충분하게 조사·분석되어야 하며, 특히 마을평생교육의 장에서 교육에 참여하는 이유를 계량화 한 것이 프로그램에 도입되어야 한다.

둘째, 마을평생교육기관의 자질을 갖춘 인적자원과 함께 필요한 시설이 갖추어져야만 효율적으로 교육이 전개된다.

셋째, 마을평생교육의 결과가 개별학습자의 개인생활 및 사회생활과 관련되어 생활인으로서 생활의 연장이어야 된다. 사회생활 자체가 마을평생교육기관에 의하여 개선되고 보완되어질 경우에, 개별학습자로서는 수용가능성이 높아지게 되고 사회적으로는 적절성이 제고된다.

3) 마을평생교육기관의 시설

마을평생교육기관의 시설은 정보의 획득, 기술의 축적, 그리고 지식의 적용을 위하여 학습기회를 보다 깊고 넓게 제공하여 준다. 마을평생교육기관은 일반시설, 유사시설, 전문시설, 부대시설로 나누어 갖추어져 있으면 이상적이다.

일반시설은 강의실과 세미나실 등이며 유사시설은 마을주민을 위한 수시 집회의 장소와 같은 것이다.

전문시설은 정보관리실, 음향독서실, 보조자료실 등이며, 부대시설은 소아과 병원의 의료보건 전문가가 참여하는 육(탁)아실, 임시 수면실, 휴게실, 주차장 등이다.

특히 각 시설에는 시설명과, 구조와 수용가능한 인원수가 명기되고, 뿐만 아니라 실내의 조건(예, 조명)을 갖추어한다.

3. 프로그램 수행의 준비

프로그램계획서의 준비물을 체계화시켜 확인해야 한다. 다음 〈표-15〉는 프로그램 운영을 위한 준비물 점검 일정표이다.

<표-15> 프로그램 운영을 위한 준비물 점검 일정표

점검사항	월/일	비고
1. 교육장소는 잘 준비되어 있는가? · 장소는 지정된 날에 사용할 수 있는가? · 실행장소의 넓이, 밝기, 환기, 온도는 적절한가? · 책상과 의자의 수는 적당한가? · 사회, 접수 등의 명찰 및 장소의 표시는 되어 있는가?		
2. 필요한 교육매체 준비는 잘 되어 있는가? · 칠판준비(청결상태, 분필준비 등)는 좋은가? · 필요한 교육매체들은 준비되어 있는가? · VCR, OHP, Slide 등은 준비되어 있는가? · 마이크는 제대로 점검되었는가?		
3. 필요한 자료를 준비하였는가? · 참석 수만큼의 자료는 준비되어 있는가? · 참석자들을 위한 종이 필기구 등은 준비되어 있는가?		
4. 장소의 배치는 적절한가? · 책상, 의자, 괘도대, 스크린, 마이크 등의 위치는 적절한가? · 관찰자, 배석자의 위치는 적절한가?		
5. 기록 준비는 되어 있는가? · 기록의 계획은 되어 있는가? · 녹음기, VCR을 사용하는가? · 기록 용지 필기구 등은 준비되어 있는가? · 강사들에 대한 통지는 잘 되었는가? · 강의의뢰서는 전송하였는가? · 강의 일정, 장소, 시간 등에 대한 확인이 이루어졌는가?		
6. 의약품 준비는 잘 되었는가?		

4. 프로그램 운영·관리자의 역할

마을평생교육프로그램 운영관리자는 마을평생교육전문가 즉 마을평생교육사의 중요한 임무이기도 하다. 그 내용을 보면 다음 〈표-16〉과 같다.

<표-16> 프로그램 운영관리시 마을평생교육 담당자의 주요 역할

<table>
<tr><th>영 역</th><th>주 요 활 동</th><th>영 역</th><th>주 요 활 동</th></tr>
<tr><td>강사
관리</td><td>· 강사섭외
· 강의 의뢰서 송부
· 강사료 협의
· 강사료 지급
· 원천징수 영수증 작성/송부</td><td>교육
기자재
및
시설관리</td><td>· 재물 조사 준비
· 시설물 청소
· 시설물 활용계획서 작성
· 교육기자재 수리 · 보수
· 에어컨 · 난방 확인</td></tr>
<tr><td>교육생
관리</td><td>· 참석대상자 명부 작성
· 출결상황 점검
· 요구사항 점검
· 즉시적인 교육반응 점검
· 교육생 자치회 협조</td><td rowspan="2">기 타</td><td rowspan="2">· 입학식 식순 작성
· 사회진행 시나리오 작성
· 입학식 식장 준비
· 입학식 졸업식 초청인사 안내문
· 각 전공별 대표자 회의
· 수료생 학적부 정리
· 예산 편성
· 신입생 모집 요강 작성
· 운영위원회 준비</td></tr>
<tr><td>수업
관리</td><td>· 교육 교재 준비
· 강의실 점검
· 강사 소개
· 교육기자재 준비 상황 체크
· 휴 · 결강 강사 보강 조치</td></tr>
</table>

5. 프로그램 운영·관리 시 유의사항

첫째, 프로그램의 편성 후, 특히 실행안의 구상 시에 결정한 활동 대상자의 수준 및 활동목표가 상정했던 바와 차이가 있다는 것이 나타나게 된 경우(참여시의 조사 및 질문 1회 실시 후 질문지 조사 등으로 인하여), 목표를 변경한다든가 내용방법을 대체하는 등의 배려를 하는 것이 필요하다.

둘째, 예상외의 상황변화에 유연하게 대처 → 기상조건, 참가 상황, 강사의 사정 등 예측할 수 없는 사태를 미리 예상하고 준비한다.(예: 영화, 필름, VTR 등 예비적 확보)

셋째, 둘째의 경우 상황판단을 하는 체계를 확립해 두는 것이 필요하다.

넷째, 역할 분담하여 상호 연락·협력 체계를 확립하는 것이 필요하다.

다섯째, 프로그램 실행 전 점검 할 목록을 반드시 체크하고, 실시장소를 반드시 확인할 필요가 있다.

여섯째, 프로그램 실시 기관의 모든 사람들이 협력하여 프로그램의 목표, 내용, 대상 등에 대해서 숙지해야 한다.

Ⅴ. 마을평생교육 프로그램 평가

1. 프로그램 평가의 개념

프로그램 평가는 프로그램 설계와 전달이 효과적인지, 목표한 결과가 도출되었는지를 확인하는 과정이다. 실제로 프로그램 평가는 어렵다. 왜냐하면 프로그램의 결과는 가시적으로 도출되지 않는 부분이 있고, 어떤 경우는 효과가 지연되어 나타나는 경우도 있기 때문이다.

프로그램 개발자들은 여러 이유로 평가를 소홀히 하는 경향이 있다. 그 이유는 프로그램 평가가 시간상 프로그램 실시 후에 이루어지고, 많은 비용이 소비되며, 평가전문가가 필요하기 때문이다.

1) 평가의 필요성

평가없이 프로그램이 당초 의도한 바를 실현했는가를 입증할 방법은 없다. 평가는 프로그램의 목적을 유지하게 하고, 프로그램 진행과정의 의사결정 정보를 제공하며, 프로그램 설계와 학습활동과정을 개선한다. 또한 실시과정에 책임감을 높이고, 미래 프로그램 개선방향을 제시한다.

Berder(베드)는 평가 없는 프로그램은 마치 불빛 없는 안개 속을 운전하는 것에 비유함으로써 평가의 필요성을 강조한다.

프로그램 평가는 프로그램 계획에 피드백을 제공하고 향상시키기 위해, 프로그램 실시의 타당성을 제공하기 위해, 재정지원기관의 조건을 만족시켰는지 확인하기 위해, 프로그램 광고의 자료로 사용하기 위한 것이다.

2) 평가의 개념

평가가 이루어지는 수준과 평가의 목적에 따라 평가의 개념이 다르게 규정될 수 있다.

(1) 평가의 수준에 따른 개념

① 교육평가(educational evaluation)

가장 넓은 의미로 사용되는 것으로 교육기관에서 이루어지는 모든 수준의 평가를 총칭하는 의미이다.

② 교육과정 평가(curriculum evaluation), 혹은 프로그램 평가(program evaluation)

프로그램 구성의 요소 하나 하나를 의미하며, 특히 프로그램 기획의 평가, 교수-학습과정의 평가, 교육목표 성취 및 결과의 평가를 의미한다.

③ 수업평가(instructional evaluation)

세 가지 종류의 평가 중 가장 좁은 의미를 가지며, 대체로 일정 단위 수업을 통한 학습자의 학습 성취도 평가, 교수자의 수업행위 또는 특정 수업방법의 효율성 평가 등 수업활동에 관련된 평가를 의미한다.

(2) 평가의 목적에 따른 개념

① 목표성취 평가(goal-attainment evaluation)

1940년대 말 Tyler가 제안한 방법으로 교육 실시 후 특정목표 성취에 관한 증거를 획득하는 과정을 의미한다. 즉 학습자에게 일어나는 외형적인 행동변화가 프로그램에 참여하여 사전에 의도했던 목표에 어느 정도 도달했는가에 대한 증거를 획득하는 과정으로 평가를 규정한다.

② 가치지향 평가(judgemental evaluation)

M. Scriven이 제안한 방법으로 사전에 설정된 특정 목표와 마찬가지로 교육 프로그램 참여자가 경험하거나 얻은 부산물(side effects)도 중요하다는 입장을 취한다. 즉, 프로그램 참여를 통하여 얻어진 태도의 변화나 예기치 않은 성과도 중요하며 때로는 이것들이 목표보다 더 중요한 결과를 가져올 수 있다는 점이다. 예를 들어, 성인을 위한 문화교육 프로그램 참여자가, 프로그램을 통해 사회생활의

자신감을 얻고, 다른 사람들과 보다 친밀한 교제를 하며, 새로운 인생 목표를 설정하게 되는 것은 프로그램의 공식적인 목표보다 더 중요한 산출이 될 수 있다는 것이다.

결론적으로, 가치지향 평가에서는 목표성취의 달성 여부 판단에서 한 걸음 더 나아가 참여자의 정의적인 측면에서 얻어진 의도하지 않은 성취에도 관심을 가져야하며 특히 학습자 중심의 사회 풍토에서 탈목적성이 보다 중시되어야 한다는 입장을 취한다.

③ 의사결정 지향 평가(decision-facilitation evaluation)

평가의 궁극적인 목적이 의사결정을 돕는 것에 있다는 것이다. 그러기 때문에 평가자 자신이 가치를 판단하기도 하고 목표가 달성되었는지 어떤지를 결정하기도 하지만 무엇보다 중요한 역할은 의사결정자의 의사결정을 돕는데 있다고 본다.

결과적으로 마을평생교육 프로그램에 있어서 평가의 의미는

- □ 프로그램의 가치나 장점을 판단하거나 결정하는 일
- □ 프로그램의 효과 및 영향을 파악하고 판단하는 일
- □ 프로그램의 목표달성 정도를 확인하는 일
- □ 프로그램에 대한 의사결정을 보조하는 일 등이다.

2. 프로그램 평가의 유형

프로그램 평가의 유형은 다양하다. 일반적으로 사용되는 평가의 유형은 다음과 같다.

1) 진단평가(diagnostic evaluation)

프로그램 계획 및 실시 이전 또는 도중에 이루어지는 예방과 교정목적의 평가이다.

2) 형성평가(formative evaluation)

프로그램 실시 도중에 이루어지는 것으로 프로그램을 개선하거나 변화시키기 위한 환류 목적의 평가이다. 즉 학습의 성취나 수업과정에서의 개선사항 내지 결함을 찾아내서 그것을 보강하기 위한 것이다.

3) 총괄평가(summative evaluation)

프로그램의 종결과 더불어 최종적으로 이루어지는 판정목적의 평가로서, 프로그램을 계속할 것인가 아니면 종료할 것인가에 대한 의사결정을 위해 사용한다.

이들 세 가지 평가는 시기적으로 다르다는 차이가 있으나 상호 배타적인 관계에 있는 것은 아니므로 이들 세 가지 가운데 어느 한 가지만을 바람직한 것으로 택일하여 사용하기보다는 목적에 따라 이들을 병행하여 사용하는 것이 더 효과적이다.

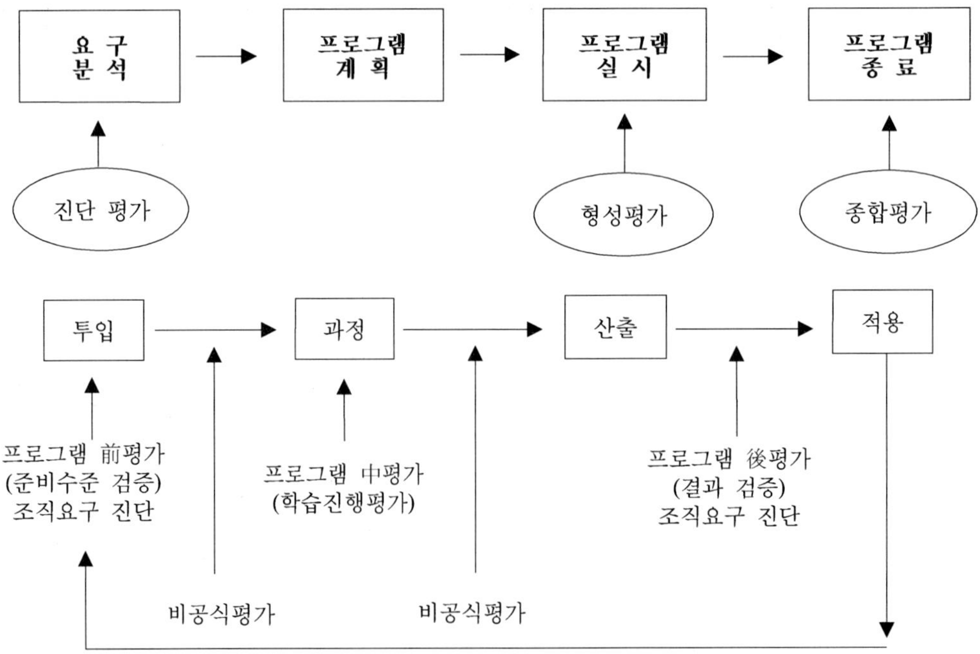

[그림-4] 마을평생교육평가의 시기와 평가유형

3. 프로그램 평가의 모델

1) Kirkpatrick 모형

평가영역을 분류하기 위해 가장 널리 알려진 기본 틀의 접근방식으로서 어떤 자료가 수집되어야 하는지를 결정하는 데 도움을 주기 위한 개념 틀로서 다음과 같이 4가지 단계의 평가수준을 제안하였다.

<표-17> Kirkpatrick의 4가지 단계 평가수준

수 준	평 가
① 반응평가	참여자는 프로그램에 만족했는가?
② 학습평가	참여자는 프로그램을 통해서 무엇을 배웠는가?
③ 수행평가	참여자는 배운 것에 근거하여 직무수행에서 변화를 가져왔는가?
④ 결과평가	수행에서의 변화는 조직에 긍정적 영향을 주었는가?

(1) 반응평가

프로그램에 참여한 학습자들이 그 프로그램에 대해 어떻게 생각하는지를 측정하는 것으로 학습자 만족도 측정이라고도 할 수 있다. 또한 이러한 평가의 지속 여부는 학습자의 반응에 달려 있다.

반응평가는 학습자·강사·진행자의 반응을 평가대상으로 하며, 이들이 평가대상자와 평가자가 될 수 있다.

(2) 학습평가

프로그램 참여결과 얻어진 참여자들의 태도변화, 지식증진, 기술향상의 정도를 측정한다. 이는 반응평가보다 측정하기가 훨씬 어렵다.

참여자들이 새로운 지식과 기술을 어느 정도 습득했는지를 측정할 수 있는 객관적이고 계량화할 수 있는 지표가 필요하다.

(3) 수행평가

교육프로그램에 참여한 결과 얻어지는 참여자들의 행동변화를 측정하는 것으로 프로그램을 통해 배운 지식과 기술이 그들의 실제에 얼마나 발전이 되었는가를 평가하는 것이다. 즉, 교실에서 배운 지식을 실제 작업상황에서 어느 정도 활용하는가에 관한 것에 대한 평가이다.

(4) 결과평가

프로그램의 운영 결과를 개인의 지속적인 태도 변화, 조직 또는 마을의 발전과 관련시킨다. 조사자료에는 비용절감, 노동산출 향상, 산출의 지적 변화 등을 검토함으로써 얻어진다. 이것은 프로그램이 실시되기 전과 후의 자료를 비교하고 향상 정도의 분석을 필요로 한다.

앞의 4가지 수준에 따른 평가관점을 쉽게 이해할 수 있도록 수준별 평가수준을 보면 다음과 같다.

<표-18> Kirkpatrick의 수준별 평가수준

평가수준	직업훈련	영양관련 교육	성인 문명퇴치 교육
④ 결과평가	산출이 향상되었는가?	병원 방문이 줄어들었는가?	공공도서관 사용빈도가 늘었는가?
③ 수행평가	습득한 기술이 효과적으로 활용되는가?	식료품 구입습관이 바뀌었는가?	집에서 독서를 하는가?
② 학습평가	새로운 기술을 습득하였는가?	영양가 높은 식료품을 구입하는가?	읽기・쓰기를 완전하게 할 수 있는가?
① 반응평가	프로그램에 만족하는가?	프로그램에 만족하는가?	프로그램에 만족하는가?

2) CIPP 모형

평가에 관한 국제적 연구위원회(National Study Committee on Evaluation of PhilDelta Kappa)의 교육자 대표들에 의해 개발되어 대표적인 의사결정 모형에 해당한다.

이것은 배경(context), 투입(input), 과정(process), 산출(product)의 4가지 기본적 평가유형을 포함하고 있다.

(1) 배경평가

프로그램의 목표를 결정하기 위한 정당한 근거를 제공하기 위해 이루어지는 가장 기본적인 평가형식이다. 주된 내용으로는 적절한 환경의 규정, 잠재된 요구와 기회의 규정, 그 장애를 진단하는 일 등 프로그램의 요구분석과 상황분석은 배경평가의 일반적인 예이다.

배경평가는 목표를 결정하고, 조직원의 요구를 파악하며, 참여전략을 구체화하기 위한 이론적 근거와 환경적 상황을 파악하기 위해 실시된다.

(2) 투입평가

프로그램 목표를 가장 잘 달성하도록 하기 위해 어떻게 자원을 활용해야 하는지에 대한 정보를 제공하기 위한 평가이다. 투입평가를 통하여 예산계획, 시간계획 등이 결정되며, 여러 가지 대안이 되는 전략을 평가하는데 필요한 정보를 사전에 미리 제공하는 것이 주된 과제가 된다.

(3) 과정평가

실행에 책임을 지고 있는 사람들에게 피드백을 제공하기 위한 평가로 실패할 소지가 있는 자원을 조사하고, 프로그램 실행 중에 사전에 계획된 의사결정에 대한 정보를 제공하며, 실제로 어떤 일이 일어나는지를 기술하고 특히, 교육 프로그램이 처음 생각한 것처럼 잘 진행되지 않을 경우에 그 문제점, 결함 등에 관한 정보를 수집하고, 그것을 의사결정자에게 제공하는 것이 주된 과제이다.

(4) 산출평가

목표달성 여부를 측정하고 해석하기 위한 평가로서 프로그램을 계속할 것인가, 수정할 것인가 아니면 종결할 것인가 하는 문제에 대해 의사결정을 한다. 즉, 참여자의 욕구를 충족시켰는가?, 문제는 의도대로 해결되었는가?, 시간·예산·노력을 투자할 가치가 있는 결과를 얻었는가?, 참여자들의 만족이나 불만족 정도와 그 이유는 무엇인가?, 과거 시행된 프로그램보다 더 좋았는가?, 어떤 점에서 그렇게 생각하는가? 등과 관련된 질문에 대한 답은 결과평가를 제공한다.

4. 프로그램 평가의 방법 및 절차

1) 평가과정 설계

평가과정에 대한 면밀한 계획이 필요할 뿐만 아니라, 그 결과를 어떻게 활용할 것인지에 대한 설계가 선행되어야 한다.

Caffarella는 체계적인 평가과정을 설계하는 방법에 대하여 다음과 같이 제시하였다.

① 평가결과에 영향을 미치는 사람 및 단체들(예컨대, 최고 경영자, 프로그램 개발자, 마을 단체)로부터 평가에 대한 후원을 확보

② 평가를 계획하고 감독하는 데 누가 참여해야 하는지를 결정

③ 평가의 목적과 그 결과를 활용하는 방법을 정확히 기술

④ 평가할 내용과 문항을 구체화(프로그램의 내용, 교수자, 개인이나 조직의 변화, 프로그램 기획과정, 프로그램이 하부단위나 조직 전체에 미치는 영향, 프로그램이 마을이나 사회에 미치는 영향 등)

⑤ 평가를 위해 필요한 증거를 누가 제공할 것인지를 결정하는 것으로, 프로그램에 참여한 학습자, 교수자, 프로그램 개발자, 행정·경영인사, 마을주민, 외부 자문가와 같은 다양한 사람들로부터 증거가 수집될 수 있다.

⑥ 활용될 평가방법을 구체화하는 것으로 평가목적, 프로그램 성격과 평가문항에 부합되는 평가방법이 선정된다.

⑦ 자료수집 기법과 시기를 결정하는 것으로, 평가의 목적과 선정된 평가방법에 의해 결정한다. 특히 응답자의 특성, 평가자의 지식, 시간과 비용이 고려되어야 한다.

⑧ 분석절차를 구체화하는 단계로 평가문제와 방법, 자료수집 기법 등과 직접적으로 관련된다. 양적 자료는 단순한 백분율 계산하는 것부터 매우 복잡한 통계분석까지 다양하다.

⑨ 프로그램을 평가하기 위해 사용될 기준이 무엇이고 그러한 기준을 결정하기 위해 어떤 절차가 활용되어야 하는지를 구체화한다.

⑩ 평가를 실시하는 데 필요한 구체적인 시간계획과 예산을 결정한다.

⑪ 평가를 마친 후 권고안을 작성하고 평가보고서를 준비하여 제시한다.

⑫ 프로그램 전체 또는 특정한 학습활동에 있어서 개선되어야 할 권고사항에 대한 반응을 유도한다. 권고사항은 공식적으로 승인되어야 하고, 적시에 공개되어야 하며, 주요 이해 당사자들과 그 권고안에 의해 영향을 받는 사람들을 변화 과정에 참여시켜야 한다.

2) 평가자료 수집

(1) 자료수집 기법

프로그램의 목표, 평가방법, 필요한 정보 유형에 따라 한 가지 또는 그 이상의 기법이 활용될 수 있다.

① 질문지법

• 가장 일반적으로 활용되고 있는 기법

• 질문지는 정보를 수집하는 신속하고 신뢰성 있는 방법

• 질문지에는 프로그램에 대한 평점이나 개방적 질문이 포함된다.

[단점] 면접처럼 응답자가 자유롭게 논평할 수 없기 때문에 예기치 않은 반응을 평가하기 어려운 점이 있고, 잘못 제작된 질문지는 편견적인 반응을 유도해낼 가능성이 있다.

② 면접법

• 대면적인 개인적 질문과 대답

• 예기치 못한 생각과 반응을 찾아내는 데 가장 적합

• 일반적으로 소수의 주제에 관한 세부적이고 심층적인 정보를 제공한다.

③ 관찰법

• 수업진행 과정을 살펴보는 것으로서 특정 행동이 체계적으로 관찰·기록될 수 있고 실제 수행이나 행동에 강조점을 둔다.

④ 논평(comment)

• 형식적 내지 비형식적 기록

• 개인이나 집단적으로 프로그램의 여러 측면에 대한 자신의 감정·반응·태도를 기록하도록 요구할 수 있다.

• 예기치 않은 반응을 알아보는 데 특히 유용하다.

• 그러나 분석하기 어렵고 대표성 없는 자료를 창출하는 경향이 있다.

⑤ 비디오테이프와 테이프 레코딩

• 수업관찰에 대한 영구적인 기록을 가능하게 한다.

• 이 기법의 장점은 교수자가 자신의 교수활동을 보고 특정행동의 효과성을 분석할 수 있다.

(2) 자료수집 시기 및 장소

① 프로그램이 시작되기 전

• 출발점에서 참여자들의 수준을 알아보기 위해서 그들의 지식이나 기술·가치/태도에 관한 기초 자료를 수집한다.

• 관찰이나 면접, 집단·조직·마을의 기록, 보고서 등을 검토하기도하고 질문지 조사가 활용되기도 한다.

② 프로그램이 진행되는 과정

• 프로그램 실시 중에 그 현장에서 평가 자료가 수집된다.

• 참여자의 학습에 관한 자료

• 프로그램 진행 중 그 프로그램에 대한 참여자와 교수자의 반응을 알아보는 것

• 질문지·면접·테스터가 활용되는데, 이러한 방법을 통한 자료수집은 프로그램을 개선할 목적으로 활용된다.

③ 프로그램이 끝날 경우

• 그 현장에서 참여자들의 반응 및 학습에 관한 자료를 질문지, 면접 통해 수집된다.

④ 프로그램이 종료된 후

• 추수평가를 통해 참여자들의 지식수준, 수행능력, 가치 태도에 관한 자료, 기관의 정보(지침·절차·비용 등의 정보), 마을의 정보 등을 알아보는 것

(3) 자료 수집을 위한 지침

• 면밀하게 계획된 평가가 효과적이기 위해서는 자료수집과 해석이 정확해야 한다.

• 평가결과는 질문지의 지시문, 자료수집 시간, 응답의 익명성, 정보가 수집되는 환경과 같은 변인들의 영향을 어느 정도 받을 수 있다.

• 올바른 자료 수집을 위한 몇 가지 지침은 다음과 같다.

① 질문지나 논평 등은 익명으로 해야 한다.

② 분명하고 정확한 안내문이 제시되어야 한다.

③ 면접·토론·관찰은 평가결과에 직접적으로 영향을 끼치지 않은 사람들에 의해 수행되어야 공정하고 신뢰할 수 있는 결과를 수집할 수 있다.

④ 자료수집 형식이나 그 방법을 결정하기 위한 적절한 시간이 주어져야 한다. 프로그램이 종료될 무렵에 즉흥적으로 평가를 실시해서는 안 된다.

⑤ 어떤 특별한 사건(예컨대, 시험·휴일) 직전이나 직후에 정보가 수집되어서는 안 된다.

⑥ 참여자들이 교수자와 수업내용에 익숙해질 수 있는 충분한 시간을 가진 후 정보가 수집되어야 한다.

⑦ 자연스런 상황에서 정보가 수집되어야 한다. 참여자들을 면접하기 위해서 한꺼번에 그들을 평가자의 사무실로 오도록 해서는 안 된다. 그렇게 된다면 남을 의식한 나머지 자신의 생각을 자유롭게 표현하지 못하게 된다.

⑧ 부정확하거나 편파적인 지각에 기초를 두어서는 안 되기 때문에 가능하다면 자신의 정보와 다른 정보를 대조하여 검토해야 한다. 평가자료는 특정한 사람이나 집단의 편향적인 시각이 아니라 대다수 사람들의 일반적인 시각이 포함된 것을 수집해야 자료의 객관성을 보장할 수 있다.

3) 자료의 분석 및 해석

평가자료가 수집되면 자료를 분석하는 절차에 착수해야 한다. 평가과정에서 가장 흔히 나타내는 결함의 하나는 자료분석 절차에 대한 잘못된 계획에서 나타나기 때문에 이 단계는 매우 중요하다. 아무리 훌륭한 평가자료가 수집되었다고 하더라도 그것에 대한 분석이 충분하지 못하면 효과를 거둘 수 없다.

(1) 면접결과에 대한 분석

범주별로 응답을 기술하는 것으로 구성된다. 면접이 구조적이거나 반구조적일 경우 범주가 미리 결정되고 필요시 수정될 수 있다.

(2) 관찰에 대한 분석

평가될 행위나 특성에 대한 체크리스트(checklist)나 평점척도(rating scale)를 사용하여 관찰이 행해진다. 결과에 대한 분석은 각 항목에 대한 체크나 평점의 빈도를 알아봄으로써 이루어진다.

(3) 논평에 대한 분석

면접과 유사한 방법으로 분석된다. 즉, 각 범주별 진술의 빈도를 평가함으로써 응답이 범주화되고 요약된다.

(4) 질문지에 대한 분석

질문지의 결과는 매우 정교한 통계적 기법을 사용하여 분석될 수 있다. 수업향상에 관심을 갖고 있는 교수자는 응답의 빈도나 평균치에 의한 기법이 적절하다.

(5) 비디오테이프나 테이프 레코딩에 대한 분석

관찰과 똑같은 방식으로 분석된다. 관찰은 시간에 따른 표집(time-sample)으로 할 수 있다. 예컨대, 5, 10, 15초마다 그 시간에 일어나는 행동을 기록할 수 있다. 이러한 기법은 일반적으로 수업과정에 대한 보다 많은 대표 표집을 산출해낸다.

4) 프로그램의 실패요인 검토

교육프로그램에 대한 평가 자료를 해석함에 있어서 상황의 실제를 바탕으로 하여 성공요인과 실패요인을 검토해야 한다. 흔히 성공이 강조될 뿐 실패를 이해하려는 과정이 소홀히 취급되고 있다. 프로그램의 네 가지 실패유형은 다음과 같다.

(1) 프로그램 기획은 부분적으로 완성되었으나 실행되지 못하는 경우

① 불분명한 조직목표

② 잘못 규정된 고객 대상

③ 자원 제약에 대한 불완전한 지식

④ 과도한 비용 내지 설계의 미비

⑤ 계획 완수 노력 미흡

(2) 프로그램을 위한 계획이 완성되었으나 충분한 등록을 유도하지 못하는 경우

① 부적절한 수강료·스케줄·장소

② 잠재적 참여자·조직·마을의 관심 부족

③ 부적절한 마케팅

④ 매력적인 경쟁체계 실패

⑤ 부적절한 후원

(3) 프로그램 기획이 끝나고 프로그램이 실행되지만 참여자들이 기대한 내용을 제공하지 못하는 경우

① 미숙한 교수자

② 미숙한 진행자

③ 불분명한 목표

④ 참여자 욕구를 고려하지 못한 내용

⑤ 시설, 복지 등 비 수업자원의 질

(4) 프로그램이 실행되고 참여자들이 만족감을 표시하지만, 애당초 설계된 목표에 달성하지 못하는 경우

① 비효율적인 수업

② 불분명한 수업

③ 목표에 대한 인식 부족

④ 비현실적 기대

⑤ 목표 및 프로그램 틀과 수업기법의 연결 미흡

⑥ 부적절한 학습 준비

5) 프로그램 결과에 대한 의견교환

평가를 통해서 결과가 나오게 되면 관련 있는 다양한 사람들과 그것에 대해 의견을 교환하는 일이 필요하다. 프로그램 결과에 대한 의견교환 과정은 체계적, 계획적으로 이루어져야 한다.

연속적으로 의견교환 과정의 여섯 단계를 거친다.

① 의견교환 이유 분석

교육 프로그램의 결과에 대해 의견교환 할 필요성에 대한 분석이다. 프로그램의 효과성에 대해 의견을 교환함으로써 다양한 고객들과 후원집단에게 프로그램에 대한 새로운 방향, 새로운 주제, 홍보 및 교육방법에 있어서 어떠한 변화가 필요한지를 제시해 준다.

② 대상 선정

의견교환에 참여할 대상자를 선정하는 일이다. 대상자는 교육 담당기관의 최고 책임자로부터 과거의 참여자에 이르기까지 다양하다. 기관의 책임자, 직원, 외부 전문가, 현재 및 잠재적 참여자 등 가능하면 다양한 사람들을 의견교환에 참여시키는 것이 바람직하다. 특히 기관의 책임자는 교육에 대한 자원을 배정하는 위치에 있기 때문에 더욱 참여해야 할 필요성이 큰 것이다.

③ 보고서 개발

프로그램 결과를 설명하기 위해 보고서 형식의 자료를 개발하는 일이다. 이것은 결과에 대한 간단한 요약으로부터 자세한 연구보고서에 이르기까지 다양하다.

④ 미디어 선정

집단의 특성에 따라 효과적인 방법을 활용한다. 가장 흔히 사용되는 미디어는 대표자 모임, 기관의 뉴스레터 및 출판물 등이다.

⑤ 정보 제시

이것은 가장 주의 깊고 시중하게 행해져야 한다. 프로그램 추진 일정, 참여자 반응, 프로그램 결과, 새로운 프로그램 계획, 정책적 고려사항 등이 주요 내용에 포함되어야 한다.

⑥ 반응 분석

의견교환에 대한 반응을 분석하는 과정이다. 이것은 매우 비형식적이고 비체계적일 수도 있다. 긍정적 반응, 부정적 반응, 무반응 등은 모두 정보가 어떻게 받아들여지는가에 대해 암시해 주는 것이다. 포괄적인 의견교환을 통해서 피드백 할 수 있어야 한다.

Ⅵ. 마을평생교육관련 조직

1. 마을평생교육조직의 개념

마을평생교육조직은 마을주민들의 자발적인 참여로부터 만들어진 자생조직으로써, 그 마을주민은 마을평생교육조직을 통하여 생활의 보람과 행복을 증진시키는 경우가 많다. 특히 사람은 누구나 조직 속에서 살고 있기 때문에 조직과 인간의 삶과는 불가분의 관계인 것이다. 조직의 정의에 대해서는 학자들의 견해에 따라 약간의 차이가 있지만 일반적으로 [조직이란 인간이 공통목적의 수행을 위하여 업무를 분담하고 그 분담된 역할이 전체로서 하나의 통일된 협동관계로서 기능하도록 합리적으로 조정된 체계]라고 볼 수 있다. 마을평생교육조직은 마을 속에서 지속적으로 이루어지게 되며 마을주민은 그 마을평생교육조직 속에서 생활하게 되는 경우가 많고 조직화를 통하여 주민 개개인의 삶과 그 마을의 발전이 증대된다.

마을주민간의 개인과 개인, 개인과 집단 또는 집단과 집단이 서로 상호 작용하여 상호관계를 맺는 과정에서 조직화가 이루어진다. 그러므로 마을평생교육조직은 주민간의 밀접한 상호작용이 바탕 되어 이루어지며 그 과정에서 주민의 공통된 욕구와 당면과제가 효과적으로 해결될 수 있는 계기를 마련하게 된다. 그러므로 마을평생교육조직은 주민의 공통된 욕구해결에 바탕을 두고 있는 마을개발의 중요한 수단이 된다고 할 수 있다.

2. 마을평생교육조직의 중요성

마을평생교육조직은 마을수준에서 민주주의의 구체적인 산물이라고 할 수 있다. 마을평생교육조직의 전통은 매우 오래되었지만 지난 10여 년간 비영리조직이란 개념 하에 세계적으로 급속히 발전하였다. 존스 홉킨스키 대학의 레스터 샐러몬

(Lester M. Salamon)교수에 따르면 선진국, 개발도상국을 불문하고 최근 10년간 많은 협회, 재단 등 비영리민간조직(Non-profit organization)이 결성되어 다양한 활동을 전개하고 있다. 그 조직들은 복지, 환경, 문화, 인권 등 다양한 분야에서 직접적인 서비스 제공, 조사연구, 캠페인을 벌이면서 활발히 활동하고 있다.

이와 같이 마을평생교육조직의 현저한 대두는 세계적 현상이며 그러한 마을평생교육조직의 사회발전의 중요한 전략으로 도입되는 역사적 배경과 그 이유는 마을주민의 삶의 질은 마을주민 스스로에 의해 이루어지는 즉 주민으로부터, 주민에 의한, 주민을 위한 마을조직을 만들어 그들의 삶을 스스로 해결해 가는 것을 중요한 생활전략으로 보고 있기 때문이다.

3. 마을평생교육조직의 유형

마을평생교육조직은 그 분류기준에 따라 여러 가지 형태로 나누어질 수 있다. 최근 우리나라의 많은 비정부조직(Non-governmental organization)이 급속도로 만들어지고 있는데 그것의 유형은 그 기준에 따라 다양하게 접근될 수 있다. 마을평생교육조직을 몇 가지로 분류해 보면 다음과 같다.

첫째, 활동영역에 따른 분류, 마을평생교육조직은 활동영역의 기준에 따라 전국단위 마을평생교육조직과 지역단위 마을평생교육조직으로 분류할 수 있다. 즉 활동의 영역을 어떻게 하느냐에 따라 분류된다(예, 전국조직; 새마을조직, 지역단위; 작목반 등).

둘째, 활동목적에 따른 분류, 마을평생교육조직은 무엇을 목적으로 하여 조직되었느냐에 따라 분류된다. 즉 어떤 마을평생교육조직은 순수한 사회봉사활동을 활동목표로 하고 있으며(예, 부녀회), 어떤 마을평생교육조직은 환경운동을 중심으로 하고 있으며 또 어떤 마을평생교육조직은 생산성향상을 위해 설립되는 등 그 설립목적에 따라 다양하게 설명된다.

셋째, 조직의 주체에 따른 분류, 누가 조직했느냐에 따라 자생조직, 비자생조직 등으로 분류된다. 대체로 주민의 욕구에 따라서는 자생조직의 특성을 많이 지니고 있으며 정부의 목적과 지원에 따라 조직되는 마을평생교육조직은 비자생적 특성을 지니게 된다.

넷째, 활동의 복합정도에 따른 분류, 마을평생교육조직의 활동내용이 단일기능을 지니고 있는가 또는 여러 가지 복합기능을 지니고 있는가에 따라 분류하는 방법이며 사회가 복잡할수록 전문성을 지닌 마을평생교육조직이 더 요구되고 있으나 여건에 따라 마을평생교육조직의 연계활동 또는 복합활동을 하는 경우가 있다.

이와 같이 마을평생교육조직은 분류기준에 따라 그 특성이 다양하게 나타나고 있으며 마을발전의 차원에서 마을주민의 욕구에 바탕을 둔 마을평생교육조직이라야 바람직하다. 그러나 마을평생교육조직의 성격은 그 마을평생교육조직을 구성하고 있는 구성원들의 특성에 따라 특성화되는 것이 보통이다. 또한 마을은 복합적인 삶의 공간단위이므로 마을평생교육조직의 활동도 상호 연계적이며 종합성을 지닌 경우가 많아 마을평생교육조직간의 중복적 기능이 많은 것도 현실이다. 따라서 그러한 마을평생교육조직간의 유기적인 상호협력관계가 요청되고 있다. 이와 같은 유형을 몇 가지 다시 분류하여 제시하면 다음과 같다.

1) 전통적인 마을평생교육조직

우리나라의 전통적인 농촌마을에는 촌락의 내부적 필요와 여건에 따라 제도화되어온 협동관행이 있었는가 하면 일제시대 이후 관의 농업정책일환으로 투입된 여러 비자발적인 조직이 활동해 왔다.

우리나라 농촌마을집단에 대한 분류는 일반적으로 촌락집단, 자생집단, 비자생집단으로 하고 있다. 그 종류는 마을 그 자체를 포함하여 자생집단으로 계, 두레, 품앗이, 사랑방모임 등이 있고, 비자생집단으로는 농사개량클럽(현 영농회), 생활개선클럽(현 부녀회), 4H회, 그리고 작목반을 비롯한 영농회, 부녀회, 청소년회 등의 협동조합 내부육성조직이 있다. 한편 이러한 집단들은 주로 농업생산을 영위할 목적으로 조직되었다는 관점에서 농업생산조직의 개념으로 파악하기도 한다. 농업생산조직의 종류로는 전통적으로 두레, 품앗이, 공동경작단, 공동작업반 등이 있고, 해방이후 농기계 공동이용조직, 기계화 영농단, 작목반 등이 있다. 그리고 부락단위를 벗어난 광역조직으로서는 자생적인 협동농장들의 사례가 있고 최근에 제도적 육성이 논의되고 있는 위탁영농회사 및 영농조합법인 등이 있다.

이러한 제반 조직들은 같은 촌락 내에서 동일구성원을 갖고 서로 중첩되어 왔으며 역사적으로 활동하던 시기에 따라 자발성과 관계없이 그 시대의 농업생산양식에 맞춰 사실상의 연결고리를 갖고 있다. 그러므로 이러한 연장선상에서 현존하는 조직 역시 그 제도적 설립취지 및 설립목적과 별도로 촌락사회 내에서 역사적으로 생성 소멸했던 이러한 조직들이 지녔던 거의 모든 협동의 경험이 촌락자체에 축적되고 필요에 따라서는 다시 구현되는 것이라 생각할 수 있다.

이 외의 마을평생교육조직으로 협동조합인 농업협동조합과 신용협동조합, 마을센터기능을 수행하는 새마을금고, 새마을문고, 마을개발조직인 마을개발위원회, 한국마을복리회, 마을복지관, 마을학교 등이 있다.

도시의 경우는 부녀회, 노인회, 아파트자치위원회, 통장모임, 반장모임, 그리고 각종 학습동아리 등이 있다.

마을평생교육조직을 구분하는 방법이 학자나 연구목적에 따라 다양하게 분류하고 있으나 대체로 ① 자생친목조직(계, 두레, 품앗이, 부녀회, 노인회 등) ② 기본적 종합조직(4-H, 새마을운동조직 등) ③ 전문기능조직(작목반, 위탁영농회사 등) ④ 대표성 종합개발조직(마을개발위원회, 마을복리회 등) ⑤ 제도화된 공식조직(농업협동조합, 새마을금고, 새마을문고, 신용협동조합, 마을학교, 마을종합복지관 등) 등의 유형으로 나누고 있다.

그리고 마을평생교육조직은 국제 및 지역별, 활동영역별 그리고 활동기능 등에 따라 다양하게 분류할 수 있다. 그 이유로는 마을평생교육조직은 그 마을의 제반 특성을 고려하여 조직 및 활동이 전개되어야 하기 때문이다. 그러한 내용을 몇 가지 기준에 따라 마을평생교육조직을 분류해 보면 다음과 같다.

2) 활동영역 및 대상별 분류

마을평생교육조직의 활동영역은 사회일반, 환경, 인권, 여성, 복지, 산업, 경제, 소비자, 교육, 보건, 의료, 주택 등등 그 대상에 따라 활동영역이 정해진다. 또한 마을평생교육조직의 활동대상 주민의 특성에 따라 농민, 노동자, 여성, 아동, 장애자 등으로 분류할 수 있다.

3) 활동기능별 분류

마을평생교육조직의 활동기능에 따라 분류하면 ① 상담기능, ② 복지기능, ③

개발 및 자족능력 배양기능 그리고 ④ 교육기능 등이 있다. 마을평생교육조직은 혜택 받지 못한 사람들에 대한 상담과 복지기능과 특정 사업목적이나 프로젝트를 수행하거나 자발적 사회봉사를 수행하는 적극적인 기능을 수행하기도 한다. 또한 개별 주민들의 자유를 신장시키거나 아니면 권한을 부여하거나 기술적이고 재정적 보조를 통하여 자족능력을 배양시켜주는 기능을 담당하며 또한 사회변화를 위한 교육을 담당하거나 이를 향한 대변자적 역할을 수행한다.

마을평생교육조직의 활동범위는 크게 ① 마을주민의 공동체 형성, ② 국가 및 지방자치단체활동에 대한 감시와 대안 제시, ③ 조직구성원의 개별 이익증대, ④ 정부활동의 대상을 벗어난 영역에서 역할의 증대 등이다. 이들 활동범위에 따라 마을평생교육조직은 ① 압력집단, ② 자율적 행위자, ③ 경쟁적 행위자 등으로 활동한다. 대체로 국가정책에 대한 감시나 대안제시를 하기 위한 마을평생교육조직은 압력집단으로 활동하며, 개별 조직구성원이나 사회집단의 이익증대를 위해서는 자율적인 행위자로서의 압력집단으로 활동하며, 정부영역을 벗어난 영역에 대한 활동을 주요대상으로 할 때는 국가와의 경쟁적 또는 협조적 행위자가 되는 것이다.

활동적 유형의 마을평생교육조직이 많으면 그 기능은 주로 복지 제공이나 자족능력배양 또는 개발이나 재난구조 봉사활동에 맞추어져 있다. 이들은 주로 수혜대상자들에 대하여 직접적인 활동을 전개하는 관계로 재정적 지원을 받기 쉽다. 이와는 달리 교육적 기능을 담당하는 마을평생교육조직은 기본적으로 시민을 대상으로 공적인 여론을 조성하거나 상담을 담당한다.

4) 공동기관주도형 마을평생교육조직

공공기관에 의해 추진되고 있는 마을평생교육조직 활동은 일제시대 이후부터 오늘날까지 계속되고 있는데 일제시대에는 1907년에 창설된 금융조합으로서 이것은 조합원들에게 농업에 필요한 자금을 대부하고 조합원이 생산한 곡물을 창고에 보관해 두는 외에 조합원들에게 종묘 및 비료 등 영농자재를 분배 또는 대여하거나 조합원을 위해 생산물을 위탁판매도 하고 있다.

그리고 1927년에 창설된 산업조합은 각 도마다 설립되었는데 이 기관은 중요 농산물의 판매, 가공 및 영농자재와 생활필수품의 구입에 적극 참여하였다. 1932년부터 실제적인 활동을 수행한 농촌부흥운동은 1930년대의 농업공황과 관련하여 나타난 것으로서 이것은 농업경제의 갱생계획과 자작농창정계획을 수립하게 되었다.

해방 후의 공공기관에 의한 마을평생교육조직활동은 1958년 9월에 마을개발위원회 규정이 공포되면서부터 본격적인 체제를 갖추고 마을평생교육조직 사업이 전개되기 시작하였다. 그 후 1961년 6월 11월에 전술한 마을평생교육조직사업과는 별도로 마을개발사업의 형태인 복지국가를 이룩하기 위해 재건국민운동이 전개되어 자립자조정신으로 향토를 개발하며 새로운 생활체제를 확립하기 위한 거국적인 마을개발운동이 실시되었다.

그리고 1962년 혁명정부는 경제개발 5개년 계획을 성공적으로 완수할 수 있는 행정기구 개혁방안의 일환으로서 농촌진흥법을 제정 공포하여 농촌지도체제를 일원화하였다. 이 농촌진흥법에 따라 농촌진흥청 체제가 공포됨에 따라 종래의 마을개발사업을 관장하던 농림부 마을국은 농사원과 통합 개편되어 농촌진흥청이 되어 농촌 마을개발사업을 사회교육 일환으로 전개하고 있다.

그 외에도 농촌청소년들로 하여금 농업 기술과 지식을 배우게 하고 생활을 개선 증진케 하는 새마을청소년회 조직을 통한 농촌 마을개발운동을 전개하고 있으며 또한 농업협동조합과 수산업협동조합 등을 통하여 마을개발사업을 실시하고 있다.

특히 1970년대부터 시작된 새마을운동은 새마을교육이라는 마을평생교육을 통해 마을단위의 지도자를 배출 즉 새마을지도자를 배출하여 우리나라의 경제발전 속도를 크게 향상시키고 다른 나라에서도 크게 관심을 갖게 된 정부가 중심이 되어 전개한 마을단위의 마을평생교육조직이라 할 수 있다.

5) 민간전문조직형 마을평생교육조직

우리나라에는 마을복지 또는 마을개발 활동만을 목적으로 하는 마을평생교육조직도 있고 다른 활동과 더불어 일어나는 마을평생교육조직도 있는데 이것을 엄격히 분리하여 접근해 보기는 어렵다. 왜냐하면 마을평생교육조직 활동 내용이 매우 다양하고 그 방법도 역시 다양하기 때문에 이를 한정화 시키기란 매우 어려운 것이다. 그러므로 여기서 언급되는 내용도 마을복지 또는 마을개발 활동을 중심으로 하는 마을평생교육조직에 대한 내용으로 전개될 것이지만 완전하게 이러한 기관들이 마을개발 활동에만 목적을 두는 것은 아니라는 것을 전제하고 몇 가지 기관에 대하여 알아보겠다.

우선 마을개발봉사회(Save the Children/Community Development Foundation)를 들 수 있겠는데, 이 조직의 전신은 마을개발재단 캐나다 아동구호재단과 통합하였다가 1980년 말에 마을개발 아동복지회로 되었고 다시 1982년에는 마을봉사회로 명칭이 변경되었다.

이 복지회는 비영리적인 국제 민간봉사단체로서 한국동란 말기부터 유엔 기관 및 정부사업과 발맞춰 피난민, 미망인 및 아동들을 도와주는 사업을 시작한 이래 지금까지 4,000명 이상의 아동들이 학교교육을 하는데 도와주었고, 5,000건 이상의 가정 및 부락의 자조사업을 지원하였다.

이 기관은 1957년부터 마을개발사업을 지원하기 시작하였으며, 1972년에는 40만불의 지원금으로 마을개발지도원 및 사회사업지도원을 포함한 한국 직원들이 경기, 강원, 충남. 서울, 수원 등 5개 시·도와 2,400개 가정, 133개 부락에서 각종 복지활동과 개발사업을 전개하였고 지도자 훈련도 실시하였다.

그리고 농촌을 중심으로 한 사회개발 지도자를 양성하는 것을 목적으로 두고 있는 가나안농군학교를 살펴볼 수 있겠는데 이 학교는 1933년 경기도 양주에서 봉안이상촌을 건설하고 농민교육을 실시하게 된 것이 모체가 되어 1954년에 경기도 광주에 가나안농장을 개척하고 1962년에 제 1 가나안농군학교를 설립하였으며 1973년에 강원도 원성에 신림동산을 개척하여 제 2 가나안농군학교를 설립하여 그해 재단법인 "가나안복민회"로 설립인가를 받았다.

교육내용은 농민을 중심으로 하여 모든 국민의 정신교육으로서 분명한 가치관 위에 민족주체성과 민주시민의식으로 확립된 성인이 될 수 있는 내용으로 짜여 있으며 농촌 청소년들에게는 사상과 철학, 종교를 통한 정신교육, 최신농업기술, 농업경제, 농업경영, 농촌지도력, 농촌사회학 및 제반농촌문제에 대해 교육을 시키고 있다.

이 외에도 한국마을학교후원회, 한국가톨릭농민회, 전국농업기술자협회, 협동교육원 및 신갈농민학교 등인데 이들 기관은 기관의 특성에 따라 다양한 프로그램으로 마을개발활동을 전개하고 있다.

4. 마을평생교육조직의 특성

마을평생교육조직은 일반적으로 행정 또는 경영학에서 다루는 조직의 특성과는 여러 가지 차원에서 그 의미를 달리하고 있다. 일반 조직은 공익성보다 조직자체의 생산성에 중심을 두고 있으나 마을평생교육조직은 마을을 보다 발전시키려는 주민의 집합적 개념이기 때문에 공익성을 강조하고 있으며 한편으로는 주민의 자발적 참여를 일으켜야하는 민주적 특성을 지니고 있다. 그러한 특성을 몇 가지 제시하면 다음과 같다.

1) 마을평생교육조직은 마을개발의 실천주체

마을평생교육조직은 마을개발을 실천하기 위한 하나의 매개물이다.

오래 전부터 마을수준에는 수많은 마을평생교육조직이 설립되어 활동하고 있다. 어떤 조직은 독립적으로 자연을 배경으로 지역주민의 문제를 해결하고, 어떤 마을평생교육조직은 사람들을 하나로 모아주는 공동체의식을 불어 넣어주고, 또 어떤 마을평생교육조직은 다른 지역의 조직체와 결합하여 마을문제를 해결하고 있다.

그러므로 마을평생교육조직의 활동은 마을주민들의 협동적 노력을 통하여 마을문제를 해결하는 것을 목표로 하고 있는 마을개발의 핵심전략이 되고 있다.

2) 민주적인 인간의 근린공동체 육성

역사적으로 마을평생교육조직은 주민의 자발적이고 민주적인 참여를 통하여 인간이 하나의 근린(마을)을 형성하고 그들의 공동체적인 행위로 그들의 문제를 해결하려는데 도움을 주고 있다. 마을평생교육조직이 마을로부터 부여받은 중요한 임무는 마을주민간의 공동운명체를 조성하여 문제의 공동해결에 관심을 일으키는 것이다.

3) 피권력자의 집합체

마을은 권력을 의미하기보다 인간의 정주공간을 의미한다. 그러므로 마을을 배경으로 하고 있는 마을평생교육조직은 일반대중의 입장에서 접근하는 피권력적 특성을 지니고 있다. 그러므로 마을평생교육조직의 구성원은 모두가 평등하며 그들의 참여는 피권력을 지니고 있기 때문에 자발성과 민주성을 동반하고 있다.

5. 마을평생교육조직가의 역할

마을평생교육조직가는 그 마을의 발전을 위해서 다양한 일을 수행하고 있으며 특히 그들은 마을주민들의 욕구에 기초한 마을활동을 하기 때문에 정부의 정책과는 다르게 수행할 수 있다. 즉 마을평생교육조직가는 민간조직의 구성원으로서 활동하기 때문에 민간은 주민의 참여와 지지가 없으면 생존하기 어렵다. 따라서 마을평생교육조직가는 다음과 같은 몇 가지 중요한 역할을 해야 한다.

1) 마을문제 해결능력향상의 교육자

마을을 발전시키기 위해서는 마을주민들의 마을문제에 대한 인식과 그것을 해결할 수 있는 능력을 갖추어야 한다. 그러나 일반 주민들은 그러한 문제를 못 느낀 상태(Unfelt needs)로 있기 때문에 마을발전에 많은 한계를 가지게 된다. 그러므로 마을평생교육조직가는 마을개발 전문가(Community Developer)로서 마을주민들이 그들의 문제를 스스로 느끼게 하는 느낀 필요(Felt needs)를 가지게끔 체계적인 교육을 시켜야 한다. 그러한 교육의 방법은 사회교육(Adult Education)적 입장에서 전개하며 사회교육방법을 도입할 필요가 있다.

2) 촉매로서의 조직가

마을평생교육조직가는 마을주민들이 마을발전을 위해 구체적인 활동을 할 수 있도록 촉매자의 역할을 해야 한다. 마을 구성원들이 중요하다고 여기는 일상적인 문제를 찾고 서로 모르는 사람들을 만나게 하고 또는 마을개발에 대한 인식을 가질 수 있도록 함으로써 주민들 스스로 마을개발을 위한 조직화에 참여할 수 있도록 한다.

조직가는 주민들의 관심과 행동을 통해 어떤 성취감을 맛볼 수 있게 해야 한다. 마을평생교육조직가는 주민들이 점진적으로 그들의 시야를 넓히고 좀 더 적극적으로 마을의 논쟁(issue)에 광범위하게 참여하도록 한다. 즉 마을평생교육조직가는 마을주민들이 좀 더 지역발전에 참여할 수 있는 기회를 부여하는 것이 그들의 중요한 역할이다.

3) 촉진자(Facilitator)로서의 조직가

마을평생교육조직가는 마을주민들이 마을개발에 필요한 여러 가지 활동에 참여하도록 좀 더 구체적인 활동을 전개한다.

즉 마을평생교육조직가는 마을문제 해결에 마을주민들보다 더 적극적으로 참여함으로써 마을주민들의 참여를 의도적으로 유도해 낸다. 그러한 의도적 역할을 촉진자로서의 역할이라고 볼 수 있다. 그러한 활동은 마을주민들이 마을평생교육조직을 중심으로 결속하게 할 수 있다.

그것은 많은 인내심을 요구하게 되며 그러한 인내심이 부족하면 마을평생교육조직가로서의 능력을 상실하게 된다.

4) 마을체계간의 연계 역할

마을평생교육조직가는 마을을 구성하고 있는 각종 하위체계(Subsystem)간의 유기적인 관계가 일어날 수 있도록 연계 역할을 해야 한다. 즉 마을에 있는 정치, 행정체계, 경제체계, 교육체계, 사회·문화체계, 종교체계, 가족체계 등간의 상호작용이 활발하게 전개될 수 있도록 마을평생교육조직가는 노력해야 한다. 그리고 마을평생교육조직가는 마을평생교육조직내부 구성원간, 마을평생교육조직과 주민간, 마을평생교육조직간의 상호연계가 지속적이며 유기적인 협력관계가 일어날 수 있도록 노력해야 한다.

6. 마을평생교육조직 관련이론과 변인

1) 마을평생교육조직 관련이론

(1) 마을구성원

① 일반적인 욕구충족

마을에서 마을평생교육조직은 에너지의 흐름과 관계가 깊다고 볼 수 있는데 마을에서의 역동성이 있는 사람이란 그의 보통에너지가 아닌 특별한 에너지가 환경에 영향을 미치는 힘을 말하는데 그러한 힘이 모이는 행동의 결과가 마을평생교육조직으로 나타난다고 할 수 있다. 칼호은(Calhoun)은 그러한 특수한 에너지를 마을구성원들이 상호작용을 통해서 그들의 동기(Motivation), 사기(Moral), 역할(Norms), 및 대화(Communication)로 나타나 마을평생교육조직을 형성한다고 보고 있다. 마을평생교육조직을 형성하게 되면 개인적으로 이룩할 수 없는 것을 할 수 있게 하고 구성원에 대하여 심리적, 정서적, 안정성 및 문제해결에 효과가 크다고 보고 있다.

프리드맨(Freedman)등은 마을평생교육조직을 만들게 되면 개인으로 하여금 혼자 있을 때와는 다르게 생각하고 행동하게 된다. 또한 마을평생교육조직을 만듦으로써 개인의 문제를 보다 쉽게 해결할 수 있으며 개인의 비도덕적인 행위는 제한을 받는다고 보고 있다. 카트라이트(Cartwrite) 등은 마을평생교육조직은 구성원들로 하여금 마을에 참여하여 마을발전에 기여하게 하며, 그것을 통하여 마을에서 어떤 명예와 특권을 얻게 된다고 주장하고 있다.

② 개인의 마을평생교육조직 참여특성

개인이 마을평생교육조직에 참여하는 특징을 샤우(Shaw)는 생리적 특성, 개인의 능력 및 퍼스낼리트의 특성으로 분류하였으며, 카트라이트(Cartwrite) 등은 마을평생교육조직에 의해서 얻을 수 있는 인정, 안정성 또는 가치에 대한 개인의 욕구와 조직의 목표, 프로그램 및 구성원들의 특성으로 이루어진 조직의 특성이 그에게 유용한가 하는 주관적인 가능성과 조직멤버쉽으로 나타나는 결과수준에 대한 그의 판단에 의해 개인은 조직에 참여하게 된다고 하였다.

쉐리프(Sherif) 등은 마을평생교육조직의 구성원수, 연령 ,성별, 교육정도, 직업,

사회적 지위 등과 같은 개인의 특성에 관련된 요인, 그리고 연령, 성별, 종교, 인권 및 사회계층의 차이와 같은 동질성과 이질성에 관련된 요인과 구성원들 사이의 지배적 관계에 관련된 요인이 개인으로 하여금 마을평생교육조직에 참여하는 동기를 부여하고 있다. 송대현은 개인의 마을평생교육조직의 참여 동기를 기본적 동기와 응집성으로 생각하고 기본적 동기는 개인이 다른 사람과 함께 있고자 하는 욕구가 동기가 되며 개인으로서는 목표달성이 어려워 마을평생교육조직에 의존하게 되며 마을평생교육조직에의 참가는 어느 정도의 손실을 가져오지만 참가를 하지 않을 경우 더 큰 손실을 가져오게 될 것이라는 손실감소 등으로 개인의 조직참여 동기부여를 설명하고 있다.

티바우트(Thibaut) 등은 CL(Comparison level)과 CLalt(Alternative comparison level)에 대한 개념을 제시했다. 즉 CL은 개인이 다른 사람과의 상호작용을 평가하는데 사용되는 표준으로서 만약 다른 사람과의 관계에서 나타나는 보상과 비용이 CL 이상이면 그 관계는 양호하게 평가되고 반대로 나타나면 부정적으로 평가된다.

CLalt는 마을주민이 새로운 마을평생교육조직에 가입할지 또는 현 상태로 있을지에 대해 결정하는데 사용되는 표준으로서 제시되는 이론으로서 이 이론에 따르면 마을평생교육조직과의 관계로부터 나오는 보상에 의해서 참가여부가 결정된다. 따라서 마을주민의 마을평생교육조직의 참가 여부의 개인적 특성은 보상과 매우 관계가 깊다고 할 수 있다. 즉 마을주민은 마을평생교육조직을 자신보다 더 신임하는 심리적 특성과 참가하지 않으면 고립될 수도 있다는 심리적 갈등관계에서의 탈피를 위해 마을평생교육조직에 참가한다.

③ 마을평생교육조직의 구성원에 대한 기능

마을평생교육조직이 만들어지게 되면 마을평생교육조직은 구성원 각 개인이 혼자서는 찾아보기 힘든 속성을 마을평생교육조직 구성원들에게 주게 된다.

정량은은 마을주민 각 개인은 마을평생교육조직 밖에서 그 마을평생교육조직이 제공하는 사회적 자극에 반응하는 개인의 태도나 행동은 마을평생교육조직에 참여하여 마을평생교육조직에서 제공하는 각종 영향력에 관련된 구성원의 태도와 행동과는 매우 차이가 나는 특성을 지니게 된다고 하였다. 즉 마을구성원은 마을평생교육조직에 참가함으로써 나타나는 태도와 행위가 보다 많이 개인의 욕구를 충족시킨다고 주장하고 있다.

고영복은 마을평생교육조직이 그 구성원들에 대한 자극 및 동기부여 내용을 다음과 같이 제시하고 있다.

- ㅁ 마을평생교육조직은 구성원의 매력을 느끼게 한다.
- ㅁ 마을평생교육조직은 구성원들에게 동조를 요구하는 기준 및 압력을 행사한다.
- ㅁ 마을평생교육조직 내에 존재한다는 자체가 구성원들에게 욕구를 유발하며 유발된 동기가 어떤 특정 심리적 측면을 촉진시켜 마을평생교육조직의 목표를 달성하게 한다.

④ 마을평생교육조직 구성원간의 협동수준 향상 방안

마을평생교육조직의 활성화를 도모하기 위해서는 여러 가지 전략과 방안이 요구되고 있지만 그 중에서 중요한 몇 가지 조건을 제시해 보면 다음과 같다.

- ㅁ 마을평생교육조직이 그 구성원들로 하여금 그 조직에서 그들의 개인의 욕구를 충족하는 기회를 가장 많이 제공할 때 마을평생교육조직 구성원간의 협동심은 가장 커진다.
- ㅁ 마을평생교육조직 구성원간의 상호호의를 가지는 정도가 클수록 마을평생교육조직의 응집도가 커진다.
- ㅁ 마을평생교육조직의 목표에 몰두하는 구성원수가 많으면 많을수록 그 조직의 협동력은 강해진다.

쉐이드링(Scheidling)은 마을평생교육조직 구성원간의 협동심을 강화시키는 조건으로 다음과 같은 조건을 제시하고 있다.

- ㅁ 보호, 안전 및 애정과 같은 공통의 개인적 욕구가 충족될 것
- ㅁ 구성원간의 관계과정에 있어서 보다 정서적으로 연계될 것
- ㅁ 구성원간의 공동의 이상이나 이해를 공유할 것
- ㅁ 마을평생교육조직의 외부에 공동으로 대적할 적이 존재할 것 등을 제시하였다.

그리고 카아트라이트(Cartwrite) 등은 (1) 구성원간의 매력, (2) 구성원간의 유사성, (3) 조직의 목표, (4) 조직구성원간의 상호작용상태, (5) 조직활동 (6) 리더쉽과 의사결정 (7) 조직의 구조 (8) 조직의 분위기 (9) 조직의 크기 등에 따라 마을평생교육조직의 협동 수준에 차이가 나타난다고 보고 있다.

(2) 마을평생교육조직구성원의 협동 관련이론

① 조직신텔리티 이론

카텔(Cattel)에 의해 주장된 이론으로 Syntality 이론이란 마을평생교육조직을 분석하는데 쓰이는 이론으로 이것은 두 부분의 상호관계로 이루어져 있다. 한 부분은 조직의 크기와 관계되며 다른 한 부분은 조직의 역동성과 관계된다. 조직의 크기는 세 가지 영역으로 구성되어 있는데 구성원 특성, 신텔리티 특성 및 내부 구조의 특성으로 이루어져 있다.

가) 구성원 특성

구성원 특성은 마을평생교육조직을 구성하고 있는 개개인의 구성원들의 특성을 의미하며 그 특성은 그 구성원의 특성에 따라 마을평생교육조직의 특성이 다양하게 나타난다. 카텔이 제시하는 마을평생교육조직 구성원 특성의 영역은 평균지식, 태도, 퍼스낼리티 그리고 조직구성원의 선호도 등으로 되어있다.

나) 신텔리티 특성

신텔리티 특성은 마을평생교육조직이 조직으로서 활동하는데 가지고 있는 효과를 말하는데 그러한 효과는 조직이 존재하는 환경과 다른 마을평생교육조직과의 관계에서도 나타난다.

다) 내부조직의 특성

내부조직의 특성이란 마을평생교육조직 구성원들 사이의 관계를 나타내며 조직 내부의 역할, 지위 및 커뮤니케이션네트웍(Communication network)과 같은 조직 내 구성원간의 조직적 특성을 의미한다.

이 세 가지 특성은 상호의존적인 관계에 있기 때문에 두 가지 특성을 알면 다른 한 가지 특성을 예측할 수 있다. 그리고 Cattel은 신텔리티의 역동성을 분석하는 개념으로 Synergy로 나타냈는데 그것은 개인이 욕구충족을 위해 마을평생교육조직에 가입하여 그 조직활동에서 그의 에너지를 발휘한다. 그 에너지의 총합을 Synergy라하며 Syntality는 그 조직의 퍼스낼리티 또는 총체적으로 조직이 가지고 있는 힘으로 정의된다.

Synergy는 다시 마을평생교육조직의 응집력과 조직자체유지를 위한 유지에너지(Maintain energy)와 조직목표달성을 위한 효과에너지(Effective energy)로 구분된다. 카텔은 신텔리티의 역할을 분석하기 위하여 6가지 이론을 제시했는데 그것은 Synergy의 특성과 관계가 있으며 다음과 같다.

□ 마을평생교육조직은 구성원의 욕구를 만족시키기 위하여 구성되며 그러한 욕구에 부응하지 못할 때는 해체된다.

□ 한 조직의 총 에너지(Total energy)는 그 조직에서 일하는 모든 구성원들의 태도방향의 결과이다.

□ 효과에너지(Effective energy)는 마을평생교육조직의 마을개발의 결과로 나타나는 것이다. 즉 효과에너지는 조직활동이 외부로 나타나는 방향성을 의미한다.

□ 마을평생교육조직 각 구성원들은 그들 각자의 목표를 성취하기 위하여 조직을 최대로 활용한다.

□ 마을에서의 한 마을평생교육조직의 구성원은 다른 마을평생교육조직의 구성원으로도 활동하는 경우가 있다. 그러므로 구성원은 여러 가지 마을평생교육조직에 에너지를 투입하게 된다. 한편으로 그러한 에너지가 분산되는 경우에도 일정한 마을평생교육조직의 총 에너지(Total energy)는 항상 존재한다.

□ 마을평생교육조직의 구성원들의 특성에 의해 조직의 Syntality가 형성되면 그러한 신텔리티는 각 구성원의 심리적 특성과 불균형을 이루는 경우도 있다. 즉 어느 마을평생교육조직에 더 많은 에너지를 투여할 것인가를 고민하는 경우가 많아 그것은 가끔 개인과 조직 그리고 조직과 조직간의 갈등을 유발하기도 한다.

② 교환이론(Exchange Theory)

교환이론은 조직구성원간의 행위와 조직과정을 설명하는 Thibaut(1976)등의 이론인데 그 이론의 초점은 개인의 참여는 각 개인의 만족에 달려 있다. 그러므로 조직행위분석은 개인의 상호의존문제를 해결하기 위하여 노력하는 시도로 보아야 한다.

교환이론은 주로 두 사람 사이의 관계에 제한되어 있는데 연구자들은 조직에도 적용되는 것이라고 한다. 교환이론의 중요한 개념은 상호작용(Interaction), 개인간의 관계(Interpersonal rela- tionship), 행동의 연속(Behavior)과 행동의 축적(Behavior repertoire)이다.

상호작용과 개인간의 관계는 상호의존적이며 상호작용의 중심현상은 개인간의 관계이다. 상호작용에 의해서 마을평생교육조직 구성원 각자의 행위를 나타내게 된다.

그러한 작용에 의해서 성과가 나타나고 커뮤니케이션이 일어난다. 여기서 적어도 각자의 행동이 다른 사람에게 영향을 줄 가능성이 있는 것이 상호작용이다.

행동의 축적은 일정한 사람이 다른 사람과의 상호작용을 하는 동안 가능한 행동의 연속을 의미하는 용어로서 가능한 행위연속의 결합을 포함하고 있다. 상호작용의 산물은 보상(Reward)과 비용(Cost)인데 개인행위의 계속적인 수행을 위해서 극복해야 하는 억제가 크면 클수록 행위의 형성에 비용이 많이 든다.

Thibaut 등에 따르면 상호작용의 성과는 내적인 표준에 따른 비교에 의해서 평가되는데 이것을 비교수준(Comparison Level: CL)이라 하며 다른 사람과의 관계 유지를 위해 CLalt(비교유지대안: Comparison Level for Alternative)이 나타난다.

CL은 개인이 일생동안 경험한 개인간의 상호작용의 연속적인 결과로서 발전되는 주관적인 표준이다. 한번 CL이 형성되면 개인은 결과(Outcome)에 따라 CL이상인 어떤 관계는 긍정적으로 평가할 것이고 CL이하인 관계는 부정적으로 평가된다. CLalt는 개인이 다른 사람과의 관계를 유지할 것인가를 결정하여 개인이 그의 대안적인 관계에서 받아들이려는 가장 낮은 결과이다. 개인은 그 시간에 가장 유리할 때, 즉 관계가 CLalt이상이면 그의 CL이하인 관계를 유지하려 할 것이다.

③ 조직구성원 상호관계이론

조직구성원 상호관계이론은 슈츠(Schutz)에 의해서 주장된 이론으로서 이것은 FIRO(Fundamen- tal Interpersonal Relation Orientation)으로도 표시된다. FIRO는 심리분석적 각도에서 도출한 조직구성원간의 행위의 이론이다. 이것은 다른 사람들에 대한 지향(Orientation)에 따른 상호작용행위를 설명하려는 것으로 상호행위에 결정적인 어떤 특징있는 모형에 따라 자신을 타인에게 지향하는 것을 의미한다.

개인이 예상할 수 있는 특별한 현상은 포함(Inclusion), 통제(Control) 그리고 영향(Affection)과 같은 세 가지의 인간관계의 욕구에 따라 설명된다.

가) 포함(Inclusion)

이것은 더불어 사는 욕구를 말하는 데 그 욕구는 다른 사람들의 관심이나 흥미를 끌어들이는 행동을 통해서 나타난다. 포함에 대한 강한 욕구를 가지고 있는 사람은 뛰어나고 인정받고, 명성 등을 얻기 위한 노력을 통해서 포함을 나타낸다.

나) 통제(Control)

이것은 조직 구성원들 사이에서 의사결정의 과정을 의미한다. 통제에 대한 욕구는 다른 사람들을 지배하고자 하는 욕구에서 나온다. 극단적으로는 다른 사람들을 완전히 통제하기를 원하고 또한 통제 받기를 원한다.

다) 영향(Affection)

이것은 조직 구성원사이의 인간적이고 정서적인 감정을 말한다. 이것은 사랑과 증오로 나타나는데 Affection에 대한 강한 욕구가 있는 사람은 우정적이다. Schutz는 욕구의 세 영역에서 일어날 수 있는 양립가능성 과 양립불가능성(Compatibility-incompatibility)의 세 유형을 제시하였다.

즉 상호교환양립가능성(Interchange compatibility), 제시적 양립가능성(Originator compatibility) 및 상호보완적 양립가능성(Reciprocal compatibility)로 분류하여 설명했는데 상호교환 양립가능성은 포함, 통제 및 영향의 상호표현에 의해 좌우되는 것으로 구성원 사이의 상호작용은 욕구의 교환량이 비슷할 때 일어난다.

제시적 양립가능성이란 상호작용의 제시자와 수요자의 차원에서 도출되는 데 일반적으로 포함, 통제 및 영향의 표현은 다른 사람이 각 영역에서 받아드리기 원하는 것과 일치하는 정도에서 양립할 수 있다.

예를 들면 만약 한 사람이 다른 사람을 통제하기를 원해서 지배를 시도하고 다른 사람이 순종적이면 협동이 될 수 있다. 상호보완 양립 가능성이란 구성원 각자 행동이 서로 만족시켜 주는 정도를 나타낸다. 만약 한 사람이 다른 사람의 애정을 원하고 다른 사람이 애정을 표현할 때 그 조직은 애정의 영역에서 양립할 수 있다. 일반적으로 상호보완 양립가능성은 각자의 행동이 다른 사람의 욕구에 일치하는 정도에 달려있다.

④ 조직생산성 이론

조직생산성 이론은 Steiner(1972)에 의해 주장된 이론으로서 다음과 같은 세 변수, 즉 과제수요(Task Demands), 자원(Resourses) 및 과정(Process)에 의해 조직생산성이 좌우된다고 하였다.

가) 과제수요

과제수요는 조직구성원들이 구성원으로서 어떤 일을 하고 싶어하는 욕구를 의미한다. 그러한 욕구는 구성원들로 하여금 새로운 과제를 창출할 수 있는 동기를 부여하며, 그러한 동기는 조직발전에 매우 긍정적인 영향을 미치게 된다. 특히 마을평생교육조직 구성원들은 자발적으로 마을평생교육조직활동을 하고 있기 때문에 구성원으로서의 창의적인 활동욕구가 활발하게 나타날 때 마을수준에서의 제반 마을문제를 해결하는데 도움을 주게 된다.

나) 자원

자원은 조직 구성원이 조직의 과제를 수행하는데 필요한 능력, 지식, 기술 및 도구를 의미하는 것으로서 한 조직의 유용한 정보, 기술 및 능력 등이 있다. 과제에 대한 욕구는 어떤 일을 해결하는데 필요한 자원의 량과 기술을 결정하게 하며, 만약 일이 만족스럽게 수행되거나 최대의 생산성이 이루어진다면 그러한 자원이 어떻게 사용되어지는지에 대한 결정이 보다 쉽게 일어나게 된다.

다) 과정

과정은 조직이 과제를 수행할 때 조직이 취한 행동과 과제를 수행하는 데 있어서, 각 단계별로 조직이 취한 활동을 말한다. 과정은 그 일에 직접 적합한 활동뿐만 아니라 구성원들이 자원을 생산활동에 옮기는 구성원간의 상호작용도 포함하고 있다. 또한 좌절, 경쟁적인 동기 또는 부적합한 이해에 의해서 발생되는 비생산적인 활동도 포함하고 있다. 그리고 조직이 과제를 완성하게 되면 잠재적인 생산성보다 실제적인 생산성이 적게 나타나는데 실제적인 생산성은 다음과 같이 나타난다.

실제적인 생산성 = 잠재적인 생산성 - 과오에 따른 손실

조직의 활동과정에 관련된 변인들은 실제생산성과 잠재생산성의 간격을 증가 또는 감소시킬 수 있다. 여기에서 조직구성원의 과제활동의 중요함을 알 수 있다.

2) 마을평생교육조직 관련변인

마을평생교육조직의 협동력을 향상시키는 데 관련된 변수로는 조직의 목표, 활동내용, 규모, 형태 그리고 마을 내에서의 위치 등 조직이 가지는 요인들과 조직에의 소속, 사회적 인정 그 외 조직을 통해서 얻을 수 있는 개인적인 욕구 등이 있으며 Allport(1978)는 마을평생교육조직은 아래와 같은 조건을 충족하여야만 마

을평생교육조직은 마을에서 조직의 기능을 제대로 할 수 있다고 하였다.

① 마을환경과 적당한 관계를 맺기 위한 용의와 새로운 구성원을 받아드릴 수 있는 용기를 갖추어야 한다.

② 조직구성원간의 역할분담과 그 할당이 적절해야한다.

③ 조직구성원간의 커뮤니케이션의 수단이 적절하게 있어야 한다.

④ 조직구성간에는 공통의 사고방식이 있어야 한다.

⑤ 조직구성원이 그 조직 내에서 각자의 목표를 설정할 수 있어야 한다.

⑥ 마을평생교육조직 목표를 달성할 수 있는 수단을 적절하게 조정할 수 있어야 한다.

⑦ 조직구성원간의 감정상태가 조정될 수 있어야 한다.

⑧ 조직은 외부의 도전을 효율적으로 방어할 수 있어야 한다.

한편 마을평생교육조직의 협동력을 강화시키기는 필요한 요인으로 송대현은 조직의 협동수준에는 커뮤니케이션, 구성원들의 행동이나 의견의 합일성 정도, 조직을 일정한 방향으로 이끌어 가는 작용 및 리더쉽 등이 작용한다고 하였으며 정량은은 구성원의 전원 일치, 조직규범, 자신감 및 구성원의 이해도 등이 중요한 요인이라고 하였다.

이와 같이 조직협동수준에 관련되는 중요한 요인으로는 조직구성원간의 친밀도를 높여주기 위한 커뮤니케이션, 조직분위기를 조정할 수 있는 리더쉽, 조직활동이 중심을 이룰 수 있도록 하기 위한 조직목표, 조직규범 및 구성원의 수가 중요한 요인으로 작용하고 있다.

(1) 커뮤니케이션과 조직협동

조직내의 커뮤니케이션이란 각 구성원의 의식을 상호전달 함으로서 인간관계를 유지하고 발전시키는 기구를 의미하며 표정, 태도, 몸짓, 음성, 이야기, 문자 등의 시간, 공간의 제한을 극복하는 모든 수단을 포함한다. 이와 같이 조직구성원의 상대적 관계가 위의 수단을 통해서 어느 정도 안정성을 가지면 그 조직은 커뮤니케이션 측면에서 구조화되게 된다. 위의 수단은 조직의 협동수준에 중요한 역할을 하게 되므로 커뮤니케이션과 협동과의 관계를 보면 다음과 같다.

마을평생교육조직은 에너지 체계뿐만 아니라 정보적인 체계이다. 에너지의 교환과 정보의 교환은 조직의 기능을 이해하는데 매우 중요하다.

정보교환은 그 자체가 에너지며 정보의 전이는 그것이 함축하고 통제하는 것에 대하여 중요성이 나타난다. 그래서 주어진 문제해결에 필요한 정보의 유형에 따라 조직 커뮤니케이션의 중요성이 인정된다.

(2) 리더쉽과 마을평생교육조직

① 조직내 리더쉽의 내용과 형성과정

송대현은 조직내의 리더쉽을 조직으로서 표방하는 목표달성을 위해서 조직활동을 촉진하고 원조하는 작용이라 했으며 카트라이트(Cartwright) 등은 마을평생교육조직 내의 리더쉽이란 목표달성, 목표에의 이동, 구성원간의 상호작용의 질의 개선, 응집력의 고양 및 조직자원의 활용 등을 원조하기 위하여 구성원들에 의해서 행해지는 행위라고 정의하였다. 캇츠(Katz)등은 조직에 관련되는 문제에 영향을 미치는 어떤 행위라고 간략하게 정의하였다. 이와 같이 마을평생교육조직의 리더쉽은 마을평생교육조직이 그것 목표를 달성하려는 구성원들에 의해 행해지는 행위로 설명할 수 있다. 마을평생교육조직 구성원들간의 리더쉽 관계를 구성원간의 세력관계에서 유추하기 위해 도식으로 유형화해 보면 다음과 같다.

$$M\ (A/B\ w\cdot x) \equiv P\ (B\cdot x/A\cdot w) - P\ (B\cdot x/A\cdot w)$$

$M(A/B\ w\cdot x)$: A가 w라는 간섭을 했을 때, B가 x라는 반응을 나타내게 하는 A의 B에 대한 세력량

$P(B\cdot x/A\cdot w)$: A가 w를 행했을 때, B가 반응 x를 나타내는 확률

$P(B\cdot x/A\cdot w)$: A가 w를 행하지 않음에도 B가 반응 x를 나타내는 확률

-구성원의 세력관계 수식화-

여기에서 A의 간섭이 B의 반응을 최대화하는 것에 A의 지식, 관찰력 및 선전기술이 중요하게 작용하고 있다고 할 수 있다. 또한 리더쉽에 영향을 주는 개인의 특성으로서 언어활동수준 및 성과의 형평적인 관계가 중요한 요인 등이 중요하게 작용하고 있다.

② 조직에의 리더쉽 필요성

리더쉽의 본질은 조직으로서 정해진 힘의 증가와 관계가 있다. 이것은 지시적인 힘을 포함하고 있다고 하겠는데 조직이 조직의 목적을 수행하는데 리더쉽의 행위가 없이 기능을 발휘할 수 없는 이유는 ① 조직의 목표를 적절하게 제시할 수 없게 된다. ② 변화하는 환경에 대처하기 어렵게 된다. ③ 조직내부의 역동성을 발휘할 수 없게 된다. ④ 조직 내의 구성원의 특성을 적절하게 활용하기 어렵다. 조직은 변화하는 환경에 있고 여기에 변화의 욕구가 수반되어 적절한 계획을 요구하는 리더쉽을 요구하게 된다.

③ 조직의 목표와 협동

가) 조직목표의 중요성과 역할

조직구성원이 조직활동을 하는데 조직목표로 향하는 심리적인 힘의 강도는 그 목표가 갖는 유의성과 심리적 거리에 의존한다는 다음과 같은 공식에서 알 수 있다.

$$fA{\cdot}G = F\ [\ Va(G),\ eA{\cdot}G\ ]$$

fA·G : 목표로 향하는 심리적 힘

Va(G) : 목표의 유의가

eA·G : 심리적 거리

-구성원의 목표에 대한 심리적 힘의 강도-

공식에서와 같이 조직구성원의 행동의욕이 강해지려면 조직의 목표가 행동을 일으킬 수 있도록 해야하므로 목표의 중요성이 인정된다. 조직목표가 설정되면 목표를 향한 조직로서의 행동이 일어나는데 조직목표는 조직이행(Oganization locomotion)과 보상기능을 한다고 하였다. 또한 조직구성원들에 의해 설정된 목표는 구성원간의 매력을 갖게 하고 다른 구성원의 영향을 기꺼이 받아 드리게 하는 기능이 있다.

나) 조직목표의 설정

조직이 조직으로서 하나의 목표로 나아가기 위해서는 구성원들이 각각 가지는 개인적인 목표가 하나의 조직목표로 수렴되어야 한다. Richard(1989) 등에 의하면 개인의 조직목표설정에 작용되는 요인을 그 목표달성으로부터의 물질적 보상만족, 일 자체의 만족, 조직환경의 만족 및 지도자의 능력에 대한 만족에 달려 있다고 하며, 그러한 만족을 효과적으로 통합하기 위해 다음과 같은 내용을 제시했다.

- □ 전 구성원의 개인적인 조직목표가 공평한 비중으로 고려되어야 한다.
- □ 전 구성원의 적극적인 지지를 얻을 수 있어야 하며
- □ 결정과정에 전 구성원이 참여해야 하며
- □ 목표달성과정에는 전 구성원이 어떤 형식으로든 참여할 수 있어야 하고
- □ 조직에게 유의미한 목표이어야 하며
- □ 달성 가능한 목표이어야 하며
- □ 조직을 둘러싼 사회의 요구가 배려되어 있어야 한다.

(3) 조직구성원의 수

Richard등의 실험에 의하면 조직에 대한 소속감은 조직의 크기와 0.44정도의 상관관계가 있다고 하였다. 이와 같이 조직의 크기는 조직의 협동에 대한 중요한 요인으로 작용하고 있는데 그것은 조직구성원의 크기에 따라 조직구성원간의 대화의 량에 차이가 있기 때문이다. Mcdavid(1985) 등도 조직 구성원이 많으면 많을수록 구성원의 참여가 감소되고 조직 내의 경쟁심을 일으키게 된다고 하였다. 또한 조직이 크면 리더쉽을 발휘하기가 어렵게 되고 소조직일수록 생산성이 높아진다고 하였다. 이와 같이 조직의 크기는 구성원들의 조직에 대한 소속감에 상당히 영향을 주고 있다고 볼 수 있다. 그러므로 협동수준향상을 위해선 조직의 크기가 적을수록 유리하다고 할 수 있다.

(4) 조직의 규범

조직규범은 구성원들의 공통의 신념, 태도, 가치를 나누는 것이며 또한 조직규범은 구성원들의 탈선을 억제하고 조직의 안정성을 유지하기 위하여 조직에서 경험하는 규칙적인 메카니즘이라고 볼 수 있다. 그러므로 조직규범은 조직구성원들이 공통적으로 가지고 있는 행위의 기준으로서 그 발생은 첫째, 이미 정립되어 있는 규범을 구성원들이 상호작용 상황에 가지고 들어오는 경우이고 둘째, 조직 내에서 상호작용에 의해 생겨난다. 조직은 공통의 목표를 가지고 있는 몇몇 개인

들의 단독적인 힘으로는 목표달성이 불가능하다는 것을 알게 될 때 발생한다. 바로 그러한 공통의 과제를 둘러싸고 최초의 상호작용이 일어나게 되며 그로부터 규범이 생성되기 시작한다.

그리고 조직규범은 구성원들의 협동에 대해서는 이탈을 방지하고 구성원들로 하여금 조직목표 수행에 협동적 행위를 하게 한다. 그리고 조직규범은 구성원들로 하여금 조직활동을 용이하게 해 주며 사기를 제공하고 구성원들에게 공통의 신념, 태도 및 가치를 가지게 한다. 이와 같이 조직규범은 구성들로 하여금 조직목표에 대한 공통의 가치와 태도를 가지게 함으로써 조직협동수준에 많은 영향을 미치게 된다.

7. 마을평생교육조직의 절차

마을평생교육조직을 조직하고 육성시켜 나간다는 것은 마을개발의 실천과정이라고 할 수 있다. 그러므로 마을평생교육조직과 마을개발과의 관계는 불가분의 관계로 이해할 수 있다. 그러한 상호관계는 유기적으로 나타나고 있으며 마을평생교육조직의 설립과 그 육성과정은 접근단계, 조직단계 그리고 육성단계로 나누어 다음과 같이 설명할 수 있다.

1) 접근단계

마을평생교육조직을 위한 접근 단계는 마을차원에서 새로운 조직을 형성하여 마을주민들이 새로운 문제와 욕구를 협동적으로 해결해 나가도록 외부로부터 자극을 투입하여 마을주민의 관심을 모으는 단계이다. 이 단계에서의 접근방법은 크게 세 가지로 나누어 볼 수 있다.

첫째, 외부 관련기관의 자극을 통한 접근방법(Top-down strategy), 이것은 마을평생교육조직을 마을주민이 자발적으로 설립하기보다 외부기관의 필요성에 따라 주로 행정기관이 중심이 되어 주민들에게 마을평생교육조직을 만들 수 있도록 조정 및 자극을 주거나 직접 지도하는 방법을 의미한다. 그러므로 이 전략은 외부 기관의 욕구와 마을 주민의 욕구와의 일치도가 높아야 성공할 가능성이 있으며 만약 정부기관의 목적을 중심으로 한 마을평생교육조직은 마을주민의 관심과 참여가 낮아지기 때문에 성공적으로 수행하기가 어려울 것이다.

둘째, 관련기관과 주민과의 협력을 통한 접근방법(Joint strategy), 이 접근방법은 마을주민과 관련기관과의 협력을 통해 필요한 마을평생교육조직을 만들어 가는 과정을 의미한다. 이것은 주민의 욕구와 기관의 욕구가 사전에 상호 일치되거나 주민의 욕구는 있으나 마을평생교육조직을 만들어갈 수 있는 역량이 부족할 때 나타나는 현상으로 상호보완적인 보충적 의미를 지니고 있다.

셋째, 주민중심의 마을평생교육조직 접근전략(Bottom-up strategy), 이 접근방법은 마을 욕구에 기초하여 마을주민이 주체가 되어 마을평생교육조직을 만들어 가는 과정을 의미한다. 이러한 접근방법은 매우 참여적이고 민주적인 접근방법으로서 주민이 주체가 된다는 의미를 강조하는 접근방법이다. 마을평생교육조직은 근본적으로 마을주민의 자치적 특성을 지니고 있으며 그것은 마을문제를 마을주민들과 더불어 해결한다는 참여적 의미를 강조하고 있기 때문에 마을평생교육조직의 상향적 접근방법은 매우 효율성을 지니고 있다. 그러나 마을주민들의 의식수준이 매우 낮은 못 느낀 필요(Unfelt needs)상태에 있을 때에는 그러한 상향식 접근방법을 바로 적용하기 어렵기 때문에 다른 접근방법을 선택하든지 아니면 주민교육을 통해서 주민의 못 느낀 필요(Unfelt needs)를 느낀 필요(Felt needs)로 주민들의 태도를 변화시켜 가면서 접근해 나가야 한다.

2) 조직단계

마을평생교육조직의 조직단계는 마을평생교육조직에 대한 필요성에 따라 관련된 마을평생교육조직의 접근방법을 선정한 다음의 단계로서 마을지도자를 중심으로 조직을 만드는 과정이다.

일반 마을주민, 행정부서 그리고 관련기관의 관심만으로는 마을평생교육조직의 동기는 되어도 구체적인 마을평생교육조직이 형성되는 것은 아니다. 따라서 대부분의 마을평생교육조직은 마을을 구체적으로 이끌어 나가는 마을지도자가 중심이 되어 조직되는 것이 바람직하다. 그러므로 마을평생교육조직 단계에서는 유능한 마을 지도자를 발굴하는 것이 무엇보다 중요하다. 그리고 마을 지도자는 마을주민들이 공통적으로 관심을 가지고 있는 마을주민들과의 상호교류를 통해 그들의 의견을 집약할 수 있도록 토론의 기회를 확대해 나가야 한다. 그 토론과정에서 주민들의 욕구와 관심을 마을평생교육조직의 추진력으로 활용할 수 있게 된다. 즉, 마을주민 또는 관련 기관과의 조직적인 토론을 거치면서 마을평생교육조직을 보다 발전시켜 나갈 수 있게 된다. 마을평생교육조직의 조직단계에서는 구성원의 권리와 의무를 명확히 제시해야 하며 이를 통하여 구성원들은 자신의 책임감을 분명히 느낄 수 있게 해야 한다.

3) 육성단계

마을평생교육조직이 만들어지고 나면 그 조직을 마을개발활동에 기능적으로 활용할 수 있게끔 계속적으로 육성해 나가야 한다. 마을평생교육조직의 육성은 조직의 특성에 따라 여러 가지 방법이 도입될 수 있지만 대체로 다음과 같은 방법으로 육성해 나간다.

첫째, 마을구성원에 대한 훈련을 시켜야 한다. 마을평생교육조직이 보다 활발하게 활동하기 위해서는 마을구성원들의 자질과 능력을 향상시키고 확고한 신념을 가질 수 있도록 하기 위하여 구성원에 대한 체계적인 훈련을 실시해야 한다. 그러한 훈련과정에는 구성원들의 욕구가 최대로 반영될 수 있게 해야 하며 또한 마을개발에 보다 기능적으로 이용될 수 있는 내용과 방법으로 전개되어야 한다.

둘째, 구성원들의 책임성을 강화시킨다. 마을평생교육조직의 운영에 관한 모든 사항은 그 조직의 구성원들에게 맡겨져야 한다. 만약 외부의 관련기관의 조정이나 개입으로 운영된다면 주민들의 자발적 참여를 지속화시키기 어렵게 된다.

셋째, 관련조직과의 유기적인 협력관계를 강화시킨다. 마을에는 다양한 마을평생교육조직이 있으며 한편으로는 공공조직이 연계되어 있다. 그러한 마을평생교육조직은 그 마을의 일정한 문제에 대해 개별적으로 연계되어 있는 것이 아니고 마을개발이라는 통합적 특성을 지니고 있기 때문에 일정한 마을평생교육조직은 다른 관련조직과의 유기적인 협력관계가 이루어질 수 있도록 해야 한다.

Ⅶ. 마을평생교육을 위한 회의법

1. 회의진행 및 의사소통 방법

마을의 마을평생교육리더로서 무엇보다 중요한 일은 마을의 주민들에게 각종 모임을 통하여 어떤 문제의 근본적이고 절실한 내용을 설득력 있게 전달하여 공감대 형성을 통하여 각종 업무를 충실하게 수행함이 매우 중요하다. 이를 효율적으로 실행하기 위해서는 회의원칙, 의사결정의 종류와 과정, 각종회의 진행법, 임원과 회원의 의무와 권리, 회의진행을 잘 할 수 있는 각종 방법과 기술을 익히는 것이 중요하며, 그 내용은 다음과 같다.

1) 회의의 원칙

회의법의 기본원칙(the general principal)이란 회의법의 기본이며, 민주주의의 기본이념이 반영되는 과정으로 헌법에 명시되어 있다. 회원의 권리를 보호하고, 모든 회의체가 민주적으로 운영되도록 보장하기 위한 것이며, 회의의 기본원칙은 민주주의를 지키는 안전관(safeguard)이다.

(1) 자유토론의 원칙

회의목적은 회원들이 한 자리에 모여 서로의 지식과 경험을 토대로 의견을 교환하여 의견을 하나로 모으는 과정이며, 회원들의 의견을 하나로 모으기 위해서는 모든 회원들에게 토론의 자유를 보장하는 것이 중요하다. 자유토론의 원칙은 헌법상 기본적인 언론의 자유권(제 21조)을 바탕으로 이루어지며, 토론내용은 모든 동의의 제출, 질의응답, 찬반의 의견표명, 표결권 행사가 포함된다.

(2) 회원평등의 원칙

회원 모두는 회의에서 누구나 똑같은 권리와 의무를 가지며, 표결권과 모든 권리를 똑같이 갖는다. 헌법상의 평등권(제11조)을 바탕으로 민법 의결권은 평등한 것으로 규정되어 있으며, 이 결정이라야 민주적 회의체의 의사결정이다.

(3) 다수결의 원칙

모든 회의에서 가장 중요하고 기본이 되는 원칙으로 어떤 선택을 할 때는 다수결에 의한 결정이 되어야 한다. 결정 방법은 회의성립요건(재적회원의 %이상 참석)과 의결정족 수(회의 참석자 중 과반수이상의 찬성)를 회의체의 의사결정인 결의를 할 수 있다는 규정을 두고 있다. 이를 과반수의 원칙이라고 한다. 의결에 적용되는 원칙으로 기준방법은 ① 재적 과반수 의결(의장 불신임의결 등), ② 출석과반수 의결(재적 과반수 출석과 출석 과반수 의결은 일반적 사항), ③ 출석의원 3분의 2 다수결 의결(자치단체장 제의 요구에 따른 의결방법), ④ 종다수 의결(투표참여 기준), ⑤ 만장일치(일치된 의결의 과치형태)의 방법이 있다.

2) 의사소통의 원칙

레드필드(C.E. Redfield)는 의사소통의 원칙으로 7가지를 제시하고 있다.

(1) 명표성(clarity) 원칙

좋은 의사전달이 이루어지기 위해서는 ① 의도하는 바를 정확하고 상대가 이해가 쉽게 하여야 한다. 이를 위해서는 ② 간결한 문장과 평이한 용어를 사용하여야 하며, ③ 의사전달내용의 구조가 체계화되고 어구가 정확해야 한다.

(2) 일관성(consistency)의 원칙

의사전달은 처음과 끝이 같은 일관성이 중요하다. 이는 개인과 조직의 신뢰와 발전에 큰 영향을 미치기도 한다. 시작의 의미와 끝의 의미가 일맥상통할 때 회원들은 신뢰하며 참여한다.

(3) 적기적시성(timing and timeliness) 원칙

의사전달은 그때그때 시기적절하게 전달하여야 하며, 이르거나 늦으면 오해가 생기므로 그 때를 놓치면 안 된다.

(4) 분포성(distribution) 원칙

의사전달은 피전달에게 명확하게 전달되어야 하며, 때로는 전체에게도 오해 없이 정확하게 전달되어야 한다.

(5) 적당성(adequacy) 원칙

의사전달은 내용과 방법이 적절해야 한다. 전달내용은 너무 많으면 이해가 어렵고, 너무 적으면 내용을 모르는 경향이 있으므로 그 내용과 방법이 적당해야 한다.

(6) 적응성과(adaptability)과 통일성(uniformity) 원칙

의사전달의 적응성이란, 융통성, 개별성, 현실합치성을 말하며, 통일성이란 통일된 정책의 표현이 되게 하는 것을 말한다. 조직의 대표자는 적응성과 통일성이 조화를 이루도록 노력하여야 한다.

(7) 관심(interest)과 수용성(acceptance) 원칙

의사전달은 피전달자가 관심을 가지고 의사를 받아들일 수 있는 가능성이 있을 때 능률적으로 이루어진다.

큐트립 (S.M. Cutlip)과 센터(A.H. Center)는 의사전달의 7C 모형의 원칙으로 ① 서로간 신뢰성(credibility), ② 계획과 환경적 현황(context)과 일치정도, ③ 의미 있는 내용(contents), ④ 메시지 용어의 명확성(clarity), ⑤ 계속성(continuity)과 일관성(consistency), ⑥ 적합한 경로(channels), ⑦ 피전달자의 능력(capacity)를 들고 있다.

회의소통의 원칙으로 지적되고 있는 내용 중 중요한 것은 의사소통을 위한 전달내용의 정리가 명료하고, 절차와 내용이 일관성 있어야 하며, 계획과 환경적 현황과 일치가 중요하고, 의사결정을 적절하게 하기 위한 내용과 방법이 적절하여야 하며, 의사전달의 적응성으로 융통성, 개별성, 현실합치성이 요구되고, 의사전달은 피전달자가 수용태세가 있을 때 능률적으로 이루어지며, 전달내용도 의미 있는 내용이어야 하고, 전달경로도 적합하여야 하며, 피전달자의 능력 또한 함께 고려되어야 한다.

3) 회의종류 및 절차

(1) 회의 종류

회의종료는 정기회와 임시회, 공개회의와 비공개회의로 구분할 수 있다.

첫 번째, 정기회와 임시회는 다음과 같이 구분된다. 정기회는 법령 또는 정관에 의하여 일정한 기간과 간격을 두고 정기적으로 회의를 열도록 규정한다. 정기회는 정계회, 정기총회, 통상총회, regular meeting, 연차회의라고 부른다.

임시회는 필요시 회의를 열며, 시기는 임시회 소집권자가 필요하다고 인정하는 때, 회원 중 일부가 회의 목적사항을 들어 소집을 요구할 때 소집된다. 정기회와 임시회는 소집시기만 다를 뿐 차이가 없으며, 각각의 별개회기를 구성한다.

둘째, 공개회의와 비공개회의 내용은 다음과 같다. 공개회의는 대부분 일반에게 공개하는 것이 원칙이다. 이를 공개원칙이라고 하며, 의회는 국민과 주민의 대의기관이므로 이들에게 당연히 공개하여야 하는 것이다.

비공개회의는 국가와 조직의 안전보장을 위하여 필요하다고 인정되는 때에 국회의 본 회의를 공개하지 않을 수 있다. 그리고 위원회 활동도 비공개로 실시하며, 평회의체의 회의도 공개의 원칙이 없으므로 소집권자의 재량에 맡겨져 있는 것이다. 하지만 평의회제도 공공의 성격이 강한 조직체의 회의는 가급적 공개하는 것이 바람직하다. 비공개회의에는 회원이 아닌 사람은 입장할 수 없으며, 의장으로부터 허가를 받은 사람의 예외적으로 입장할 수 있다. 평회의체도 이사회와 위원회의 회의는 비공개가 원칙이다.

(2) 회의 절차

회의절차는 소집권자의 회의 소집 결정, 소집 통지, 개회, 회의, 폐회순으로 진행된다(김교창 2005:46-62).

회의소집 결정 → 소집 통지 → 개 회 → 회의진행 → 폐 회

[그림-5] 회의 절차

첫째, 회의소집 결정은 소집권자가 적법한 절차를 거쳐서 소집하여야 한다. 소집절차란 회원이 회의 참여할 수 있는 기회와 준비의 시간을 주기 위한 과정이다. 결의의 효력은 우연히 만나서 결의된 내용은 효력을 부정당할 우려가 높으며 회원 전원이 회의를 열기로 의견을 모아 회의를 열거나 전원이 모여 결의한 내용은 유효하다.

소집권자는 법령, 정관에 규정되어 있으며, 회의체의 의장은 회의의 소집권을 가진다. 그리고 일정한 수의 회원은 회의의 수집청구권을 가지며, 회의 표준 규칙은 그 수를 재적회의 5분의 1 이상의 회원으로 정하고 있으나 주주총회는 100분의 3으로 정하고 있다.

둘째, 회의 소집통지는 회의 소집권자가 회의의 일시, 장소, 목적사항을 회일에 앞서 회원들에게 알리는 소집의 통지(notice)를 발송하는 것이다. 일부회원에게라도 통지를 빠뜨리면 결의의 효력을 부정당할 염려가 있으나, 회원 전원이 참석하여 그 흠결을 묵인하고 결의를 할 때는 효력을 부정당하지 않는다. 소집통지 시기는 회일 1주일간 전이며, 1주일의 의미는 발송일과 회의일 사이의 1주일의 간격을 두라는 의미이다. 회의에 결의할 수 있는 내용은 원칙적으로 소집통지에 기재된 의안에 관해서만 결의할 수 있으며, 법령·정관에 달리 규정되어 있는 때에는 그 규정에 따른다.

셋째, 개회(opening of a meeting)란 한 회의의 시작을 말하며, 며칠을 계속할 경우 회의의 시작을 뜻하는 개의라는 용어가 있다. 의장은 회의 개회 예정시간이 되고 의사정족수의 회원이 출석하면 개회를 선언하고 회의를 주재하여야 한다.

개회 전에 성원이 안 되어도 제1호 의안심의 전까지 성원될 것으로 예상되면, 개회선언·국민의례·의장인사·보고사항을 먼저 진행할 수 있다. 개회부터 폐회까지 의사정족수 회원이 계속 재석하여야 하며, 회의 진행시 의사정족수가 되지 않으면 의장은 잠시 회의를 중지하고 얼마만큼(20-30분) 기다려도 의사정족수가 되지 않을 때는 폐회(산회)를 선포할 수밖에 없다.

넷째, 회의진행은 ① 개회선언, ② 국민의례, ③ 의장인사, ④ 성원보고, ⑤ 전회의록 낭독, ⑥ 보고사항, ⑦ 의안심의, ⑧ 폐회선언으로 진행한다. 회의를 원활하게 진행하기 위해서는 회원들이 많이 참여가 가능한 일시와 장소를 선정하는 것이 제일 중요하며, 회의의 소집 장소까지 이동방법과 장소가 적정한지를 잘 판단하고, 당일 회의직전에 의사정족수 회원의 참석여부를 다시 한 번 점검해 보아야 한다. 회의 진행은 당일 심의할 의안의 취지 설명, 모처럼 참석한 회원소개, 최근 축하할 만한 회원에게 박수 보내는 일을 통하여 회의 분위기를 부드럽게 만드는 일은 중요하다. 의견을 결의할 때는 ① 제안 설명, ② 질의응답, ③ 찬반토론을 거친 후 찬반표결을 통하여 이루어져야 한다.

다섯째, 회의가 종료되면 폐회를 선언하고 회의를 마친다. 이 때 회의록 작성, 회의결과 보고, 이의 통지, 등기, 기타 공시를 하여야 한다. 회의가 끝난 후에는 담당자는 평가를 통하여 차기 회의에 반영하여야 하며, 그 내용은 다음과 같다. ① 일시, 장소, 내용이 적절했는지, ② 참석인원은 예상만큼 왔는지, 안 왔다면 그 이유가 무엇인지, ③ 회의시간과 의견결정 방법은 민주적으로 원만하게 잘 진행했는지, ④ 의안선택과 표결은 적절했는지, ⑤ 회의 분위기는 좋았는지, ⑥ 회의시 회원들이 골고루 발언 했는지, ⑦ 의안이 결정된 후 회원들의 전반적인 의견은 좋았는지에 대하여 꼼꼼히 알아보아야 한다.

4) 의사결정 방법

의사결정에서 의안이란 대내외적 중요한 사항에 대하여 회의체의 단체의사(the general will)로 삼고자 회원이 정식으로 회의체에 제출한 제안(proposal)이다.

의안구성은 표제, 취지, 제안이유를 설명하여 제출하여야 하며, 이는 통상의제라고 한다. 의안의 제출권자는 통상 모든 회원에게 주어지며, 제출권은 회원에게 부여된 고유의 권리이다. 개인이 이를 남발하는 예를 줄이기 위하여 그 요건을 강화하기 위하여 회원 몇 명이상, 몇%이상 공동제출을 필요한 경우 정관 등에 정하여 허용하는 경우도 있다.

의안의 철회는 의안이 회의체에 상징되기 이전까지는 철회가 가능하며, 공동으로 제출한 의안이면 전원의 동의가 있어야 한다.

의안의 수정 제출은 회의체에 상정되기 전까지는 가능하며, 당초 제청자는 수정

제출 시 그 재청을 철회할 수 있다. 재수정된 의안은 제청자가 있어야 성립되며, 의안이 상정된 이후에는 수정제출에 이의를 제기하는 회원이 있으면 제출자도 회의체의 허가를 얻어야 수정할 수 있다.

의사결정의 원칙은 일 의제(一議題) 원칙에 따라 일시에 심의할 수 있는 의안은 하나에 한한다. 이는 집중을 통하여 좋은 결정을 내리기 위한 방법이며, 회의 규칙상 의안은 하나씩 다루라는 (one thing at a time) 일제의 원칙이 세워졌다.

의안상징은 성립된 의안을 회의체에 상정하며, 이는 의안의 부의(附議)라고도 한다. 상정된 의안은 의안제출·성립 → 상정 → 심의 → 표결의 처리과정을 거치면서 심의한다. 심의 순서는 제안 설명 → 질의와 정보요구 → 찬반토론을 거치면서 심의를 한다.

의안제출 및 성립 → 제안 설명 → 질의와 정보요구 → 찬반토론

[그림-6] 의안심의 순서

의안표결은 최종적으로 가부표결 또는 택일표결에 부쳐진다. 의장은 표결개시 선언(put the question)으로 시작하여 표결이 끝나면 종결을 선언하고, 표결결과를 선포 한다. 주 동의는 기본주동의(original main motion)와 부수주동의(incident main motion)로 나누며, 기본 주 동의는 새롭게 회의체에 제출하는 동의이고, 부수주동의란 아무런 의안이 제출되지 않은 상태에서 절차적인 것을 제출하는 것이다. 표결 수정안은 국회법에서도 강화하고 있으며, 일반 수정안은 30인 이상, 예산안 수정은 50인 이상의 찬성을 요한다.

발언권은 의안과 관련하여 각종 발언을 할 수 있으며, 발언권이란 발언의 기회를 받은 권리이고 자유롭게 발언할 권리이다.

질의와 정보의 요구가 끝나며 찬반토론을 하며, 토론 때는 회원의 토론자유가 보장되어야 하고, 회원 상호간 평등한 관계가 유지되어야 한다.

훌륭한 의사전달을 위해서는 의사의 기본요건이 확립되어야 하며, 의사전달의 인간화를 들 수 있다.

첫째, 의사전달의 기본요건은 체스터바너드(Chester I. Barnard)는 의사전달을

객관적 권한의 체계로서 보는 한편 의사전달의 성격 가운데서 지배적인 요건으로서 다음과 같이 7가지를 들고 있다.

① 우선 의사전달의 경로는 명료하게 알려져 있어야 한다.

② 모든 구성원에게 전달될 수 있는 명확한 제도적 의사전달의 경로가 필요하다.

③ 전달의 경로는 가능한 한 직접적이며 짧아야 한다.

④ 원칙적으로 완전한 의사전달의 경로가 항상 사용돼야 한다.

⑤ 의사전달의 중심점으로서의 역할을 담당하는 자의 능력은 적격이어야 한다.

⑥ 의사전달의 경로는 조직이 기능을 발휘하고 있는 동안 중단되어서는 안 된다.

⑦ 모든 의사전달은 인증되지 않으면 안 된다.

둘째, 커뮤니케이션의 인간화는 건전한 의사결정과 나아가서 건전한 조직의 운영은 건전한 정보의 전달을 전제로 하는 것이다. 그런데 정보의 질은 정보를 받아들이는 관리자의 태도에 의하여 지대한 영향을 받는 것이므로 관리자는 무엇보다도 아랫사람으로부터 건전하고 적절한 정보와 사태에 관한 숨김없는 보고를 받기 위해서 최소한 다음과 같은 세 가지 조건을 충족시켜야 한다.

① 상호 신뢰적 분위기가 조성되어야 한다.

② 전달자와 수신자 간에 이해적인 경청이 이루어져야 한다.

③ 상호간의 커뮤니케이션의 효과를 극대화하기 위해 명료한 피드백이 잘 이루어져야 한다.

여기서 미국경영학회가 제시하는 '훌륭한 의사전달을 위한 십계명'(Ten Commandments of Good Communication)'을 살펴보면 그 시사하는 바가 크다.

① 의사전달을 하기 전에 우선 아이디어를 명확히 해야 한다.

② 의사전달의 참된 목표를 검토해야 한다.

③ 의사전달 시 항상 전반적인 물리적·인간적 상황을 고려해야 한다.

④ 의사전달을 계획함에 있어서 필요에 따라 다른 사람과 상담하는 것이 좋다.

⑤ 의사전달의 기본내용뿐만 아니라 그것의 부수효과에 대해서도 조심해야 한다.

⑥ 수용자에게도 도움이 되는 내용을 전달할 경우에는 기회를 놓치지 않는다.

⑦ 의사전달의 사후평가를 잊지 말아야 한다.

⑧ 의사전달은 현재뿐만 아니라 장래를 위한 것도 되어야 한다.

⑨ 의사전달을 지원하는 행동을 한다.

⑩ 수용자를 납득시키려 할 뿐만 아니라 자신이 수용자를 이해하려고 하는 좋

은 청취자가 되어야 한다.

미국 경영학회에서 제시하는 훌륭한 의사전달방법을 참고로 하여 종합된 효율적인 의사전달 방법은 다음과 같다.

의사전달의 내용이 명확하고 참되어야 하며, 전달 시 언제나 전반적인 환경과 상황을 고려하고, 필요에 따라 전문가와 상담하여 부수적 효과도 함께 점검하며, 도움이 되는 내용은 기회를 적절하게 전달하여 사후평가도 잊지 말고, 장래를 위한 지원과 행동 그리고 자신부터 수용하고 이해하려는 자세를 잊지 말아야 하겠다.

5) 임원과 회원의 임무

유능한 임원은 조직체 안정 속에서 발전시키며, 구성원들에게 편안하면서 즐거운 마음으로 조직 활동에 참여하게 만든다. 그런 임원이 선출되도록 법령과 정관에 규정을 두고 있으며, 선출방법은 후보를 먼저 내고, 표결을 통하여 임원을 선출하는 과정을 밟도록 규정하고 있다.

후보를 내는 방법으로는 ① 후보등록제, ② 후보추천제가 있으며, 후보등록제는 임원으로 선임을 원하는 사람을 후보등록을 받아 그 중 임원으로 선출하는 방법이다. 후보추천제는 전형위원회 추천, 회원들의 추천, 의장 추천을 받아 임원을 선출하는 방법이다.

표결방법은 정원 1명인 임원 선출에 1명 후보만 등록했을 때는 신임투표(가부표결)를 거치며, 결의요건은 의사정족수의 회원이 출석하여, 과반수 찬성으로 한다. 정원 1명의 임원선출에 여러 명이 등록했을 때는 택일표결에 부쳐 한 사람을 선출하는 것으로 대부분 투표지에 의한 표결에 의하며, 후보자가 2-3명뿐이면 거수와 기립 등의 표결방법을 시행할 수도 있다.

의장의 임무는 회의소집, 회의 주재(主宰), 회의체 대표로서 역할을 수행한다. 의장의 자질은 ① 소속된 조직체의 법령, 정관, 규정을 숙지하며, ② 회의 규칙을 알고 활용할 줄 알아야 하고, ③ 회의소집과 회의진행, 회원의 의견 경청, 적절한 의결이 되도록 분위기를 유도하며, ④ 민주적 회의 방법으로 개인이 진정한 의사가 공정하게 융합되도록 길잡이의 자세로 회의를 진행하여야 한다.

의장의 구체적 임무는 ① 회의의 소집 권, ② 의안 제출권, ③ 회의 주재, ④ 의결 심의 시 중재·중립의 의무, ⑤ 회원에게 공평하고 평등하게 권리행사의 기회

부여이다. 의장불신임 결의안이 통과 되었을 때 의장은 다른 사람에게 그 의결이 끝날 때까지만 의장석을 넘겨야 한다.

총무는 의장을 보좌하며, 그 직무는 다음과 같다. ① 의사일정 작성, ② 회의소집의 사무담당, ③ 회의체의 정관 등 주요문서 보관, ④ 회의 시 요청한 문서낭독과 표결 시 결과 집계, ⑤ 의장 보좌 및 회의록 작성, ⑥ 위원회 위원장에게 명단과 필요자료의 제공 등이다.

회원의 권리는 회의체 조직과 운영에 관하여 각종 권리를 가지며, 법령과 정관에 그 권리가 열거되어 있다. 구체적인 권리는 ① 선거권, ② 회의의 소집 청구, ③ 의안제출, ④ 회의 참여 등이 있다. 그리고 회원의 의무는 ① 회비 납부, ② 정관에 의한 회원의 의무이행 및 권리이행, ③ 회의소집 청구, ④ 회의참석 후 회의에 관한 권리 행사 등이 있다.

6) 의사결정 방법 및 임원선출

의사결정이란 "바람직한 상태를 달성하기 위하여 하나 또는 그 이상의 대안 중에서 하나를 선택하는 의식적 과정"이라고 정의할 수 있다.

의사결정의 과정 속에는 ① 선거행위 포함, ② 의식적 수준의 정신적 과정 내포, ③ 목표 지향적 과정이 포함된다. 의사결정 과정은 "문제 해결을 위하여 취해야 할 행위를 결정하는 과정"으로 ① 문제인식 및 규정, ② 대안의 탐색 및 개발, ③ 대안평가 및 선택, ④ 대안 실행 및 통제의 사후관리를 포함한다.

Robert L. Lineberry(1977)는 의사결정과정을 문제인식 → 목표설정 → 대안탐색 → 결과추정 → 비교·평가 → 선택 → 추구·심사 분석으로 보았다. 이는 최대의 성과를 얻고 최적기에 결정하여 최적(optimal) 성과를 얻기 위한 관점에서 의사결정을 행한다는 이상적, 규범적 의사결정론(idealistic - normative approach)에서, 합리주의적 논리와 점증 주의적 논리를 혼합해서 혼합 관조주의 적 이론에서도 이런 준거 틀은 적용될 수 있다고 생각 한다.

이와 같은 사항을 바탕으로 의사결정과 문제해결 방법을 종합해보면, 최상의 의사결정을 위한 필수조건은 다음과 같다.

첫째, 새로운 목표를 잘 추진하기 위해서는 문제점을 잘 파악하고, 회원들의 욕구도 함께 분석하는 일이 중요하다.

둘째, 조직운영의 문제와 조직원의 욕구가 파악된 뒤에는 현실적이고 과학적인 대안을 강구하고, 적절한 해결 방법이 없을 때는 대안을 개발하여야 한다.

셋째, 대안이 개발되면 결과를 추정해 보고, 현실적 환경과 비평하여 가상적인 평가를 해본다.

넷째, 최종적인 대안이 마련되면 회원들의 호응도를 분석하여 선택하며, 이때 객관적이고 과학적인 검증이 함께 이루어지도록 해야 한다.

사이몬(H.A. Simon(1960))은 의사결정의 유형을 첫째, 가치결정과 사실결집방법과 둘째, 개인적 결정과 집단적 결정방법, 셋째 정형적 의사결정과 비정형적 의사결정 유형이 있다.

① 가치결정은 당위(Sollen)에 관한 것으로 목표에 대한 욕구, 욕구와 중요성, 필요성이며, ② 개인적 결정은 존재(Sein)에 관한 사항으로 자료, 정보, 지식을 토대로 사실 중심적 결정이고, ③ 개인적 의사결정(individual decision)은 개인의 판단에 의한 선거 행위이며, ④ 집단적 의사결정(collective decision)은 의견을 종합해서 대안을 선택하는 행위로 성원에게는 의사결정의 참여 기회를 부여하여 사기진작과 각자의 창의와 능력 발전에 기여한다. ⑤ 정형적 의사결정(programmed decision)은 확립된 선례, 계획, 절차에 따라서 의사결정을 하는 유형으로 일상적이고 확실한(certainty) 기계적이고 반복적인 하위 층 결정에서 행하여진다.

의사결정의 장애요인은 개인적으로 인지적 오류를 범할 수 있으며, 인지적 오류는 인지오류와 단순화 경향이 있다. 문제 형태의 인지적 오류란 부정적 어휘로 표현된 경우는 위험 회피적 결정을 하고, 긍정적 어휘로 표현되면 위험 추구적 결정을 한다는 것이다. 단순화경향은 복잡한 의사결정문제에 당면하면 자신이 가지고 있는 구멍 구구식 단순화 방식에 따라 의사결정을 하는 오류이다. 몰입의 에스컬레이션은 실패할 것이 뻔한 행동을 지속시키기 위하여 인적·물적 자원을 계속 제공하는 것이다.

집단 의사결정의 문제는 적극적 문제해결보다는 적당한 수준에서 타협의 가능성이 높으며, 집단 규모가 일정한 수준 이상이 되면 갈등이 심화되거나 회원 상호간 분열이 일어나기 쉽고, 회의진행방법이 구조화 되지 못하면 회의가 원만하게 이루어지지 못하며, 합의 중시 경향이 나타나면 소수의 아이디어를 무시하는 경향이 일어나 개성이 강한 사람이 회의를 주도하면 다른 회원들은 자기자포현상이 일어난다.

7) 회의 규칙 및 진행

출석 회원이 12명 미만인 회의체를 소규모 회의체(a relatively small assembly, 소 회의체)라고 하며, 기본원칙인 자유토론원칙, 회원평등원칙, 다수결 원칙을 지켜야 한다. 그러나 대규모 회의처럼 격식을 따지면 회의 진행에 장애가 되므로 회원 수에 관계없이 회의규칙만으로 충분히 회의를 진행할 수 있다.

회의표준 규칙은 회의 소집권자를 의장으로 정하고, 재적회원 5분의 1 이상의 회원에게 회의소집 청구권을 부여한다. 회의소집 청구권을 가지는 회원 수를 재적인원이 11명은 3명, 재적인원 6-10명은 2명, 재적인원 2-5명은 1명이다. 통신수단의 발달로 동영상회의가 가능하며, 소규모회의는 동영상회의를 할 수 있고, 이때 동영상 회의에 참석했을 경우 직접 출석한 것으로 인정된다.

회의 규칙을 지방의회에서 실시하는 전반적인 회의진행 규정은 다음과 같다.

① 의안은 지방자치단체장이나 재적이원 5분의 1이상의 연서로 발의한다.

② 발의라 함은 원동의의 제출을, 의안이란 의회의 의제가 되는 사항을, 연서라 함은 의원들의 서명 날인한 것을 뜻한다. 발의는 반드시 서명으로 하며, 그 이유를 첨부하여 의장에게 제출하여야 한다.

③ 주 동의안 성립은 재청과 삼청이 필요 없으나, 원안 심의인 부동의는 2인 이상의 찬성으로 의제가 된다. 의제라 함은 의회의 토의, 표결 대상이 된다는 뜻이다.

④ 동의의 진행 방법은 동의제출→ 동의 성립→ 동의 상정→ 동의 토의→ 표결 → 결과선포 순으로 진행된다. 단 동의철회는 재청이 필요 없다.

⑤ 의제를 벗어난 발언과 의사진행 지연 방해를 위한 신문, 잡지 등을 낭독해서는 안 되며, 발언자 수도 교섭단체 별 소속 위원수의 비율에 3인 이내 정한다.

⑥ 다른 사람이 발언을 할 때는 방해해서는 안 되며, 다른 사람의 사생활에 대한 발언은 삼가 하여야 한다.

⑦ 표결방법은 구두표결, 기립 및 거수표결, 기명 및 무기명 투표, 만장일치 표결방법이 있다.

⑧ 투표절차는 정족수 확인, 감표위원지명, 투표함 검사, 투표, 투표 종료 선언, 개표 선포, 투표자수와 투표용지 수 점검, 개표, 결과발표 순으로 이루어진다.

지방자치법 64조에 의하면 회의록 작성요령은 다음과 같으며, 회의 진행 내용,

결과 및 출석의원 성명을 기재하고 2인 이상 의원의 서명을 받아야 하며, 그 내용은 다음과 같다.

① 의회의 성립·개회·폐회·휴회에 관한 사항과 연 월 일 시
② 개회· 산회의 월 일 시
③ 출석 및 결석 의원 성명
④ 출석공무원의 직(職)과 성명
⑤ 제반 보고사항
⑥ 회의에 붙인 의안의 제목
⑦ 회의 중 실시한 선거의 전말(顚末)
⑧ 의제가 된 동의와 동의자 서명
⑨ 위원회에 부탁한 안건의 제목
⑩ 결의사항
⑪ 표결 및 가결의 수
⑫ 기타 의장이 필요하다가 인정한 사항

2. 지역주민의 의견수렴방법

지역주민의 의견수렴의 방법으로 많이 쓰이는 질문지에 의한 방법과 분임토의를 알아보면 그 내용은 다음과 같다.

1) 질문지에 의한 방법

연구주제를 설정하고 구체적인 연구내용이 정해지면 연구 자료를 수집 조사하기위한 질문지와 같은 조사도구를 사용하게 되는데, 질문지는 서베이 조사 등에서 자료 수집을 위해 많이 쓰는 방식이다.

사회조사를 통해 얼마나 의미 있는 결론을 얻어 낼 수 있느냐 하는 것은 질문지가 얼마나 원하는 것을 찾을 수 있도록 잘 만들어졌느냐에 달려 있다. 따라서 질문지 작성은 사회조사의 성패를 좌우하는 중요한 부분이라 할 수 있다.

질문지는 질문지와 면접조사표로 구분된다. 질문지라고 할 때는 이두가지를 모

두 포함한다.

□ 질문지 : 응답자에게 직접 나눠주고 응답자 스스로 작성하게 하는 것

□ 면접조사표 : 응답자가 스스로 작성하는 것이 아니라 면접자가 질문을 읽어 주면 응답자가 대답을 해서 써 넣는 것

질문지는 조사도구를 담고 있는 일종의 틀로서, 대개는 다수의 개념들에 대한 질문들이 포함되어있다. 예를 들면, 부모의 양육방식에 따른 아동의 친구관계의 차이를 알아보려는 연구를 한다면, 부모의 양육방식과 아동의 친구관계에 대한 질문들이 한질문지에 포함되어있게 된다.

한 조사 연구문제에서 제기된 개념들이 조사대상자에 대한 질문을 통해 측정될 수 있는 것들이면, 질문지를 통한 자료수집이 가능하다.

(1) 질문지 작성 절차

① 질문지 작성의 목적 및 범위 확정

연구자가 질문지를 작성하고자 할 때 먼저 연구목적에 대한 세밀한 분석이 있어야 한다. 질문을 작성하고 나면 각 질문을 통해 수집된 자료들이 전체 연구목적에는 어떤 기여를 할 것인지를 고려해야 한다. 즉 질문지를 이용하여 얻고자 하는 것이 무엇인지를 확실히 하고, 질문지를 어떤 대상에게, 어떻게 적용할 것인가를 사전에 충분히 검토하여야 한다.

② 질문항목의 선정

처음부터 질문지에 포함될 내용을 세부적으로 작성하기보다는 질문지에 포함될 내용을 큰 범주로 나누고, 그 범주별로 세부내용을 작성해 보는 것이 좋다.

질문지에 포함될 내용을 큰 범주로 나눈 것을 조사항목(research item) 이라하고, 조사항목별로 포함될 내용을 세부적으로 작성하는 것을 세부사항이라 한다.

조사항목과 세부사항을 선정하기 위해서는 연구문제에 대한 충분한 지식이 있어야 한다. 조사하고자하는 주제에 대한 선행 연구들을 조사하여 관련지식을 얻을 수 있다. 만약 연구하고자하는 주제에 대한 선행연구나 그 외의 자료가 별로 없다면 탐색적 조사를 실시해서 조사에 필요한 정보를 얻을 수 있다.

예를 들면, 노인기 스트레스에 관한 연구가 별로 없다면, 노인정이나 주변에 계신 할아버지나, 할머니를 면접하여 정보를 수집할 수 있다. 가설이 설정되어 있다

면 가설이 조사항목과 세부사항을 작성하는데 중요한 기준이 되기도 한다. 즉 독립변수와 종속변수를 측정할 수 있는 조사항목과 세부사항을 작성하면 된다.

③ 질문의 유형선정

질문의 세부사항이 선정되면 어떠한 질문형태로 어떤 문장을 사용하여 질문을 구성할것인지를 결정해야 한다.

질문형태의 선정에 있어서 어떤 일반적인 원칙이 있는 것은 아니며 주제의 성격, 응답자의 교육수준, 연구의 진행절차, 연구자가 의도하는 분석과 해석의 방법 등을 고려하여 결정하여야 한다.

질문의 유형을 살펴보면 다음과 같다.

□ 개방형 질문 (Open-ended Question) : 응답이나 선택의 범주들을 제시하지 않고 자유롭게 반응하도록 하는 것

□ 폐쇄형 질문 (Closed Question) : 응답의 범주들을 간단히 선택하도록 하는 것

폐쇄형 질문이 갖는 장점은 첫째, 질문에 대한 대답이 표준화가 되어있기 때문에 비교가 가능하다. 둘째, 부호화(coding)와 분석이 용이하며 시간과 경비를 절약할 수 있다. 셋째, 민감한 주제, 예를 들면 소득에 관한 질문을 할 경우 선택할 수 있는 범주를 마련해 주어 그중에서 고르게 할 수 있다. 넷째, 응답자가 쉽게 응답할 수 있어서 적합하지 않는 응답을 최소화할 수 있다.

폐쇄형 질문이 갖는 단점은 첫째, 자신의 의도를 명확히 나타내주는 응답범주가 없는 경우 적절한 응답을 하지 못하고 아무 곳에나 응답할 가능성이 있다. 둘째, 응답자가 실수로 잘못 기재했을 때 이를 찾아낼 수 없다. 셋째, 응답자의 의견을 충분히 반영하지 못한다. 예를 들어 동일한 선택항목을 택한다 하더라도 개인에 따라 의견이나 느낌이 다를 수 있기 때문에 이것이 인위적으로 무시될 가능성이 있다.

폐쇄형 질문 유형이 자신의 연구에 필요한 질문유형이라고 판단되면 이에 대한 장점과 단점을 충분히 숙지하고 사용해야 한다.

□ 찬-반식 질문(Agree-disagree Question)

이 질문 유형은 양자 택일형 질문이라고도 하며, 보통 찬성-반대, 그렇다-아니다, 긍정이나 부정, 해당이나 비 해당 등과 같이 극단적인 두 가지 범주의 응답

중에서 하나를 선택하도록 하는 방법이다.

□ 평정식 질문(Rating Question)

리커트 척도식 질문과 유사하며 어떤 질문에 대해 강도가 다른 대답을 나열하여 응답자의 의견을 표시하게 하는 방법이다.

가장 많이 사용하는 질문형식중의 하나이며, 질문형식은 응답 범주 수에 따라 3점, 4점, 5점, 7점 척도 등의 평정식 질문이 있다. 예를 들면, "인터넷(게임) 때문에 부모님께 꾸중을 들은 적이 있습니까?"라고 물었을 때, ① 전혀 없다. ② 가끔 있다. ③ 자주 있다로 의견을 표시하게 하는 방법이다.

아래 〈표-19〉는 평정식 질문에 대한 예시 표이다.

<표-19> 평정식 질문의 예

질문) 영재교육에 대한 부모님의 생각과 가장 가까운 곳에 "V" 표 해주세요.

번호	문항	전혀 아니다	아니다	그렇다	매우 그렇다
1	영재교육을 받으면 IQ가 높아진다.				
2	영재교육을 받으면 창의성이 커질 것이다.				
3	영재교육은 아이들의 소질을 개발시켜줄 것이다.				
4	영재교육을 못 받은 아이들에게 위화감을 조성할 것이다.				
5	영재교육은 모든 아이가 다 받아야한다고 생각한다.				
6	영재교육은 기회 평등교육이다.				
7	영재교육은 빠르면 빠를수록 좋다.				
8	주변에서 볼수 있는 사설 영재교육에 관심이 많다.				

□ 다항 선택식 질문(Multiple Choice Question)

응답할 수 있는 여러 개의 범주를 제시하고 그 중에서 하나이상의 항목을 선택하는 방법이다. 응답문항의 구성은 항목 간에는 서로 배타적이어야 하며 항목들은 포괄적이어야 한다.

다중 선택식은 나열된 범주가 태도연속선상에 있는 것과 태도연속선상에 있지 않는 것으로 나누어 볼 수 있다.

가. 태도연속선상에 있는 것

나열된 범주가 하나의 대상이나 현상에 대한 태도연속선상의 것들로 구성되어 있는 질문형태이며 아래에 제시되어 있는 것을 예로 들 수 있다.

"인터넷을 사용하는 이유를 다음 보기 중에서 2개만 고르시오."

① 재미있어서

② 이메일을 하기위해서

③ 숙제를 하기위해서

④ 여러 가지 정보를 얻기 위해서

⑤ 음악이나 영화를 보기위해서

⑥ 시간을 보내기 위해서

나. 태도연속선상에 있지 않는 것

나열된 범주가 태도연속선상에 있지 않는 것들로 구성되어 있는 질문형태이며 아래에 제시되어 있는 것을 예로 들 수 있다.

"귀하의 자녀가 받고 있는 사교육중 가장 필요하다고 생각하는 분야(과목) 2가지를 고르시오." ① 영어 ② 수학 ③ 피아노 ④ 바이올린 ⑤ 태권도 ⑥ 과학 ⑦ 글짓기 ⑧ 수영

▫ 서열식 질문(Ranking Question)

어떤 질문에 대한 가능한 대답을 여러 개 열거해놓고, 중요한 순서, 좋아하는 순서, 또는 싫어하는 순서 등으로 선택하는 방법이다. 여기에는 크게 두 가지 방법이 있는데 범주전부에 대해 서열을 선택하는 경우와 범주일부에 대해 선택하는 경우이다. 범주전부에 대해 서열을 선택하는 경우는 응답항목이 너무 많으면 응답자가 판단하기 어려울 수 있으므로 가능하면 10개 항목 이내로 하는 게 좋다. 예를 들면 아래와 같다.

"귀하가 가장 힘든 상황에 부딪쳤을 때 가장 의지하고 싶은 사람을 순서대로 번호를 기입해 주세요." ① 남편 ② 자녀 ③ 친구 ④ 친정부모 ⑤ 시부모 ⑥ 친정형제자매 ⑦ 시댁형제자매 ⑧ 아는 선후배

반면, 범주일부에 대해 서열을 선택하는 경우는 열거한 응답카테고리 모두에 대해 순서를 정하도록 하지 않고 순서대로 몇 개만 고르도록 하는 방법으로, 예를 들면 아래와 같다.

"사회복지분야에서 해결되어야 할 가장 시급한 문제를 순서대로 보기에서 그

번호를 3개만 고르시오.”

1.__________ 2.__________ 3.__________

① 장애인문제 ② 육아문제 ③ 노인문제 ④ 주택문제시 ⑤ 환경문제 ⑥ 청소년문제 ⑦ 실업자문제 ⑧ 빈곤문제 ⑨ 미혼모문제 ⑩ 마약 성폭력 ⑪ 도박

□ 부수적 질문(Contingent Question)

이것은 질문에 응답해야 될 사람인지 아닌지를 먼저 구분하고, 해당하는 사람한테만 질문하는 형태이다. 부수적 질문은 2개 이상의 질문으로 구성되어 있으며, 첫 번째 질문은 응답자가 다음 질문에서 어떤 문항에 응답해야 하는 지를 결정하기위한 질문이고, 두 번째 질문은 첫 번째 응답결과에 따라 응답해야 할 내용들이 변화되는 질문이다. 예를 들면 다음과 같다.

1. 귀하는 핸드폰을 소지하고 있습니까?

① 예 (2번 문항으로 가시오) ② 아니오 (5번 문항으로 가시오)

2. 귀하는 핸드폰을 어떤 때 주로 사용합니까?

① 부모님께 연락을 드리기 위해 ② 게임을 하기위해 ③ 친구들과 연락하기 위해 ④ 음악을 다운로드 받기위해

④ 질문 문항 작성

개방형으로 할지 폐쇄형으로 할지에 관한 형태 선정이 끝나고 나면 본격적으로 질문문항을 작성해야 한다.

질문지 작성 시 연구대상자의 견해가 충분히 반영된다면 더 좋은 질문지가 된다.

다음은 질문지 구성에서 요구되는 원리이다.

□ 명확성

질문은 연구대상자에게 명확하게 전달될 수 있어야 한다. 명확하게 전달될 수 있도록 모호한 질문은 피하고 명확한 언어구성으로 된 질문을 사용해야 한다. 전문가나 고학력자만 이해할 수 있는 문장이나 어휘를 사용하면 연구대상자는 그 문장이나 단어를 이해하지 못하고, 본인의 의견을 제대로 전달하게 되지 못하는 경우가 있다. 그러므로 어휘사용에 있어서도 어휘정의가 사람마다 다르므로 이를 명확히 밝혀주는 것이 좋으며 질문은 모든 응답자가 같은 의미를 갖도록 해야 한다.

□ 간결성

질문은 짧을수록 좋고 부연설명이나 단어의 중복은 되도록 이면 피하는 것이 좋다. 질문이 길어지면 응답자가 이해하기 힘들고 핵심이 흐려질 가능성이 크다. 질문이 길어지면 많은 수의 응답자들이 당황해하거나 쉽게 흥미를 잃어버려 응답을 하지 않을 수도 있다.

□ 가치 중립성

응답의 선택범주에 모든 가능한 대안을 제시하되, 특정대답을 암시하거나 유도해서는 안된다. 특히 편견이 들어가 있는 질문은 피해야 한다. 예를 들면 "우리나라를 침범했던 일본사람들의 문화를 받아들이는 것이 바람직하다고 생각하십니까?" 라는 질문은 편견이 개입될 가능성이 크므로 이러한 질문은 피하는 것이 좋다.

□ 응답자의 인격존중

연구자가 어떤 정보를 얻기 위해 응답자의 자존심을 건드리는 질문을 한다거나 신문조로 질문하는 것은 피해야 한다.

□ 완전한 문장

응답자에게 질문을 할 때 완전한 문장을 사용해야 한다. 예를 들어 "연령은?" 이라고 질문하기보다는 "당신의 연령은 만 몇 세입니까?" 라고 하는 것이 좋다.

*질문 작성 시 고려사항

i. 표현을 명확히 할 것

ii. 두 가지 내용을 하나의 설문에 포함시키지 말 것

iii. 어려운 용어를 사용하지 말 것

iv. 부정적이거나 이중 부정적인 표현을 사용하지 말 것

예) "기초생활보장법이 통과되지 않는 것은 좋지 않다"

v. 편견이 작용할 가능성이 있는 용어는 사용하지 말 것

예) "대통령이 즐겨하는 산책은 나의 건강에 도움이 될 것이다"

vi. 용어의 사용에 있어 미묘한 차이가 있는 경우를 주의할 것

예) ① 가끔 ② 종종 ③ 때때로 ④ 자주 ⑤ 빈번하게 : 이런 식의 표현은 삼갈 것

vii. 질문의 초점을 명확히 할 것

예) "당신은 지난해 술을 얼마나 마셨습니까?" 라는 식의 막연한 표현 삼갈 것

viii. 조건이 포함되는 질문에 주의할 것

예) "당신은 사회복지관 취업프로그램이 소득향상에 도움이 된다면 참여하시겠습니까? 라는 식의 표현 삼갈 것

ix. 문제표현의 강도에 주의할 것

예) 국민의 삶의 질을 보다 향상시키기 위해…….

x. 금상첨화 식의 표현은 삼갈 것

예) "당신은 사회적으로 존경받는 훌륭한 사회복지전문가를 원하십니까?"

xi. 당연한 질문은 삼갈 것

예) "당신은 행복해 지고 싶습니까?"

xii. 응답자의 자존심을 상하게 하는 질문은 삼갈 것

예) "당신은 대부분의 사람이 다녀온 해외여행을 경험하셨습니까?"

xiii. 이미 알려진 정보에 대해 너무 자세한 설명은 피할 것

예) "의료보험은 매달 일정액의 기여금을 내고 의료기관을 이용 시에 적은 비용을 부담하는 것인데, 이러한 의료보험에 가입하고 계십니까?"

xiv. 기간이나 내용이 광범위한 표현은 피할 것

예) " 일 년에 외식은 몇 번 정도 하십니까?"

xv. 유도하는 식의 표현은 피할 것

예) "흡연이 임산부에 매우 해롭다고 하는데 여성이 흡연하는 것에 찬성하십니까?"

xvi. 응답항목의 중복이나 불균형을 피할 것

예) ① 재미있어서 ② 생활에 도움이 되어서 ③ 실용적이어서 ④ 도움이 되어서 ⑤ 여가선용을 위해서

⑤ 문항순서의 결정

알아보고자한 내용들을 질문으로 만들어 질문지를 작성한 후에는 이를 어떤 순서로 배열할 것인가를 정해야 한다.

질문의 순서는 응답자가 조사에 자발적으로 응하도록 하는데 영향을 미친다.

질문의 배열을 잘해야 소기의 목적을 달성할 수 있다.

무엇보다도 질문지가 전체적으로 하나의 통일성을 이루도록 문항들을 조직하는 것이 필요하다.

일반적으로 질문 문항의 순서를 결정할 때 염두에 두어야 할 사항은 다음과 같다.

□ 오리엔테이션 질문(opening question)을 가장 먼저 배열하는 것이 좋다.

오리엔테이션 질문은 구체적인 정보나 분석보다 질문의 의도와 내용이 무엇인지 대략적으로 전달하고 응답자의 관심을 모으는데 초점을 둔 질문이다. 예를 들면 다음과 같다.

안녕하십니까? 바쁘신 중에도 귀한 시간을 내주신 것 감사드립니다. 본 질문지는 맞벌이 부부들이 자녀를 기르면서 경험하는 자녀 양육 스트레스에 관한 연구의 기초자료를 얻기 위한 목적으로 실시하는 것입니다. 모든 문항에는 정답이 있는 것이 아니므로, 사실 그대로 솔직하게 응답해 주시면 감사하겠습니다. 응답내용은 비밀이 보장되며, 연구이외의 다른 목적으로는 일체 사용되지 않을 것을 약속드립니다. 연구에 적극적으로 협조해주셔서 감사드립니다. 20 년 월 00대학교 00학과 지도교수 : 000

□ 가장 흥미 있는 문항을 앞부분에 배열하는 것이 좋다.

시작하는 질문은 응답자의 흥미를 유발하는 것으로 쉽게 대답할 수 있는 것으로 한다. 처음부터 지루함을 느끼거나 어렵다고 느끼면 응답을 거부할 가능성이 높기 때문이다. 조사대상자로 하여금 조사에 응할 마음가짐을 갖도록 하는 것이 중요하기 때문에 앞부분에서 던지는 질문들이 위협적이라던가 아니면 깊이 생각해야 하는 질문이어서는 안 된다.

□ 어렵고 지루한 질문은 설문의 가운데 부분에 배열하는 것이 좋다.

어느 정도 응답한 상태이기 때문에 조금 지루하더라도 계속 응답할 가능성이 높아진다.

□ 설문내용이 심각하거나 민감한 부분은 뒷부분에 배열하는 것이 좋다.

수입, 성행위 또는 개인이 평소 밝히기를 꺼려하는 내용들은 미리 묻게 되면 조사연구 자체에 대해 응답자는 경계하게 되고, 응답자체에 흥미를 잃어버리기 쉽다. 그러므로 심각한 내용은 다음문항의 응답여부에 영향을 미칠 가능성이 크기 때문에 되도록 뒷부분에 배치함으로써 그 부정적 영향을 방지하는 것이 좋다.

□ 인구통계학적 배경설문, 경제상태에 관한 설문은 맨 뒤에 배열하는 것이 좋다.

대부분의 연구들이 인구통계학적 배경을 묻는 질문은 앞에 배열하는 경향이 있다. 그러나 경제적인 수입이나 학력과 같은 민감한 부분을 앞에서 먼저 물으면 자존심을 상하게 할 우려가 있으므로 뒤로 배치하는 것이 좋다.

□ 다른 문항의 응답에 미칠 영향을 고려해서 배열 순서를 결정하는 것이 좋다.

질문은 자연스러우면서도 논리적인 순서에 따라 배열함으로써 응답자 자신도 조사의 의미를 찾을 수 있도록 한다. 질문의 흐름 없이 이것저것을 두서없이 묻게 되면, 응답자는 조사의 의도를 파악하지 못하고 쉽게 혼돈된다.

□ 일반적인 것을 먼저 묻고 특수한 것을 그 다음에 질문하는 것이 좋다.

일반적인 것을 질문하여 알고자하는 내용의 전체적인 윤곽을 설정한 후, 보다 세부적인 사항을 질문하는 것이 순서다.

□ 객관적인 사실에 관한 질문부터 시작해서 점차 주관적인 태도, 의견, 동기 등을 묻는 질문으로 배열하는 것이 좋다.

□ 설문내용의 범위가 넓은 설문에서 범위가 좁은 설문의 순서로 배열하는 것이 좋다. 예를 들면, 복지정책의 동향을 묻는 경우 복지정책의 국제적 동향과 국내 복지정책 동향, 국내 복지정책의 특정분야에 대한 동향 설문 순으로 배열하는 것이 좋다.

⑥ 사전조사의 실시 및 수정

최종설문지 완성하기 전에 소규모의 사전조사를 실시하여 질문형태, 질문내용,

문항작성, 질문순서 등에 있을 오류를 찾아내어 수정하거나, 삭제, 추가하는 순서로 교정하는 과정이다.

사전검사에는 크게 두 가지 목적을 가지고 있는데 질문문항 수정과 본 조사 수행에 필요한 정보를 수집한다는 것이다.

첫 번째 목적을 위해 사전조사 시에 관심을 두어야 할 사항이다.

첫째, 응답자가 응답한 것 가운데 전후 모순되거나, 합치되지 않는 것이 있다면 질문지를 재검토해볼 필요가 있다.

둘째, 응답이 어느 한쪽으로 치우쳐있는지 살펴볼 필요가 있다.

셋째, 모른다고 대답했거나, 무응답이 많은 경우 질문에 문제가 있을 가능성이 있으므로 다시한번 살펴보아야 한다.

넷째, 기타에 대답이 많은 경우 질문을 수정할 필요가 있다.

사전조사를 하는 두 번째 목적은 본 조사 수행에 필요한 정보를 수집하기 위한 것이다. 이를 통해 조사시간이 얼마나 걸리며 현지조사에 필요한 협조사항은 무엇이고 기타 조사상의 애로점 및 이를 보완하는 방법은 무엇인지에 대한 정보를 얻을 수 있다.

⑦ 질문지 인쇄

수정된 질문지는 인쇄하기 전에, 반드시 각종 지시문 즉, 전반적 지시문과 구체적 지시문 및 면접지시사항 등을 확인해야 한다.

사전검사가 끝나고 모든 것이 잘되었다고 확인되면 질문지를 인쇄해야 한다. 인쇄된 질문지가 피조사자에게 호감을 주고 중요한 것이라는 인식이 들도록 표지, 용지, 활자, 크기, 공간 등 여러 면에 신중한 고려가 있어야 한다.

질문지를 인쇄할 때는 시간과 비용, 물리적 형태, 지질이 조사에 미칠 영향을 고려해야 하며 인쇄방식, 질문지의 크기, 제본방식, 페이지의 수, 질문지 인쇄부수 등을 적정수준으로 결정해야 한다.

2) 분임토의에 의한 의견수렴

(1) 분임토의란?

같은 목적을 가진 사람들이 같은 장소에서 과제를 정하고 참가자 전체의 의견을 통합하여 어떤 문제를 해결하고 이를 통하여 집단사고 능력의 배양과 창조성 개발을 위한 집단토의의 하나이다. 적게는 5명부터 많이는 20여명이 한 분임이 되어 집단 구성원 전원의 참여로 중지를 모으고 다양한 생각을 개발함으로써 최선의 방안을 모색, 강구하는 회의의 일종이다.

(2) 분임토의의 목적과 그 효과

우리나라에는 고대로부터 '같이 즐기고 같이 일하는'미풍양속은 있었으나 '같이 생각하는 집단 사고력훈련'이 부족하여 새로운 일을 개척하는 데 장애가 되어 왔다.

가) 분임토의의 두 가지 문제

① 집단사고력 훈련

현황과 문제의 제기→ 요인분석→ 해결방안→ 실천계획에 이르는 과정에 있어서 사고력의 훈련에 있다.

② 집단의사의 결정

긴급한 문제를 여러 사람의 의견을 모아 그 해결방법 또는 대책에 대한 결론을 내리는데 목적을 둔다.

나) 효과

① 한 사람의 생각보다는 두 사람 이상의 생각이 보다 건전하고 합리적이라는 것을 알게 된다.

② 개인으로서는 힘든 어려운 문제를 공동으로 해결하는 데 도움이 된다는 것을 확인 하게 된다.

③ 여러 사람의 합의된 의사결정은 그 실천과정에서 더욱 효과를 높인다는 것을 알게 된다.

④ 민주적인 회의진행의 기술과 방법을 습득한다.

(3) 분임토의 진행단계

① **사전준비**
인원파악지도
교수인사
흑판에 안내기록
→

- ㅇ좌석배열
- ㅇ필기도구 준비
- ㅇ완장준비
- ㅇ결과보고서 양식 준비
- ㅇ분임조 명단 양식 준비

② **상호인사**
자기소개(3분 이내)
시계방향으로
→

- ㅇ어디
- ㅇ누구
- ㅇ연령
- ㅇ가족관계
- ㅇ취미
- ㅇ장래희망
- ㅇ기타

③ **자치회 구성**
분임장 선출
분임서기 선출
→

- ㅇ명랑하고 적극적이며 책임감 있는 자
- ㅇ리더쉽이 있고 인간관계가 원만한자
- ㅇ분임장 완장 수여

④ **주제 및 서론**
주제 및 부제, 배경설명
문제제기

- ㅇ주제: 분임토의 전체 방향
- ㅇ부제: 주제의 세분화된 내용 즉, 분임별 토의제목
- ㅇ문제제기: 서론(분임장, 분임 서기가 작성)

⑤ **현황과 문제점**
시계방향으로
릴레이식
발언(5~7가지)
→

- ㅇ많은 문제점 열거(30개 이상)
- ㅇ문제점 요약정리
- ㅇ유사한 내용끼리 묶어 분류정리

⑥ **상호인사**
자기소개(3분 이내)
시계방향으로
→

- ㅇ문제점 재분류 및 해결방안 도출
- ㅇ체계적으로 요약정리

⑦ **자치회 구성**
분임장 선출
분임서기 선출
→

- ㅇ분임장, 분임서기가 작성
- ㅇ분임토의 결과 보고서 작성

⑧ **주제 및 서론**
주제 및 부제, 배경설명
문제제기

- ㅇ시간: 분임 당 0분
- ㅇ내용: 결과보고서 내용
- ㅇ팀 웍: 분임구호, 분임가 제창

※ 기타사항
- 1~3까지는 담당교수 주제 하에 진행, 4~9까지는 자율적 진행
- 시간은 정해진 시간에 마칠 수 있도록 지도교수가 적절히 조절함

[그림-7] 분임토의 진행단계

(4) 분임토의 지도교수의 역할

가) 자세

① 지도 교수로써 기본품위를 유지한다.

② 친절, 봉사, 겸손, 책임의 자세로 일한다.

③ 토의를 주제하는 핵심적 위치를 피하여 자리를 정한다.

나) 준비

① 분임토의 운영에 대한 제반사항을 숙지한다.

② 토의장소 사전 점검한다.

③ 기본적 진행에 관한 내용을 순위별로 진행한다.

④ 분임반원에 대한 신상파악(자기소개 시간 이용)을 한다.

⑤ 교육목적과 방침, 대상에 대한 정확한 이해를 한다.

⑥ 주제 및 부제에 대한 기본 자료의 수집을 한다.

⑦ 토의진행방향 계획 및 실시한다.

(5) 분임장 및 서기의 역할

가) 분임장

① 대화의 흐름을 원활하게 하는 교통순경의 역할(억제, 권장)을 한다.

② 토의내용을 요약하여 서기로 하여금 기록토록 한다.

나) 서기

① 발언요지 기록 및 보고서 작성한다.

② 서술식이 아닌 개조식으로 기록한다.

(6) 진행시 유의사항

가) 분임토의는 회의가 아니므로 너무 요식에 구애되지 말 것

나) 모두가 분임장이 된 심경으로 적극적으로 참여할 것

다) 자기의사를 발표하되 요점만 간추려 말할 것

라) 발언권을 얻어서 발언할 것

마) 가자 쉽고 가까운 일에서부터 토의를 전개시킬 것

바) 쉽고 능률적으로 한다고 소분과 등을 구성하지 말 것

사) 보고서 작성이나 발표를 위한 형식적인 토의를 하지 말 것

아) 다른 사람이 말할 때 가로막지 말고 진지한 태도로 경청할 것

자) 다른 사람이 말한 것이 자기의견과 다르다고 핀잔을 주지 말 것

3) 지역(마을)지도자의 대화기법

우리 모두는 한결같이 훌륭한 대화자가 되고 싶어 한다. 우리 인간이 최초의 접촉이나 계속 이어지는 접촉 또한 대화임을 우리는 잘 알고 있으나, 이를 좀 더 구체적으로 연구하여 설득력 있는 대화법에 관하여 익히는 사람은 흔하지 않다. 이를 위하여 원만하고 유익한 인간관계를 맺고 유지하기 위한 관리자의 대화하는 능력을 배양시키기 위한 방법을 제시하고자 한다.

(1) 대화기술의 흐름도

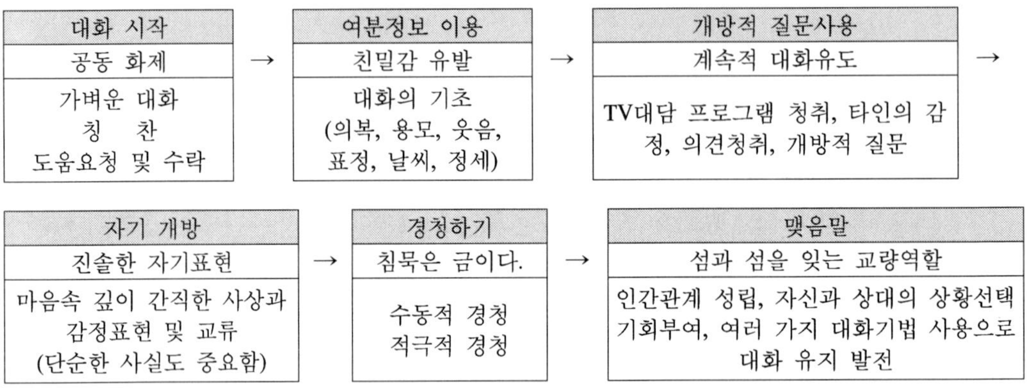

[그림-8] 대화기술의 흐름도

(2) 비평에 대처하는 방법

① 비평 받을 때 더 많은 정보를 구하라. 구체적 내용 질문, 구체적 사항, 추측, 타인에 입장 쉽게 설명하기

② 비평 받을 때 대화자와 동의하라. 진실하게 동의하기, 가능성에 동의하기, 원칙에 동의하기, 비평자의 인식에 동의하기

(3) 대화시의 예절

매력적인 말이란 바로 상대방이 마음을 끄는 말을 뜻한다. 그러나 흔히 말하듯 말재주가 좋기만 하면 되는 것은 아니다. 어디까지나 예의바른 태도로 올바른 생각을 알기 쉽게 전해야만 되는 것이다.

① 말은 침착하고 조용히, 간결하게 한다.
② 말하는 자세를 바르게 한다.
③ 말에는 적당한 유모가 필요하다.
④ 상대방의 눈을 바로보고 말한다.
⑤ 혼자 아는 척 해서는 안 된다.
⑥ 남의 비밀이 되는 것, 싫어하는 것은 묻지 않는다.
⑦ 남의 말을 가로채서는 안 된다.
⑧ 말을 하기보다는 듣기를 잘 하여야 한다.
⑨ 말은 풍부한 화제와 화술을 쓰되 거짓이 되지 않게 하여야 한다.
⑩ 외국말이나 어려운 말은 삼가야 한다.
⑪ 친한 사이에는 농을 해도 괜찮으나 너무 지나친 농은 삼가야 한다.

(4) 회의할 때의 대화

직장에서의 회의는 능률적이고, 신속하며, 사전에 준비된 상태가 되어야 할 것이다. 업무과정에서 회의가 개최될 경우가 많겠으나 회의에 참석할 경우에는 최소한 마음의 준비라도 하고 입장해야 할 것 이다.

회의 진행 시 다음의 사항에 관심을 갖고 주의해야 할 것이다.

① 발언할 때에는 일어나거나 앞에 나가서 말한다.(모두 앉아서 얘기하는 것을 전제로 할 경우는 예외)
② 발언 내용은 주제에서 벗어나서는 안 된다.
③ 남의 말을 가로막거나 중단시켜는 행위는 삼가야 하며, 요점을 분명하게 말한다.
④ 누구나 알 수 있도록 정확한 말소리 똑똑하게 말한다.
⑤ 너무 오랫동안 이야기하지 말고 서로 발언할 수 있는 기회를 갖도록 한다.
⑥ 짧은 시간에 요점을 간결하고 알기 쉽게 말한다.
⑦ 발언할 때에는 의장의 승낙을 얻은 후에 한다.
⑧ 쓸데없이 의제와 관계없는 잡담은 피한다.
⑨ 남에게 불쾌감을 주는 태도나 발언은 삼가야 한다.
⑩ 딴사람과 동시에 발언하게 되었을 때에는 '실례합니다.' 또는 '미안합니다.'라고 말한 후에 자기 순서를 기다리며, 서로를 존중하고 회의 분위기도 살리도록

마음을 써야 한다.

⑪ 일반적인 회의 규칙을 준수해야 한다.

(5) 맺음 단계

① 연설의 주제를 재강조 한다.

② 맺음에 선택의 의미를 부여하여 필요성을 인지시킨다.

③ 주제에 대한 주인이 청중임을 인식시킨다.

④ 주제에 잘 적응하여 “성공한 사례”를 소개한다.

⑤ 선택의 폭을 최소화하여 결정 후 실행에 전념토록 한다.

Ⅷ. 성과분석 및 평가

마을평생교육평가의 문제는 마을평생교육 프로그램을 운영하는 과정에서 목표설정, 과정설정과 함께 핵심적 영역이라 할 수 있다. 마을평생교육평가는 교육프로그램 담당자뿐만 아니라 학습자 자신에 의해서 이루어지기 때문에, 자기평가과정(Self-assessment Process)이 중요시된다 하겠다. 일반적 평가가 그러하듯 마을평생교육평가 역시 왜, 언제, 누구를, 누구에 의해서 평가되어지는가에 대한 관점에 따라 평가의 시기, 평가의 과정 및 평가의 수단 등이 달라질 수 있다.

학교교육에서의 평가가 비교적 미래 예언적이고 진단적 특성이 있다고 본다면, 마을평생교육평가는 현재 중심적이고 자기 주도적 특성이 있다. 이 점에서 마을평생교육평가는 자기분석적 평가라기보다는 자기주도적 평가(Self-paced Assessment)이고, 동시에 자기만족과 국가사회에의 기여를 전제로 하는 자족적 사회평가(Socio-individualized Evaluation)의 특성을 갖는다 하겠다. 또한 마을평생교육평가는 이러한 특성 때문에 성인교육평가(Adult Education Evaluation)와 계속교육평가(Continuing Education Evaluation)의 큰 주류로 구분, 설명될 수 있는 영역이라 할 수 있다.

1. 마을평생교육평가의 개념 및 준거

마을평생교육평가는 마을평생교육적 경험을 거쳐 획득된 일련의 지식, 기술, 태도체계를 총체적으로 검증하는 의미를 지닌다. 그러므로 마을평생교육목표의 특성에 따라 지적 영역, 심동적 영역 및 정의적 영역 등의 하위영역으로 구분될 수도 있고 연령, 성별 등의 대상이나 프로그램의 특성에 따라서도 구분되어질 수 있다. 이 점에서 비교적 표준화된 학교교육에서의 학력평가와는 구분될 수 있다 하겠다. 먼저 마을평생교육평가의 개념과 체계에 대해서 검토해보기로 한다.

1) 마을평생교육평가의 개념

어떠한 교육이나 학습활동의 경우든 대개 주요한 세 요소로 구성되어 교수활동이 이루어진다고 볼 수 있다. 이들 세 요소는 목표(Goal-setting), 과정(Learning Setting) 및 평가(Evaluation-setting) 등으로써 마을평생교육평가의 계획, 실시, 결과, 활용에 대한 평가가 모두 합당하다고 판정된 평가만을 의미하는 학교교육의 학력평가와는 달리, 마을평생교육 행위자에 대해 가치를 부여하는 자기주도적인 모든 검증을 의미한다. 그러므로 마을평생교육평가는 마을평생교육 프로그램의 목표, 과정 및 평가를 검증하여 학습자에게 가치를 부여하는 모든 행위를 포괄적으로 의미한다. 이 점에서 마을평생교육의 의미는 여러 가지 형태로, 그리고 보다 구체적으로 정의될 수 있다.

일반적으로 수업평가에 대한 모형은 다양하지만 대개 학업성취에 의한 평가모형(Tyler, 1950)과 과정중심의 평가모형(Scriven, 1967) 등으로 대별되어 왔다. 그러나 마을평생교육평가는 학습자가 곧 사회구성원이며 사회적 생산에 참여하고 있다는 점에서 성취평가와 과정평가는 물론 사회적 관점에서의 사회적 평가(Social Evaluation)까지도 고려되어야 한다. 이때의 사회적 평가는 학교교육 이후의 재교육과 계속교육의 효과가 사회에 주는 의미가 무엇인가를 음미할 수 있는 평가를 뜻한다.

우선 마을평생교육평가의 개념을 보다 명확히 하기 위해서는 마을평생교육평가의 준거와 일반체제모델(General System Model)을 고려할 필요가 있다.

마을평생교육 프로그램의 준거나 프로그램과 관련된 일반체제모델이 전제되어야만 성취와 과정평가의 개념은 물론 사회평가의 의미까지 이해할 수 있기 때문이다.

앞에서도 논의한 바처럼 마을평생교육평가는 단순히 학교교육에서 실시되는 학력평가와는 다른 특성을 지니기 때문에 평가절차나 요소 또한 총체적이고 성인학습자의 자기만족적인 특성에 부합되는 의미를 지닌다. 일반체제모델을 설명하고, 또 이 체제에 따른 평가의 의미를 논의해 보기로 한다. 마을평생교육 프로그램은 학교교육에서와 같은 투입(Input)-과정(Through-put)-산출(Output)과 같은 단순한 탄력체제(Ballistic System)가 아니라 투입-산출이 또 다른 2차 산출을 유도할 수 있는 인도체제(Guided System)와 아예 현장에서의 실행목표나 조직목적까지 수정할 수 있는 적응체제(Adaptive System)로 이루어져 있다. 이 점에서 마을평생교육 프로그램은 이미 사회에서 배출되어 종사하고 있는 산출자이면서 동시에 계속교육을 위한 투입의 대상자인 성인을 교육시킨다는 점에 유의하여야 한다. 즉 투입과 산출의 양면적 속성을 동시에 지닌 성인을 대상으로 하는 마을평생교육 프로그램은 단순한 투입-산출의 체계라기보다는 사회에서 현재 필요로 하는 기술과 능력을 신장하려는 측면과 직업현장에서 목표로 삼고 있는 인력의 개발이라는 점이 평가의 의미에 포함되어야 한다. 수용체제는 산업체나 직장을 의미하며 과정체제는 학습과정을 뜻한다. 또한 과업목표란 개인의 차원이나 사회의 차원에서의 목표수행을 의미한다. 그러므로 마을평생교육평가를 위한 준거는 수요체제와 관련된 사회적 평가의 의미와 성인학습자의 학습행위와 관련된 성인학습평가의 복합적 의미를 지닌다.

마을평생교육평가의 개념은 ① 성인학습자의 투입 ② 교수학습, 학습장면, 코스 혹은 훈련 부서 등과 관련된 과정 ③ 성인학습자의 산출(학습 받은 성인) ④ 직장, 학교체제의 업무목표 ⑤ 수용체제의 업무목표 ⑥ 업무목표의 성취와 관련된 평가 ⑦ 과정체제의 질과 양의 평가 ⑧ 업무목표의 성취와 과정체제에서 나타난 산출에 대한 피드백(Feedback) 등의 일반체제의 전 과정을 포괄하는 의미를 지닌다. 따라서 마을평생교육평가에서 고려되어야 할 기능은 학교교육에서의 평가와는 달리 격리개념(Isolation Concept)이 아니라, 산출-투입-재산출-재투입의 역동적이고 순환적 기능을 수행한다는 특성을 지닌다. 또한 보편성과 사회적 요구에 따른 자료나 범주에 의해 평가기능이 통제될 수 있다는 특징을 지닌다.

Nevo(1983)는 교육평가의 개념정의를 비교적 포괄적으로 하고 있는데 대개 ① 평가의 의미 ② 평가의 기능 ③ 평가의 대상 ④ 평가를 위한 정보의 종류 ⑤ 평가의 준거 ⑥ 정보의 사용자 ⑦ 평가의 절차 ⑧ 평가의 방법 ⑨ 평가 실시자 ⑩ 평가의 평가 등을 고려하여야 평가의 개념이 충실하고 타당하게 정의될 수 있다고 주장한다.

이러한 교육평가개념에 따라 마을평생교육평가를 생각해 본다면, 마을평생교육평가란 개인이나 집단이 마을평생교육의 목표를 통해 이룩된 공적(Merit) 또는 가치(Worth)에 의한 사정(Assessment) 결과를 체계적으로 기술하는 것이라고 정의될 수 있다. 이 점에서 볼 때 모든 마을평생교육활동을 평가하는 형성평가와 총괄평가에 해당되며 또한 복합적인 평가의 준거가 제시될 수 있다.

2) 마을평생교육평가의 준거

마을평생교육평가는 앞서 논의된 바대로 투입과 관련된 일차적 준거, 그리고 산출과 관련된 삼차적인 준거 등을 포함한 총괄적인 의미를 지닌다. 마을평생교육평가의 준거는 마을평생교육 프로그램의 특성이나 대상자 그리고 기간 등의 요인에 따라 다양하다 하겠으나 공통된 준거는 대개 효과성, 효율성, 적정성, 형평성, 대응성, 적절성 등을 들 수 있다. 이 뿐만 아니라 책무성(Accountability)과 의사결정(Decision-making)에 따라 목적, 설계, 과정, 산출결과 등을 평가하는 준거도 가능하다. 이 중 책무성의 범주는 '종합평가'와 관련되어 있고 의사결정은 '형성평가'와 관련되어 있는 것이 일반적 특징이다.

한편 Kirkapatrick(1976)의 경우에는 마을평생교육평가에서 네 가지 유형의 평가가 가능하다고 주장한다. 그는 프로그램 진행과정에서 수시로 이루어질 수 있는 반응평가(Reaction Evaluation), 학습 준비도와 학습 후의 결과를 측정하는 학습평가(Learning Evaluation), 실질적 행동변화를 검증하는 행동평가(Behavior Evaluation), 그리고 최종적으로 행해지는 결과평가(Result Evaluation)가 전체적인 마을평생교육평가라고 보고 있다. 특히 네 가지 유형의 평가는 모두 조직활동의 증진과 교육 프로그램활동의 증진이 준거가 되어야 한다고 주장한다.

물론 마을평생교육평가를 위한 준거는 학자들에 따라 약간의 차이가 있을 뿐 대개 마을평생교육 프로그램의 목표, 과정, 결과 및 실제 활용수준과 관련된 요인들이라 할 수 있다.

4단계의 수준은 ① 성인학습자가 마을평생교육 프로그램에 만족하는가? ② 성인학습자가 마을평생교육 프로그램을 통해 학습하고 또 이러한 학습이 제대로 이루어지고 있는가? ③ 성인학습자는 마을평생교육 프로그램을 통해 배우고자 하는 개념과 기술을 습득하는가? 아니면 학습욕구와 무관한 내용을 습득하고 있는가? 그리고 ④ 조직체(기업 혹은 산업체)는 성인학습자가 습득한 학습내용을 통해 조직목표를 효율적으로 달성할 수 있는가? 등이다. 이러한 4가지 준거에 따라 효율성, 효과성, 적정성, 형평성, 대응성, 그리고 적절성 등이 평가된다.

<표-20> 마을평생교육평가의 준거

준거의 유형	질 문	예시적 준거
효과성 (effectiveness)	가치로운 산출이 성취되었는가?	교육효과 평가
효율성 (efficiency)	교육을 위해 어느 정도의 노력이 투입되었는가?	교육비용/수익률
적정성 (adequacy)	교육결과에 의해 문제해결이 어느 정도 이루어졌는가?	문제해결 능력평가
형평성 (equity)	비용과 효율이 개인 혹은 집단간에 공평하게 배분되었는가?	교육기회 및 자원배분 준거평가
대응성 (responsiveness)	조직의 목표, 집단의 필요 등을 프로그램을 통해 만족할 수준으로 달성했는가?	사업체/조직체의 교육목표 달성여부
적절성 (appropriateness)	기대된 산출이 실제로 가치로운가?	적절성을 제외한 모든 준거의 검증

자료 : Dumm(1981), p.343 참조

그러므로 마을평생교육평가에서 제시되고 있는 평가의 준거에 따라 일반적으로 ① 어떤 문제점에 해답을 얻고자 하는가? ② 이러한 질문에 해답을 얻을 수 있는 측정은 어떤 것이어야 하는가? ③ 측정하고자 하는 학습이나 실습영역은 무엇인가? ④ 측정을 용이하게 할 수 있는 자료의 출처는 무엇인가? ⑤ 측정을 위한 자료수집의 대안은 무엇인가? ⑥ 이러한 질문에 적용시킬 수 있는 평가 범주는 무엇인가? 등을 검토해야 한다. 이러한 질문들은 준거에 따라 그리고 프로그램의 특성에 따라 수준과 정도를 설정하여 검토되어야 한다.

앞서 제시된 평가 매트릭스를 실제 적용하게 되면 몇 가지 편리한 점이 있을 수 있다.

첫째는 네 가지 수준에 따라 무엇은 어떻게 평가할 것인가를 결정할 수 있다.

둘째는 마을평생교육 프로그램을 통해 해결할 수 있는 실제 문제를 테스트할 수 있다.

셋째는 실제 마을평생교육 프로그램 운영을 할 때 조직으로부터 지원을 받을 수 있는 계기가 된다.

넷째는 평가 매트릭스에 준하는 평가를 하게 되면 잘못된 평가를 재조정하거나 개선할 수 있다.

일반적으로 마을평생교육평가를 위한 준거의 제시와 과정의 설정에도 불구하고 실제 현장에서 평가를 하게 되면 평가가 쉽지만은 않다고 생각될 수 있다. 그러므로 평가를 위한 준거 활용 이외에도 적어도 몇 가지 유의점을 고려하지 않으면 안 된다.

첫째는 마을평생교육 프로그램과 활동에 대한 주요한 요소들을 기술해 두어야 한다는 점이다. 단순히 프로그램의 내용만을 중요시하게 되면 올바른 평가가 이루어질 수 없다. 두 번째는, 마을평생교육 프로그램은 대상과 영역 및 교육욕구 수준에 따라 매우 다양하므로 획일적이고 표준화된 평가설계는 있을 수 없다. 이 점에서 마을평생교육 프로그램 상황에 따라 그 상황에 가장 적절한 평가설계가 필요하다는 점을 유의할 필요가 있다.

마지막으로 어떤 마을평생교육 프로그램을 운영하는데 있어서도 자연적으로 발생하는 평가의 기회나 단서가 있을 수 있다는 점을 항상 염두에 둘 필요가 있다. 이 점에서 마을평생교육평가는 준거에 의한 '준거중심평가'(Matrix-based evaluation)와 '상황중심평가'(Situation-based Evaluation)의 이중적 평가가 이루어져야 한다는 것이다.

2. 마을평생교육평가의 유형과 절차

마을평생교육 프로그램은 매우 다양하다는 특성 때문에 마을평생교육평가의 종류도 다양할 수 있다. 그러나 마을평생교육평가는 표준화된 평가와 표준화 이외의 평가로 대별될 수 있고 개인평가와 집단평가 그리고 범주중심평가와 상황중심평가 등으로 대별될 수 있다. 평가의 설계 면에 있어서도 통제집단 평가설계(Control Group evaluation Design), 전환 혹은 ABA 평가설계(Reversal or ABA Evaluation Design), 다면적 평가설계(Multiple Baseline Evaluation design), 그리고 전-후 측정설계('Before and After'Measurement Design)에 따라 달라질 수 있다.

1) 마을평생교육평가의 유형

마을평생교육평가의 유형은 마을평생교육 프로그램의 대상, 기간, 내용 등에 따라 구분될 수 있다. 그러나 일반적으로 개인평가와 집단평가, 준거평가와 상황평가, 그리고 마을평생교육 프로그램 실시 전 평가와 마을평생교육 프로그램 실시 후 평가로 대별될 수 있다. 또한 학습자의 특성과 교육욕구가 다르다는 점에서 '성인교육평가'와 '계속교육평가'로 구분 지울 수 있다.

(1) 개인평가

어떤 교육프로그램의 결과에 대한 검증이든 개인학습자의 행동변화와 기술습득 그리고 인지수준의 증가 등에 관심을 두는 것은 당연하다. 마을평생교육평가에서 개인평가는 학습의 목표, 과정, 결과에 대한 개인의 성취수준을 검증하기 위한 평가의 방법이라 하겠다. 특히 마을평생교육 프로그램은 교육내용에 따라서 개인중심의 자기주도적 학습(Self-paced Learning)이 많기 때문에 평가에 있어서도 다양한 개인중심의 평가가 활용되고 있다. 개인중심의 평가방법으로서는 ① 표준화검사 ② 교수자검사 혹은 특수검사(Tailor-made Test) ③ 실행검사(Performance) ④ 사례검사 ⑤ 산출검사(Student Products Test) ⑥ 교수평가, 그리고 ⑦ 직업실무검사 등 비교적 다양한 방법들을 활용하고 있다. 이때 주로 고려되고 있는 점은 주제에 관련된 지식, 개인의 학습태도의 특성, 학문적 성취수준과 교육수준, 적성, 흥미, 그리고 기술 등에 관한 영역들로서 주로 마을평생교육 프로그램의 학습 전 검사와 프로그램의 학습 후 검사 이외에도 학습 도중 스스로 평가해 볼 수 있는 수시 검사가 이루어지고 있다. 특히 근래에 들어서는 다중매체 학습자료에 의한 자기평가방법이 발달되어 다양한 접근을 통한 자기평가가 이루어지고 있다. 이 평가방법에는 자기주도적 평가는 무엇이든 활용될 수 있고 자기검증평가의 일종인 AVL 가치검사(Adult Value Laboratory)로부터 삶의 형태평가(Life-style Evaluation), 그리고 24시간 기술평가(24-hours Diary)방법 등 다양한 기법 등이 개인평가에 해당된다.

(2) 집단평가

집단평가는 대개 집단 마을평생교육 프로그램에 대한 평가로서 개인평가와 병행되는 경우가 많다. 개인평가가 집단평가보다 개인의 성취수준을 측정하는데 반해 집단평가는 개인의 성취수준에 대한 검증보다는 집단의 성취수준에 관심을 갖는 평가유형이라 볼 수 있다. 특히 집단평가의 경우에는 마을평생교육 프로그램에서 준거집단이 되는 특정집단 혹은 통제집단의 수준과 비교하는 평가라 할 수 있다. 때에 따라서는 조직의 목표와 변화과정을 측정, 검토함으로써 집단의 교육효과를 평가하는 방법을 사용한다.

집단평가의 유형은 대개 4-5명의 토론 중심그룹에 의한 집단평가, 학습자 상호평가 혹은 동료평가(Peer Evaluation), 전체 그룹의 표준화된 측정(Group Standardized Evaluation)이나 검사에 의한 평가, 그리고 마을평생교육목표에 의한 부분적인 집단평가(Subgroup Checking) 등이 주로 활용되고 있다. 이때 유의해야할 사항으로는 평가의 목적을 명확히 해야 한다는 점과 평가설계를 다양하게 해야 한다는 점 이외에도 학습의 성취여부, 학습결과의 활용여부, 그리고 학습효과가 조직의 변화를 가져다주었는지 여부를 분명히 평가할 수 있어야 한다는 점이다.

(3) 범주중심평가

마을평생교육평가의 유형 중에서도 범주에 따른 평가는 마을평생교육 프로그램의 설정과정이라 할 수 있는 목표-과정-평가를 총체로 다루는 평가라 볼 수 있다. 이 유형의 평가는 타 평가와는 달리 비교적 엄격한 기준(Norm)에 의해 평가된다는 특징이 있다. 일반적으로 범주로서 제시되고 있는 요인들은 무엇을 평가할 것인가와 관련된 마을평생교육 프로그램 운영 전반에 내재된 문제들을 평가한다. 예컨대 지원체제, 지각된 욕구, 집단의사결정, 스케줄, 장소 등을 프로그램 실시 직전, 혹은 진행 중에 실시하는 평가가 범주중심평가의 일례라 할 수 있다. 범주중심평가는 목표평가, 과정평가, 그리고 평가의 평가로 구분될 수 있는데 대개 프로그램 실시 전이나 진행 중에 실시하는 평가와 프로그램 후 평가로 대별된다. 프로그램 실시 전에는 앞서 예로 지적한 바와 같이 지원체제 특히 조직체의 준비도, 마을평생교육 프로그램 학습자들의 학습집단형성에 대한 평가, 그리고 스케줄에 대한 검증, 마을평생교육 프로그램이 행해지는 장소, 그리고 조직체와 개인인 학습자들의 욕구진단 등을 범주로 설정한다. 마을평생교육 프로그램 실시 이후의 평가범주로서는 실제 직업장면에서의 활용도, 실제 직업장면에서의 활용도를 측정하기 위한 도구, 마을평생교육 프로그램 이후 실제 활용의 기회가 부여되었는가의 기회수준, 의사소통의 원활한 적용 등을 들 수 있다.

특히 범주중심평가는 계속교육 프로그램의 평가에서 필요한 평가라 할 수 있다.

계속교육 프로그램의 대상자와 목적이 자격증이나 전문성 혹은 이해중심(Competency Based)이라는 점에서 보다 범주화되고 표준화된 평가가 요구되기 때문이다.

(4) 상황중심평가

상황중심평가(Situational Evaluation)는 범주중심평가가 설정된 준거와 범주에 의해 계획된 일정에 따라 엄밀히 행해지는 것과는 달리 비교적 학습자나 교수자가 수시로 필요에 따라 행할 수 있는 평가이다. 상황중심평가는 학습자가 학습진행사항을 점검하기 위해 하는 경우도 있으나, 교수자가 프로그램을 운영하는 과정에서 예기치 않은 변화가 생겼을 때 시행하는 경우도 있다. 특히 상황중심평가는 프로그램의 수정이 필요할 때, 그리고 학습자나 교수자에게 프로그램 수행을 저해할 수 있는 요인이 발생하였을 때, 수시로 상황에 대해 실시하게 된다.

상황중심평가의 예로서 학습진도에 예기치 않은 변화가 있을 때 시행할 수 있는 진도평가(Pace-test), 학습자료가 지나치게 난해하거나 수월할 때 할 수 있는 자료테스트(Materal-test), 학습집단 내의 학습불능상태일 때 시행하는 집단검사(Group Test), 그리고 성인교육자와의 문제가 발생할 때에 행할 수 있는 훈련자검사(Trainer-test) 그리고 마을평생교육 프로그램이 행해지고 있는 장소와 관련된 관리검증(Houst-keeping Test) 등을 들 수 있다. 상황중심평가는 성인교육평가에서 널리 활용될 수 있으며 문제중심(Problem-based)교육이나 상황중심(Situation-based)교육에서 활용될 수 있다.

물론 평가의 종류에는 형성평가(Formative Evaluation)와 총체적 평가(Summative Evaluation)의 전통적 구분에 따른 평가도 중요시되고 있다.

2) 마을평생교육평가의 절차

마을평생교육평가의 절차는 공식평가이든 수시로 행해질 수 있는 비공식평가(Informal Evaluation)이든 절차가 있기 마련이다. 그러나 비공식평가의 경우에는 반드시 엄격한 절차를 거칠 필요가 없다. 마을평생교육평가의 절차는 대개 몇 단계를 설정하고 있지만 우선 누구를 평가할 것인가에 따른 대상과 시기에 대한 결정이 이루어지는 것이 순서이다.

(1) 평가시기의 선정

시기의 결정은 공식적인 평가일 경우에는 프로그램 실시 전과 후에 실시하는 경우도 있고 목적, 과정, 결과 그리고 실제 적용 결과를 포함하여 5회 정도 실시하는 경우도 있다. 그러나 비공식 평가의 경우는 만족할 만한 자료(Happiness Data)가 얻어질 경우에는 한 번에 그치는 경우가 있다. 그러나 아래 표에 예시된 바대로 몇 차례의 평가를 실시하는 것이 일반화되어 있다.

<표-21> 마을평생교육평가 설계의 활용

설계	마을평생교육프로그램평가활용도	평 가 시 기
통제집단 평가설계	낮 음	조직의 통제요인이 지속적으로 통제집단과 교육집단에 존재할 때
전환/ABA 평가설계	적 절 수 준 (중 간 수 준)	프로그램의 중요한 요소를 중단시켜야 할 상황일 때
다면적 평가설계	높 음	영역별로 마을평생교육프로그램을 실행할 필요가 있을 때
전 - 후 측정설계	상황에 따른 활용	직무수행에 영향을 끼칠 가능한 요인이 없을 때 또는 타 평가설계를 활용할 수 없을 때

(2) 평가대상자의 선정

평가시기가 고려됨과 동시에 누가 평가를 받아야 될 것인가를 결정하는 평가대상자의 선정이 이루어져야 한다. 평가대상자는 마을평생교육 프로그램의 종류, 그리고 과정, 시기, 내용 등에 따라 다양하지만 일반적으로 평가대상자에 필히 포함되어야 할 사람들은 다음의 대상자들이라 할 수 있다.

① 마을평생교육 프로그램 참가자

② 마을평생교육 프로그램 교육담당자

③ 마을평생교육 프로그램 요원(지원인사)

④ 마을평생교육 프로그램 위원회

⑤ 외부전문가

⑥ 교육프로그램 관리요원

⑦ 마을 대표

위에 제시된 대상자들은 마을평생교육 프로그램의 실제 참여자들일 수도 있고 관리자나 교수자이기도 하기 때문에 평가를 받는 대상자이지만 동시에 교육한 결과에 대해 평가를 하는 평가자들이기도 하다. 그러므로 위에 제시된 인사들은 마을평생교육평가에서 고려되어야 할 대상이다.

(3) 평가도구의 목표 설정

평가를 하기 위한 대상, 시기가 고려된 다음에는 실제 평가를 위한 목적이 설정되어야 한다. 이때 목표가 설정되면 이에 따른 세부 목적(Objectives)이 선정되고 이에 따라 평가도구가 설정된다. 평가도구설정을 위한 목적은 조직의 풍토와 체계에 관련된 목적, 프로그램운영과 관련된 목적, 프로그램 평가와 관련된 목적, 그리고 교육목표(Educational Objectives)와 관련된 목적 등을 고려하여야 한다.

첫째, 마을평생교육 프로그램 운영과 관련된 목표

마을평생교육운영과 관련된 목표는 ① 조직풍토와 조직체계(Structure)와 관련된 목적, ② 교육욕구와 흥미와 관련된 목적, ③ 목표된 목적을 개념 설정하는데 관련된 사항 ④ 프로그램설계와 관련된 목적, ⑤ 프로그램 운영과 관련된 목적, 그리고 ⑥ 평가와 관련된 목표 등이 평가도구 선정과정에서 검토되어야 한다.

둘째, 마을평생교육목적과 관련된 목표

마을평생교육목적과 관련된 목표는 일반교육이 그러하듯 마을평생교육을 통해 행동변화를 가져올 수 있고 바람직한 수준의 지식과 기술을 습득했는가의 여부를 검증하는 일이다. 이와 관련된 요인들은 대개 ① 지적성장발달 ② 문화적인 기초습득 ③ 신체적·정신적 건강유지 ④ 경제적으로 자립하는 등의 목표와 관련되어 있다.평가도구를 선정하기 위해서는 마을평생교육의 목적과 관련된 요인들과 프로그램 운영과 관련된 요인들을 고려하여 마을평생교육 프로그램의 평가가 이루어져야 한다.

<표-22> 마을평생교육평가를 위한 목표유형

분류	관련영역별목표	세부평가목표
프로그램 운영과 관련된 목표	1)조직풍토와 체계 목표	①마을평생교육을 위한 역동적 정책을 유지하기 위한 사항 ②마을평생교육참여자의 적절한 의사결정과 학습관리를 위한 사항 ③탁월한 서비스를 제공하기 위한 사항 ④성인학습 분위기를 유지하기 위한 사항
	2)욕구와 흥미에 관한 목표	①마을평생교육프로그램이 최근의 개인적 욕구와 흥미 조직요 구, 마을요구에 부응하는가에 관한 사항
	3)목적개념 설정에 관한 목표	①프로그램에 적절한 최근의 목적설정이 이루어졌는지에 관한 사항 ②현재 프로그램을 지도할 수 있는 목표설정여부에 관한 사항
	4)프로그램설계에 관한 목표	①프로그램설정의 질을 유지하기 위한 사항 ②의도된 욕구와 목적에 부합되는가를 검증하기 위한 사항
	5)프로그램운영에 관한 목표	①최선의 마을평생교육자를 유치하기 위한 사항 ②성인학습에 적합한 물리적 환경을 유지하기 위한 사항 ③교육목표를 달성하기 위한 행정지원에 관한 사항 ④적절한 재정지원에 관한 사항
	6)프로그램평가에 관한 목표	①프로그램 질 관리 전반에 관한 사항 ②효율적인 사고 배양, 중요한 정보, 아이디어 원리를 습득 ③효율적인 작업기술과 습관 형성 ④사회문제에 대한 감각, 미적 경험의 증진 ⑤인식한 사고보다 사회적 사고를 신장 ⑥미적, 예술적, 음악적 감상능력 증진 ⑦가치와 성숙된 흥미를 증진 ⑧사회적응 능력의 증진 ⑨신체적 건강증진 ⑩삶의 철학 정립

출처 : Makolm S. Knowles, Modern Practice of Adult Education (New York : Cambindhe, 1983), pp.205-209.

그러므로 앞서 제시된 목표에 대한 평가도구가 설정되는 것이 바람직하다.

특히 마을평생교육목표와 관련해서도 사회평등과 교육기회의 개념을 감안한 평가도구의 설정을 유의해야 한다.

(4) 평가 자료수집방법 선정

일단 평가도구가 선정되면 선정된 평가도구에 따라 수집이 이루어져야 한다. 자료수집방법은 마을평생교육 프로그램의 참가자라 할 수 있는 마을평생교육담당자인 성인교육자와 성인학습자, 지원인사, 외부전문가, 마을평생교육행정가, 그리고 마을 인사들로부터 수집될 수 있다. 수집방법으로는 ① 인터뷰 ② 대표위원회의 의견 ③ 질문지 ④ 교수과정에서의 수집 ⑤ 검사 혹은 시험 ⑥ 사례연구 ⑦ 직업수행능력에 대한 기록 ⑧ 마을평생교육 성취 측정기록 등에 의한 것들을 들 수 있다.

일단 다양한 평가 자료수집방법에 의해 자료가 수집되면 다음 단계는 자료를 분석하는 일이다. 자료의 분석은 어떠한 방법에 의해 수집되었는가에 따라 질적 방법에 의한 분석도 가능하고 양적 방법에 의한 분석도 가능해진다. 일반적으로 성취수준을 분석하는 방법과 기술습득 정도를 측정하는 분석방법 등으로 대별되고 있다.

(5) 평가 자료분석

일단 다양한 평가 자료수집방법에 의해 자료가 수집되면 다음 단계는 자료를 분석하는 일이다. 자료의 분석은 질적 방법에 의한 분석도 가능하고 양적 방법에 의한 분석도 가능해진다. 일반적으로 성취수준을 분석하는 방법과 기술습득 정도를 측정하는 분석방법 등으로 대별되고 있다.

(6) 자료의 활용

마지막 단계는 평가자료를 실제 장면에서 활용하고 필요에 따라서는 마을평생교육 프로그램 목표설정과정에 기초자료로서도 활용한다. 마을평생교육 프로그램 평가의 중요한 목표의 하나는 자료를 실제 장면에서 활용하고 그 활용과정에서 피드백이 될 수 있는 것이 무엇인가를 결정하는 일이다. 자료활용을 통해 마을평생교육 프로그램 설정과정에서 제시되었던 조직목표가 어느 정도 달성되었는가를 검증할 수도 있고 필요에 따라서는 재교육 실시를 위한 기초자료로서도 활용할 수 있다.

지금까지 다섯 단계의 평가절차를 검토해 본 바대로 마을평생교육 프로그램 평가를 위한 단계는 ① 목표설정 ② 표집 ③ 경험적 설계 ④ 측정 ⑤ 자료처리 및 분석 ⑥ 결과의 적용 등으로 구분될 수 있다.

3. 마을평생교육평가의 쟁점과 실제

1) 마을평생교육평가의 쟁점

마을평생교육평가는 실제가 다양하듯이 효과적인 평가가 이루어지기 위해서는 몇 가지 관점에서 진지한 논의가 필요하다.

첫째, 마을평생교육 프로그램과 성인학습에 대한 사회적 책무성(Accountability)이 더욱 강조되고 있다는 점이다.

둘째, 마을평생교육 프로그램에서 성인학습자보다는 성인교육자가 평가를 통제해야 된다는 점이다.

셋째, 자기주도적 평가보다는 보다 형식화되고 보다 체계적인 평가가 이루어져야 한다는 점이다.

넷째, 마을평생교육평가에서 일반 교육체제에서 활용하기 위해 개발해 놓은 평가 모델에 지나치게 의존하거나 직접 모방하려고 한다는 점이다.

다섯째, 마을평생교육에서 일반 학교교육에서와 같이 교육목표에 의존하고 있다는 점이다.

여섯째, 마을평생교육평가에서 측정이나 양적 방법론이 증대하고 있다는 점이다.

이러한 쟁점들은 마을평생교육평가에서 많은 논쟁의 여지를 담고 있다 하겠다.

우선 마을평생교육의 책무성과 관련하여 생각해 본다면 마을평생교육 프로그램은 독립적으로 떼어 생각할 수 있는 성질의 것이 아니라 사회체제들이라 할 수 있는 가족, 직장, 정치, 경제의 각 영역들과 연계되어 있다. 마을평생교육을 위해 이러한 사회체제들로부터 지원과 자원을 활용 받게 됨으로써 마을평생교육결과와 사회적 책임에 대해 평가받게 되기 마련이다. 근래에 들어 마을평생교육평가가 중요시되고 있는 이유 중의 하나는, 마을평생교육의 의의와 소산에 대해 사회적 검증이 필요하다는 점 때문이다. 특히 마을평생교육 프로그램 중에서도 계속교육(Continuing Education)과 전문인 계속교육(Professional Continuing Education) 프로그램의 경우에는 자격증 갱신과 밀접한 관련성이 있기 때문에 사회적 책무성의 문제가 극히 중요시되고 있다. 미국의 경우를 비롯한 선진국에서는 전문직에 대한 재교육을 강화시켜 의무화하고 있는 추세이므로 이들에 대한 마을평생교육 평가도 강화해 가는 경향이다.

두 번째는, 마을평생교육자가 평가를 관리, 통제하여야 한다는 견해도 첫 번째의 사회적 책무성과 관련하여 생각해 보아야 한다. 마을평생교육은 학교교육에 비교하여 볼 때 질적인 면에서 문제가 있을 수 있는 가능성이 높다. 따라서 마을평생교육평가가 강화되어야 한다는 주장이 나올 수 있다. 특히 평가과정의 관리, 평가의 설계 및 목표설정은 전문가나 마을평생교육담당자가 관리, 통제하여야 한다는 점이다.

세 번째는, 마을평생교육평가의 체계화와 형식 하에 관련하여서도 마을평생교육이 자기주도적 자발학습에 의존한다는 점 때문에 평가를 보다 제도화 혹은 형식화하고 체계화해야 한다는 것이다. 물론 비형식적 평가나 형식적 평가는 모두 다 중요하지만 자기주도적인 비형식적 평가보다는 보다 체계적이고 공식화되어 있는 형식적 평가가 강조되어야 한다는 것이다.

네 번째는, 초·중등학교의 평가모델을 마을평생교육 평가모델로 활용한다는 문제도 성인교육자가 학습을 통제하기 위해서 평가모델을 직접 모방하거나 원용하여야 한다는 견해이다. 그러나 마을평생교육에서 가장 중요한 쟁점인 마을평생교육을 정규교육의 강제적 연장으로 보느냐 그렇지 않으면 자발학습으로 인식하느냐와 관련된 문제라 할 수 있다. 즉 초·중등학교의 평가모델을 마을평생교육평가의 모델로 활용해야 된다는 견해는 다분히 정규교육의 강제적 연장교육으로 보는 견해와 부합되기 때문이다. 그러나 Rippey(1973), Brack(1978) 등은 마을평생교육학습에 부합되는 평가의 모델을 개발하고 있다.

이와 관련된 쟁점의 하나는 교육목표 설정인 마을평생교육 목표설정은 앞서 제시된 바 있는 사회적 책무성, 교육자의 통제, 공식적 평가 등과 밀접한 관련성이 있으며, 같은 맥락에서 마을평생교육목표가 성취되었는가를 확인하는 작업이 마을평생교육평가라고 보고 있다.

특히 Bobbit(1974)와 Tyler(1952) 등은 공식교육에서의 평가를 아래와 같이 개념짓고 있다.

"평가의 과정은 본질적으로 교육목표가 커리큘럼과 교수에 의해 실질적으로 실천되었는가를 결정하는 과정이다."

다음 마을평생교육평가에서의 양적 방법론의 증가와 측정 및 자료수집 기술의 확대는 근래에 들어서는 컴퓨터의 발달과 밀접한 관련성이 있다 하겠다. 그러나 교육목표가 성취되었는가를 측정하기 위해서는 계량화하는 것은 어쩔 수 없는 추세라 할 수 있으나, 지나치게 수량화하고 계수에 집착할 경우 마을평생교육 프로그램에서 간과할 수 없는 성인학습의 인지적 측면과 동기 및 정서적 측면들에 관련한 평가가 왜곡될 가능성은 배제할 수 없다. 특히 컴퓨터 기법에 의존할 경우에는 객관도, 난이도, 신뢰도, 타당도 등이 통제될 수 있는 이점이 있기 때문에, 평가를 위한 객관적인 자료를 습득할 수는 있지만 측정자료가 어느 정도의 전문가에 의해 제작되었는가에 따라 오류의 가능성도 검토해야 한다.

지금까지의 몇 가지 관점에서 나타내는 교육적 의미는 매우 크다 하겠으나 그것이 얼마만큼 '프로그램의 가치'를 측정하는가에 대해서는 또 다른 각도에서 엄밀한 검토가 요구된다 하겠다.

2) 마을평생교육평가의 실제

마을평생교육 프로그램 평가의 실제는 앞서 논의한 바대로 프로그램 특성에 따라 학습자 평가, 교수자 평가, 시기별 평가, 과정별 평가 등으로 비교적 다양하다 하겠다. 특히 효율적인 평가(Effective Evaluation)를 위해서는 역동관계와 각 요인들이 어떻게 인과 지어지는가에 대해 종합적 시각에서 검토되어야 한다. 특히 마을평생교육평가는 일반 학교교육에서의 평가처럼 어떤 수준의 성취나 진전에만 의의가 있는 것이 아니고 마을평생교육 프로그램과 연관된 각 요인들간의 개입과 전이가 교육에 의해서 어떻게 전달(Delivery) 되는가를 중요시한다.

이 점에서 마을평생교육평가는 각 수준 간 교육개입에서부터 실제 직업상황에의 활용에 이르기까지의 전달체계를 총체적 입장에서 평가할 때 효율적 평가가 이루어졌다고 볼 수 있다. 이러한 순환과정을 평가함에 있어 ① 과정평가의 경우에는 마을평생교육 교수자가 얼마나 잘 마을평생교육 학습자를 교육할 수 있도록 촉진(Facilitate)시켰는가를 점검해야 한다. ② 습득에 관련된 평가는 마을평생교육 학습자가 마을평생교육학습에서 담고 있는 내용을 습득하였는가의 유무를 평가해야 한다. ③ 적용과 관련된 평가에서는 마을평생교육 학습자가 배운 내용을 기술목표(Skill Objectives)에 적용시켰는가의 유무에 대한 평가를 한다. ④ 전환평가의 단계는 마을평생교육 학습자가 그들의 기술을 실제 상황에서 업무나 과업에 전환시켰는가를 검증한다. ⑤ 생산평가의 수준에서는 마을평생교육 학습자가 과업수행이 증진되어 생산증대에 연계되었는가 유무를 검토하는 단계이다(Carkhuff, 1982). 이 점에서 볼 때 효과적인 평가는 체계적인 절차에 준하여 각 하위단계별 평가가 이루어져야 하고 이러한 평가에 의한 종합적 평가가 이루어져야 한다. 이때 중요시되는 요인들은 ① 사실들(Facts) ② 개념들(Concepts) ③ 원리들(Principles) ④ 기술목표(Skill Objectives) ⑤ 기술단계(Skill Steps) 등으로써 이러한 요인들이 우선 명확히 설정되어야 한다. 이러한 인간배출 수준과 효과적인 평가에 대한 실제를 예시해 보면 다음과 같다.

예 1

<표-23> 기술내용 습득과 수준에 관한 평가

습득수준	평 가
기술단계	①신체적으로 참석여부 ②관찰 ③청취 ④내용에의 반응도 ⑤감촉적 반응 ⑥의미에 대한 반응
기술목표	①기술에 대한 반응 수준
원 리	①학습자 상호간의 상호작용
개 념	①참석여부 ②관찰 ③청취 ④반응 ⑤내용 ⑥감촉 ⑦의미
사 실	①두 사람이상의 상호작용

예 2

<표-24>기술목표 적용수준에 관한 평가

적용수준	평 가
자발적 주도	업무수행전반에 걸친 자발적 적용여부
통 합	업무수행과정에 통합적으로 적용시키는가 여부
과 정	업무수행과정에 적절한 체제과정에 활용여부
기 능	업무수행과정에서 체제기능과 요소에 활용여부
요 소	적절한 체제요소에만 적용 여부

특히 〈예시 2〉에서의 기술목표 적용수준에 관한 평가는 실제 업무수행 상황에서 개인적 차원에서 활용하는지, 그렇지 않으면 소집단 혹은 대집단 상황에서 활용하는지에 따라 결정된다. 또한 기능적 차원에서도 부과된 업무(Assigned Ask)에만 국한해 사용하는지 혹은 어떤 업무에서든 전반적으로 활용하고 있는지에 따

라 자발적인 주도적 단계로부터 요소 단계로 수준을 구분 지어 평가하고 있다.

예 3

<표-25> 생산성 수준의 평가

수 준	평 가
급격한 증가	조직체의 생산성 증가(+)
(+ +)	조직체의 투입자원 감소(+)
효 과 성	조직체의 생산성 불변(0) 혹은 생산성 증대(+)
(0 +)	조직체의 투입자원감소(+) 혹은 투입자원불변(0)
효 율 성	조직체의 생산성과 투입자원불변 그러나 균형유지(0)
현 상 유 지	조직체 생산성 불변(0) 혹은 생산성 감소(-)
(0 -)	조직체 투입자원 증대(-) 혹은 현수준유지(0)
감 소	조직체 생산성 감소(-)
(- -)	조직체 투입자원 감소(-)

생산성과 관련된 평가를 하나 더 예시해 본다면 생산성 수준을 다섯 단계로 나누어 평정해 볼 수 있다. 실제 업무수행 상에서 마을평생교육효과가 생산성에 연결되어 있는가 여부를 수준에 따라 평가하는 것으로써 평가의 결정여부는 요인에 따라 수준이 달라질 수 있다.

위에서 몇 가지 〈예시〉를 한 바처럼 효과적인 마을평생교육평가는 단순히 투입-산출의 도식에 의한 평가를 의미하는 것이 아니라 실제 상황에서의 생산성과 업무수행과도 밀접한 관련성이 있다는 점을 유의할 필요가 있다.

마을평생교육평가는 개인적 차원에서는 성인학습자의 교육적 욕구(Educational Need)의 충족여부를 점검하는 의의를 가질 뿐만 아니라 총체적인 교육과정에 대한 확인의 의미를 지닌다. 또한 마을평생교육담당자인 성인교육자(Adult Educator)에게는 교육경험의 조직과 계획에 대한 시사점을 제공해주는 의의를 지닌다.

마을평생교육평가의 또 다른 측면은 사회적 의의를 지닌다는 것이다. 일반적으로 평가의 교육적 의미는 학업 진행과정의 진전 여부나 성취수준의 확인 의미를 지닌 것과는 달리 마을평생교육평가는 현실 사회생활과 경제발전 및 국가발전과 밀접한 연관성을 보다 직접적으로 지닌다는 것이다. 그러므로 마을평생교육평가에서는 평가의 사회적 의미(Social Meaning)를 검증하는데 소홀해서는 안 된다. 마을평생교육평가는 마을평생교육 대상자가 대개 현직에 종사하고 있는 성인들이라는 점에서 현장 직업상황에서의 생산성 향상, 조직 풍토의 개선, 직업적성의 신장 및 효율적인 의사소통에 이르기까지 직접적 영향을 끼친다는 의의를 중요시하여야 한다.

마을평생교육의 평가에 대한 의의는 사회적 특성, 산업화 정도, 그리고 교육문화와 관련되어 있으며 그 기법이나 절차가 다양하다는 점에서 평가의 질 관리가 특별히 중요시된다.

예 4

<표-26> 평가 매트릭스에 의한 마을평생교육평가의 실제

평가의 목표	평가내용	측정영역	자료원	자료채집방법	평가범주
1.마을평생교육학습자의 만족도 부적합한 개념 잘못된 학습설계, 부적합한 학습대상자	마을평생교육학습자들의 학습과정에서의 반응 혹은 학습 후 반응	적절성 불안수준 학습용이	참가자의 평가 교수의 평가	관찰 인터뷰 질문지	
2.마을평생교육학습자료의 적절성 잘못된 체제 예시된 학습 발표 실습	워크샵 전 학습자의 실행능력 혹은 워크샵 후 학습자 실행 능력	이해수준 적용 이해 적용 시설 요소들의 활용	질문지 학습시간 시법과정에서의 수행 능력발표 프로젝트계획 도구사용능력 발표	관찰 기록분석 관찰 인터뷰 질문지	
3.설정된 개념의 활용	실행능력 증진과제	분석 실행계획 결과	토론 기록 결과분석	관찰 인터뷰 기록분석	
개념의 적절성 개념의 복합성 개념의 난해성	문제해결기법 진행중인 경영방법 접근	제안된 행동, 실천에 관한질문 언어분석 인간경영과정	토론 기록 결과 토론 회합 자료	검토 질문지법(비판적시각)	
4.개념이 적극적으로 실제 활용되는가 여부 조직에 영향을 미치는가 여부	문제해결능력 문제예견방지 실행능력 측정	문제설정 분석 행동 산출측정 임상적 측정	토론 자료 기록 결과 토론 자료분석 실행자료	질문지 인터뷰 자료분석 질문지 인터뷰 자료분석 자료분석	

마을평생교육평가에서 논의되고 평가의 의미에 대해서 검토되어야 할 점은 표준화된 측정방법에 의한 평가를 할 것인가 아니면 자작평가(Learner or Teacher Made Assessment)를 할 것인가를 결정해야 한다는 점이다. 이러한 결정은 대개 마을평생교육 대상자들이 어떤 교육적 특성을 지니고 있느냐에 의존하게 된다. 일반적으로 성인기초교육(ABE) 대상자들의 경우에는 마을평생교육 프로그램 실시 이후 표준화되고 범주에 기초한 평가가 유익하다는 것이다. 또한 전문적 계속교육(Professional Continuing Education) 대상자들의 경우에도 자격증 갱신과 서비스 질을 향상시키기 위한 교육목적 때문에 엄격한 평가가 요구된다. 이 점에서 저교육대상자(the Undereducated)와 과교육대상자(the Overeducated)가 마을평생교육 대상자들인 프로그램의 평가는 기준이 있는 표준화, 공식평가가 바람직하다는 것이다. 그러나 자기주도적 학습에 의존하는 대부분의 성인학습에 있어서는 학습자의 교육적 욕구와 흥미에 따라 수시로 행해질 수 있는 자기주도적 평가가 바람직하다 하겠다. 여기서 말하는 자기주도적 평가(Self-paced Evaluation)란 학습자의 욕구와 흥미에 따라 수시로 어디서든 행해질 수 있는 평가를 의미한다. 이때의 평가는 대개 자족적 평가를 의미하며 마을평생교육평가론에서는 이러한 추세를 주목할 필요가 있다.

제 4 장

외국의 마을평생교육

4장에서는 외국의 마을평생교육에 관한 내용으로 일본(카케가와시, 야시오시), 영국(노위치시), 호주의 사례를 통해 평생학습마을을 이해하고자 한다.

Ⅰ. 일본의 평생학습마을 사례

1. 카케가와시의 사례

1) 평생학습추진 배경

카케가와시는 일본 동경에서 서쪽으로 229.3킬로미터 떨어져 있으며, 신간선 열차로 2시간 정도 소요되는 거리에 위치하고 있다. 인구 약 8만의 소도시로 예로부터 일본 제일의 차 생산지이며 현재는 2차 산업과 서비스업도 발전하여 전체 산업이 조화롭게 발달된 도시이다. 이 도시의 학습도시 사업은 신무라 준이찌씨가 시장으로 당선되면서부터이다. 신무라 준이찌 시장은 시장으로 당선되기 전 산림조합 간부시절부터 이 지역의 청년 35명과 더불어 주민평생학습대학 운동을 전개한 인물이다. 주민평생학습대학은 카케가와시 전체를 대학 캠퍼스와 같은 곳으로 삼아 주민들이 일상생활 속에서 평생학습을 실천하자는 운동이다. 이는 자신이 태어난 고장을 사랑하고 더 살기 좋은 곳으로 발전시켜 나가자는 일종의 애향운동으로 볼 수 있다. 신무라 시장은 시장으로 당선된 이후 보다 본격적인 평생학습 운동을 전개한다. 1979년에 이 도시를 평생학습도시로 선언하고 본격적인 학습도시 사업을 추진하였다.

카케가와시의 학습도시사업은 이 지역의 독특한 역사적, 문화적 전통을 바탕으로 출발한 사업이었다. 이 지역에는 학습도시 사업이전에도 일본 '보덕운동(報德運動)'의 발원지였으며, 활발한 사회교육 활동이 전개된 지역이다. 보덕운동이란 보덕사라는 사회운동 결사체가 전개한 운동으로 자신이 태어난 지역의 은혜에 보답하는 정신으로 현실적 생업에 충실하고 이 같은 생업을 통하여 축적한 이익을 사회와 타인을 위하여 환원하자는 운동이다. 이 지역에서는 1848년 주변지역에 30여 개의 보덕사를 결성한바 있으며, 1875년에는 카케가와 주변지역의 보덕사를 총괄하는 '강원국보덕사'를 창립하였다. 보덕사를 중심으로 지역주민들을 대상으로 마을 개발을 목적으로 하는 사회교육운동을 활발히 전개하였으며, 이 같은 보덕운동의 기반을 토대로 이후 이 지역의 사회교육 활동도 활발히 전개되었다.

이 지역의 사회교육활동은 1940년대에는 부인회를 대상으로 하는 강연회, 강습회가 이루어졌으며, 이후에는 '어머니 학교', '어머니 강좌', '부모교실'등의 강좌가 개설되었다. 이처럼 초기 주부들을 대상으로 하는 사회교육강좌는 1940년대에 이르러 주부들이 자율적으로 결성한 '건강식품운동위원회', '학부모·교사 협의회', '소비자 협회' 등을 중심으로 하는 학습동아리 형태의 조직체를 통한 자율적인 학습운동으로 전개되었다.

카케가와시의 학습도시 사업이 출범하게 된 계기는 중앙정부의 '지역균형개발정책'이라는 국가 정책에 편승한 지자체의 '모델정주권 조성사업'이었다. 모델정주권 조성사업이란 해당 지역의 주민들이 정주민 의식을 갖고 해당 지역에서의 삶에 만족하며 다른 지역으로 이주하지 않고 생활하는 지역을 말한다. 카케가와시의 학습도시 사업은 그 당시 일본의 이촌향도 현상에 적극적으로 대응하기 위한 정주운동의 일환으로 전개되었던 것이다. 향후 학습도시사업 추진 기본이념으로 제시되고 있는 '수소의 시대', '선택토착민(選擇土着民)'은 이 같은 사업배경을 함축적으로 나타내고 있는 용어이다. '수소의 시대'란 자신이 태어난 고장을 귀중하게 여기고 자신이 속한 지역에 대한 긍지를 갖고 살아야 한다는 의미이며, '선택토착민'이란 카케가와에 태어난 것을 운명을 여기고 피동적으로 순응하며 살아가는 것이 아니라 자신의 고장을 주체적으로 선택하여 지역주민으로 적극적으로 살아가는 주민을 말한다. 두 용어 모두 고향사랑의 의미를 담고 있다.

이하에서는 카케가와시의 학습도시시스템 구성 요소의 투입이 구체적으로 어떤 사업의 형태로 투입되었으며, 이 같은 각각의 구성요소의 투입은 총체적 학습도시시스템 구축에 있어서 어떤 기능을 하였는가를 살펴보고자 한다.

2) 평생학습도시 조성

카케가와시의 학습도시시스템 구축에 있어서 구성요소의 기능을 분석하기 위하여 사업이 이루어진 시기를 세 시기로 구분하였다. 이 같은 시기 구분은 지자체가 추진한 학습도시 사업의 주요 초점의 변화에 따른 구분이다.

카케가와시의 학습도시 사업은 크게 기반 조성기(1977년-1987년), 참여 확산기

(1988년-1994년), 활동가 육성기(1995년-현재)의 세 시기로 구분 할 수 있다. 기반조성기는 학습도시시스템 구축의 기반을 다진 시기였으며, 참여 확산기는 일반 시민들의 학습도시 사업에 대한 참여를 촉진하는데 중점을 두었다. 활동가 육성기는 지역학 프로그램을 통하여 학습도시 사업에 적극적으로 동참하는 지역지도자를 육성하는데 초점을 둔 시기이다.

카케가와시의 학습도시 사업에 있어서 '사업추진요소'는 학습도시 사업의 총체적 추동력을 제공하는 엔진 기능을 하였고, '학습지원요소'는 시민들의 실제적 학습활동을 지원하는 기능을 하였으며, '학습참여촉진요소'는 시민들의 학습과 마을활동에 대한 참여를 촉진하는 기능을 하였다.

(1) 사업추진 요소

학습도시시스템 구축에 있어서 사업추진 요소는 리더십, 파트너십, 네트워크 등 학습도시 조성사업의 추동력을 제공하는 요소이다. 카케가와시의 학습도시 사업에 있어서 사업추진 요소는 각 시기별로 지속적으로 투입되어 학습도시 사업을 이끌어 가는 동력으로 기능하였으며, 각 각의 요소들은 학습도시가 형성되어가는 각 시기에 따라 변형된 형태로 투입되었다. 여기서는 사업추진 요소들이 어떻게 투입되었으며, 전체 학습도시 시스템 구축에 있어서 사업추진 요소의 기능은 무엇인가에 대하여 살펴보면 다음과 같다.

사업추진 요소 중 가장 핵심적인 요소는 리더십이다. 카케가와시의 학습도시 사업에 있어서 리더십의 핵심은 시장의 리더십이다. 시장 주도적 리더십은 사업 초기부터 후반기까지 지속적으로 투입되었으며, 시장은 시간의 흐름에 따라 개인 주도적 리더십을 도시 구성원 다수에게로 점차 분산하고자 노력하였다.

신무라 시장은 초기 학습도시 사업을 주도하였다. 초기에 투입된 시장의 리더십은 개인적 선각자적 리더십이었다. 시장은 선거공약에서부터 평생학습운동의 실천을 선언하였으며 시장으로 당선된 이후에는 '평생학습도시선언', '평생학습10개년 18항목 테마사업' 추진, '카케가와학사시 집회'와 '평생학습심포지윰' 개최 등을 통하여 도시 전체의 평생학습운동을 이끌어가는 리더십을 발휘하였다.

시장은 1979년 카케가와시 창립 25주년을 기념하여 '평생학습도시선언'을 하였다. 이 같은 평생학습도시선언은 카케가와시의 미래발전에 대한 비전을 제시하는 것이었다.

카케가와시 평생학습도시선언문

카케가와 시민은 작은 것에서 많은 행복을 느끼기 위하여, 건강하고 생기 있고 활발하고 활기차게 살기 위하여, 서로 어떻게 할 것인가에 관하여 언제나 질문을 갖고 함께 모여, 일생동안 학습을 계속하고자 시 창립 25주년을 기념하면서 카케가와시를 '평생학습도시'로 만들 것을 선언한다.

1979년 4월 1일

시장은 평생학습도시선언 이후에 '평생학습'을 시정 전반을 포괄하는 주요 테마로 하여 학습도시 사업을 추진하였다. 이를 위하여 '평생학습18항목테마사업'을 설정하고 구체적 사업을 전개하였다. 또한, '카케가와학사시 집회'를 개최하였는데, '카케가와학사시'란 '카케가와의 평생학습운동의 출발은 카케가와에 대하여 학습하는 것으로부터 출발하여야 한다'는 의미이다. 이 집회를 통하여 카케가와의 평생학습운동에 대한 주민의 관심을 유도하고 참여를 독려하였다. 이처럼 학습도시사업 출발 초기에 시장은 학습도시선언, 대중집회와 더불어 '평생학습심포지움'을 개최하였다.

카케가와시의 학습도시 조성사업 중기에 시장의 리더십은 지자체 행정조직에 '평생학습부'라는 평생학습담당 부서 설치, '연륜의 모임' 등과 같은 평생학습 이벤트 개최, '평생학습공원화사업' 추진 등의 형태로 발휘되었다.

이처럼 학습도시 사업 중기인 참여 확산기 동안에 발휘된 시장의 리더십은 기반조성기의 선언적 사업보다는 보다 구체적 형태로 나타났다.

카케가와시의 학습도시 사업이 후기인 활동가 육성기의 시장의 리더십은 여전히 학습도시 시스템 구축의 추진력을 제공하였다. 활동가 육성기의 리더십은 지역학 교육프로그램을 구안하고 제공하는 형태로 이루어졌다. 카케가와 시장은 '토와나니까 학사'라는 시민대학 프로그램을 개설하고 운영하는 형태로 시민들 가운데 지역 내 지도자를 발굴하고 육성하였다. 이 프로그램을 수료한 시민들은 자발적으로 동아리를 조직하여 활동하고 있다.

사업추진요소 가운데 파트너십 요소의 투입은 사업주체들간의 협력사업 전개를 위한 요소이다. 기반조성기의 파트너십은 제도적 형태의 파트너십으로 11명의 인사로 구성된 '평생학습추진본부'라는 학습도시사업 추진을 위한 리더 집단을 구성하였다. 또한, 교육위원회, 평생학습교육위원회부회, 평생학습행정부처, 시청 담당부서 간의 협력을 통하여 사업을 추진하였다. 특히, 교육위원회와 시청담당 부서

간의 파트너십을 통한 사업 추진이 이루어졌다. 참여확산기의 파트너십 요소의 투입은 시청에 평생학습부를 설치하여 평생학습부와 시청담당조직, 교육청 간의 파트너십을 통하여 사업을 추진하였으며, 각 지역평생학습센터에서는 '지구구장회' 등과 같은 주민자치 간부조직과 평생학습센터장, 사무장 간의 협력을 통하여 사업을 추진하는 형태로 이루어졌다. 참여 확산기의 파트너십의 가장 핵심적인 요소는 각 지역평생학습센터의 파트너십으로 각 지역평생학습센터의 운영은 주민자치조직과 주민학습조직 간의 파트너십을 바탕으로 이루어졌다. 활동가 육성기의 파트너십은 지자체와 민간위탁 기관인 평생학습사업단과의 파트너십과 시민과 교육위원회, 평생학습시설 간의 파트너십이 형성되었다. 지자체는 '평생학습사업단'이라는 법인을 구성하고 중앙평생학습센터 시설을 위탁운영하게 하였다.

이처럼 평생학습사업단이 교육위원회와 협력으로 시의 주요 평생학습시설을 운영하였으며, 전술한 토와나니까 학사라는 지역학 프로그램의 운영에 있어서 일반시민을 자원봉사자로 교육활동에 협력하게 하였고, 중앙평생학습센터, 중앙도서관 등의 평생학습시설 운영에는 시민 자원봉사자를 파트너로 동참하게 하였다.

사업추진요소 중 네트워크 요소도 사업 전 기간에 걸쳐 지속적으로 투입된 요소이다. 사업 초기에는 지자체와 중앙정부간의 네트워크가 형성되었다. 지자체는 중앙정부의 지역균형발전을 위한 정주권 조성 정책에 적극적으로 동조함으로써 중앙 정부의 재정지원을 받을 수 있었다. 즉, 지역평생학습센터 설치에 대한 예산을 국가와 현으로부터 지원받았다. 이 시기의 네트워크는 정책을 매개로 한 네트워크였던 것이다. 참여 확산기의 네트워크 요소의 투입은 지역평생학습센터를 중심으로 형성되었다. 지역평생학습센터에는 지역의 다양한 마을 집단과 주민자치조직, 지역주민간의 네트워크를 통한 협력과 교류가 이루어졌다. 활동가 육성기의 네트워크는 다양한 도시 내 주체 간에 네트워크가 형성되었다. 즉, 일반행정조직과 교육행정조직, 지자체, 대학, 연구소, 기업체 등 마을 내 다양한 주체간의 네트워크가 형성되었다. 이 같은 네트워크가 형성된 계기는 전술한 바와 같은 '토와나니까학사'라는 지역학프로그램 운영을 통하여 이루어졌다. 즉, 다양한 주체들은 이 같은 프로그램운영에 필요한 시설, 프로그램, 강사, 봉사자 등의 자원을 네트워크를 통하여 조달하였다.

이처럼 카케가와시의 학습도시시스템 구축에 있어서 리더십 요소는 사업 비전을 제시하고, 전체 사업을 기획하고, 사업을 추진하는 사업추진의 동력으로 기능하였으며, 파트너십 요소는 상이한 주체간의 협력관계를 이끌어 협력 사업을 이끌었고, 네트워크 요소는 마을 내의 다양한 주체들이 학습도시 조성에 필요한 자원을 조달하고 지원하는 기능을 하였다.

(2) 학습지원 요소

학습도시시스템 구축에 있어서 학습지원요소는 시민들의 실제적인 학습활동을 지원하는 요소이다. 학습지원 요소는 '학습지원', '학습시설정비', '학습배제제거', '고용력 증진', '행·재정적 지원' 등의 요소들로 구성된다.

학습지원은 시민들의 요구와 필요에 기초한 학습기회를 제공하는 요소로 시민의 학습요구를 조사하고, 학습정보와 학습상담 서비스를 제공하며, 시민학습 지원을 위하여 자원봉사자를 활용하는 것이다. 학습배제제거는 사회·경제적으로 불리한 위치에 있는 계층이 학습기회에서 소외되지 않도록 이들을 대상으로 적극적으로 학습기회를 마련하고 제공하는 요소이다. 고용력 증진은 시민들이 직업생활을 준비 할 수 있도록 취업과 재취업을 위한 직업교육과 직장에서의 업무 수행력 향상을 위한 직업교육의 기회를 제공하는 것을 말한다. 또한, 행·재정적 지원이란 이상과 같은 시민들의 학습 환경 조성과 학습지원을 위한 제도적·재정적 지원체제를 구축하는 것을 말한다. 여기에서는 학습지원 요소들이 카케가와시의 학습도시 조성 과정에 어떤 구체적 사업으로 투입되어 학습도시시스템 구축에 어떤 기능을 수행하였는가에 대하여 살펴보면 다음과 같다.

학습지원요소 중 학습시설정비는 카케가와시의 학습도시시스템 구축에 있어서 강하게 투입된 요소의 하나이다. 이 요소는 기반 조성기에 집중적으로 투입되었다. 1982년 이 도시의 중심 평생학습시설인 중앙평생학습센터가 설치되었으며, 각 지역에는 지역평생학습센터가 설치되었다. 현재 카케가와시에 설치된 지역평생학습센터는 20개소로 이 중 18개소가 1977년부터 1987년 사이에 설치되었다.

참여 확산기에는 학습시설 정비 요소가 거의 투입되지 않았다. 그것은 이전에 학습시설의 정비가 일단락되었기 때문이다. 활동가 육성기에 평생학습시설 정비 요소의 투입이 본격적으로 이루어졌는데 이 시기에는 초기의 평생학습시설과는 성격이 다른 시설이 설치되었다. 즉, 도서관, 미술관, 박물관 등 주요 목적이 평생학습이 아닌 교육·문화시설 설치가 이루어졌다. 학습지원요소 중 하위의 학습지원 요소는 기반 조성기에는 적극적으로 이루어지지 않았다. 기반 조성기에는 시민들을 대상으로 하는 적극적인 학습요구조사나 학습프로그램개발이 이루어지지 않았다. 시민들의 학습요구조사, 학습프로그램 개발을 통한 양질의 학습 서비스 제공이 이루어진 것은 1984년 '평생학습사업단'이 구성되어 중앙평생학습센터의 운영을 담당하면서부터 본격화되었다. 시민들을 대상으로 하는 학습지원 요소의 투입이 체계적·본격적으로 투입된 것은 활동가 육성기로 1995년 지역학 프로그램인 '토와나니까학사' 프로그램이 운영되면서부터이다. 토와나니까 학사프로그램은 프로그램 기획단계에서부터 지역 사회 내의 다양한 기관에 소속된 인사들이 참여하여 협의과정을 거쳐 프로그램을 기획하고 추진하였다. 이처럼 카케가와시의 학습도시시스템 구축에 있어서 학습지원요소의 투입은 사업 초기 보다는 사업 중·후기로 갈수로 보다 강하게 투입되었다.

학습지원요소 중 행·재정적 지원 요소는 비교적 강하게 투입된 요소이다. 초기의 행·재정적 지원 요소는 [그림-9]와 같이 '평생학습추진본부'를 구성하고 평생학습교육위원회 부회와 평생학습행정부회를 설치하여 교육위원회와 시의회 간의 연계 협력이 이루어 질 수 있는 체제를 구성하였다. 시청, 교육행정조직, 주민자치조직이 상호 연계되는 체제를 구성하였다. 그리고 초기부터 평생학습 활성화를 위한 예산지원이 활발히 이루어졌는데, 특히 지역평생학습센터 운영을 위한 예산지원이 활발히 이루어졌다. 행·재정적 지원 요소가 보다 강하게 투입된 것은 참여확산기이다. 이 시기에 시청 조직에 '평생학습부'를 신설하였으며, '지구공민관'의 명칭을 '지역평생학습센터'로 개칭하였다.

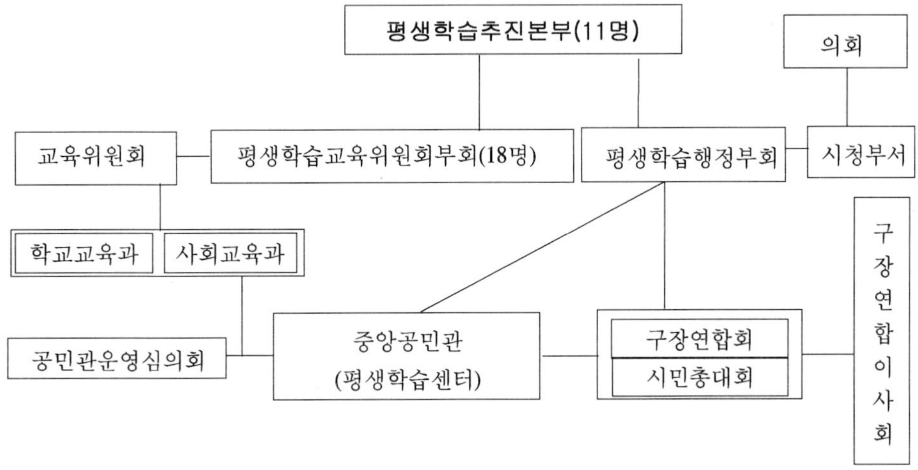

[그림-9] 시민전체 참여를 위한 평생학습 시스템

또한, 1990년부터 지역평생학습센터 운영예산을 지자체 예산에 책정하여 예산 지원을 제도화하였다. 그리고 지역평생학습센터의 운영인력으로 센터장과 사무장을 배치하여 센터운영이 원활히 이루어질 수 있도록 지원하였다. 이처럼 참여 확산기에 이루어진 행·재정적 지원요소의 투입은 학습도시 사업이 안정된 제도적 기반 위에서 추진 될 수 있게 하는데 중점을 두었다.

활동가 육성기에는 평생학습사업단을 법인화함으로써 평생학습도시 사업에 민간단체가 참여 할 수 있는 기반을 마련하여 행·재정적 지원을 강화하였다. 또한, '지구카케가와연구소'를 설립하여 지역학 프로그램이 운영될 수 있는 기초를 마련하였다.

카케가와시의 학습도시시스템 구축에 있어서 학습지원 요소 중 고용력 증진 요소와 학습배제제거 요소는 적극적으로 투입되지 않았다. 그것은 이 도시에서 운영하는 평생학습프로그램 중 직업교육이나 고용력 증진에 관련된 프로그램이 전혀 없다는 사실을 통해 확인 할 수 있다. 또한, 사회적 소외계층에 대한 적극적인 교육지원이 이루어지지 않았기 때문에 학습배제제거 요소도 투입되지 않았다고 할 수 있다. 그러나 각 지역의 마을평생교육센터에서 제공되는 프로그램 운영을 위한 예산을 시가 직접 지원하여 일반 시민들이 누구나 무료로 공공 평생학습시설에서 평생학습 기회를 가질 수 있게 하였다는 점은 학습배제 제거 요소의 투입이 간접적으로 이루어졌다고 볼 수 있다.

카케가와시의 학습도시시스템 구축에 있어서 모든 요소들은 각기 학습지원요소로서의 성격을 약간씩 내포하고 있다. 학습지원요소는 시민들에 대한 학습기회를 다양화하고 주민들의 평생학습과 관련된 서비스의 질을 향상하는 기능을 함으로써 시민들의 학습을 실제적으로 지원하고 시민들의 마을 봉사활동 참여를 촉진하는 기능을 하였다. 학습시설정비 요소는 시민들의 학습인프라를 구축함으로써 이 도시의 학습도시 사업이 항상성을 갖고 지속적으로 추진되게 하는 기능을 하였다. 카케가와시의 시민학습 활성화에 있어서 학습시설정비 요소는 학습도시시스템 구축의 가장 근원적 토대를 조성하는 기능을 담당한 것이다. 한편, 행·재정적 지원요소의 투입은 카케가와시의 학습도시 사업이 제도적 안정성 위에서 추진 될 수 있는 기반을 구축하였다. 이처럼 카케가와시의 학습도시시스템 구축에 있어서 상위의 학습지원 요소의 투입은 학습도시 시스템 구축에 있어서 물리적, 제도적 인프라를 구축하는 기능을 하였다.

(3) 참여촉진 요소

학습도시시스템 구축에 있어서 참여촉진 요소는 시민들의 학습에 대한 참여를 촉진하는 요소이다. 참여촉진 요소에 속하는 하위 요소는 학습참여 촉진, 주민자치 촉진, 공동체형성 요소이다.

학습참여촉진 요소는 시민들에게 평생학습을 홍보하고, 평생학습이벤트와 평생학습세미나를 개최하고, 학습성과 발표회를 개최하는 등과 같은 학습홍보와 학습에 대한 인식을 확대하는 기능과 시민의 학습성과를 격려하는 기능을 담당하는 요소이다. 주민자치 촉진 요소는 주민자치제도와 조직을 정비하고, 주민들의 시정참여와 마을 개선을 위한 실천 활동을 촉진하는 기능을 담당하는 요소이다. 공동체형성 요소는 시민들이 마을 구성원으로서의 소속감을 갖게 하고 정체성을 형성하기 위하여 지역공동체 형성을 위한 다양한 노력으로 마을 상호작용의 증진을 통하여 구성원간의 연대감을 형성하는 요소이다. 여기에서는 이상과 같은 학습참여촉진 요소들이 카케가와시의 학습도시 조성 과정에 어떤 형태의 구체적 사업으로 전개되는지, 그리고 이 같은 요소들은 전체 학습도시시스템 구축에 있어서 어떤 기능을 하고 있는가를 살펴보면 다음과 같다.

카케가와시의 학습도시시스템 구축에 있어서 학습참여촉진 요소는 기반 조성기부터 활동가 육성기까지 지속적으로 투입된 요소이며, 매우 독특한 방식으로 투입되었다. 이 중 학습참여촉진 요소는 학습도시시스템 구축의 초기와 중기에 매우 강하게 투입되었다.

기반조성기의 학습참여촉진 요소의 투입은 평생학습행사와 평생학습 이벤트개최, 시정홍보를 통한 평생학습홍보, 평생학습 상징만들기의 형태로 전개되었다. 학습참여촉진 전략으로 평생학습도시선언, 평생학습세미나 개최가 이루어졌으며, 시화(市花), 시목(市木)을 지정하였다. 또한, 1979년에는 부용을 '평생학습상징화'로 지정하여 '부용 백만그루심기운동'을 전개 하였다. 1978년에는 '카케가와학사시집회'와 '부인평생학습집회'를 개최하는 방법으로 학습도시 사업의 출발을 시민들에게 알리고자 노력하였다. 시장은 각 가정에 배포되는 시정홍보지에 수필을 실어 시민들에게 평생학습을 지속적으로 홍보하였다.

참여 확산기의 학습참여촉진은 세미나 개최와 이벤트 개최를 통하여 주로 이루어졌다. 학습도시 사업의 참여 확산기에 해당하는 7년 동안 이 도시에 개최된 전국적 규모의 세미나는 총 10회로 매년 1회 이상 평생학습과 관련된 세미나를 개최하여 시민들에게 평생학습을 홍보하였다. 참여 확산기에는 특이한 이벤트를 통해서도 시민들의 평생학습에 대한 관심을 환기하고 참여를 촉진하였다. 이 이벤트는 '연륜의 모임'이라는 이벤트로 성년식을 발전시켜 모든 연령대로 확대하고 해당 연령대 시민들이 모여서 자율적으로 행사를 기획하고 운영하도록 지원하였다.

카케가와시의 학습참여 촉진 요소 중 특이한 것은 주민자치촉진 요소의 투입이다. 주민자치촉진 요소는 이 도시의 학습도시 사업이 도시 전 지역으로 확산되게 하는 통로로 기능하였다. 주민자치촉진 요소는 '집회'와 '조직'이라는 두 가지 차원으로 투입되었다. 집회를 통한 사업은 초기의 '카케가와학사시집회'를 발전시켜 '시민총대회'라는 주민자치 집회를 정기적으로 개최하는 방식으로 투입되었다. 이 집회는 지구집회와 중앙집회라는 두 가지 집회가 있는데 지구집회는 20개의 지역평생학습센터를 순회하면서 개최되는 시정홍보와 주민의견 수렴을 위한 집회이고, 중앙집회는 지구집회를 통하여 수렴한 시민들의 의견을 시정에 반영하고 그 결과를 주민자치 조직인 지구대표에게 알리는 집회이다.

조직을 통한 주민자치촉진은 지역평생학습센터의 조직 구성을 각 지역의 주민자치 조직 임원들을 참여하게 함으로써 두 조직 간에 네트워크 관계를 형성하였다. 지역평생학습센터의 조직은 크게 두 가지로 구분 할 수 있는데 한 가지는 "학습써클"이라는 학습동아리 조직이고 한 가지는 "전문부"라는 주민자치 조직이다. 이 중 "전문부" 조직은 주민자치 활동을 실천하는 조직으로 기능하고 있다. 예컨대, 동산구 지역평생학습센터의 2002년도 전문부 조직 구성은 사무국, 체육부, 교통안전부, 지역만들기부, 문화부, 여성학급부, 복지부 등으로 구성되어 있으며 사무국은 위원회개최, 센터운영을 위한 사무를 담당하고 있으며, 체육부에서는 지역체육대회 개최를 담당하고, 교통안전부는 교통표지판 관리 지역행사시에 교통정리 등을 담당하고 있으며, 지역만들기부는 관광표지 설치와 관광지 관리를 담당하고, 문화부는 지역문화축제 개최, 지역 홍보신문 발간 등의 업무를 담당하고 있다. 이처럼 지역평생학습센터의 전문부 조직은 주민자치조직으로 지역 수준에서 주민자치 활동이 활발히 이루어지게 하는 기능을 하고 있는 것이다.

공동체형성 요소의 투입은 학습도시 사업의 초기에 가장 활발히 투입된 요소로 초기 공동체형성 요소의 투입은 시민운동의 형태로 전개되었다. 이는 독특한 사례로 카케가와시의 공동체형성 요소의 투입은 신간선 카케가와 역사 건립을 위한 모금운동의 형태로 이루어졌다. 카케가와시에는 오래 전부터 신간선이 도시를 가로지르며 지나고 있었지만 카케가와역을 설치하기 이전에는 신간선은 시내의 교통 소통을 방해하는 장애물에 불과하였다. 이에 시장은 신간선역 건설의 필요성을 느끼고 시의회에서 발의하고 이후 역사건립에 필요한 자금 모금운동을 시민운동 형태로 추진하였다. 이 같은 시민모금운동의 결과 역사 건립 발의 11년 후인 1988년에 역이 완성되어 성대한 개소식 축제가 개최되었다. 카케가와 시민들은 이 같은 모금운동을 통하여 공동체적 연대감과 지역 주민으로서의 정체성을 형성한 것이다. 시민모금운동을 통한 공동체형성은 이후 카케가와성 건립 과정에서도 이루어졌다.

참여 확산기의 공동체형성은 상징만들기 사업을 통하여 전개되었다. 즉, 시가지 공원화사업을 통해 시내에 36개의 명소·명물을 지정하고 이를 공원처럼 단장하는 사업을 추진하였다. 이 같은 시가지 공원화사업은 카케가와시의 지역상징 만들기를 통해 지역민에게 자긍심을 심어주기 위한 사업인 것이다.

카케가와시는 학습도시 사업에 있어서는 36이라는 숫자에 상징적 의미를 부여하고 있는데, 36개의 공원을 조성하고 있으며 지역학 프로그램 참여자수가 36명이며 연간 수업료는 3만 6천엔이다. 이는 시장이 산림조합 간부 시절 35명의 마을 청년들과 전개한 '평생학습대학운동'의 정신을 평생학습도시 사업을 통하여 계승한다는 상징적 의미를 담고 있는 것이다. 이처럼 카케가와시는 다양한 방법으로 상징만들기를 통하여 시민을 공동체 구성원으로 결속하기 위한 적극적 사업을 전개하고 있다.

활동가 육성기의 공동체 형성 전략은 지역학 프로그램을 통해 이루어졌다. 지역학 프로그램의 학습내용은 지역의 역사와 문물에 관한 것이었으며, 교육목표는 지역만들기에 동참하는 지도자의 육성이었다. 시민들은 이 같은 지역학 프로그램의 참여를 통하여 동일한 공동체 구성원으로서의 정체감을 형성하였다.

카케가와시의 학습도시시스템 구축에 있어서 학습참여촉진, 주민자치촉진, 공동체형성 등의 요소는 전체 학습도시시스템 구축에 있어서 각각 서로 다른 기능을 담당하고 있다. 학습참여촉진 요소는 시민들에게 평생학습을 홍보하고 평생학습에 대한 인식을 제고하는 기능을 담당하고 있으며, 주민자치촉진 요소는 주민의 평생학습시설 운영을 위한 주민학습 조직을 구성하는 가능과 주민에게 시정을 홍보하고 주민들의 시정에 대한 의견을 수렴하는 과정을 통하여 지역단위의 주민자치

조직을 활용하여 주민의 학습참여를 촉진하는 기능을 하고 있다. 또한, 공동체형성 요소는 지역 내부의 주민들의 결속을 강화하고 이 같은 공동체적 결속을 통하여 학습조직 구성과 학습참여를 촉진하는 기능을 하고 있다.

(4) 학습도시시스템 구성요소의 기능

카케가와시의 학습도시시스템 구축에 있어서 학습도시시스템을 구성하는 하위 구성요소의 기능은 〈표-27〉과 같이 정리 할 수 있다. 즉, '리더십' 요소는 사업에 대한 전반적 비전을 제시하고, 이를 홍보하고, 학습도시 사업 전반을 기획하고 사업 실천에 대한 추진력을 제공하고, 사업에 참여하는 주체들간의 역할과 협력을 조정하는 역할을 담당하고 있다.

'파트너십' 요소는 학습도시사업에 있어서 구체적 협력사업을 추진하는 기능과 지역 내의 각종 주민단체와 조직들이 사업에 동참하게 하는 기능을 하고 있다. 또한, 주민들이 시에서 추진하는 사업과 경영하는 학습시설에 자원봉사자로 참여하고 협조하게 하는 기능을 하고 있다. '네트워크' 요소는 학습도시 사업에 필요한 자원을 조달하는 기능을 담당하고 있다. 여기서 자원이란 예산, 인적자원, 물적자원, 시설자원을 말한다. 지자체의 상위 행정조직과의 네트워크는 예산을 조달하는 기능을 하고 있으며, 마을 내 기관, 단체, 주민과의 네트워크는 학습시설의 교류·활용과 학습프로그램의 강사와 자원봉사자를 조달하는 기능을 담당하고 있다. '학습시설정비' 요소는 기본적으로 주민들에게 학습공간을 제공하는 기능을 하며, 타 요소들이 형성되고 투입될 수 있는 기본 인프라로서 기능하고 있다. 시민들은 학습시설에서의 교류를 통하여 파트너십과 네트워크, 공동체가 형성하고 있는 것이다. '학습참여촉진' 요소는 평생학습에 대한 주민들의 참여를 고양하고, 평생학습운동을 홍보하며, 학습공동체 형성을 지원하고 있다. 또한, 학습참여 촉진을 위한 행사 자체가 학습프로그램으로 기능하고 있다.

한편, '학습지원' 요소는 시민들에 대한 평생학습 서비스의 품질을 향상하는 기능을 하고 있으며, '행·재정적지원' 요소는 사업추진을 위한 제도적 기반을 마련하여 사업의 지속성을 강화하고 학습도시 사업의 타 구성요소의 투입과 형성을 지원하고 있다. 또한, '공동체형성' 요소는 타 구성요소의 투입으로 인한 결과물임과 동시에 타 구성요소의 투입과 형성을 지원하는 요소로 기능하고 있으며, '주민자치촉진' 요소는 학습도시 사업에 대한 주민참여 유도, 학습조직과 주민자치 조직간의 네트워크형성, 중앙과 지역 수준의 사업추진체제간의 네트워크를 형성하는 기능을 담당하고 있다.

요컨대, 가케가와시의 학습도시 시스템 구축에 있어서 각각의 구성요소들은 각기 고유기능을 수행함과 동시에 타 요소간의 상호작용을 통하여 타 요소의 형성과 투입을 지원하는 기능을 수행하고 있다. 이 같은 과정을 통하여 전체 학습도시시스템이 구성되고 있다.

<표-27> 학습도시시스템 구성요소의 기능

구성요소	기 능
리더십	사업비전 제시, 사업기획, 사업홍보, 사업추진력제공, 참여주체조정
파트너십	사업협력관계 형성, 지역조직·단체 참여 유도, 주민참여와 자원봉사 유도
네트워크	사업에 필요한 인적·물적 자원의 조달과 활용
학습시설정비	학습공간제공, 타 구성요소 형성 기반 제공
학습참여촉진	주민참여 촉진, 홍보, 공동체형성지원, 다양한 학습프로그램으로 기능
학습지원	학습서비스의 질 향상, 학습프로그램개발, 타 구성요소 형성
행·재정적지원	사업추진을 위한 제도적 기반마련, 재원조달, 타 구성요소 형성지원
공동체형성	타 구성요소 투입의 결과물, 타 구성요소 형성지원
주민자치촉진	사업에 대한 주민참여유도, 학습과 주민자치의 연계형성, 사업추진체제형성

3) 학습도시시스템 구성요소간의 상호작용

카케가와시의 학습도시 시스템의 구축은 전술한 것처럼 다양한 구성요소들이 학습도시 사업 전 기간에 걸쳐 지속적으로 투입되는 가운데 조성되었다. 학습도시 시스템 구성요소들은 각각의 요소가 개별적으로 전체 시스템 구성에 있어서 고유의 기능을 담당하였을 뿐만 아니라 한 요소의 투입은 다른 요소의 투입에 영향을 미치는 가운데 시너지 효과를 창출함으로써 전체 시스템을 형성하고 있다. 이 같은 각 구성 요소들의 상호관계와 상호작용에 관하여 살펴보면 다음과 같다.

카케가와시의 학습도시시스템 구축은 [그림-10]과 같이 사업추진 요소는 참여촉진 요소와 학습지원 요소의 투입을 이끄는 요소로 기능하고 있으며, 참여촉진 요소는 주민들의 학습참여에 대한 촉진과 주민자치 활성화, 공동체 형성을 통하여 주민들의 평생학습운동과 마을 활동에 대한 참여를 촉진하는 기능을 하고 있다. 학습지원 요소는 학습시설에 정비, 학습활동 지원, 행·재정적 학습지원 제도 정비를 통하여 시민들의 학습을 지원하는 기능을 담당하고 있다.

이 가운데 중심적 요소는 사업추진 요소로 사업추진 요소는 학습참여촉진 요소와 학습지원 요소 투입을 주도하고 결과적으로 도시 전체의 시민 평생학습 지원 체제를 재구조화하여 시민학습 활성화를 결과하고 있다.

카케가와시의 학습도시시스템 구축에 있어서 하위 구성요소들은 각 요소가 단독 요소로 전체 학습도시시스템 구축에 독립적 영향을 미치는 것이 아니라 하위 구성요소 간 복잡한 상호작용을 통하여 상호 영향을 미치고 있으며 전체 학습도시시스템은 하위요소간의 상호작용을 통한 시너지 효과를 통하여 구축되고 있다. 학습도시시스템을 구축하는 하위 구성요소들 간의 상호작용을 통한 요소간의 상호영향과 이 같은 과정을 통한 학습도시시스템 구축에 대하여 살펴보면 다음과 같다.

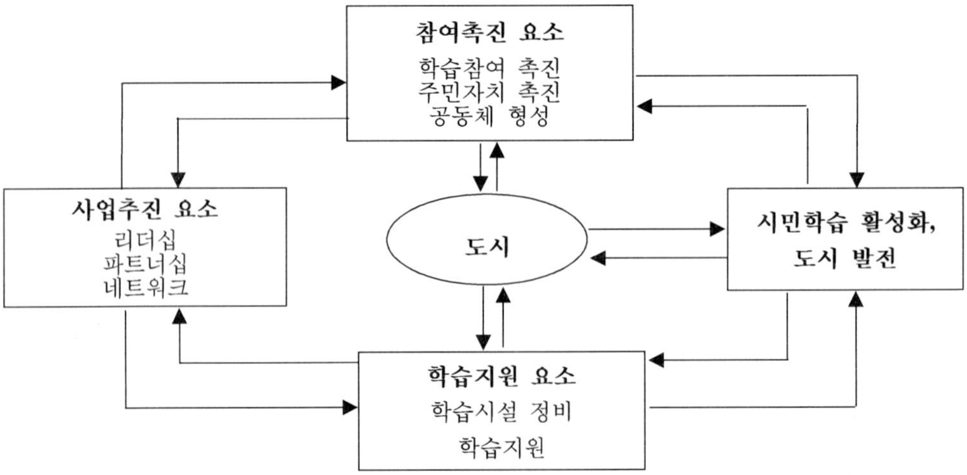

[그림-10] 구성요소 간의 관계

카케가와시의 학습도시시스템 구축에 작용하고 있는 요소는 모두 9가지 요소이다. 리더십, 파트너십, 네트워크, 학습시설 정비, 학습참여 촉진, 학습지원, 공동체 형성, 주민자치 촉진, 행·재정적 지원 등의 요소가 그것이다. 카케가와시의 전체 학습도시시스템 구축에 있어서 가장 핵심적인 요소는 리더십 요소이다. 리더십 요소는 나머지 8가지 요소의 투입을 이끄는 요소이다. 리더십을 발휘하는 주체는 시장으로 시장의 리더십은 카케가와시의 학습도시시스템 구축의 가장 핵심적 요소로 작용하고 있다.

다음으로 학습도시시스템 구축에 큰 영향을 미치고 있는 요소는 행·재정적 지원 요소이다. 행·재정적지원 요소는 학습도시 사업 추진의 체계성과 정당성, 지속성을 담보하는 요소로 행·재정적지원 요소는 학습시설정비 요소와 학습지원 요소에 강한 영향을 미치고 있다. 카케가와시는 초기 학습시설 정비에 많은 예산을 투자하였으며, 지속적으로 학습시설 운영예산 지원과 인력지원을 통하여 시민들의 학습을 직접적으로 지원하고 있다. 이처럼 행·재정적 지원은 학습시설의 정비와 학습지원에 강한 영향을 미치고 있다.

학습시설정비 요소는 카케가와시 시민들의 기초 학습인프라로 기능하여 학습지원, 주민자치 촉진에 강한 영향을 미치고 있으며, 학습참여촉진, 파트너십형성, 네트워크구축, 공동체형성에도 간접적인 영향을 미치고 있는 요소이다. 즉, 중앙평생학습센터와 지역평생학습센터가 설치됨으로써 이 같은 학습시설을 통하여 체계적인 학습프로그램의 개발과 제공을 통한 학습지원이 가능하였으며, 학습시설을 기반으로 시민들의 주민자치 모임과 주민자치 활동이 활성화 될 수 있었다. 이처럼 카케가와시의 학습시설은 단순히 주민 학습시설로서의 기능뿐만 아니라 주민자치 시설, 공동체 형성기반으로서의 기능도 하고 있는 것이다.

또한, 학습시설 정비는 지역주민들의 학습에 대한 참여를 촉진하는 역할과 파트너십 형성에도 기여하고 있다. 즉, 학습시설을 바탕으로 시민 자원봉사자들이 사업에 파트너로 참여하여 시민학습 활동에 대한 협력과 지원이 이루어 질 수 있는 기반을 제공하고 있다. 또한, 각 지역평생학습센터 시설은 주민자치 조직과 평생학습센터 조직 간의 네트워크가 형성 될 수 있는 장을 제공하는 기능을 하고 있다. 그리고 주민학습 시설에서의 주민들의 학습과 마을 행사와 활동에 대한 참여를 통하여 중앙평생학습센터는 도시 전체 규모의 공동체 형성에 기여하고 있으며, 지역평생학습센터는 20개의 작은 지역단위의 공동체가 형성 될 수 있는 여건을 제공하고 있다. 요컨대, 학습시설 정비 요소는 행·재정적 지원 요소의 지원으로 투입되었으며, 학습지원 요소와 주민자치촉진에 직접적으로 작용하고 있고, 학습지원, 공동체형성, 파트너십형성, 네트워크 구축에 간접적으로 영향을 미치는 등 다른 요소의 투입에 광범위한 영향을 미치고 있다.

한편, 학습지원 요소는 학습시설정비, 행·재정적 지원, 파트너십 형성, 네트워크 구축, 주민자치 촉진, 공동체 형성 등 타 요소의 지원을 기반으로 투입되는 요소로 주민들의 실질적인 학습활동에 대한 지원이 이루어지기 위해서는 학습지원이 이루어 질 수 있는 충분한 학습기반 환경이 형성되어야 가능함을 알 수 있다.

공동체형성 요소도 행·재정적 지원과 네트워크 구축 요소의 영향으로 형성되고 있으며, 주민자치촉진 요소도 리더십, 학습시설정비 등의 지원을 통하여 형성되고 있는 요소로 주민자치촉진을 통하여 주민자치, 네트워크 구축, 파트너십 형성과 학습지원이 이루어지고 있다. 파트너십 형성 요소도 리더십, 학습시설정비, 학습참여 촉진, 학습지원, 공동체 형성 요소의 지원 아래 투입되고 있으며 이 요소는 학습지원요소를 지원하고 있다.

이상과 같은 카케가와시의 학습도시시스템 구성요소간의 상호작용과 상호관계 분석을 통하여 몇 가지 결론을 도출 할 수 있다. 그것은 학습도시시스템 구축에 있어서는 전체 시스템 구축의 기본 조건으로 우선적으로 투입되어야 하는 요소와 타 요소의 투입으로 인하여 형성된 조건에 터하여 투입되는 후속적 성격의 요소가 있다는 것이다. 여기서 선행하는 요소에 해당하는 것은 리더십, 행·재정적 지원, 학습시설정비, 네트워크구축, 파트너십형성 등과 같은 요소이다. 반면에 타 요소의 투입의 결과로 형성되는 산출적 성격의 후속하는 요소로는 학습참여촉진, 학습지원, 공동체형성, 주민자치촉진 등과 같은 요소가 그것이다.

□ 평생학습도시조성의 시사점

학습도시 사업의 세계적 선구 사례인 일본 카케가와시의 평생학습도시 사업에 대한 사례를 통하여 평생학습도시 시스템 구축에 있어서 각각의 하위 구성요소들이 전체 학습도시 시스템을 구성하는데 있어 어떤 기능을 수행하고 있으며, 각 요소간의 상호작용은 어떠한가를 살펴보았다. 이를 위하여 기존의 학습도시 이론과 선행 연구물을 개관하여 학습도시 시스템을 구성하는 11가지의 하위 구성요소를 추출하고 이 같은 각각의 구성 요소들이 실제 사업에 있어서는 어떤 구체적 사업으로 투입되고 있는지, 전체 학습도시시스템 구축에 있어서의 각 요소의 기능은 무엇인지, 학습도시시스템 구축과정에 있어서 각 구성요소의 상호작용은 어떠한지에 대하여 살펴보았다.

학습도시시스템은 모두 9가지 요소로 구성되고 이 같은 9가지 요소는 다시 크게 3가지 요소로 묶을 수 있다. 이 3가지 요소는 '사업추진 요소', '학습지원 요소', '참여촉진 요소'로 구분 할 수 있다. 사업추진 요소는 전체 사업을 이끌어가는 요소로 학습도시 사업 전체의 견인차 역할을 하는 요소로 기능하고 있다. 카케가와시의 경우 사업추진 요소 중 리더십이 핵심적 기능을 담당하고 있으며, 시장의 리더십은 사업 전반을 이끌고 조정·감독하는 기능을 담당하고 있다.

학습지원 요소는 시민들의 학습활동을 직접적으로 지원하는 요소로 이 같은 요소 중 학습시설지원은 시민학습 지원의 기본 인프라로 기능하고 있다. 학습지원 요소 중 행·재정적 지원요소는 학습도시 사업의 제도적 인프라로 기능하여 사업의 안정성과 지속성을 담보하고 있다. 참여촉진 요소는 시민의 학습참여 촉진과 마을활동에 대한 참여를 촉진하는 요소로 여기에는 이벤트를 통한 홍보, 상징을 통한 학습참여 촉진 외에도 지역주민운동을 통한 지역공동체 형성, 주민자치 조직과 주민자치제도를 주민학습과 연계시키는 전략을 통한 주민자치 촉진 등의 다양한 방법으로 주민의 평생학습 실천을 촉진하고 있다.

학습도시시스템 구축에 있어서 각각의 요소들이 독립적으로 전체 학습도시시스템에 작용하는 것이 아니라 다수의 구성 요소들이 때로는 타 요소에 영향을 주고 때로는 타 요소로부터 영향을 받는 가운데 전체 학습도시시스템을 형성해나가고 있다. 그런데 이 같은 요소들의 비중이나 우선순위가 서로 다르다. 리더십과 같은 요소는 모든 요소의 투입을 이끄는 요소로 작용하고 있으며, 학습시설정비는 학습도시 시스템 구축의 기초적 인프라로 작용하고 있다. 또한, 리더십, 학습시설정비, 행·제도적 지원 등과 같은 요소는 타 요소에 선행하여 투입되어야 하는 요소이다.

이를 통해 우리나라의 학습도시 조성사업 추진에 있어서 몇 가지 시사점을 제공한다.

첫째, 학습도시 형성은 전체 학습도시를 구성하는 하위 구성 요소들의 총체적 투입을 통하여 가능하기 때문에 학습도시 사업은 사업 전체를 하나의 총체적 시스템으로 보고 전방위적 형태로 추진하여야 함을 알 수 있다. 즉, 학습도시 사업은 학습시설의 정비, 행·재정적 지원체제 구축, 평생학습 홍보, 평생학습프로그램 제공, 지역공동체 형성을 위한 다양한 형태의 이벤트 등이 동시다발적으로 추진되어야 함을 알 수 있다.

둘째, 학습도시 사업에 있어서 다른 요소보다 선행하여 투입되어야 하는 요소와 후속적으로 투입되어야 하는 요소가 있다는 것이다. 이 연구는 학습도시시스템 구축에 있어서 우선적으로 투입되어야 하는 요소는 주로 물리적·제도적 학습인프라 구축과 관련된 요소들임을 알 수 있다. 특히, 학습시설의 정비와 행·재정적지원은 학습도시사업의 안정적 추진을 위하여 선행적으로 투입되어야 하는 요소이다.

셋째, 학습도시 시스템의 구축에 있어서 리더십이 매우 중요한 요소임을 알 수 있다. 카케가와시의 학습도시 시스템을 시종 일관 주도한 요소는 시장의 리더십이다. 시장은 당시로서는 평생학습도시를 세계 최초로 선언한 선각자였고 지역발전을 위한 분명한 비전이 있었으며 학습도시 사업을 지속적으로 이끌어 가는 추진력을 갖춘 인물이었다. 무엇보다도 해당 지역 출신으로 지역에 대한 애정이 남달랐다. 이같은 점은 우리나라 학습도시 사업의 추진에 있어서도 기초자치단체장의 확고한 비전과 사업에 대한 열정과 리더십이 사업의 성패를 좌우하는 중요한 요소임을 시사한다.

넷째, 학습도시 사업에 있어서 한 가지 사업의 추진 결과는 외형적으로 나타나는 해당 사업의 성과로만 끝나는 것이 아니라 한 사업은 다른 사업과 상호 유기적으로 관련되어있다는 점이다. 즉, 한 사업의 과정과 결과는 다른 사업에도 직·간접적으로 작용하여 전체 시스템이 구축되고 있다. 이는 학습도시 사업을 추진할 때 해당 사업의 효과뿐만 아니라 해당 사업의 시너지 효과까지 고려하면서 전체 사업을 계획하고 추진하여야 함을 알 수 있다.

다섯째, 학습도시 사업에 작용하는 여러 요소들 가운데 중요하게 고려하여야 하는 요소는 해당 지역의 배경과 특성이라는 점이다. 학습도시 사업은 진공의 공간에서 이루어지는 사업이 아니라 특정 지역을 무대로 지역민이 주인공으로 참여하는 사업이다. 카케가와시의 경우 이 지역은 과거로부터 학습문화가 조성된 지역이었는데 학습도시 사업을 통하여 이 같은 지역 내의 학습문화를 효과적으로 확산하였다. 이 같은 점은 우리나라의 학습도시 사업의 추진에 있어서 해당 지역에 대한 치밀한 분석을 토대로 사업 비전과 사업내용을 설정하고 사업을 추진하여야 함을 시사한다. 이상과 같은 시사점에도 불구하고 모든 학습도시 조성에 일반적으로 적용하는 데는 무리가 있다. 그것은 일본 카케가와시의 사례는 특정 국가, 특정 도시, 특정 주민을 대상으로 전개된 학습도시 사업이기 때문이다. 즉, 학습도시 사업이 이루어지는 지역의 특성, 해당 도시의 마을평생교육과 관련된 법적·제도적 여건, 학습도시 사업에 투입되는 자원 등이 도시마다 다르기 때문이다.

현재 학습도시 사업은 전지구적으로 전개되고 있는 평생학습 활성화를 통한 지역 활성화와 지역발전을 지향하는 사업이다. 각 지역이 처한 사회적 여건과 조건이 서로 다르기 때문에 학습도시 사업도 각기 다른 목적과 전략으로 접근하고 있다. 이 연구 대상인 카케가와시는 일본이라는 국가적 상황과 카케가와라는 지역을 배경으로 평생학습도시 사업을 통하여 마을의 총체적 활성화와 주민자치 증진, 지역공동체 형성을 이룬 한 사례에 해당한다. 따라서 학습도시시스템 구축에 작용하는 구성 요소의 기능과 상호작용에 대한 보편적 해답을 얻기 위해서는 상이한 사회적 맥락에서 추진되는 학습도시 사업 추진 사례에 대한 후속 연구와 상이한 국가·사회적 배경에서의 학습도시 사업 추진 사례에 대한 비교연구가 이루어져야 할 것이다.

2. 야시오시(八潮市)의 사례

학습공동체형 평생학습도시는 지역 주민들에게 평생학습 참여기회를 확대하고, 학습을 통하여 지역주민들의 해당 지자체의 행정에 관심을 갖게 하고 마을 내의 각종 문제해결에 참여하게 함으로써 지역주민들의 정체성 강화를 통한 주민자치 증진과 지역 활성화를 지향하는 평생학습도시 유형이다. 이 같은 학습공동체형 평생학습도시 사례로 일본 야시오시 사례를 살펴보면 다음과 같다.

1) 평생학습도시사업 추진 배경

일본 야시오시(八潮市)는 수도 동경과 인접한 사이타마현(埼玉懸)의 동남부에 위치하고 있으며, 인구는 약 7만 5천명이고, 세대수는 약 27,000 가구의 중간 규모의 도시이다. 도시의 남쪽은 일본수도 동경에 접하고 있으며, 서쪽은 소카시(草加市), 동쪽은 미사토시(三鄕市)와 접하고 있다. 야시오시는 18.03 제곱킬로미터의 평탄한 지형으로 4개의 하천이 시가지를 에워싸듯 흐르고 있다(松澤利行, 2005). 야시오시(八潮市)는 1992년 야시오시 창립 20주년 1년 전인 1991년 7월 1일 평생학습도시 선언을 하였다. 이는 사이타마현에서 이루어진 최초의 평생학습도시선언이었다. 야시오시의 평생학습도시선언은 평생학습을 통하여 인간을 고양하고 지역을 고양하는 것을 목표로 하고 있다. 야시오시는 이를 위하여 행정내부에 평생학습체제를 확립하고 행정의 평생학습화를 추진하였다.

2) 평생학습도시사업 추진 체제

야시오시는 평생학습도시선언 이듬해인 1992년 4월 1일 기획부에 평생학습도시추진실을 설치하였다. '평생학습추진실'은 실장을 포함하여 5명의 스텝으로 구성된 특별 사업을 추진하는 팀이다. 추진실 발족과 동시에 평생학습은 교육위원회만의 일이라는 인식을 타파하면서 특색 있는 평생학습운동을 추진하였다. 야시오시의 평생학습추진체제는 시장, 시장비서, 회계, 교육 등 관련 부문 공무원으로 구성된 '평생학습추진본부'가 중심기구로 설치되어 있으며, 이 같은 평생학습추진본부에 대하여 자문을 하는 '야시오시평생학습추진위원회'가 구성되어 있다. 또한, 실질적인 평생학습추진에 있어서 중심적인 역할을 추진하는 '평생학습추진실'이 설치되어 있다. 그리고 시 행정 부서 각과와 시설에는 평생학습추진책임자가 지정되어 있다. 야시오시는 '평생학평생학습도시추진실'을 발족한 후 평생학습 추진을 위한 시정 내부체제 확립을 위하여 부장급 이상의 공무원으로 '평생학습추진본부'를 설치하고, 전체 과와 시설에 키맨(Key Man)이라는 평생학습추진 주임을 임명하였다. 키맨은 야시오시 행정 조직에 총 60명이 임명되었으며 각과와 각 시설에서 평생학습도시 사업의 추진에 있어서 중심 역할을 하는 사람으로 년 4회 '평생학습추진실'과 '평생학습추진위원회'에 평생학습 추진현황에 대하여 보고하고 있다.

3) 참여촉진

야시오시는 시민과 공무원의 평생학습 참여 촉진을 위한 다양한 전략을 추진하고 있다. 먼저 전술한 바와 같은 평생학습도시 선언을 하고, 키맨 제도를 도입하여 각 부서에 평생학습 키맨을 임명하고 행정의 평생학습화 추진을 통하여 공무원의 평생학습 참여를 촉진하였으며, 배달강좌 운영, '평생학습도시상(賞)'을 제정, 평생학습정보지 발행, 평생학습탐정단 운영과 평생학습정보네트워크 시스템을 구축하였다.

야시오시의 평생학습도시 선언은 시정에 있어서 평생학습도시 사업의 필요성을 대내외적으로 천명하고 평생학습을 행정목표로 추구한다는 것을 공무들과 시민에게 널리 알리기 위한 것이었다.

평생학습 키맨 제도는 야시오시의 행정조직 전체 과와 시설에 임명된 각과와 시설의 평생학습 담당 공무원으로써 전체 60명이 임명되어 각과의 업무를 평생학습도시 사업을 목표로 추진하는 공무원이다. 야시오시는 이 같은 키맨 제도의 도입과 동시에 시정 전반을 평생학습화하여 평생학습사회에 대응하여 행정자체를 평생학습의 관점에서 시민을 행정의 중심에 시정을 추진하였다.

또한, 야시오시는 1994년부터 '평생학습도시 배달강좌'를 실시하였다. 배달강좌는 공무원이 강사가 되어 각 지역에 가서 시정에 대한 설명을 하는 것으로 행정을 시민을 고객으로 하는 서비스 정신으로 추진하겠다는 정신을 반영한 제도이다. 이 제도를 통하여 시민들의 시정에 대한 관심과 참여를 촉진하고 있다. 야시오시는 시민의 일상생활을 통한 평생학습 실천을 촉진하기 위하여 '평생학습도시상'을 제정하여 평생학습 실천의 모범이 되는 개인과 단체를 시상하여 평생학습 참여를 격려하고 있으며, 평생학습자원봉사자를 활용하여 '평생학습정보지'를 발행하고, 자원봉사 주부들로 '평생학습탐정단'을 구성하여 평생학습과 관련된 정보를 수집하여 시정에 반영하는 역할을 담당하게 하고 있다. 야시오시는 평생학습정보시스템을 구성하여 시민들과 공원이 이용 할 수 있도록 하고 있다. 이 시스템은 평생학습정보 제공과 더불어 사무 자동화에 활용하고 있다.

4) 평생학습 프로그램

야시오시에서 평생학습도시 사업을 통하여 제공되는 대표적 평생학습프로그램은 전술한 바와 같은 '평생학습 배달강좌'프로그램이다. 이 프로그램은 모두 야시오시의 공무원들이 강사로 참여하고 있다. 내용은 시정과 관련된 내용으로 구성되어 있으며 시민들이 시정을 이해하고 시민들의 생활에 도움이 되는 내용으로 구성되어 있다.

평생학습배달강좌는 1994년 4월부터 운영되었다. 1994년에는 45개과와 시설에서 70개의 강좌가 운영되었으며 1995년에는 77개의 강좌가 운영되었다. 강좌의 제공은 시민들의 참여가 용이하도록 평일과 휴일을 불문하고 이루어지고 있으며, 시간대는 오전 9시부터 오후 9시까지 2시간 이내로 제공된다. 강의 내용은 시정 전반에 대한 내용으로 구성되어 있으며 내용 중 정치, 종교, 영리 목적, 미풍양속을 해치는 내용은 배제되고 있다. 강의는 시민과 지역단체로부터 요구를 접수하여 계획되는데 강의가 이루어지기 2주전에 '평생학습도시추진실'에 강의를 접수 한 후 시행하게 하고 있다. 강의내용은 '응급처치법', '건강강좌', '즐거운 종이접기', '세금에 대하여', '야시오시의 복지 서비스', '평생학습에 있어서 마을 만들기', '향토역사강좌' 등으로 구성되어 있다.

이 같은 강의에 대한 시민의 반응은 "시청 공무원들의 노고를 이해하게 되었다", "시간 외로 근무하는데도 힘들어하지 않는다" 등 호의적인 반응을 보이고 있다. 공무원들도 시민들 앞에서 강의하는 것이 처음에는 어렵게 느껴졌지만 강의원고와 강의자료를 작성하는 과정을 통하여 업무에 관련된 학습을 하고 있으며, 자신의 업무에 대한 긍지와 자신감을 갖게 되었다.

이처럼 야시오시의 평생학습 배달강의는 시민들과 공무원들의 상호이해와 시정에 대한 학습기회를 제공하고 있으며, 시민과 공무원이 함께하는 학습을 통하여 시민참여 시정을 실현하는 역할을 하고 있다.

Ⅱ. 영국의 평생학습마을사례

1. 학습도시사업 추진배경

영국에서 학습도시는 도시(city), 타운(town) 또는 마을(community) 형태일 수 있으며, 다양한 교육·훈련기관간의 파트너십(partnership) 구축을 통해서 지역주민들의 학습 요구를 충족시키는 도시를 말한다. 학습도시가 기존의 지역 단위에서 실시된 교육훈련 사업, 도시재개발 사업 등과 다른 점은 지역 주민, 공동체 조직, 노동조합, 교육·직업훈련기관, 고용주, 기타 기관들(지방당국, 상공회의소, 기업 등)이 모두 협력하여 만들어 가는 도시라는 점이다. 학습도시는 사회통합, 경제회생, 경제발전을 촉진하기 위해서 학습을 주요 수단으로서 활용하는 도시로, 주민들에게 평생에 걸쳐 형식, 비형식적인 학습 기회와 고용능력 향상 기회를 제공하는 것을 목적으로 한다. 또한, 학습도시는 도시의 사회적, 경제적 재생을 촉진하는 법을 배우기 위해서 지역의 사회적, 문화적, 정치적, 경제적 영역들이 어떻게 변화하는 가를 배우는 것을 목적으로 하는 도시이다.

영국에서 학습도시 개념이 본격적으로 확산되기 시작한 것은 1992년 스웨덴 Gothenburg에서 OECD 컨퍼런스가 개최된 이후이다. 동 컨퍼런스 이후 영국의 국가성인·계속교육센터(The National Institute of Adult and Continuing Education: NIACE)의 관계자들과 일부 공무원들이 주축이 되어 학습도시 개념을 영국 전역에 확산시키기 시작하였다. 1995년 8개의 도시가 학습도시 네트워크(Learning Communities Network: LCN)를 최초로 형성하였고, 2005년 현재는 32개 도시가 참여하고 있다. 학습도시에 대한 LCN의 연구, 개발 및 홍보 활동은 학습도시의 확산뿐만 아니나, 마을평생교육의 활성화에도 크게 기여하고 있다.

이와 같이 영국에서 학습도시들이 활발히 조성된 데에는 지식기반사회를 맞이하여 평생학습을 교육 전체의 패러다임으로서 강조한 영국 정부의 정책이 지대한 영향을 미쳤다고 볼 수 있다. 영국 정부는 1997년 「학습국가를 향하여(Towards a Learning Nation) 보고서」를 발표하면서, 지식기반사회에서 필요한 국가경쟁력을 확보하고, 사회통합을 이루기 위해서 교육에 최우선 순위를 두겠다는 의지를 강력히 표명한 바 있다. 또한, 1998년에는 「학습시대(The Learning Age) 보고서」를 통해서 뉴밀레니엄은 학습시대임을 천명하면서, 이에 대하여 마을이 적극적으로 대응해야 나가야 할 필요성을 강조하였다.

2. 학습도시 현황 및 특징

1) 학습도시 현황

영국에서 학습도시는 거의 전 지역에서 조성되고 있으나, 그 구체적인 현황은 파악하기 어렵다. 다만, 영국 학습도시 네트워크(Learning Community Network: LCN)의 회원 도시 현황을 활용하여 추측할 수 있을 뿐이다. 2005년 LCN에 가입된 영국의 도시는 총 32개로, 그 현황은 다음과 같다.

<표-28> 영국 학습도시 현황(2005년 현재)

학습도시명	추진 주체	학습도시명	추진 주체
Belfast Northern Island	Belfast City Council Belfast Learning City Forum	Liverpool	Merseyside Colleges Association Liverpool Community College
Birmingham	Birmingham City Council	Middlebrough	Middlesbrough LLP
Blackburn	Blackburn with Darwen Borough Council	Newcastle-under-Lyme	Newcastle-under-Lyme College Newcastle-under-Lyme Borough Council
Buckinghamshire	Bucks Lifelong Learning Partnership	Norwich	Norwich City Council Norwich City College Norwich Learning City Group
Carlisle	Carlisle City Council St Martin's College	Preston	Preston Learning Together Partnership
Channel Islands	States of Jersey Education States of Guernsey Education	Sandwell	Sandwell Education & Lifelong Learning West Bromwich
County Durham	County Durham Learning Partnership	Sheffield	Sheffield First for Learning Partnership Sheffield City Council
Darlington	Darlington Borough Council	Slough	Slough Borough Council

Derby	Derby City of Learning Derby College	Southhampton	Southampton City Council
Edinburgh	Edinburgh Learning City of Edinburgh Council	Stockton	Stockton's Learning Towns
Gloucestershire	Gloucestershire LSC	Tyne & Wear	Tyne & Wear Learning Partnership
Greater Gwent	The Learning Network (TLN) University of Wales College, Newport	Walsall	Walsall Education Walsall College of Continuing Education
Greemwich	Greenwich Community College Greenwich Education Service	West Sussex	West Sussex Learning Partnership
Harrow (London Borough)	Harrow Council	Woyerhampton	Wolverhampton LEA
Hertfordshire	Watford Learning Partnership	York	City of York Council Learning Partnership
Hull	Institute for Learning	총	32개 도시*

*주: Channel Islands내의 Jersey와 Guernsey를 별개로 구분함
자료: LCN의 홈페이지(http://www.bgfl.org/services/lcn/members.htm)

□ 영국의 주요 학습도시

<표-29> 영국의 주요 학습도시 활동

구분	주요 학습도시 활동	도시 개요
Blackburn with Darwen	o 지역의 교육훈련기관들과 함께 마을 평생교육 포럼을 개최하여 평생학습 촉진을 위한 전략 개발 o 학습축제(Learning Festival) 개최	o 인구: 140,023명 o 주요 산업: 제조업 o 경제수준: 빈곤지역
Buckinghamshire	o 지역산업체장, 교육기관 대표, 공공 및 지역봉사기관 등의 대표들로 평생학습 파트너십 형성 o 학습대상 운영 o 학습을 촉진하기 위한 다양한 표어들을 개발하여 지역에 제시함	o 인구: 475,000명 o 지역특성: 도시들로 둘러싸인 지역이나, 그린벨트 지역으로 지정되어 개발이 제한되어 있음 o 교육: 1999년이래 성인학습자의 증가율은 10%에 불과함
Hull	o 도시재생전략의 일환으로서 평생학습 강화 o 지역 내의 교육, 훈련, 산업체, 공공기관들을 중심으로 City Learning 협력체 구성	o 인구: 270,000명 o 지역 특징: 로테르담을 직면하고 있는 항구도시, 어업의 쇄락으로 경제적 곤란을 겪고 있음 o 교육: 학업성취도가 낮고, 중도탈락율이 높음

Norwich	o Learning City Partnership 구성 운영 o ICT를 활용한 학습센터인 Learning together hubs을 학교에 조성 o Learning Shops 운영 o Learning Festival 개최	o 인구: 124,000명 o 지역특징: 실업율이 인근지역보다 높으며, 빈곤지역임
Belfast	o 교육훈련기관, 자원봉사기관, 공공기관 관계들과 함께 Learning City 포럼 개최 o Local Learning Ambassadors 선정 o Learning for Life 등과 같은 홍보물 제작・배포 o Learning Festival, learning shop 운영	o 인구: 298,000명 o 지역 특성: 분쟁이 많았던 북아일랜드의 도시로, 학습의 사회통합 역할 강조 o 교육: 마을 교육의 전통이 강하나, 성인 학습자의 교육비율이 영국 평균에 비해 저조함
Edinburgh	o Lifelong Learning Partnership 구축 o 학습과 도시재생을 연계 추진 o 교육훈련기관, 도서관 등 기타 학습관련 기관 간의 네트워크 구축	o 인구: 449,000명 o 지역 특성: 스코트랜드의 주도(主都)로서, 행정문화의 중심지임.

자료: Yarnit(2003). Towns, cities and regions in the learning age: A survey of learning communities.

3. 노위치시의 사례

직업능력개발형 평생학습도시는 시민들의 평생에 걸친 직업능력 개발을 통하여 고용능력을 증진하는데 주된 목표를 두고 추진되고 있는 평생학습도시 사업 유형으로 이 같은 직업능력개발형 평생학습도시 사업은 영국의 평생학습도시의 주된 형태이다. 다음은 영국의 평생학습도시 중 노위치시의 평생학습도시 조성 사례의 내용이다.

1) 추진 배경

노위치시의 인구는 약 12만 6천명이고, 소수 민족이 적고, 두 개의 주정부가 위치하고 있다(www.norwich.gov.uk). 노위치시에서는 1995년부터 평생학습도시 사업을 시작하였으며 영국 동부지역에서 가장 먼저 영국 평생학습도시 네트워크(LCN)에 참여하였다(www.bgfl.org).

노위치시가 평생학습도시 사업을 시작한 계기는 영국의 경제 침체기에 많은 공단이 문 닫는 위기를 맞아 국가 활성화 전략으로 평생학습의 중요성을 강조함에 따라 노위치시의 경제적 활성화에 있어서 평생학습도시 사업의 중요성을 인식한 공무원들에 의해 평생학습도시 사업이 시작하게 되었다. 그들은 에딘버러(Edinburg)와 리버풀(Liverpool) 등 선행 평생학습도시 사례로부터 영향을 받아 평생학습도시 사업을 시작하였다.

특히, 노위치시는 영국 노포크(Norfolk)의 타 지역보다도 실업률이 높은 지역이며, 주민들의 학습력 수준은 영국의 타 지역보다 비교적 낮아 시민들의 수리력과 문해력이 낮으며, 34%의 시민은 형식교육 이후 교육이나 훈련 경험을 갖고 있지 않다. 이 같은 맥락에서 도시 활성화의 열쇠로 평생학습 기회 제공의 중요성을 인식하여 평생학습도시 사업이 시작되었다.

2) 추진 체제

노위치시의 평생학습도시 사업은 경제 활성화 전략의 일환으로 출발하였다. 노위치시의 학습도시 사업은 1996년 가을 관계자 150 여 명이 참여한 가운데 평생학습도시 세미나를 개최함으로써 시작되었다. 그 후 평생학습도시 사업에 관심 있는 사람들을 중심으로 평생학습도시 사업 추진을 위한 위원회를 구성하고 더 많은 주체들이 사업에 참여하게 되었다. 평생학습도시 사업이 처음 출발할 당시 다양한 지역 내 기관들이 참여한 수차례의 회의와 토론 끝에 시의회가 교육과 훈련기관의 경쟁적 갈등 상황 속에서 협력 조정자의 역할을 수행 할 것을 결정하였다. 초기의 파트너로는 노위치시의회, 노포크 학습기술의회, 노포크 직업훈련기관, 이스트엥겔리아 대학교, 노위치시 칼리지, 노포크 카운티 의회, 직업센터 등 7개 기관이 참여하였다. 그리고 이 같은 파트너십 형성 목적은 노위치시에 평생학습문화를 창출하는 것이었다(www. norwich.gov.uk/webapps).

노위치시의 평생학습도시 사업을 추진하는 기구인 평생학습도시 추진체제는 세 수준으로 구성되어 있다. 상위 수준은 카운티 수준의 광역 단위 평생학습도시 네트워크인 '노포크 학습 파트너십(Norfolk Learning Partnership)'이고, 중간 수준은 파트너로 참여하는 기관의 기관장으로 구성된 총괄기구로서의 추진체제이고, 하위 수준은 교사와 강사 및 프로그램을 제공하는 기구인 노위치 평생학습도시그룹(Norwich Learning City Group)'이다.

노위치시의 평생학습도시 사업에 소요되는 재원은 파트너로 참여하는 기관들의 재원 분담과 중앙정부의 프로젝트 지원비를 통하여 조달되고 있다. 특히, 노위치시는 영국 정부가 도시 재개발과 활성화를 위하여 지원한 단일재건기금(SRB: Single Regeneration Budget)을 통하여 8년간 정부로부터 170만 유로를 지원 받았으며 이를 기반으로 평생학습도시 사업을 활발히 추진 할 수 있었다(www.norwich.gov.uk).

또한, 국가개발기구(NADA: National Development Agenda)에 의해 25,000파운드를 지원받아 평생학습도시 사업에 활용하고 있다. 국가개발기구(NADA)는 노위치 지역의 파트너들이 스스로 내부 투자에 참여하게 하여 지역경제 발전을 촉진하는 데 기여하고 있다.

3) 참여 촉진

노위치시는 시민들의 평생학습 참여 촉진을 위하여 다양한 평생학습홍보 전략을 전개하고 있다. 이 같은 학습홍보 전략으로는 평생학습에 관한 세미나 개최와 학습상점(learning shop), 평생학습주간, 평생학습축제 등이 있다. 세미나는 학술행사를 통하여 다수의 시민에게 평생학습을 홍보하기 위한 전략이고, 학습상점은 시민들의 일상적 생활이 이루어지는 근린 공간을 통하여 시민들에게 평생학습에 접할 기회를 제공하는 전략이다.

노위치시는 시민들에게 평생학습을 홍보하기 위하여 평생학습과 관련된 세미나를 개최하여 많은 시민들에게 평생학습에 대하여 홍보하고 있다. 또한, 노위치시의 학습상점은 평생학습의 독특한 홍보방식으로 학습포럼(Learning Forum)이라는 복합마을평생교육 시설 안에 설치된 학습홍보 공간이다. 노위치시는 시립도서관이 화재로 인하여 소실되자 그 자리에 포럼(The Forum)이라는 복합 마을평생교육시설을 설치하였다. 이 시설은 도서실, 학습공간, 어린이 놀이공간, 서점, 학습정보제공 공간, 휴식 공간으로 구성되어 있다. 1층에 위치한 학습상점은 시에서 이루어지는 마을평생교육 프로그램에 대한 정보와 학습상담을 제공하는 공간이다. 시민들에게 평생학습 참여를 촉진하는 또 하나의 행사는 평생학습축제의 개최이다. 평생학습 축제는 영국의 '성인교육주간'에 개최되며 홍보부스를 설치하여 시민들에게 평생학습에 관하여 홍보하고 있다.

이처럼 시민들에 대한 평생학습 참여 촉진 전략은 실제적으로 시민들의 학습참여를 촉진하고 있다. 특히, 학습상점은 시민들이 평생학습 참여를 실천하게 하는 데 실제적으로 기여하고 있다.

4) 평생학습 프로그램 운영

노위치시에서 평생학습도시 사업으로 운영되는 프로그램은 매우 다양하다. 이 같은 프로그램을 개괄적으로 살펴보면, 시민들의 기초적인 능력을 함양하기 위한 기초교육 프로그램, 능력공인 프로그램, 교양·여가교육 프로그램이 운영되고 있으며, 전문 직업능력 교육프로그램과 학위과정 프로그램이 운영되고 있다.

먼저, 기초능력인정 프로그램은 국가직업능력인증(NVQ) 과정이 운영되고 있으며 국가직업능력인증(NVQ) 과정은 수준 1부터 수준 6까지 과정을 운영하고 있다. 노위치시의 평생학습 프로그램은 가족단위로도 제공되고 있다. 예컨대 지역학습센터인 라크만 센터(Larkman Center)에서는 가족단위의 가족문해교육, 가족수학교육, 가족과학교육, 가족공예, 가족 댄스 프로그램을 운영하고 있다. 그밖에도 각 지역 평생학습시설을 통하여 정보화 교육과 사회봉사교육 등을 제공하고 있다. 여가교육 프로그램도 운영하고 있는데 노먼센터(Norman Center)에는 마을 카페, 정보화 센터, 헬쓰 클럽, 고용 상담소, 커뮤니티 포럼, 놀이 동아리 등의 프로그램을 운영하고 있다(www.norwich.gov.uk/webapps). 이와 같은 기초능력교육과 여가교육 프로그램 외에도 고등교육 수준의 전문직업능력 교육 프로그램과 학위과정 프로그램을 운영하고 있다. 고등교육 프로그램 운영은 전문직업학교와 대학을 통해 이루어지고 있다.

노위치시 예술디자인 학교에서는 천 명의 학생들에게 전문가 고등교육 대학을 운영하고 있고 이 과정은 한국의 이화여자대학교와 협력을 하고 있습니다(노위치시 평생학습도시사업 담당).

이처럼 다양한 수준과 내용의 교육 프로그램 운영은 마을 내의 다양한 교육기관과 교육주체들이 파트너 형태로 마을 단위의 각종 프로젝트에 참여함으로써 가능한 것이다. 이 같은 교육 프로젝트에 파트너로 참여하고 있는 교육기관으로는 초·중·고등학교와 대학, 각종 직업전문학교, 지역마을평생교육센터, 정보센터, 자원봉사센터 등이다.

Ⅲ. 호주의 평생학습마을 사례

1. 학습도시사업 추진배경

호주에서 학습도시는 학습공동체(learning community)로 불리며, 그 특성은 학습도시를 통해서 해결하고자 하는 공동체 이슈, 지역의 인적·물적 자원, 기타 지역적 특성에 따라 다르다. 학습공동체에 관해서는 여러 정의가 있으나, 호주의 대표적인 성인교육협회인 Adult Learning Australia는 자신의 미래를 형성하기 위해서 변화하는 법을 아는 공동체로서 정의하고 있다. 이러한 공동체에서는 주민들이 평생학습 기회가 보장되는 학습사회를 만들어가는 데에 필요한 역량을 갖출 수 있도록 지원한다(Adult Learning Australia, 2000). 호주에서 학습도시에 대한 논의가 활성화되는 데에는 1992년에 **에서 개최된 OECD의 학습도시에 관한 포럼의 영향이 지대하였다고 볼 수 있다. 동 포럼 이후 호주에서도 학습도시의 필요성에 대한 논의가 시작되었으나, 구체적으로 추진된 것은 1998년 빅토리아(Victoria) 주에 있는 Wodonga 시가 호주 최초로 학습도시를 만들겠다고 선언한 이후부터이다. 빅토리아(Victoria) 주에서는 성인지역교육협의회(Adult Community Education: ACE) 주도로 학습도시에 대한 논의가 진행되었고, 1998년에는 Wodonga시가 호주 최초의 학습도시가 될 것을 표명하였다. 호주 전체 주 중에서 학습도시가 가장 활발히 추진되고 있는 주는 빅토리아 주로서, 주 정부가 주내 9개의 타운이 학습타운(learning town)이 되도록 재정 지원을 한 바 있다.

2. 학습도시 현황 및 특징

호주에서 학습도시는 일반적으로 다음과 같은 4가지의 목적을 가지고 있다(LCC 홈페이지). 첫째는 시민들의 능력 개발과 마을의 역량을 향상시키는 것이다. 시민 차원에서는 문해력와 수리력과 같은 기초 능력뿐만 아니라 'ICT 활용 능력'과 같은 고차원의 기술을 함양하는 것을 목적으로 하며, 지역 차원에서는 마을의 문제를 자체적으로 해결할 수 있는 기관 역량(institutional capacity)을 갖추는 것을 목적으로 한다. 둘째는 지역경제의 발전에 필요한 사업들이 늘어나게 하는 것이다. 이는 향상된 개인과 마을의 역량을 통해서 유망한 사업을 지역에 유치함으로써 가능하다. 셋째는 학습도시와 관련된 교육, 사업, 정부 기관, 시민단체 등과 같이 이해관계기관간의 협력을 촉진하는 것이다. 이러한 협력이 일어질 때, 학습도시의 성과 자체가 극대화될 뿐만 아니라, 자원의 효율적 활용도 가능하다. 넷째는 마을의 발전가능성(sustainability)을 강화하는 것이다. 지역의 학습력이 제고될 때, 지역의 보건, 환경, 경제 등과 같은 기타 부분의 발전 역시 유도될 수 있기 때문이다.

1) 호주의 우동가

2005년 호주 전역에 걸쳐 약 40개의 도시가 스스로를 학습도시로 부르고 있다. 그 현황을 살펴보면 다음과 같다.

<표-30> 호주 학습도시 현황 (2005년)

소속 州(주)	학습도시명
Capital Territory(수도)	Canberra (총·1개)
New South Wales	Bingara/Warilada and Barraba Learning Region Deniliquin Lithgow Newcastle Parramatta Upper Hunter (collaboration between shires of Muswellbrook, Scone, Merriwa, Murrurundi) (총7개)
Queensland	Central Highlands (cluster of four shires surrounding Emerald) Gold Coast Ipswich The Learning Place, Education Queensland, Nambour (총4개)
South Australia	Ceduna Coorong District Council, Coonalpyn Copper Coast Marion Onkaparinga Northern Areas Council, Jamestown (Adelaide) Port Augusta Port Pirie Salisbury (총 9개)

Tasmania	Launceston (총 1개)
Victoria	Albury Wodonga Ballarat Bendigo Casey Geelong Horsham Kyabram Melton Mandurah Mildura Mt Evelyn RMIT LearnLinks South Gippsland/Leongatha Southern Grampians Victoria University Wangaratta/Benalla Western Melbourne region Wycheproof/Buloke (총 18개)
Western Australia	Joondalup Peel (총 2개)

※ 자료: Learning Community Catalyst 홈페이지(http://www.lcc.edu.au/lcc/go/pid/46)

2) 알베리 우동가(Albury-Wodonga)연합 학습도시

1998년 우동가가 호주 최초로 학습도시를 만들겠다고 선언한 후, 우동가시 인근에 위치한 알베리시에서 동참할 의사를 발힘으로써 알베리-우동가 학습타운이 형성되었다. 동 학습타운은 양 도시의 의회, 교육훈련기관, 대학, 기업 및 산업체, 학교 및 공동체 조직 간에 파트너십을 성공적으로 구축하여 운영하고 있다는 평가를 받고 있다. 양 도시는 지난 3년 동안 학습헌장(Charter of learning)과 연간 운영계획을 추진하고 있고, 다음과 같은 목적을 추구하고 있다.

<알베리-우동가 학습타운의 목적〉
○ 마을 통합, informed citizenship, 사회 및 경제 복지를 위해서 학습 촉진 ○ 모든 사람들이 학습할 수 있는 기회 제공 ○ 교육 분야와 기업 간의 협력 강화 ○ 모든 기업들이 학습조직의 원리를 채택하는 문화 조성 ○ 쉽게 접근할 수 있는 정보의 제공 ○ 연간 활동 경험으로부터 학습하고, 이에 대한 성찰을 정례화함

알베리-우동가 학습타운은 비교적 성공적이라고 평가를 받는 데, 그 이유는 두 도시 모두 학습도시 선언을 하기 이전에 시민을 위하여 공사립 학습기관들을 지원하고 있었고, 양 도시의 학습 기관간의 효과적인 파트너십 형성에 많은 노력을 기울였기 때문이다.

3) 호주의 학습도시 지원 체제

ㅇ 연방 교육과학문화부

- E-learning Creative Community Partnership

이러닝의 활성화를 통해서 학습도시의 발전을 추진하는 호주 교육부의 프로젝트.특히, 효과적인 기술 개발을 통해서 마을의 발전 역량을 강화하고, 소외계층을 지원하기 위해서 추진되었다. 기존의 호주 성인학습 네트워크(Australian Learning Communities Network,), National Link of Neighborhood Houses and Community Learning Centres 등과 같은 기존의 성인교육 및 지역 개발 관련 기관과의 파트너십을 통해서 실시된다. 3년간에 걸쳐서 8개의 마을 개발 프로젝트를 지원한다.

ㅇ 온라인 학습공동체 촉진기구(Learning Community Catalyst: LCC)

LCC는 학습도시에 관심을 갖는 마을, 의회, 정부, 사업가, 정책담당자 들을 위한 웹사이트(http://www.lcc.edu.au)로, 학습도시 관계자들간에 학습도시에 관한 정보, 연구 결과, 우수 사례 및 기타 의견을 나누는 정보교환소(Clearing House) 역할을 담당한다. LCC는 Adult Learning Australia, Australian Local Government Association, Education Network Australia Online의 공동 지원에 의해서 운영되는 사이트로, 학습도시의 발전을 지원하기 위해서 만들어졌다.

부록

칠곡군 마을평생교육지도자협의회 회칙

경상북도 마을평생교육지도자협회 회칙(안)

한국표준회의 규칙

평생교육법

평생교육법 시행령

평생교육법 시행규칙

칠곡군 마을평생교육지도자협의회 회칙

2009. 8. 13

제 1 장 총 칙

제1조(명칭) 본회는 『칠곡군 마을평생교육지도자협의회』라 칭한다.

제2조(목적) 본회는 마을평생교육지도자과정을 이수한 마을평생교육지도자들이 지속적으로 만나게 함으로써 국가 및 지자체의 마을평생교육정책을 이해하고, 한편으로 지자체 또는 국가에 마을단위 마을평생교육을 활성화 할 수 있는 정책건의를 하는 데 있으며 나아가 회원들 간의 상호친목도모를 목적으로 한다.

제3조(사무실) 본 회의 사무실은 칠곡군내에 둔다.

제4조(기능) 본회는 제2조의 목적을 달성하기 위하여 다음과 같은 기능을 수행한다.

1. 마을평생교육에 관한 프로그램개발 및 주민참여에 관한 사항
2. 칠곡군 및 마을단위 마을평생교육활성화에 필요한 정책건의에 관한 사항
3. 마을공동체 형성에 관한 사항
4. 그 밖의 마을평생교육에 관한 사항 등

제 2 장 회 원

제5조(자격) 본 회의 회원은 칠곡군 마을평생교육지도자 양성과정 수료자로서 본 회의 목적에 찬동하는 자로 한다.

제6조(자격종결) 다음 각 호에 해당되는 사유가 있을 시에는 회원의 자격을 종결할 수 있다.

1. 칠곡군 관할구역 외에 거주하게 된 자
2. 무단으로 연속 3회 이상 불참하고 회비가 미납된 경우
3. 회원으로서 본 회의 명예를 실추시키거나 그 직무를 수행하기 어렵다고 판단되는 경우
4. 회원 스스로 탈퇴를 원하는 경우

제 3 장 임 원

제7조(조직과 임기) 본 회의 임원은 회장 1명, 부회장 2명, 감사 2명, 사무국장 1명으로 하며, 회장, 부회장 및 감사는 정기총회에서 선출하고 임기는 2년으로 하되 연임할 수 있다. 단, 임원의 임기 중 결원이 있을 때에는 보선하고 보선에 의한 임원의 임기는 전임자의 잔여기간으로 한다. 사무국장은 회장이 임면한다.

제8조(임원의 직무) 본회 임원의 직무는 다음과 같다.

1. 회장은 본회를 대표하고 협의회의 직무를 총괄한다.
2. 부회장은 회장을 보좌하며 회장의 유고시 그 직무를 대행한다.
   직무대행은 연장자 순으로 한다.
3. 감사는 경리 및 업무 운영에 관한 감사를 한다.
4. 사무국장은 본 회의 사무에 관한 제반 업무를 수행하며 재정을 관리한다.

제 4 장 회의 및 운영

제9조(회의) 본회의 회의는 정기총회, 임시총회, 월례회로 구분하며, 정기총회는 매년 12월에 개최하고 월례회는 매월 개최한다. 또한 회장 또는 회원의 1/3이 필요하다고 인정할 시에는 임시총회를 개최할 수 있다.

제10조(의결정족수) 각 회의 성원은 재적회원의 과반수 출석으로 개의하고 출석회원 과반수의 찬성으로 의결하며, 가부동수일 경우에는 부결 처리한다.

제 5 장 재정 및 관리

제11조(재정) 본회의 재정은 회비, 찬조금 및 기타 사업의 수입으로 충당한다.

제12조(관리) 본회 재정 관리는 본회의 명의로 금융기관에 예치함을 원칙으로 한다.

제13조(지출) 본회 재정의 지출은 다음과 같다.

1. 마을평생교육 발전을 위한 사업
2. 본 회의 운영에 필요한 경비
3. 기타 본 회의에서 의결된 사항

제14조(회계연도) 본 회의 회계연도는 매년 1월 1일부터 12월 31일까지로 한다.

제 6 장 부 칙

제1조(관례준용) 본 회칙에 규정되지 않은 사항은 일반 통상관례에 따른다.

제2조(시행) 본 회칙은 2009년 8월 13일부터 시행한다.

경상북도 마을평생교육지도자협회 회칙

제 1 장 총 칙

제1조(명칭 및 사무실) 본 회는 『경상북도 마을평생교육지도자협회』라 칭하고, 사무실은 경상북도내에 둔다.

제2조(목적) 본 회는 마을평생교육지도자로서 마을평생교육에 관한 제반 정보 교환 및 연수를 통해 마을평생교육을 활성화 시켜 마을발전과 나아가 경상북도 및 국가 발전에 이바지 하는 데 있다.

제3조(기능) 본 회는 제2조의 목적을 달성하기 위하여 다음과 같은 기능을 수행한다.

1. 마을평생교육을 위한 프로그램개발관련 사항
2. 마을주민의 문화, 복지, 교육 및 편익증진에 관한 사항
3. 가정, 학교, 마을의 마을평생교육 지도에 관한 사항
4. 마을공동체 형성에 관한 사항
5. 기초지자체 마을평생교육활성화에 관한 사항
6. 경상북도 마을평생교육활성화에 관한 사항
7. 그 밖에 마을평생교육에 관한 사업 등

제 2 장 회 원

제4조(구성) 본 회의 회원은 경상북도내에서 실시하는 마을평생교육지도자 양성과정 수료자로서 본 회의 목적에 찬동하는 자로 한다.

제5조(자격상실) 다음 각 호에 해당되는 사유가 있을 시에는 회원의 자격이 상실된다.

1. 경상북도 관할구역 외에 거주하게 되거나 사업장을 떠나게 된 경우
2. 무단으로 연속 3회 이상 불참하고 회비가 미납된 경우
3. 회원으로서 본 회의 명예를 실추시키거나 그 직무를 수행하기 어렵다고 판단는 경우
4. 회원 스스로 탈퇴를 원하는 경우

제 3 장 임 원, 이사회 및 자문위원

제6조(조직과 임기) 본 회의 임원은 이사중에서 회장 1명, 부회장 2명, 이사 다수,감사 2명, 사무국장 1명으로 하며, 회장, 부회장 및 감사는 정기총회에서 선출하고, 이사는 각시 · 군 대표2명(총46명)으로 하며 시 · 군에서 선출한다. 임원의 임기는 2년으로 하되 연임할 수 있다. 단, 임원의 임기 중 결원이 있을 때에는 보선하고 보선에 의한 임원의 임기는 전임자의 잔여기간으로 한다. 사무국장은 회장이 임면한다.

제7조(임원의 직무) 본 회 임원의 직무는 다음과 같다.

1. 회장은 본 회를 대표하고 협의회의 직무를 총괄한다.
2. 부회장은 회장을 보좌하며 회장의 유고시 그 직무를 대행한다.
3. 감사는 경리 및 업무 운영에 관한 감사를 행한다.
4. 사무국장은 본 회의 사무에 관한 제반 업무를 수행하며 재정을 관리한다.

제8조(이사회의 기능)이사회는 회장, 부회장 및 일반이사로 구성하며, 아래의 기능을 수행한다.

1. 총회결의사항
2. 총회에 부의할 안건의 심의
3. 기타사항

제9조(자문위원) 본 회 발전을 위해 자문위원을 다음과 같이 둔다.

1. 자문위원은 본 회를 활성화시키는 데 필요한 자문을 한다.
2. 자문위원은 회장의 추천으로 하며 총 10명 내외로 구성한다.
3. 자문위원은 마을평생교육관련 교수 또는 전문가, 경상북도청내 마을평생교육관계 공무원, 경상북도 교육청내 마을평생교육관계 공무원, 시 · 군마을평생교육관련전문직공무원, 민간단체 또는 민간 전문가 등으로 구성한다.
4. 자문위원장 1명과 간사를 둔다
5. 자문위원은 마을평생교육지도자의 각종 회의에 참여하여 자문한다.

제 4 장 회의 및 운영

제10조(회의) 본회 회의는 정기총회 및 임시총회로 구분하며, 정기총회는 매년 2월에 개최한다. 또한 회장 또는 회원 1/3이상이 요구할 경우에 임시총회를 개최할 수 있다.

제11조(의결정족수) 각 회의 성원은 재적회원의 과반수 출석으로 개의하고 출석회원 과반수의 찬성으로 의결하며, 가부동수일 경우에는 부결 처리한다.

제 5 장 재정 및 관리

제12조(재정) 본 회의 재정은 회비, 찬조금 및 기타 사업의 수입으로 충당한다.

제13조(관리) 본 회 재정의 관리는 본 회의 명의로 금융기관에 예치함을 원칙으로 하며, 가입시 입회비로 한다.

제14조(지출) 본 회 재정의 지출은 다음과 같다.

1. 마을평생교육 발전을 위한 사업
2. 경상북도 마을평생교육활성화를 위한 사업
3. 본 회의 운영에 필요한 경비
4. 기타 본 회의 의결된 사항

제15조(회계연도) 본 회의 회계연도는 매년 1월 1일부터 12월 31일까지로 한다.

제 6 장 부 칙

제1조(관례준용) 본 회칙에 규정되지 않은 사항은 일반 통상관례에 따른다.

제2조(시행) 본 회칙은 2010년 월 일부터 시행한다.

한국표준회의 규칙

2003.10.15 공표

제1장 총 총 칙

제1조 [목적] 이 규칙은 평회의체가 공정, 원만, 신속하게 회의를 진행하여 결의를 이끌어내는 데 필요한 사항을 규정함을 목적으로 한다.

제2조 [정의] 이 규칙에서 사용하는 용어의 정의는 다음과 같다.

1. "평화의체"라 함은 민주적 조직체 내에 설치된 의결기관 중 의회 이외의 것을 말한다.
2. "회의"라 함은 회의체의 의사활동(議事活動)을 말한다.

제3조 [기본원칙] 다음의 세 가지는 회의 법의 기본원칙이다.

1. 모든 회원은 자유롭게 토론에 참가할 수 있다(토론자유의 원칙)
2. 모든 회원은 평등한 권리를 가진다(회원 평등의 원칙)
3. 모든 결의는 의사정족수의 출석에 출석 회원 과반수의 찬성에 의한다(다수결의 원칙).

제4조 [적용범위] 이 규칙은 각 회의체에 관한 법령, 정관, 규정(糾正) 등에 따로 정함이 없는 경우에 한하여 조리(條理)로서 적용된다.

제 2장 회의체의 임원

제5조 [임원의 종류] 회의체에는 의장과 총무를 둔다.

제6조 [임원의 선임] 의장은 회의체가 결의로 선임한다. 총무는 의장이 임명한다.

제7조 [의장의 직무] 의장은 회의를 소집하고, 회의를 주재(主宰)하며, 회의체를 대표한다.

제8조 [총무의 직무] 총무는 의장을 보좌 한다.

제3장 회 의

제9조 [정기회] 의장은 매년 1회 이상 일정한 시기에 정기회를 소집하여야 한다.

제10조 [임시회] ① 의장은 필요한 경우 임시회를 소집할 수 있다.

② 재적회원 5분의 1 이상의 회원은 회의의 목적사항을 제시하여 의장에게 임시회의 소집을 청구 할 수 있다. 이 청구를 받은 의장은 2주간 내에 임시회를 소집하여야 한다.

제11조 [소집방법] 의장이 회의를 소집함에는 회일 1주일 전에 일시, 장소 및 회의 목적사항을 기재한 서면 또는 전자문서를 각 회원에게 발송하여야 한다.

제12조 [의사정족수] 회의체는 회의장에 재적회원 과반수가 출석하여야 의사활동을 시작할 수 있고, 그 수가 재석하고 있어야 의사활동을 계속할 수 있다.

제13조 [의결권의 대리행사] 회의체의 대 리에 적합한 경우에는 회원은 대리인을 통하여 의결권을 행사할 수 있다.

제14조 [개화와 폐회] ① 회의체는 의장의 개회선언으로 의사 활동을 시작하고, 의장의 폐회선언으로 그 활동을 종료한다.

② 개회로부터 폐회에 이르는 회순(會順) 은 아래와 같다. ㉠ 개회선언 ㉡ 국민의례 ㉢ 의장인사 ㉣ 성원보고 ㉤ 전 회의록 낭독 ㉥ 보고사항 ㉦ 의안심의 ㉧ 폐회선언

제15조 [공개] 회의는 원칙으로 공개한다. 다만 의장이 필요하다고 인정할 때에는 공개하지 아니할 수 있다.

제4장 의안(議案)

제16조 [의안의 제출권] 의장과 재적회원 5분의 1 이상의 회원은 의안의 제출권을 가진다.

제17조 [의안의 구성] 의안을 제출하려는 자는 의제, 취지 및 제안이유를 갖추어 이를 제출하여야 한다.

제18조 [철회, 수정제출] ① 의안의 제출자는 의안이 회의체에 상정되기 이전까지는 이를 철회하거나 수정 제출할 수 있다.

② 의안이 회의체에 상정된 이후에는 회의체의 허가를 얻어야 이를 철회하거나 수정 제출할 수 있다.

제19조 [재 제출] ① 회의체에서 최종적으로 처리된 의안과 실질적으로 동일한 의안은 재제출될 수 없다.

② 회의 처에서 임시적으로 처리된 의안과 실질적으로 동일한 의안도 제1항과

같다.

제20조 [의안 심의] ① 당일 심의할 의안이 수개인 경우 의장은 회순에 따라 의안을 하나씩 회의에 상정하여야 한다.

② 의장은 상황에 따라 회순을 변경하여 상정할 수도 있고, 하나의 의안을 분할하거나, 복수의 의안을 병합하여 상정할 수도 있다.

제21조 [토론 등] 모든 의안은 토론의 대상이 되고, 수정을 비롯한 부 동의들의 적용대상이 된다.

제22조 [의결정족수] 모든 의안은 법령, 정관 또는 이 규칙에 특별한 정함이 없는 한 재적회원 과반수 출석에 출석회원 과반수 찬성으로 의결된다.

제5장 발언권의 신청과 그 허가

제23조 [발언권] ① 회원은 의장에게 발언권을 신청하여 그 허가를 얻어야 발언할 수 있다. 회원은 이 규칙에 다른 정함이 있는 경우를 제외하고는 다른 사람이 발언하고 있는 동안에는 발언권을 신청할 수 없다.

② 회원 이외의 사람은 의장으로부터 발언권을 부여받은 경우에 한하여 발언할 수 있다.

③ 제1, 제2항에 의하지 아니하고 발언하려는 사람에 대하여는 의장이 그 중지 또는 퇴장을 명할 수 있다.

제24조 [발언 회수와 시간] ① 회원은 하나의 의안에 대하여 2회에 한하여 발언할 수 있다. 제안 설명, 질의와 정보요구 및 의사진행발언은 위 회수의 제한을 받지 아니한다.

② 회원은 1회 발언시간은 5분을 초과할 수 없다.

제25조 [의제 이외의 발언 등] 회원은 의제 이외의 발언, 회의를 지연시키려는 발언, 회의체나 회원의 신용 또는 명예를 훼손하는 발언, 다른 사람을 모욕하거나 다른 사람의 사생활에 관한 발언을 할 수 없다.

제6장 부동의(浮動義)

제1절 총칙

제26조 [의의와 적용대상] 부동의 다른 동의를 대상동의로 삼아 대상동의에 어떤 영향을 미치려는 동의이다. 주로 주동의(의안)가 대상동의로 되고, 부차적으로

부동의가 대상동의로 된다.

제27조 [성립] 모든 부 동의는 회원 1인의 제출과 회원 1인의 재청으로 성립한다.

제28조 [종류] ① 부 동의로는 보조동의와 부수동의가 있다.

② 보조동의란 대상동의의 심의를 보조하는 동의이다. 보조동의로는 수정, 회부, 연기, 토론종결 등이 있다.

③ 부수동의란 대상동의를 회의체에 상정하는 데 부수하는 동의이다. 부수 동의로는 속회, 재심의 등이 있다.

제29조 [서열] 부 동의들 사이의 서열은 아래와 같다.

1. 속회동의가 최상위이다.
2. 보조동의들은 중위권(中位圈)으로서 그 들 사이의 서열은 ① 토론종결 ② 연기 ③ 회부 ④ 수정의 순이다.
3. 재심의동의가 최하위이다.

제30조 [준용규정] 제18조 내지 제22조를 부 동의에 준용한다.

제2절 보조동의

제31조 [수정동의] ① 수정동의는 의안 또는 부 동의를 대상으로 그 일부에 변경을 가하자는 동의이다. 일부의 변경이란 대상동의와 관련성을 지니는 범위에서의 변경을 말하고, 그 범위 내에서는 보완적, 적대적, 경쟁적인 것을 이 모두 포함된다.

② 수정의 방식으로는 개별방식과 포괄방식이 있다. 개별방식에는 삽입, 삭제, 삭제와 삽입 등 3가지가 있고, 포괄방식에는 대체 안 방식 한 가지가 있다.

③ 수정동의 자체도 수정의 대상이 된다.

수정동의에 대한 수정동의를 재수정동의라고 부른다. 재수정동의는 더 수정의 대상이 될 수 없다.

④ 회의체는 의안 또는 부동의 중 하나의 사항에 관하여 복수의 수정안을 일괄 제출 받아 그 중 하나를 선택하여 그 사항을 수정할 수 있다. 의안 또는 부동의 중 어느 사항이 공란인 채 제출된 경우에는 원칙으로 그런 방법을 이용하여야 한다.

제32조 [회부동의] ① 회부동의는 의안을 상설 또는 특설위원회에 회부하여 그 심사 보고를 들은 후 심의하자는 동의이다. 의안 일부의 처리를 위원회에 위임하자는 것도 이 동의의 내용으로 삼을 수 있다.

② 특설위원회에 회부할 경우에는 그 명칭, 위원의 수와 그 선출방법, 위원장의 선출방법을 정하여야 한다. 본회가 위원장의 선출 방법을 정하지 아니한 경우에는 위원 중 1인이 임시위원장으로 위원회를 소집하여 위원회에서 위원장을 선출한다.

③ 본회는 회부에 즈음하여 위원회에 보고 의 시한 등 지침을 내릴 수 있다.

④ 본회는 위원회로부터 최종보고를 받기 이전까지는 언제든지 회부최소의 결의로 그 의안을 반려 받아 다른 위원회에 회부하거나 본회가 직접 심의할 수 있다.

⑤ 본회는 위원회로부터 최종보고를 받은 이후에 그 의안을 동일 위원회 또는 다른 위원회에 재회부할 수 있다.

제33조 [연기동의] ① 연기동의는 현재 계류 중인 의안의 심의를 일정시점까지 또는 어떤 사유의 발생 시까지 연기하자는 동의 이다.

② 연기동의에 일정시간까지 또는 어떤 사유의 발생 시까지란 명시가 없으면 다음 의안의 심의종료 시까지 연기하자는 것으로 추정한다.

제34조 [토론종결동의] ① 토론종결동의는 즉시 또는 어떤 조건의 성취 뒤에 현재 심의 중인 의안에 대한 토론을 종결하고 이를 표결에 부치자는 동의이다.

② 즉시종결동의는 대상동의에 대하여 찬반 양측에서 각 2인씩의 토론이 있기 이전에는 제출될 수 없다.

③ 의안에 이의가 없는 경우 회원은 토론의 즉시종결과 아울러 원안의 통과를 구하는 원안통과동의를 제출할 수 있다.

제3절 부수동의

제35조 [속회동의] ① 속회동의는 회의 도중 당일의 의사일정에 올라 있는 의안의 전부 또는 일부를 처리하지 못한 채 회의를 중단하게 될 상황에 처한 때에 다음 특정일시에 회의를 속개하여 미결 의안들을 심의 하자는 동의이다.

② 속회의 장소를 당초 회의의 장소와 다른 장소로 정하려면 속회결의 시에 그 장소도 결의로 정하여야 한다.

③ 당초회의와 속회는 1회기를 구성한다.

제36조 [재심의동의] ① 재심의동의는 회의체에서 최종표결을 거친 의안에 대하여 그 표결이 착오에 빠지거나 정확한 정보를 얻지 못한 상태에서 이루어진 경우, 표결 후 어떤 사정변경이 일어난 경우에 그 의안을 회의체에 다시 상정하여 심의하자는 동의이다.

② 어떤 의안도 2회에 걸쳐 재 심의될 수 없다.

제7장 의사진행발언

제37조 [의사진행발언의 의의] ① 의장이 회의진행을 적절하게 주재하지 못할 경우에 회원은 의장에게 이를 촉구하기 위하여 규칙발언, 특청, 일정촉진 등 의사진행발언을 할 수 있다.

② 의장이 회원의 촉구를 받기 이전에 또는 그 이후에 의사진행에 관하여 어떤 결정을 내린 때에 회원이 그 결정에 불만이 있으면, 역시 의사진행발언으로서 항의를 제기할 수 있다.

제38조 [의사진행발언의 발언순서] ① 의사진행발언은 부동의보다 선순위이다.

② 규칙발언, 특청, 일정촉진에 한하여 필요한 경우 다른 사람의 발언 중에도 회원이 의장에게 발언권을 신청할 수 있다. 이 경우에는 의장은 당시 발언 중인 사람의 발언을 잠시 중단시키고 의사진행발언을 하려는 회원에게 발언을 허가하여야 한다.

제39조 [의사진행발언의 처리] ① 의사진행발언이 나오면 의장은 그 발언에 관하여 결정하여야 한다.

② 규칙발언 이외의 의사진행발언에 관한 항의에 재청이 있으면, 의장은 항의를 회의체에 상정하여 회의체의 결정을 구하여야 한다. 출석 회원 과반수가 항의에 찬성하면 의장의 결정은 번복된다. 규칙발언에 관한 항의는 의장이 회의고문 등의 자문을 들어 그 수용 여부를 결정한다.

③ 의사진행발언이 나오면 회의체는 그 발언의 처리를 마치어야 그 발언 이전의 상태로 돌아가 의안 심의를 계속할 수 있다.

제8장 위원회와 이사회

제40조 [위원장의 활동] 위원회의 위원장은 회의에서 찬반 토론에 참가하고, 부동의도 제출할 수 있다.

제41조 [위원의 대리출석] 위원회에서는 본회가 미리 대리 위원을 선출하여 둔 경우가 아니면, 대리인의 출석이 허용되지 아니한다.

제42조 [위원 아닌 사람의 입장] 위원 아닌 사람은 위원장의 초청을 받는 경우에 한하여 위원회에 입장할 수 있다.

제43조 [위원회의 회의규칙] 위원회의 회의는 소규모 회의규칙에 의한다.

제44조 [소위원회] 위원회는 소위원회를 설치하고 이에 의안을 회부할 수 있다.

제45조 [위원회의 보고] ① 위원회는 의안에 대한 심사보고를 함에 있어서 무수정가결, 수정가결, 연기 또는 부결의견을 제출할 수 있다.

② 수정가결의견으로는 위원회수정안을 제출하거나 위원회종합안을 제출하는 방법에 의한다.

제46조 [이사회에의 준용] 이사회에 위원회에 관한 규정들을 준용한다.

제9장 표 결

제47조 [표결개시] ① 의안을 포함한 동의 등에 대한 표결은 의장의 표결개시선언으로 시작된다.

② 의장은 표결개시선언을 함에 있어서 어떤 동의가 그 대상인지를 밝혀야 한다. 단, 회원들이 그 대상을 분명히 알고 있다고 보일 경우에는 이를 생략할 수 있다.

제48조 [표결방법] ① 표결은 원칙으로 거수에 의한다.

② 의장은 사안에 따라 제1항과 달리 음성, 기립, 투표에 의한 표결, 기타의 표결방법에 의하기로 정할 수 있다. 회원들이 의장의 결정에 항의를 제기하면 회의체의 결의로 그 방법을 정하여 한다.

③ 복수안 중 하나를 선택할 경우 의장은 일괄표결에 부치거나 순차표결에 부칠 수 있다.

제49조 [복수안 택일 표결] ① 복수안을 놓고 그 중 하나를 선택하는 표결의 경우 1차 투표에서 과반수를 얻은 안이 나오지 아니하면, 상위 2개의 안을 놓고 결선투표를 실시한다.

② 결선투표에서는 종다수를 결정한다.

③ 복수안 중 하나를 선택할 경우 의장은 일괄표결에 부치거나 순차표결에 부칠 수 있다.

제50조 [감표위원] 의장은 표결을 시행함에 있어 회원 중에서 1명 또는 수명의 감표위원을 지명하여 그의 도움을 받을 수 있다.

제51조 [표결 결과 선포] 표결이 종결되면 의장은 그 결과를 집계하여 선포한다.

제10장 의사록

제52조 [의사록의 작성의무자] ① 의장은 총무의 보좌를 받아 의사록을 작성하여야 한다.

② 의장은 이를 다음 회의에서 총무로 하여금 낭독하도록 하여야 한다.

제52조 [의사록에 기재할 사항] 의사록에 는 회의의 경과요령과 결과를 기재하고, 의장과 총무가 기명날인 또는 서명하여야 한다.

제11장 정관변경

제54조 [정관변경을 위한 회의의 소집통지 방법과 결의요건] ① 정관변경을 회의의 목적사항으로 삼을 경우에는 소집통지의 서면 등에 그 의안의 요령을 기재하여야한다.

② 정관변경에는 의사정족수의 출석에 출석회원 3분의 2이상의 찬성을 요한다.

제12장 소규모 회의규칙

제55조 [소규모 회의체의 의의와 그 회의규칙] ① 소규모 회의체(이하 소회의체라 칭함)란 출석회원의 수가 12명 미만인 회의체를 말한다.

② 이사회가 위원회의 경우에는 출석자의 수가 12명을 약간 상회하더라도 소규모 회의규칙을 의할 수 없다.

제56조 [회의의 소집] ① 소회의체의 경우 재적회원 5분의 1 이상의 회원이 회의의 목적사항을 제시하여 회의의 소집을 청구한때에 의장이 즉시 회의를 소집을 아니 하면, 위 요건을 갖춘 회원이 직접 회의를 소집할 수 있다.

② 정관 등에 소집권자에 관하여 정함이 있는 경우에는 회원2인이 회의의 목적사항을 제시하고, 소집권자에게 회의의 소집을 청구할 수 있고, 소집권자가 그 청구를 받고 즉시 소집하지 아니하면 회원2인이 회의를 소집할 수 있다.

제57조 [동영상회의] 소규모회의는 동영상 회의에 의할 수 있다.

제58조 [부동의의 성립] 소규모회의에서는 모든 부동의의 성립에 재청을 필요로 하지 아니한다.

제59조 [발언 회수 등] 소규모회의에는 제24조제1항은 적용되지 아니한다.

제60조 [토론종결동의] 소규모회의에는 출석회원 전원이 토론에 참가하기 이전에는 즉시토론종결동의는 제출될 수 없다.

평생교육법

[시행 2011.7.25] [법률 제10915호, 2011.7.25, 일부개정]
교육과학기술부(평생학습정책과), 02-2100-6373, 6379

제1장 총칙

제1조(목적) 이 법은 「헌법」과 「교육기본법」에 규정된 평생교육의 진흥에 대한 국가 및 지방자치단체의 책임과 평생교육제도와 그 운영에 관한 기본적인 사항을 정함을 목적으로 한다.

제2조(정의) 이 법에서 사용하는 용어의 정의는 다음과 같다.

1. "평생교육"이란 학교의 정규교육과정을 제외한 학력보완교육, 성인 기초·문자해득교육, 직업능력 향상교육, 인문교양교육, 문화예술교육, 시민참여교육 등을 포함하는 모든 형태의 조직적인 교육활동을 말한다.

2. "평생교육기관"이란 다음 각 목의 어느 하나에 해당하는 시설·법인 또는 단체를 말한다.

가. 이 법에 따라 인가·등록·신고된 시설·법인 또는 단체

나. 「학원의 설립·운영 및 과외교습에 관한 법률」에 따른 학원 중 학교교과교습학원을 제외한 평생직업교육을 실시하는 학원

다. 그 밖에 다른 법령에 따라 평생교육을 주된 목적으로 하는 시설 ·법인 또는 단체

3. "문자해득교육"이란 일상생활을 영위하는데 필요한 기초능력이 부족하여 가정·사회 및 직업생활에서 불편을 느끼는 자들을 대상으로 문자해득(文字解得)능력을 갖출 수 있도록 하는 조직화된 교육프로그램을 말한다.

제3조(다른 법률과의 관계) 평생교육에 관하여 다른 법률에 특별한 규정이 있는 경우를 제외하고는 이 법을 적용한다.

제4조(평생교육의 이념) ① 모든 국민은 평생교육의 기회를 균등하게 보장받는다.

② 평생교육은 학습자의 자유로운 참여와 자발적인 학습을 기초로 이루어져야 한다.

③ 평생교육은 정치적·개인적 편견의 선전을 위한 방편으로 이용되어서는 아니 된다.

④ 일정한 평생교육과정을 이수한 자에게는 그에 상응하는 자격 및 학력인정 등 사회적 대우를 부여하여야 한다.

제5조(국가 및 지방자치단체의 임무) ① 국가 및 지방자치단체는 모든 국민에게 평생교육 기회가 부여될 수 있도록 평생교육진흥정책을 수립·추진하여야 한다.

② 국가 및 지방자치단체는 그 소관에 속하는 단체·시설·사업장 등의 설치자에 대하여 평생교육의 실시를 적극 권장하여야 한다.

제6조(교육과정 등) 평생교육의 교육과정·방법·시간 등에 관하여 이 법과 다른 법령에 특별한 규정이 있는 경우를 제외하고는 평생교육을 실시하는 자가 정하되, 학습자의 필요와 실용성을 존중하여야 한다.

제7조(공공시설의 이용) ① 평생교육을 실시하는 자는 평생교육을 위하여 공공시설을 그 본래의 용도에 지장이 없는 범위 안에서 관련 법령으로 정하는 바에 따라 이용할 수 있다.

② 제1항의 경우 공공시설의 관리자는 특별한 사유가 없는 한 그 이용을 허용하여야 한다.

제8조(학습휴가 및 학습비 지원) 국가·지방자치단체와 공공기관의 장 또는 각종 사업의 경영자는 소속 직원의 평생학습기회를 확대하기 위하여 유급 또는 무급의 학습휴가를 실시하거나 도서비·교육비·연구비 등 학습비를 지원할 수 있다.

제2장 평생교육진흥기본계획 등

제9조(평생교육진흥기본계획의 수립) ① 교육과학기술부장관은 5년마다 평생교육진흥기본계획(이하 "기본계획"이라 한다)을 수립하여야 한다. 〈개정 2008.2.29〉

② 기본계획에는 다음 각 호의 사항이 포함되어야 한다.

1. 평생교육진흥의 중·장기 정책목표 및 기본방향에 관한 사항
2. 평생교육의 기반구축 및 활성화에 관한 사항
3. 평생교육진흥을 위한 투자확대 및 소요재원에 관한 사항
4. 평생교육진흥정책에 대한 분석 및 평가에 관한 사항
5. 그 밖에 평생교육진흥을 위하여 필요한 사항

③ 교육과학기술부장관은 기본계획을 관계 중앙행정기관의 장, 특별시장·광역시

장·도지사·특별자치도지사(이하 "시·도지사"라 한다), 시·도교육감 및 시장·군수·자치구의 구청장에게 통보하여야 한다. 〈개정 2008.2.29〉

제10조(평생교육진흥위원회의 설치) ① 평생교육진흥정책에 관한 주요사항을 심의하기 위하여 교육과학기술부장관 소속으로 평생교육진흥위원회(이하 "진흥위원회"라 한다)를 둔다. 〈개정 2008.2.29〉

② 진흥위원회는 다음 각 호의 사항을 심의한다.

1. 기본계획에 관한 사항
2. 평생교육진흥정책의 평가 및 제도개선에 관한 사항
3. 평생교육지원 업무의 협력과 조정에 관한 사항
4. 그 밖에 평생교육진흥정책을 위하여 대통령령으로 정하는 사항

③ 진흥위원회는 위원장을 포함하여 20인 이내의 위원으로 구성한다.

④ 진흥위원회의 위원장은 교육과학기술부장관으로 하고, 위원은 평생교육과 관련된 관계 부처 차관, 평생교육과 관련된 전문가 등 평생교육에 관한 전문지식 및 경험이 풍부한 자 중에서 위원장이 위촉한다. 〈개정 2008.2.29〉

⑤ 진흥위원회의 구성·운영에 필요한 사항은 대통령령으로 정한다.

제11조(연도별 평생교육진흥시행계획의 수립·시행) 시·도지사는 기본계획에 따라 연도별 평생교육진흥시행계획(이하 "시행계획"이라 한다)을 수립·시행하여야 한다. 이 경우 시·도교육감과 협의하여야 한다.

제12조(시·도평생교육협의회) ① 시행계획의 수립·시행에 필요한 사항을 심의하기 위하여 시·도지사 소속으로 시·도평생교육협의회(이하 "시·도협의회"라 한다)를 둔다.

② 시·도협의회는 의장·부의장을 포함하여 20인 이내의 위원으로 구성한다.

③ 시·도협의회의 의장은 시·도지사로 하고, 부의장은 시·도의 부교육감으로 한다.

④ 시·도협의회 위원은 관계 공무원, 평생교육과 관련된 전문가, 평생교육 관계기관의 운영자 등 평생교육에 관한 전문지식 및 경험이 풍부한 자 중에서 해당 시·도의 교육감과 협의하여 의장이 위촉한다.

⑤ 시·도협의회의 구성·운영에 필요한 사항은 해당 지방자치단체의 조례로 정한다.

제13조(관계 행정기관의 장 등의 협조) ① 교육과학기술부장관은 기본계획을 수립하기 위하여 필요하다고 인정하는 때에는 관계 행정기관이나 그 밖의 기관 또는 단체의 장에게 관련 자료를 요청할 수 있다. 〈개정 2008.2.29〉

② 시·도지사는 시행계획을 수립하기 위하여 필요하다고 인정하는 때에는 관계 행정기관이나 그 밖의 기관 또는 단체의 장에게 관련 자료를 요청할 수 있다.

③ 제1항 및 제2항에 따라 자료를 요청 받은 기관 또는 단체의 장은 특별한 사정이 없는 한 협조하여야 한다.

제14조(시·군·자치구평생교육협의회) ① 시·군 및 자치구에는 지역주민을 위한 평생교육의 실시와 관련되는 사업간 조정 및 유관기관 간 협력 증진을 위하여 시·군·자치구평생교육협의회(이하 "시·군·구협의회"라 한다)를 둔다.

② 시·군·구협의회는 의장 1인과 부의장 1인을 포함하여 12인 이내의 위원으로 구성한다.

③ 시·군·구협의회의 의장은 시장·군수 또는 자치구의 구청장으로 하고, 위원은 시·군·자치구 및 지역교육청의 관계 공무원, 평생교육 전문가, 관할 지역 내 평생교육 관계 기관의 운영자 중에서 의장이 위촉한다.

④ 시·군·구협의회의 구성·운영 등에 필요한 사항은 지방자치단체의 조례로 정한다.

제15조(평생학습도시) ① 국가는 지역사회의 평생교육 활성화를 위하여 시·군 및 자치구를 대상으로 평생학습도시를 지정 및 지원할 수 있다.

② 제1항에 따른 평생학습도시 간의 연계·협력 및 정보교류의 증진을 위하여 전국평생학습도시협의회를 둘 수 있다.

③ 제2항에 따른 전국평생학습도시협의회의 구성·운영에 필요한 사항은 대통령령으로 정한다.

④ 제1항에 따른 평생학습도시의 지정 및 지원에 필요한 사항은 교육과학기술부장관이 정한다. 〈개정 2008.2.29〉

제16조(경비보조 및 지원) ① 국가 및 지방자치단체는 이 법과 다른 법령으로 정하는 바에 따라 다음 각 호의 어느 하나에 해당하는 평생교육진흥사업을 실시 또는 지원할 수 있다.

1. 평생교육기관의 설치·운영
2. 제24조에 따른 평생교육사의 양성 및 배치
3. 평생교육프로그램의 개발
4. 그 밖에 국민의 평생교육 참여를 촉진하기 위하여 수행하는 사업 등

② 지방자치단체의 장은 해당 지방자치단체의 조례가 정하는 바에 따라 주민을

위한 평생교육진흥사업을 실시하거나 지원할 수 있다. 이 경우 교육감 또는 지역교육장과 협의하여야 한다.

제17조(지도 및 지원) ① 국가 및 지방자치단체는 평생교육기관의 요청이 있는 때에는 그 기관의 평생교육활동을 지도 또는 지원할 수 있다.

② 국가 및 지방자치단체는 평생교육기관의 요청이 있는 때에는 그 기관에서 평생교육활동에 종사하는 자의 능력향상에 필요한 연수를 실시할 수 있다.

제18조(평생교육 통계조사 등) ① 교육과학기술부장관 및 시·도지사는 평생교육의 실시 및 지원에 관한 현황 등 기초자료를 조사하고 이와 관련된 통계를 공개하여야 한다. 〈개정 2008.2.29〉

② 평생교육과 관련된 업무 담당자 및 평생교육기관 운영자 등은 제1항의 조사에 협조하여야 한다.

제3장 평생교육진흥원 등

제19조(평생교육진흥원) ① 국가는 평생교육진흥과 관련된 업무를 지원하기 위하여 평생교육진흥원(이하 "진흥원"이라 한다)을 설립한다.

② 진흥원은 법인으로 한다.

③ 진흥원은 주된 사무소의 소재지에서 설립등기를 함으로써 성립한다.

④ 진흥원은 다음 각 호의 업무를 수행한다.

1. 평생교육진흥을 위한 지원 및 조사 업무
2. 진흥위원회가 심의하는 기본계획 수립의 지원
3. 평생교육프로그램 개발의 지원
4. 제24조에 따른 평생교육사를 포함한 평생교육 종사자의 양성·연수
5. 평생교육기관간 연계체제의 구축
6. 제20조에 따른 시·도평생교육진흥원에 대한 지원
7. 평생교육 종합정보시스템 구축·운영
8. 「학점인정 등에 관한 법률」 및 「독학에 의한 학위취득에 관한 법률」에 따른 학점 또는 학력인정에 관한 사항
9. 제23조에 따른 학습계좌의 통합 관리·운영
10. 그 밖에 진흥원의 목적수행을 위하여 필요한 사업

⑤ 진흥원의 정관에는 다음 각 호의 사항을 기재하여야 한다.

1. 목적
2. 명칭
3. 주된 사무소의 소재지
4. 사업에 관한 사항
5. 임원 및 직원에 관한 주요 사항
6. 이사회에 관한 사항
7. 재산 및 회계에 관한 사항
8. 정관의 변경에 관한 사항

⑥ 제5항에 따른 정관의 내용을 변경하고자 하는 때에는 교육과학기술부장관의 인가를 받아야 한다. 〈개정 2008.2.29〉

⑦ 국가는 예산의 범위 내에서 진흥원의 설립·운영에 필요한 경비를 출연할 수 있다.

⑧ 진흥원에 관하여 이 법에서 정하는 것을 제외하고는 「민법」 중 재단법인에 관한 규정을 준용한다.

제20조(시·도평생교육진흥원의 운영) ① 시·도지사는 대통령령으로 정하는 바에 따라 시·도평생교육진흥원을 설치 또는 지정·운영할 수 있다.

②시·도평생교육진흥원은 다음 각 호의 업무를 수행한다.

1. 해당 지역의 평생교육기회 및 정보의 제공
2. 평생교육 상담
3. 평생교육프로그램 운영
4. 해당 지역의 평생교육기관간 연계체제 구축
5. 그 밖에 평생교육진흥을 위하여 시·도지사가 필요하다고 인정하는 사항

제21조(시·군·구평생학습관 등의 설치·운영 등) ① 시·도교육감은 관할 구역 안의 주민을 대상으로 평생교육프로그램 운영과 평생교육 기회를 제공하기 위하여 평생학습관을 설치 또는 지정·운영하여야 한다.

② 시장·군수·자치구의 구청장은 평생학습관의 설치 또는 재정적 지원 등 해당 지방자치단체의 평생교육을 진흥하기 위하여 필요한 사업을 실시할 수 있다.

③ 제1항 및 제2항에 따른 평생학습관의 설치·운영 등에 필요한 사항은 해당 지방자치단체의 조례로 정한다.

제22조(정보화 관련 평생교육의 진흥) ① 국가 및 지방자치단체는 각급학교·민

간단체·기업 등과 연계하여 교육의 정보화와 이와 관련된 평생교육과정의 개발을 위하여 노력하여야 한다.

② 국가 및 지방자치단체는 각급학교·평생교육기관 등이 필요한 인적자원을 활용할 수 있도록 하기 위하여 대통령령으로 정하는 바에 따라 강사에 관한 정보를 수집·제공하는 제도를 운영할 수 있다.

제23조(학습계좌) ① 교육과학기술부장관은 국민의 평생교육을 촉진하고 인적자원의 개발·관리를 위하여 학습계좌(국민의 개인적 학습 경험을 종합적으로 집중 관리하는 제도를 말한다)를 도입·운영할 수 있도록 노력하여야 한다. 〈개정 2009.5.8〉

② 교육과학기술부장관은 제1항의 학습계좌에서 관리할 학습과정을 대통령령으로 정하는 바에 따라 평가인정할 수 있다. 〈신설 2009.5.8〉

③ 교육과학기술부장관은 제2항에 따라 평가인정을 받은 학습과정을 설치·운영하는 평생교육기관이 다음 각 호의 어느 하나에 해당하면 그 평가인정을 취소할 수 있다. 다만, 제1호에 해당하는 경우에는 평가인정을 취소하여야 한다. 〈신설 2009.5.8〉

1. 거짓이나 그 밖의 부정한 방법으로 평가인정을 받은 경우
2. 제2항에 따라 평가인정 받은 내용을 위반하여 학습과정을 운영한 경우
3. 제2항에 따른 평가인정의 기준에 이르지 못하게 된 경우

④ 교육과학기술부장관은 제3항제2호 및 제3호에 따라 평가인정을 취소하고자 할 경우에는 대통령령으로 정하는 기간과 절차에 따라 평생교육기관의 장에게 시정을 명하여야 한다. 〈신설 2009.5.8〉

제4장 평생교육사

제24조(평생교육사) ① 교육과학기술부장관은 평생교육 전문인력을 양성하기 위하여 다음 각 호의 어느 하나에 해당하는 자에게 평생교육사의 자격을 부여한다. 〈개정 2008.2.29, 2009.5.8〉

1. 「고등교육법」 제2조에 따른 학교(이하 "대학"이라 한다) 또는 이와 동등 이상의 학력이 있다고 인정되는 기관에서 교육과학기술부령으로 정하는 평생교육 관련 교과목을 일정 학점 이상 이수하고 학위를 취득한 자
2. 「학점인정 등에 관한 법률」 제3조제1항에 따라 평가인정을 받은 학습과정을

운영하는 교육훈련기관(이하 "학점은행기관"이라 한다)에서 교육과학기술부령으로 정하는 평생교육 관련 교과목을 일정 학점 이상 이수하고 학위를 취득한 자

3. 대학을 졸업한 자 또는 이와 동등 이상의 학력이 있다고 인정되는 자로서 대학 또는 이와 동등 이상의 학력이 있다고 인정되는 기관, 제25조에 따른 평생교육사 양성기관, 학점은행기관에서 교육과학기술부령으로 정하는 평생교육 관련 교과목을 일정 학점 이상 이수한 자

4. 그 밖에 대통령령으로 정하는 자격요건을 갖춘 자

② 평생교육사는 평생교육의 기획·진행·분석·평가 및 교수업무를 수행한다.

③ 제28조제2항 각 호의 어느 하나에 해당하는 자는 평생교육사가 될 수 없다.

④ 평생교육사의 등급, 직무범위, 이수과정, 연수 및 자격증의 교부절차 등에 필요한 사항은 대통령령으로 정한다.

⑤ 교육과학기술부장관은 제1항에 따른 평생교육사의 자격증을 교부 또는 재교부 받으려는 자에게 교육과학기술부령으로 정하는 바에 따라 수수료를 받을 수 있다. 〈신설 2009.5.8〉

제25조(평생교육사 양성기관) ① 교육과학기술부장관은 평생교육사의 양성과 연수에 필요한 시설·교육과정·교원 등을 고려하여 대통령령으로 정하는 바에 따라 평생교육기관을 평생교육사 양성기관으로 지정할 수 있다. 〈개정 2008.2.29〉

② 교육과학기술부장관은 평생교육사의 양성에 관한 업무를 진흥원에 위탁할 수 있다. 〈개정 2008.2.29〉

제26조(평생교육사의 배치 및 채용) ① 평생교육기관에는 제24조제1항에 따른 평생교육사를 배치하여야 한다.

② 「유아교육법」, 「초·중등교육법」 및 「고등교육법」에 따른 유치원 및 학교의 장은 평생교육프로그램을 운영함에 있어서 필요한 경우에 평생교육사를 채용할 수 있다.

③ 제20조에 따른 시·도평생교육진흥원 및 제21조에 따른 시·군·구평생학습관에 평생교육사를 배치하여야 한다.

④ 제1항부터 제3항까지의 규정에 따른 평생교육사의 배치대상기관 및 배치기준은 대통령령으로 정한다.

제27조(평생교육사 채용에 대한 경비보조) 국가 및 지방자치단체는 제26조제2항에 따른 평생교육 프로그램 운영 및 평생교육사 채용에 사용되는 경비 등을 보

조할 수 있다.

제5장 평생교육기관

제28조(평생교육기관의 설치자) ① 평생교육기관의 설치자는 다양한 평생교육프로그램을 실시하여 지역사회 주민을 위한 평생교육에 기여하여야 한다.

② 다음 각 호의 어느 하나에 해당하는 자는 평생교육기관의 설치자가 될 수 없다.

1. 금치산자 또는 한정치산자
2. 금고 이상의 실형을 선고받고 그 집행이 종료(집행이 종료된 것으로 보는 경우를 포함한다)되거나 집행이 면제된 날부터 3년이 경과되지 아니한 자
3. 금고 이상의 형의 집행유예를 선고받고 그 유예기간 중에 있는 자
4. 법원의 판결 또는 다른 법률에 따라 자격이 정지 또는 상실된 자
5. 제42조에 따라 인가 또는 등록이 취소되거나 평생교육과정이 폐쇄된 후 3년이 경과되지 아니한 자
6. 임원 중 제1호부터 제5호까지의 어느 하나에 해당하는 자가 있는 법인

③ 제2조제2호가목에 따른 평생교육기관의 설치자는 특별시·광역시·도·특별자치도(이하 "시·도"라 한다)의 조례로 정하는 바에 따라 평생교육시설의 운영과 관련하여 그 시설의 이용자에게 발생한 생명·신체상의 손해를 배상할 것을 내용으로 하는 보험가입 또는 공제사업에의 가입 등 필요한 안전조치를 하여야 한다.

④ 평생교육기관의 설치자는 학습자가 학습을 계속할 수 없는 경우 또는 평생교육기관의 폐쇄 등으로 교습을 계속할 수 없는 경우에는 대통령령으로 정하는 바에 따라 학습자로부터 받은 학습비 등의 반환 등 학습자의 보호를 위하여 필요한 조치를 하여야 한다.

⑤ 제31조제2항에 따른 학력인정 평생교육시설의 설립 주체는 「사립학교법」에 따른 학교법인 또는 「공익법인의 설립·운영에 관한 법률」에 따른 재단법인으로 한다.

제29조(학교의 평생교육) ① 「초·중등교육법」 및 「고등교육법」에 따른 각급학교의 장은 평생교육을 실시함에 있어서 평생교육의 이념에 따라 교육과정과 방법을 수요자 관점으로 개발·시행하도록 하며, 학교를 중심으로 공동체 및 지역문화 개발에 노력하여야 한다.

② 각급학교의 장은 해당 학교의 교육여건을 고려하여 학생·학부모와 지역 주민의 요구에 부합하는 평생교육을 직접 실시하거나 지방자치단체 또는 민간에 위탁하여 실시할 수 있다. 다만, 영리를 목적으로 하는 법인 및 단체는 제외한다.

③ 제2항에 따른 학교의 평생교육을 실시하기 위하여 각급학교의 교실·도서관·체육관, 그 밖의 시설을 활용하여야 한다.

④ 제2항 및 제3항에 따라 학교의 장이 학교를 개방할 경우 개방시간 동안의 해당 시설의 관리·운영에 필요한 사항은 해당 지방자치단체의 조례로 정한다.

제30조(학교 부설 평생교육시설) ① 각급학교의 장은 학생·학부모와 지역 주민을 대상으로 교양의 증진 또는 직업교육을 위한 평생교육시설을 설치·운영할 수 있다. 평생교육시설을 설치하는 경우 각급학교의 장은 관할청에 보고하여야 한다.

② 대학의 장은 대학생 또는 대학생 외의 자를 대상으로 자격취득을 위한 직업교육과정 등 다양한 평생교육과정을 운영할 수 있다.

③ 각급학교의 시설은 다양한 평생교육을 실시하기에 편리한 형태의 구조와 설비를 갖추어야 한다.

제31조(학교형태의 평생교육시설) ① 학교형태의 평생교육시설을 설치·운영하고자 하는 자는 대통령령으로 정하는 시설·설비를 갖추어 교육감에게 등록하여야 한다.

② 교육감은 제1항에 따른 학교형태의 평생교육시설 중 일정 기준 이상의 요건을 갖춘 평생교육시설에 대하여는 이를 고등학교졸업 이하의 학력이 인정되는 시설로 지정할 수 있다.

③ 제2항에 따른 학력인정 평생교육시설에는 「초·중등교육법」 제19조제1항의 교원을 둘 수 있다. 이 경우 교원의 복무·국내연수와 재교육에 관하여는 국·공립학교의 교원에 관한 규정을 준용한다.

④ 「초·중등교육법」 제54조제4항에 따라 전공과를 설치·운영하는 고등기술학교는 교육인적자원부장관의 인가를 받아 전문대학졸업자와 동등한 학력·학위가 인정되는 평생교육시설로 전환·운영할 수 있다. 이 경우 전공대학의 명칭을 사용할 수 있다.

⑤ 제2항에 따른 학력인정 평생교육시설의 지정 기준·절차, 입학자격, 교원자격 등과 제4항에 따른 평생교육시설의 인가 기준·절차, 학사관리 등의 운영 방법 등에 필요한 사항은 대통령령으로 정한다.

⑥ 지방자치단체는 해당 지방자치단체의 조례로 정하는 바에 따라 예산의 범위 내에서 제2항에 따른 학력인정 평생교육시설에 필요한 보조금을 교부하거나 그 밖의 지원을 할 수 있다.

⑦ 제2항에 따른 학력인정 평생교육시설로 지정을 받은 자가 그 시설을 폐쇄하고자 하는 때에는 재학생 처리방안 등 대통령령으로 정하는 사항을 갖추어 관할 교육감의 인가를 받아야 한다.

제32조(사내대학형태의 평생교육시설) ① 대통령령으로 정하는 규모 이상의 사업장(공동으로 참여하는 사업장도 포함한다)의 경영자는 교육과학기술부장관의 인가를 받아 전문대학 또는 대학졸업자와 동등한 학력·학위가 인정되는 평생교육시설을 설치·운영할 수 있다. 〈개정 2008.2.29, 2009.5.8〉

② 제1항에 따른 사내대학형태의 평생교육시설은 해당 사업장에서 일하는 종업원(해당 사업장에 고용된 종업원 및 해당 사업장에서 일하는 다른 업체 종업원을 말한다)을 대상으로 하되, 교육에 필요한 비용은 해당 종업원을 고용한 고용주가 부담함을 원칙으로 한다. 〈개정 2009.5.8〉

③ 제1항에 따른 사내대학형태의 평생교육시설의 설치기준·학점제등 운영에 필요한 사항은 대통령령으로 정한다.

④ 제1항에 따른 사내대학형태의 평생교육시설을 폐쇄하고자 하는 경우에는 교육과학기술부장관에게 신고하여야 한다. 〈개정 2008.2.29〉

제33조(원격대학형태의 평생교육시설) ① 누구든지 정보통신매체를 이용하여 특정 또는 불특정 다수인에게 원격교육을 실시하거나 다양한 정보를 제공하는 등의 평생교육을 실시할 수 있다.

② 제1항에 따라 불특정 다수인을 대상으로 학습비를 받고 교육을 실시하고자 하는 경우(「학원의 설립·운영 및 과외교습에 관한 법률」 제2조의2제1항제1호의 학교교과교습학원에 해당하는 경우는 제외한다)에는 대통령령으로 정하는 바에 따라 교육과학기술부장관에게 신고하여야 한다. 이를 폐쇄하고자 하는 경우에는 그 사실을 교육과학기술부장관에게 통보하여야 한다. 〈개정 2008.2.29, 2011.7.25〉

③ 제1항에 따라 전문대학 또는 대학졸업자와 동등한 학력·학위가 인정되는 원격대학형태의 평생교육시설을 설치하고자 하는 경우에는 대통령령으로 정하는 바에 따라 교육과학기술부장관의 인가를 받아야 한다. 이를 폐쇄하고자 하는 경우에

는 교육과학기술부장관에게 신고하여야 한다. 〈개정 2008.2.29〉

④ 교육과학기술부장관은 제3항에 따라 인가한 원격대학형태의 평생교육시설에 대하여는 평가를 실시하고 그 결과를 공개하여야 한다. 〈개정 2008.2.29〉

⑤ 제3항에 따른 원격대학형태의 평생교육시설의 설치기준, 학사관리 등 운영방법과 제4항에 따른 평가에 필요한 사항은 대통령령으로 정한다.

⑥ 제28조제2항 각 호의 어느 하나에 해당하는 자는 원격대학형태의 평생교육시설의 설치자가 될 수 없다.

제34조(준용 규정) 제33조제3항에 따른 원격대학형태의 평생교육시설을 설치·운영하는 자와 그 시설에 대하여는 「사립학교법」 제28조·제29조·제31조·제70조를 준용한다.

제35조(사업장 부설 평생교육시설) ① 대통령령으로 정하는 규모 이상 사업장의 경영자는 해당 사업장의 고객 등을 대상으로 하는 평생교육시설을 설치·운영할 수 있다.

② 제1항에 따른 사업장 부설 평생교육시설을 설치하고자 하는 자는 대통령령으로 정하는 바에 따라 교육감에게 신고하여야 한다. 이를 폐쇄하고자 하는 경우에는 그 사실을 교육감에게 통보하여야 한다.

제36조(시민사회단체 부설 평생교육시설) ① 시민사회단체는 상호 유기적인 협조체제를 구축하고 공공시설 및 민간시설 등 유휴시설을 활용하여 해당 시민사회단체의 목적에 부합하는 평생교육과정을 운영하도록 노력하여야 한다.

② 대통령령으로 정하는 시민사회단체는 일반 시민을 대상으로 하는 평생교육시설을 설치·운영할 수 있다.

③ 제2항에 따른 시민사회단체 부설 평생교육시설을 설치하고자 하는 자는 대통령령으로 정하는 바에 따라 교육감에게 신고하여야 한다. 이를 폐쇄하고자 하는 경우에는 그 사실을 교육감에게 통보하여야 한다.

제37조(언론기관 부설 평생교육시설) ① 신문·방송 등 언론기관을 경영하는 자는 해당 언론매체를 통하여 다양한 평생교육프로그램을 방영하는 등 국민의 평생교육진흥에 기여하여야 한다.

② 대통령령으로 정하는 언론기관을 경영하는 자는 일반 국민을 대상으로 교양의 증진과 능력향상을 위한 평생교육시설을 설치·운영할 수 있다.

③ 제2항에 따른 언론기관 부설 평생교육시설을 설치하고자 하는 자는 대통령

령으로 정하는 바에 따라 교육감에게 신고하여야 한다. 이를 폐쇄하고자 하는 경우에는 그 사실을 교육감에게 통보하여야 한다.

제38조(지식·인력개발 관련 평생교육시설) ① 국가 및 지방자치단체는 지식정보의 제공과 교육훈련을 통한 인력개발을 주된 내용으로 하는 지식·인력개발사업을 진흥·육성하여야 한다.

② 제1항에 따른 지식·인력개발사업을 경영하는 자 중 대통령령으로 정하는 자는 평생교육시설을 설치·운영할 수 있다.

③ 제2항에 따른 지식·인력개발사업과 관련하여 평생교육시설을 설치하고자 하는 자는 대통령령으로 정하는 바에 따라 교육감에게 신고하여야 한다. 이를 폐쇄하고자 하는 경우에는 그 사실을 교육감에게 통보하여야 한다.

제6장 문자해득교육

제39조(문자해득교육의 실시 등) ① 국가 및 지방자치단체는 성인의 사회생활에 필요한 문자해득능력 등 기초능력을 높이기 위하여 노력하여야 한다.

② 교육감은 대통령령으로 정하는 바에 따라 관할 구역 안에 있는 초·중학교에 성인을 위한 문자해득교육 프로그램을 설치·운영하거나 지방자치단체·법인 등이 운영하는 문자해득교육 프로그램을 지정할 수 있다.

③ 국가 및 지방자치단체는 제2항에 따른 문자해득교육 프로그램을 위하여 대통령령으로 정하는 바에 따라 재정적 지원을 할 수 있다.

제40조(문자해득교육 프로그램의 교육과정 등) 제39조에 따라 설치 또는 지정된 문자해득교육 프로그램을 이수한 자에 대하여는 그에 상응하는 학력을 인정하되, 교육과정 편성 및 학력인정 절차 등에 필요한 사항은 대통령령으로 정한다.

제7장 평생학습 결과의 관리 · 인정

제41조(학점, 학력 등의 인정) ① 이 법에 따라 학력이 인정되는 평생교육과정 외에 이 법 또는 다른 법령의 규정에 따른 평생교육과정을 이수한 자는 「학점인정 등에 관한 법률」로 정하는 바에 따라 학점 또는 학력을 인정받을 수 있다.

② 다음 각 호의 어느 하나에 해당하는 자는 「학점인정 등에 관한 법률」로 정하는 바에 따라 그에 상응하는 학점 또는 학력을 인정받을 수 있다.

1. 각급학교 또는 평생교육시설에서 각종 교양과정 또는 자격취득에 필요한 과

정을 이수한 자

2. 산업체 등에서 일정한 교육을 받은 후 사내인정자격을 취득한 자

3. 국가·지방자치단체·각급학교·산업체 또는 민간단체 등이 실시하는 능력측정검사를 통하여 자격을 인정받은 자

4. 「문화재보호법」에 따라 인정된 중요무형문화재보유자와 그 문하생으로서 일정한 전수교육을 받은 자

5. 대통령령으로 정하는 시험에 합격한 자

③ 각급학교 및 평생교육시설의 장은 학습자가 제31조에 따라 국내외의 각급학교·평생교육시설 및 평생교육기관으로부터 취득한 학점·학력 및 학위를 상호 인정할 수 있다.

제8장 보칙

제42조(행정처분) 교육과학기술부장관 또는 교육감은 평생교육시설의 설치자가 다음 각 호의 어느 하나에 해당하는 경우에는 그 시설의 설치인가 또는 등록을 취소하거나 평생교육과정을 폐쇄할 수 있고, 1년 이내의 기간을 정하여 평생교육과정의 전부 또는 일부에 대한 운영의 정지를 명할 수 있다. 다만, 제1호 및 제4호의 경우에는 그 인가 또는 등록을 취소하여야 한다. 〈개정 2008.2.29〉

1. 거짓이나 그 밖의 부정한 방법으로 인가를 받거나 등록 또는 신고한 경우
2. 인가 또는 등록 시의 기준에 미달하게 된 경우
3. 평생교육시설을 부정한 방법으로 관리·운영한 경우
4. 제28조제2항 각 호의 어느 하나의 결격사유에 해당하는 경우

제43조(청문) 교육과학기술부장관 또는 교육감은 제42조에 따라 인가 또는 등록을 취소하고자 하는 경우에는 청문을 실시하여야 한다. 〈개정 2008.2.29〉

제44조(권한의 위임) 이 법에 따른 교육과학기술부장관 또는 교육감의 권한은 그 일부를 대통령령으로 정하는 바에 따라 대학기관의 장, 교육감 또는 교육장에게 위임할 수 있다. 〈개정 2008.2.29〉

제45조(유사 명칭의 사용 금지) 이 법에 따른 진흥위원회·진흥원·평생교육협의회 및 평생학습관이 아니면 이와 비슷한 명칭을 사용하지 못한다.

제46조(과태료) ① 다음 각 호의 어느 하나에 해당하는 자에게는 500만원 이하의 과태료를 부과한다.

1. 제18조제2항을 위반하여 자료를 제출하지 아니하거나 거짓의 자료를 제출한 자

2. 제32조제4항, 제33조제2항·제3항, 제35조제2항, 제36조제3항, 제37조제3항 및 제38조제3항에 따른 신고를 태만히 한 자

3. 제45조를 위반하여 유사 명칭을 사용한 자

② 제1항에 따른 과태료는 대통령령으로 정하는 바에 따라 관할청이 부과·징수한다.

③ 제2항에 따른 과태료 처분에 불복하는 자는 그 처분을 고지받은 날부터 30일 이내에 관할청에 이의를 제기할 수 있다.

④ 제2항에 따른 과태료 처분을 받은 자가 제3항에 따라 이의를 제기한 때에는 관할청은 지체 없이 관할 법원에 그 사실을 통보하여야 하며, 통보를 받은 관할 법원은 「비송사건절차법」에 따른 과태료 재판을 한다.

⑤ 제3항에 따른 기간에 이의를 제기하지 아니하고 과태료를 내지 아니한 때에는 국세 또는 지방세 체납처분의 예에 따라 징수한다.

부칙 〈법률 제8676호, 2007.12.14〉

제1조 (시행일) 이 법은 공포 후 2개월이 경과한 날부터 시행한다. 다만, 제33조제4항·제5항과 제34조는 2008년 4월 18일부터 시행한다.

제2조 (시행일에 관한 경과조치) 부칙 제1조 단서에 따라 제33조제5항이 시행되기 전까지는 종전의 제22조제4항을 적용한다.

제3조 (학력인정시설에 관한 경과조치) 이 법 시행 전 종전의 제20조제2항에 따라 학력이 인정되는 시설로 지정된 평생교육시설에 대하여는 종전의 규정에 따른다.

제4조 (시·도교육감의 평생교육업무에 대한 경과조치) ① 제11조, 제12조, 제13조 및 제18조에도 불구하고 시·도교육감은 「지방교육자치에 관한 법률」 제20조제8호에 따라 시·도교육감이 이 법 시행 전부터 수행하여 온 평생교육과 관련된 업무는 계속하여 수행한다.

② 이 법 시행 전 종전의 제14조에 따라 교육인적자원부장관 및 교육감이 지정·운영하던 지역평생교육정보센터의 지정·운영은 종전의 규정에 따른다.

제5조 (고등기술학교 전공과를 평생교육시설로 전환하는데 따른 적용례 및 경과조치) ① 제31조제4항은 이 법 시행 당시 「초·중등교육법」 제54조제4항에 따라

전공과를 설치·운영하는 고등기술학교에 한하여 적용한다.

② 제31조제4항에 따라 고등기술학교 전공과 과정이 평생교육시설로 전환되는 경우 해당 과정에 재학 중인 자는 전환되는 평생교육시설에 재학하고 있는 것으로 본다.

제6조 (이 법의 시행을 위한 준비행위) 이 법에 따라 평생교육진흥원을 설립하기 위하여 하는 준비행위는 이 법 시행 전에 할 수 있다.

제7조 (설립준비) ① 교육인적자원부장관은 평생교육진흥원의 설립에 관한 사무를 관장하게 하기 위하여 설립준비위원회(이하 "위원회"라 한다)를 구성한다.

② 위원회는 설립준비위원장(이하 "위원장"이라 한다)을 포함하여 5인 이내의 설립준비위원(이하 "위원"이라 한다)으로 구성하며, 위원장과 위원은 교육인적자원부장관이 위촉한다.

③ 위원회는 이 법 시행 전까지 정관을 작성하여 교육인적자원부장관의 인가를 받아야 한다.

④ 위원은 제3항에 따라 인가를 받은 때에는 지체 없이 연명(連名)으로 평생교육진흥원의 설립등기를 한 후 평생교육진흥원장에게 사무를 인계하여야 하며, 위원이 이 규정에 따른 사무인계가 끝난 때에는 해촉된 것으로 본다.

⑤ 설립 당시의 평생교육진흥원장은 교육인적자원부장관이 임명한다.

제8조 (공무원의 파견) 교육인적자원부장관은 평생교육진흥원장의 요청이 있는 경우에는 그 소속 공무원을 2009년 12월 31일까지 평생교육진흥원에 파견할 수 있다.

제9조 (권리·의무의 승계 등) ① 이 법 시행 당시 종전의 제13조제1항 및 제2항에 따른 한국교육개발원 평생교육센터와 관련된 한국교육개발원의 권리·의무는 평생교육진흥원의 설립등기와 동시에 평생교육진흥원이 포괄 승계한다.

② 이 법 시행 당시 「학점인정 등에 관한 법률」 제11조 및 「학점인정 등에 관한 법률 시행령」 제19조에 따른 한국교육개발원 학점은행센터와 관련된 한국교육개발원의 권리·의무는 평생교육진흥원의 설립등기와 동시에 평생교육진흥원이 포괄 승계한다.

③ 이 법 시행 당시 「독학에 의한 학위취득에 관한 법률」 제7조 및 「독학에 의한 학위취득에 관한 법률 시행령」 제4조에 따른 한국방송통신대학교 독학학위검정원과 관련된 한국방송통신대학교의 권리·의무는 평생교육진흥원의 설립등기와

동시에 평생교육진흥원이 포괄 승계한다.

④ 이 법 시행 당시 제1항, 제2항 및 제3항에 따른 한국교육개발원의 평생교육센터, 학점은행센터 및 한국방송통신대학교의 독학학위검정원의 직원이 평생교육진흥원의 직원으로 임용되고자 원하는 때에는 종전의 소속 기관에서 퇴직하고 평생교육진흥원에 신규 임용되어야 한다. 이 경우 원장은 정원의 범위 안에서 이를 우선적으로 임용하여야 한다.

제10조 (사회교육시설에 관한 경과조치) 이 법 시행 당시 종전의 「사회교육법」에 따라 설치된 사회교육시설은 이 법에 따라 설치된 평생교육시설로 본다.

제11조 (사회교육이수자에 대한 경과조치) 이 법 시행 당시 종전의 「사회교육법」에 따라 사회교육과정을 이수한 자는 이 법에 따른 평생교육과정을 이수한 것으로 본다.

제12조 (학력인정에 관한 경과조치) 이 법 시행 당시 종전의 「사회교육법」에 따른 사회교육과정을 이수하여 중학교 또는 고등학교 졸업자와 동등한 학력이 있다고 인정된 자는 각각 이 법에 따른 평생교육과정을 이수하여 해당 학력이 인정된 자로 본다.

제13조 (사회교육전문요원에 관한 경과조치) 이 법 시행 당시 종전의 「사회교육법」에 따라 사회교육전문요원의 자격을 취득한 자는 이 법에 따라 평생교육사의 자격을 취득한 것으로 본다.

제14조 (처분 등에 관한 일반적 경과조치) 이 법 시행 당시 종전의 규정에 따른 행정기관의 행위나 행정기관에 대한 행위는 그에 해당하는 이 법에 따른 행정기관의 행위나 행정기관에 대한 행위로 본다.

제15조 (다른 법률의 개정) ① 독학에 의한 학위취득에 관한 법률 일부를 다음과 같이 개정한다.

"제7조 중 "그 소속 기관의 장 또는 국립학교(전문대학과 고등학교 이하 각급학교는 제외한다)의 장에게 위임할 수 있다"를 "「평생교육법」에 따라 설립된 평생교육진흥원장에게 위탁할 수 있다"로 한다."

② 유아교육법 일부를 다음과 같이 한다.

별표 2 교사자격기준의 정교사(2급)란 제2호 중 "각종학교를"을 "각종 학교와 「평생교육법」 제31조제4항에 따른 전문대학학력인정 평생교육시설을"로 한다.

③ 초·중등교육법 일부를 다음과 같이 한다.

별표 2 교사자격기준의 실기교사란 제1호 중 "졸업한 자"를 "졸업한 자 또는 「평생교육법」 제31조제4항에 따른 전문대학학력인정 평생교육시설의 교사자격 관련과를 졸업한 자"로 한다.

④ 학점인정 등에 관한 법률 일부를 다음과 같이 개정한다.

제7조제2항제3호 중 "제21조 또는 제22조"를 "제32조 또는 제33조"로 한다.

제9조제2항제3호 중 "제21조"를 "제32조"로 하고, 같은 항 제4호 중 "제22조"를 "제33조"로 한다.

제16조 (다른 법령과의 관계) 이 법 시행 당시 다른 법령에서 종전의 「평생교육법」을 인용한 경우 이 법 중 그에 해당하는 규정이 있는 때에는 이 법의 해당 규정을 인용한 것으로 본다.

부칙 〈법률 제8852호, 2008.2.29〉

제1조 (시행일) 이 법은 공포한 날부터 시행한다. 다만, …〈생략〉…, 부칙 제6조에 따라 개정되는 법률 중 이 법의 시행 전에 공포되었으나 시행일이 도래하지 아니한 법률을 개정한 부분은 각각 해당 법률의 시행일부터 시행한다.

제2조부터 제5조까지 생략

제6조 (다른 법률의 개정) ①부터 〈100〉까지 생략

〈101〉 평생교육법 일부를 다음과 같이 개정한다.

제9조제1항·제3항, 제10조제1항·제4항, 제13조제1항, 제15조제4항, 제18조제1항, 제19조제6항, 제24조제1항 각 호 외의 부분, 제25조제1항·제2항, 제32조제1항·제4항, 제33조제2항 전단 및 후단, 제33조제3항 전단 및 후단, 제33조제4항, 제42조 각 호 외의 부분 본문, 제43조 및 제44조 중 "교육인적자원부장관"을 각각 "교육과학기술부장관"으로 한다.

〈102〉부터 〈760〉까지 생략

제7조 생략

부칙 〈법률 제9641호, 2009.5.8〉

이 법은 공포 후 3개월이 경과한 날부터 시행한다.

부칙 〈법률 제10915호, 2011.7.25〉

이 법은 공포한 날부터 시행한다.

평생교육법 시행령

[시행 2012.1.6] [대통령령 제23488호, 2012.1.6, 타법개정]
교육과학기술부(평생학습정책과), 02-2100-6373, 6379

제1장 총칙

제1조(목적) 이 영은 「평생교육법」에서 위임된 사항과 그 시행에 필요한 사항을 규정함을 목적으로 한다.

제2조(공공시설의 이용) 평생교육을 실시하는 자는 「평생교육법」(이하 "법"이라 한다) 제7조에 따라 공공시설을 이용할 때에는 공공시설의 관리자에게 그 시설을 관리하는 직원의 지원 및 장비의 이용에 관한 협조를 요청할 수 있다.

제2장 평생교육진흥기본계획 등

제3조(기본계획 및 연도별 시행계획의 수립 · 시행) ① 교육과학기술부장관은법 제9조에 따른 평생교육진흥기본계획을 수립할 때에는 평생교육업무 관련 중앙행정기관의 장의 의견을 들어야 한다. 〈개정 2008.2.29〉

② 교육과학기술부장관은 평생교육진흥기본계획안을법 제10조에 따른 평생교육진흥위원회(이하 "진흥위원회"라 한다)의 심의를 거쳐 확정한다. 〈개정 2008.2.29〉

③ 특별시장·광역시장·도지사 또는 특별자치도지사(이하 "시·도지사"라 한다)는 법 제11조에 따라 매년 다음 해의 평생교육진흥시행계획을 수립하여 교육과학기술부장관에게 제출하여야 한다. 〈개정 2008.2.29〉

제4조(진흥위원회의 심의사항) 법 제10조제2항제4호에서 "그 밖에 평생교육진흥정책을 위하여 대통령령으로 정하는 사항"이란 다음 각 호의 어느 하나를 말한다.

1. 평생교육 시설·장비 등 평생학습 기반 확충에 관한 사항
2. 학습계좌 운영 및 학습결과의 활용촉진 등 제도개선에 관한 사항
3. 평생학습문화의 조성 및 지원에 관한 사항
4. 그 밖에 진흥위원회의 위원장이 필요하다고 판단하여 진흥위원회에 심의를 요구한 사항

제5조(진흥위원회의 구성 · 운영) ① 진흥위원회의 위원은 기획재정부차관·국방부차관·행정안전부차관, 문화체육관광부차관, 농림수산식품부차관, 지식경제부차관, 보건복지부차관·환경부차관·고용노동부차관·여성가족부차관 및 법 제19조제1항에 따른 평생교육진흥원(이하 "진흥원"이라 한다)의 원장 등 당연직 위원과 평생교육에 관한 학식과 경험이 풍부한 자 중에서 교육과학기술부장관이 위촉하는 자가 된다. 〈개정 2008.2.29, 2010.3.15, 2010.7.12〉

② 진흥위원회 위원의 임기는 당연직 위원의 경우 그 직(職)에 재직하는 동안으로 하고, 그 밖에 위촉된 위원의 임기는 2년으로 하되, 연임할 수 있다.

③ 위원장은 진흥위원회의 업무를 총괄하며 진흥위원회를 대표한다.

④ 위원장이 부득이한 사유로 직무를 수행할 수 없을 때에는 위원장이 미리 지명한 위원으로 하여금 그 직무를 대행하게 할 수 있다.

⑤ 진흥위원회의 회의는 위원장이 소집하고, 재적위원 과반수의 출석으로 개의하며, 출석위원 과반수의 찬성으로 의결한다.

⑥ 진흥위원회의 회의를 소집하려면 회의 일시·장소 및 안건을 회의 개최 7일 전까지 각 위원에게 서면으로 통지하여야 한다. 다만, 긴급히 소집하여야 하거나 부득이한 사유가 있을 경우에는 그러하지 아니하다.

⑦ 위원장은 필요하다고 인정하는 경우에는 관계 중앙행정기관의 공무원으로 하여금 소관 사무와 관련하여 진흥위원회에 출석하여 의견을 진술하게 할 수 있다.

⑧ 진흥위원회의 심의를 효율적으로 지원하기 위하여 진흥위원회에 평생교육실무조정위원회를 두되, 그 구성 및 운영은 교육과학기술부령으로 정한다. 〈개정 2008.2.29〉

제6조(진흥위원회의 간사 및 수당 등) ① 진흥위원회의 사무를 처리하기 위하여 간사 1명을 두되, 교육과학기술부 소속 공무원 중에서 위원장이 임명한다. 〈개정 2008.2.29〉

② 진흥위원회에 출석한 위원에게는 예산의 범위에서 수당과 여비를 지급할 수 있다. 다만, 공무원인 위원이 소관 업무와 직접 관련되어 출석한 경우에는 그러하지 아니한다.

제7조(전국평생학습도시협의회) ① 법 제15조제2항에 따른 전국평생학습도시협의회(이하 "도시협의회"라 한다)는 교육과학기술부장관이 평생학습도시로 지정한 시·군·자치구의 장 및 교육장으로 구성한다. 〈개정 2008.2.29〉

② 국가 및 지방자치단체는 도시협의회의 운영 및 활동에 필요한 인력 및 경비를 지원할 수 있다.

제3장 평생교육진흥원 등

제8조(출연금의 요구 및 지급) ① 진흥원은 법 제19조제7항에 따라 정부의 출연금을 받으려면 다음 각 호의 서류를 매년 4월 30일까지 교육과학기술부장관에게 제출하여야 한다. 〈개정 2008.2.29〉

1. 다음 해의 사업비·운영비 및 시설비별 출연금요구서
2. 다음 해의 사업계획서
3. 그 밖에 출연금의 요구내용을 설명할 수 있는 자료

② 교육과학기술부장관은 출연금이 확정되면 진흥원에 통지하여야 한다. 〈개정 2008.2.29〉

③ 진흥원은 제2항에 따른 출연금을 받으려면 출연금지급신청서에 분기별 사업계획서 및 예산집행계획서를 첨부하여 교육과학기술부장관에게 제출하여야 한다. 〈개정 2008.2.29〉

제9조(출연금의 관리) 진흥원은 출연금을 받으면 사업비·운영비 및 시설비별로 각각 별도의 계정을 설정하여 관리하여야 한다.

제10조(결산서의 제출) 진흥원은 매 회계연도의 사업실적과 공인회계사 또는 회계법인의 감사를 받은 결산서를 다음 해 3월 31일까지 교육과학기술부장관에게 제출하여야 한다. 〈개정 2008.2.29〉

제11조(잉여금의 처리) 진흥원은 매 회계연도 결산상의 잉여금이 있을 때에는 이월손실금의 보전에 우선 충당하고 그 나머지는 다음 해의 세입에 이입하거나 진흥원 정관상 기본재산의 적립금으로 적립하여야 한다.

제12조(시 · 도평생교육진흥원의 운영 등) ① 법 제20조제1항에 따라 시·도지사가 시·도평생교육진흥원(이하 "시·도진흥원"이라 한다)을 설치하거나 지정하려는 경우에는 시·도교육감과 협의하여야 한다.

② 시·도진흥원은 법 제20조제2항의 업무를 수행하는 데 필요한 조직과 시설을 갖추어야 하되, 그 운영에 필요한 조직과 시설, 지정절차 등에 필요한 사항은 그 지방자치단체의 조례로 정한다.

제13조(전문인력정보은행제의 운영) ① 교육과학기술부장관 및 지방자치단체의

장은법 제22조제2항에 따라 강사에 관한 정보를 수집하여 제공·관리하는 제도(이하 "전문인력정보은행제"라 한다)를 운영할 수 있다. 〈개정 2008.2.29〉

② 제1항에 따른 정보의 수집, 제공 및 관리는 본인의 동의가 있는 경우에만 할 수 있다.

③ 교육과학기술부장관 및 지방자치단체의 장은 전문인력정보은행제의 운영업무를 진흥원 및 시·도진흥원에 위탁할 수 있다. 〈개정 2008.2.29〉

④ 제1항에 따른 정보의 범위 등에 필요한 사항은 교육과학기술부령으로 정한다. 〈개정 2008.2.29〉

제14조(학습계좌의 운영) ① 교육과학기술부장관은 법 제23조제1항에 따른 학습계좌를 운영할 수 있다. 〈개정 2008.2.29, 2009.8.11〉

② 제1항에 따른 학습계좌의 개설은 본인 또는 본인의 위임을 받은 자가 신청한 경우에만 할 수 있다. 〈개정 2010.12.20〉

③ 제1항에 따른 학습계좌에 수록된 정보를 열람하거나 증명서를 발급받으려는 자는 교육과학기술부장관에게 신청할 수 있다. 이 경우 정보의 열람 또는 발급 신청은 본인 또는 본인의 위임을 받은 자만 할 수 있다. 〈개정 2008.2.29〉

④ 교육과학기술부장관은 학습계좌의 운영업무를 진흥원에 위탁할 수 있다. 〈개정 2008.2.29〉

⑤ 제1항에 따른 학습계좌에 수록되는 정보의 범위 등에 필요한 사항은 교육과학기술부령으로 정한다. 〈개정 2008.2.29〉

⑥ 교육과학기술부장관(제4항에 따라 학습계좌의 운영업무를 위탁받은 자를 포함한다)은 학습계좌에 수록된 정보의 열람 및 증명서 발급 사무를 수행하기 위하여 불가피한 경우 「개인정보 보호법 시행령」 제19조제1호에 따른 주민등록번호가 포함된 자료를 처리할 수 있다. 〈신설 2012.1.6〉

제14조의2(평가인정) ① 법 제23조제2항에 따른 학습과정의 평가인정(이하 "평가인정"이라 한다)을 받으려는 평생교육기관은 교육과학기술부령으로 정하는 바에 따라 평가인정신청서와 관련 서류를 갖춰 교육과학기술부장관에게 제출하여야 한다.

② 평가인정의 기준은 다음 각 호와 같다. 이 경우 교육과학기술부장관은 평가인정 대상의 특성을 고려하여 평가인정의 기준을 세분하여 적용할 수 있다.

1. 교육시설 및 설비
2. 교수과정

3. 교원·강사

4. 학습자 지원 및 관리 체제

5. 그 밖에 교육과학기술부장관이 학습과정 운영에 필요하다고 인정하는 사항

③ 교육과학기술부장관은 평가인정을 실시하는 경우에는 그 기준, 대상, 절차, 방법 등 평가인정에 필요한 구체적인 사항을 정하여 평가인정신청서 접수일의 1개월 전까지 공고하여야 한다.

④ 교육과학기술부장관은 제1항에 따라 평가인정을 신청한 학습과정이 제2항에 따른 기준에 적합한지를 검토하여 그 결과를 신청인에게 통보하여야 한다.

⑤ 평가인정의 유효기간은 평가인정을 통보받은 날부터 5년으로 한다.

⑥ 제1항부터 제5항까지에서 규정한 사항 외에 평가인정 및 변경평가인정의 절차 및 방법에 관하여 필요한 사항은 교육과학기술부령으로 정한다.

[전문개정 2010.12.20]

제14조의3(평생교육기관에 대한 시정명령) ① 교육과학기술부장관은 법 제23조제4항에 따라 평생교육기관에 시정명령을 할 때에는 2개월 이내의 기간을 정하여 그 시정을 명하여야 한다. 〈개정 2010.12.20〉

② 제1항에 따른 시정명령을 받은 평생교육기관은 지체 없이 이를 이행하고 그 결과를 교육과학기술부장관에게 보고하여야 한다. 〈개정 2010.12.20〉

③ 교육과학기술부장관은 평생교육기관이 법 제23조제3항제2호 또는 제3호에 위반하여 학습자의 피해가 계속될 것이 명백한 경우에는 시정명령을 한 사실과 그 내용을 인터넷 홈페이지에 게시하는 방법으로 공표할 수 있다. 〈개정 2010.12.20〉

④ 제1항에 따른 시정명령에 이의가 있는 자는 이를 통지받은 날부터 15일 이내에 이의신청의 사유 및 내용 등을 기재한 신청서와 관련 서류를 갖추어 교육과학기술부장관에게 이의신청을 할 수 있으며, 교육과학기술부장관은 특별한 사유가 없으면 30일 이내에 이를 심사한 후 그 결과를 신청인에게 통지하여야 한다.

⑤ 평생교육기관이 제4항에 따라 이의신청을 한 경우에는 이의신청을 한 날부터 그 결과를 통보받은 날까지의 기간에 해당하는 일수만큼 제1항에 따른 시정명령의 이행기간이 연장된 것으로 본다. 〈신설 2010.12.20〉

[본조신설 2009.8.11]

제14조의4(평가인정 등의 공고) 교육과학기술부장관은 평가인정을 하거나 법 제23조제3항에 따라 평가인정을 취소할 때에는 그 내용을 인터넷 홈페이지에 게

시하는 방법으로 공고하여야 한다. 〈개정 2010.12.20〉

[본조신설 2009.8.11]

제4장 평생교육사

제15조(평생교육사의 그 밖의 자격요건)법 제24조제1항제4호에서 "그 밖에 대통령령으로 정하는 자격요건을 갖춘 자"란 별표 1의 각 등급별 자격요건을 갖춘 자로서 법 제24조제1항제1호부터 제3호까지의 규정에서 정하지 아니한 자를 말한다. 〈개정 2009.8.11〉

1. 삭제 〈2009.8.11〉
2. 삭제 〈2009.8.11〉
3. 삭제 〈2009.8.11〉

제16조(평생교육사의 등급 등) ①법 제24조제4항에 따른 평생교육사의 등급은 1급부터 3급까지로 구분한다.

② 제1항에 따른 평생교육사의 등급별 자격요건은 별표 1과 같다.

제17조(직무범위)법 제24조제4항에 따라 평생교육사는 평생교육 진흥을 위하여 다음 각 호에 해당하는 직무를 수행한다.

1. 평생교육 프로그램의 요구분석·개발·운영·평가·컨설팅
2. 학습자에 대한 학습정보 제공, 생애능력개발 상담·교수
3. 그 밖에 평생교육 진흥 관련 사업계획 등 관련 업무

제18조(이수과정) ①법 제24조제4항에 따른 이수과정은 양성과정과 승급과정으로 구분한다.

② 교육과학기술부장관은 제1항에 따른 양성과정과 승급과정의 운영을 진흥원 또는법 제25조제1항에 따라 지정된 양성기관에 위탁할 수 있다. 〈개정 2008.2.29〉

제19조(연수) ①법 제24조제4항에 따른 평생교육사에 대한 연수는 진흥원장 및 시·도진흥원장(이하 "연수실시기관의 장"이라 한다)이 실시할 수 있다. 다만, 연수실시기관의 장이 필요하다고 인정하는 경우에는 평생교육 관련 전문기관에 위탁할 수 있다.

② 국가 및 지방자치단체는 제1항에 따른 평생교육사의 연수에 필요한 경비의 일부를 연수실시기관의 장에게 지원할 수 있다.

제20조(평생교육사의 자격증 교부절차 등) ①법 제24조제4항에 따른 평생교육

사의 자격증을 발급받으려는 자는 평생교육사 자격증 발급신청서에 교육과학기술부령으로 정하는 서류를 첨부하여 교육과학기술부장관에게 제출하여야 한다. 〈개정 2008.2.29〉

② 평생교육사 자격증의 분실·훼손 또는 기재사항 변경 등으로 인하여 평생교육사 자격증을 재발급받으려는 자는 평생교육사 자격증 재발급신청서에 교육과학기술부령으로 정하는 서류를 첨부하여 교육과학기술부장관에게 제출하여야 한다. 〈개정 2008.2.29〉

제21조(평생교육사 양성기관의 지정) ① 법 제25조에 따른 평생교육사 양성기관으로 지정받을 수 있는 평생교육기관은 다음 각 호의 어느 하나와 같다.

1. 법 제30조제2항에 따른 대학 부설 평생교육원
2. 「공무원교육훈련법」에 따른 공무원교육훈련기관
3. 「교육공무원법」에 따른 연수기관
4. 특별법 또는 정부출연으로 설립된 연수 및 교육훈련기관

②법 제25조에 따라 평생교육사 양성기관으로 지정받으려는 자는 다음 각 호의 사항을 기재한 평생교육사 양성기관 지정신청서에 교육과학기술부령으로 정하는 서류를 첨부하여 교육과학기술부장관에게 제출하여야 한다. 〈개정 2008.2.29〉

1. 명칭
2. 목적
3. 위치
4. 대표자의 성명·주소
5. 개설예정일

③ 교육과학기술부장관은 제2항에 따라 지정신청을 받으면 지정대상기관의 시설, 인력, 교육과정 및 위치 등을 고려하여 지정 여부를 결정하고, 평생교육사 양성기관으로 지정하는 경우에는 교육과학기술부령으로 정하는 지정서를 신청인에게 교부하여야 한다. 〈개정 2008.2.29〉

제22조(평생교육사의 배치대상기관 및 배치기준)법 제26조제4항에 따른 평생교육사의 배치대상기관 및 배치기준은 별표 2와 같다.

제5장 평생교육기관

제23조(학습비의 반환 등) ① 법 제28조제4항에 따른 학습비 등의 반환사유는

다음 각 호와 같다.

1. 법 제42조에 따라 평생교육시설의 설치인가 또는 등록이 취소되거나 평생교육과정이 폐쇄되거나 운영정지된 경우

2. 평생교육기관의 설치·운영자가 교습을 할 수 없게 된 경우

3. 학습자가 본인의 의사로 학습을 포기한 경우

② 제1항에 따른 반환사유가 발생한 경우에는 별표 3의 반환기준에 따라 학습비 등을 반환사유가 발생한 날부터 5일 이내에 반환하여야 한다.

제24조(학교 부설 평생교육시설의 설치보고)법 제30조제1항에 따라 학교 부설 평생교육시설을 설치한 각급 학교의 장은 교육과학기술부령으로 정하는 보고서에 운영규칙을 첨부하여 관할청에 보고하여야 한다. 보고사항을 변경하는 경우에도 또한 같다. 〈개정 2008.2.29〉

제25조(학교형태의 평생교육시설의 시설 · 설비) ① 법 제31조제1항에서 "대통령령으로 정하는 시설·설비"란 다음 각 호의 시설·설비를 말한다.

1. 학습 시설·설비

2. 자료실

3. 관리실

② 제1항에 따른 시설·설비의 세부기준은 교육과학기술부령으로 정한다. 〈개정 2008.2.29〉

제26조(학교형태의 평생교육시설의 등록) ①법 제31조제1항에 따라 학교형태의 평생교육시설을 설치·운영하려는 자는 다음 각 호의 사항을 기재한 등록신청서에 운영규칙 및교육과학기술부령으로 정하는 서류를 첨부하여 교육감에게 제출하여야 한다. 〈개정 2008.2.29〉

1. 명칭

2. 목적

3. 위치

4. 교육과정 편성

5. 학습비를 포함한 경비와 시설의 유지방법

6. 시설·설비의 설치내역

7. 개설예정일

② 제1항의 운영규칙에는 다음 각 호의 사항을 기재하여야 한다.

1. 명칭, 목적 및 위치
2. 교육과정 및 정원
3. 입학·퇴학 및 수료와 상벌
4. 과정수료의 인정
5. 교육기간 및 휴강
6. 학습비
7. 그 밖에 운영에 필요한 사항

③ 교육감은 제1항에 따른 등록신청서를 받았을 때에는 이를 검토하여 등록요건에 해당하면 교육과학기술부령으로 정하는 등록증을 신청인에게 교부하여야 한다. 〈개정 2008.2.29〉

제27조(학력인정시설의 지정기준) ① 법 제31조제2항 및 제5항에 따른 학력인정시설의 지정기준은 제2항부터 제6항까지의 규정에서 정한 경우를 제외하고는 다음 각 호의 사항이 각각 초등학교, 중학교 또는 고등학교에 준하는 각종학교의 설립·운영 기준과 같은 수준 이상이 되는 것으로 한다.

1. 수업연한·학기·수업일수 및 수업시간
2. 교육과정
3. 학생정원·학급수 및 학급편성
4. 입학자격
5. 교원자격·정원
6. 수료·졸업
7. 시설·설비
8. 교과서·교재
9. 재무·회계 규칙

② 제1항제1호의 학기는 관할청의 승인을 받아 매 학년도를 3학기로 나누어 운영할 수 있다. 이 경우 수업연한은 초등학교과정은 2년, 중학교 및 고등학교과정은 1년의 범위에서 단축할 수 있도록 하되, 단축된 고등학교과정에 입학할 수 있는 자는 제3항의 입학자격을 갖춘 자 중에서 다음 각 호의 어느 하나에 해당하는 자로 한다.

1. 만 16세를 넘은 자
2. 고등학교 입학 후 퇴학 등의 사유로 학업을 중단한 자

3. 산업체에 근무하는 청소년

③ 제1항제4호의 입학자격 중 초등학교과정인 경우에는 초등교육을 받지 못하고 「초·중등교육법」 제13조제1항에 따른 취학연령을 넘은 자로 하고, 중학교과정인 경우에는 「초·중등교육법」 제43조제1항에 따른 중학교 입학자격이 있는 자로서 「초·중등교육법」 제13조제3항에 따른 취학연령을 넘은 자로 하며, 고등학교과정인 경우에는 「초·중등교육법」 제47조제1항에 따른 고등학교 입학자격이 있는 자로 한다.

④ 제1항제5호의 교원 중 교감은 두지 아니할 수 있으며, 초등학교과정을 운영하는 경우에는 교장 및 교감 외에 학급마다 교원 1명을 두되, 6학급 미만인 경우에는 교장 및 교감이 학급을 담당할 수 있고, 12학급 미만인 경우에는 교감이 학급을 담당할 수 있다.

⑤ 제1항제7호의 시설·설비 중 체육장의 기준면적은 350제곱미터 이상으로 하되, 이에 상응하는 규모의 옥내 체육장으로 갈음할 수 있다. 다만, 「고등학교 이하 각급 학교 설립·운영 규정」 제5조제3항제1호 또는 제2호에 해당하는 경우에는 체육장을 두지 아니할 수 있다.

⑥ 초등학교과정 및 중학교과정, 중학교과정 및 고등학교과정, 초등학교과정·중학교과정 및 고등학교과정을 병설하여 운영하는 학력인정시설의 경우에는 다음 각 호의 기준에 따를 수 있다.

1. 시설·설비 기준(교구 및 도서에 관한 기준은 제외한다)은 병설되는 학교 중 각급 학교별에 준하는 각종학교의 설립·운영 기준에 따르되, 체육장, 관리실 및 특별교실 등은 병용할 수 있다.

2. 교구 및 도서는 「고등학교 이하 각급 학교의 설립·운영 규정」 제8조에 따라 학과 및 교과별로 갖추되, 학습 또는 수업에 지장이 없는 범위에서 병용할 수 있다.

3. 교장은 1명이 겸임할 수 있으며, 교원은 수업에 지장을 주지 아니하는 범위에서 중학교과정과 고등학교과정에서만 서로 겸임할 수 있다.

[제27조제2항제1호, 적용 2011.2.15부터]

제28조(학력인정시설의 지정신청 등) ① 법 제31조제2항 및 제5항에 따라 학력인정시설로 지정받으려는 자는 다음 각 호의 사항을 기재한 학력인정시설 지정신청서에 교육과학기술부령으로 정하는 서류를 첨부하여 교육감에게 제출하여야 한

다. 〈개정 2008.2.29〉

1. 명칭
2. 목적
3. 위치
4. 과정별 학급수, 정원 및 학습비
5. 교육과정 편성
6. 교원의 정수
7. 필요한 경비의 조달계획
8. 시설현황 및 시설확충계획
9. 교구와 그 밖의 설비현황 및 설비확충계획
10. 개설예정일

② 교육감은 제1항에 따른 지정신청을 받으면 지정기준과 정규학교 학생 수급 전망 등 지역의 교육여건을 종합적으로 검토하여 지정 여부를 결정한 후 교육과학기술부령으로 정하는 지정서를 신청인에게 교부할 수 있다. 〈개정 2008.2.29〉

제29조(학력인정시설의 폐쇄인가) ① 법 제31조제7항에 따라 학력인정시설로 지정받은 자가 그 시설을 폐쇄하려는 경우에는 그 사유, 폐쇄연월일, 재학생 처리 방안 및 남은 업무와 재산의 처리방법 등을 기재한 서류를 관할 교육감에게 제출하고 인가를 받아야 한다.

② 제1항에 따라 폐쇄된 학력인정시설의 학적부관리에 관하여는 교육감이 정하는 바에 따른다.

제30조(전문대학 학력인정 평생교육시설의 인가기준)법 제31조제4항 및 제5항에 따른 전문대학 학력인정 평생교육시설로 인가를 받을 수 있는 자의 기준은 다음 각 호와 같다.

1. 학교법인일 것
2. 제40조에 따른 교사(校舍)를 확보할 것
3. 「대학설립·운영 규정」 제5조 및 같은 규정 별표 4에 따른 교지(校地)를 확보할 것. 이 경우 교사기준면적에 관한 사항은 이 영 별표 6의 학생 1명당 교사기준면적을 적용한다.
4. 제41조에 따른 교원을 확보할 것(법정교원정원의 2분의 1의 범위에서 겸임교원을 둘 수 있다). 다만, 설치인가 시 법정교원정원의 2분의 1 이상의 교원을

확보하고 나머지 교원은 전환개교 후 1년 이내에 확보하여야 한다.

5. 다음 각 목의 구분에 따른 수익용 기본재산을 확보할 것

가. 학생정원 1000명 이상: 100억원 이상

나. 학생정원 500명 이상 1000명 미만: 70억원 이상

다. 학생정원 500명 미만: 40억원 이상

제31조(전문대학 학력인정 평생교육시설의 설치인가) ①법 제31조제4항 및 제5항에 따라 전문대학 학력인정 평생교육시설의 설치인가를 받으려는 자는 다음 각 호의 사항을 기재한 전문대학 학력인정 평생교육시설 설치계획서에 교육과학기술부령으로 정하는 서류를 첨부하여 교육과학기술부장관에게 제출하여야 한다. 다음 각 호의 사항을 변경하려는 경우에도 또한 같다. 〈개정 2008.2.29〉

1. 명칭
2. 목적
3. 설치자
4. 위치
5. 학칙
6. 향후 2년간의 재정운영계획
7. 향후 2년간 교육·연구용 시설 및 설비 확보계획
8. 실습이 필요한 경우에는 실습 시설 및 설비 확보계획
9. 교원확보계획
10. 전환개교 예정일

② 제1항제1호의 명칭에는 해당 학교의 설립목적 및 전공분야의 특성을 나타낼 수 있는 용어가 포함되어야 한다.

③ 학칙의 기재에 관하여는 「고등교육법 시행령」 제4조제1항을 준용한다.

④ 교육과학기술부장관은 제1항에 따른 전문대학 학력인정 평생교육시설 설치계획서 등을 받은 경우에는 제36조제4항부터 제8항까지의 절차를 준용하여 처리하되, 그 신청 및 처리기한은 제외한다. 〈개정 2008.2.29, 2008.10.20〉

제32조(전문대학 학력인정 평생교육시설의 폐쇄인가) ①법 제31조제7항에 따라 전문대학 학력인정 평생교육시설을 폐쇄하려는 자는 다음 각 호의 사항이 기재된 서류를 갖추어 교육과학기술부장관의 인가를 받아야 한다. 〈개정 2008.2.29〉

1. 폐쇄사유

2. 폐쇄연월일

3. 학생 및 학적부의 처리방법

② 제1항에 따라 폐쇄된 전문대학 학력인정 평생교육시설의 학적부 관리에 관하여는 교육과학기술부장관이 정하는 바에 따른다. 〈개정 2008.2.29〉

第33조(전문대학 학력인정 평생교육시설의 학점제 등 운영 방법) 전문대학 학력인정 평생교육시설의 학칙개정, 학년도, 학기 및 교육과정 등에 대하여는 제42조부터 제44조까지의 규정을 준용하고, 수업료 및 재무회계는 제61조 및 제63조를 준용한다.

第34조(다른 법령의 준용) 전문대학 학력인정 평생교육시설의 설치·운영에 대하여 이 영에서 정한 사항 외에는「고등교육법」의 전문대학에 관한 규정을 준용한다.

第35조(사업장의 범위)법 제32조제1항에서 "대통령령으로 정하는 규모 이상의 사업장(공동으로 참여하는 사업장도 포함한다)"이란 「상법」 또는 특별법에 따라 설립된 법인인 사업장에서 일하는 종업원(해당 사업장에 고용된 종업원 및 해당 사업장에서 일하는 다른 업체 종업원을 포함한다)의 수가 200명 이상인 사업장을 말한다.

[전문개정 2009.8.11]

第36조(사내대학의 설치인가) ①법 제32조제1항에 따라 사내대학형태의 평생교육시설(이하 "사내대학"이라 한다)을 설치·운영하려는 자는 다음 각 호의 사항을 기재한 사내대학 설치계획서에 교육과학기술부령으로 정하는 서류를 첨부하여 개교예정일 9개월 전까지 교육과학기술부장관에게 제출하여야 한다. 〈개정 2008.2.29, 2009.8.11〉

1. 명칭

2. 목적

3. 설치자

4. 위치

5. 운영규정(이하 이 조부터 제46조까지의 규정에서 "학칙"이라 한다)

6. 향후 4년간(2년제 학사학위과정을 운영하거나 전문대학 졸업자와 같은 수준의 학력·학위가 인정되는 사내대학의 경우에는 2년간)의 재정운영계획

7. 향후 4년간(2년제 학사학위과정을 운영하거나 전문대학졸업자와 같은 수준의 학력·학위가 인정되는 사내대학의 경우에는 2년간)의 교육·연구용 시설 및 설비

확보계획

8. 실습이 필요한 경우에는 실습 시설 및 설비 확보계획

9. 교원 확보계획

10. 개교예정일

② 제1항제1호의 명칭에는 사내대학임을 나타내는 용어가 포함되어야 한다.

③ 학칙의 기재에 관하여는 「고등교육법 시행령」 제4조제1항을 준용한다.

④ 교육과학기술부장관은 제1항에 따른 사내대학 설치계획서 등을 제출받은 경우에는 전문가의 의견수렴을 거쳐 그 신청에 대한 승인 여부를 결정하고, 그 결과를 신청일부터 3개월 이내에 신청인에게 통보하여야 한다. 다만, 해당 인가에 관하여 관계 부처의 협의가 필요한 경우에는 그 신청일부터 6개월 이내에 이를 통보할 수 있다. 〈개정 2008.2.29, 2008.10.20〉

⑤ 제4항에 따른 승인 통보를 받은 신청인은 사내대학 설치계획서에 따른 시설·설비를 갖추어 개교예정일 6개월 전까지 사내대학 설치인가 신청서를 교육과학기술부장관에게 제출하여야 한다. 〈개정 2008.2.29〉

⑥ 교육과학기술부장관은 제5항에 따른 인가신청을 받은 경우에는 이를 검토하여 인가 여부를 결정하고, 그 결과를 개교예정일 4개월 전까지 신청인에게 통보하여야 한다. 〈개정 2008.2.29〉

⑦ 제4항에 따른 계획승인 통보를 받은 신청인이 제5항에 따른 기한까지 사내대학 설치인가 신청서를 제출할 수 없는 경우에는 그 사유를 증명할 수 있는 자료를 첨부하여 그 기한까지 사내대학 설치인가 연기신청서를 교육과학기술부장관에게 제출하여야 한다. 이 경우 사내대학 설치인가 신청서의 제출을 연기할 수 있는 기간은 3년을 넘지 못한다. 〈개정 2008.2.29〉

⑧ 교육과학기술부장관은 부득이한 사유가 있다고 인정하는 경우에는 제1항 및 제4항부터 제6항까지의 기간을 3개월의 범위에서 조정할 수 있다. 〈개정 2008.2.29〉

제37조 삭제 〈2008.10.20〉

제38조(사내대학 운영경비의 부담범위)법 제32조제2항에 따라 고용주가 부담하는 교육에 필요한 비용은 사내대학 운영을 위한 인건비, 시설·설비비, 실험실습비, 일반관리비 및 그 부대경비로 한다.

제39조(사내대학의 설치기준) ① 법 제32조제3항에 따른 사내대학의 설치기준

은 다음 각 호와 같다.

1. 제40조에 따른 교사를 확보할 것

2. 제41조에 따른 교원정원의 2분의 1 이상의 교원을 확보하되, 나머지 교원은 개교 후 1년 이내에 확보할 것

② 사내대학의 학생정원을 증원하는 경우에는 증원분을 포함한 전체 학생정원에 대하여 이 영에 따른 기준을 갖추어야 한다.

③ 제1항에 따른 교사와 교원을 산정할 때 기준이 되는 사내대학의 학생정원을 계열별로 분류하는 경우 그 계열별 구분은 별표 4와 같다.

제40조(사내대학의 교사) ① 사내대학은 교육과 연구활동에 적합한 장소에 별표 5의 구분에 따른 교사(校舍)를 확보하여야 한다. 〈개정 2009.8.11〉

② 제1항에 따라 확보하여야 할 교사의 면적은 별표 6에 따른 학생 1명당 교사 기준면적에 편제완성연도를 기준으로 한 계열별 학생정원을 곱하여 합산한 면적의 2분의 1 이상으로 한다. 이 경우 계열별 학생정원을 합한 학생정원이 50명(제44조제1항에 따른 전문학사학위과정과 학사학위과정에 대하여 각각 적용한다. 이하 같다) 미만인 경우에는 그 정원을 50명으로 보되, 계열별로 학생정원을 환산하는 방법은 교육과학기술부령으로 정한다. 〈개정 2008.2.29〉

③교육과학기술부령으로 정하는 원격교육시설을 갖춘 경우에는 제2항에 따른 교사면적을 2분의 1까지 감축할 수 있다. 〈개정 2008.2.29〉

제41조(사내대학의 교원) ① 사내대학은 편제완성연도를 기준으로 한 계열별 학생정원을 별표 7에 따른 교원 1명당 학생수로 나눈 수의 교원을 확보하여야 한다. 이 경우 계열별 학생정원을 합한 학생정원이 50명 미만인 경우에는 그 정원을 50명으로 보되, 계열별로 학생정원을 환산하는 방법은 교육과학기술부령으로 정한다. 〈개정 2008.2.29〉

② 제1항에 따른 교원은 「교수자격기준 등에 관한 규정」 별표에 따른 자격기준에 해당하는 자로서 다음 각 호의 어느 하나에 해당하는 자를 겸임시킬 수 있다. 이 경우 겸임되는 자(이하 "겸임교원"이라 한다)를 산정하는 기준은 교육과학기술부령으로 정한다. 〈개정 2008.2.29〉

1. 「고등교육법」 제14조제1항 및 제2항에 따른 교원

2. 국공립연구소 및 민간연구소의 연구원

3. 사업장의 임직원

제41조(사내대학의 교원) ① 사내대학은 편제완성연도를 기준으로 한 계열별 학생정원을 별표 7에 따른 교원 1명당 학생수로 나눈 수의 교원을 확보하여야 한다. 이 경우 계열별 학생정원을 합한 학생정원이 50명 미만인 경우에는 그 정원을 50명으로 보되, 계열별로 학생정원을 환산하는 방법은 교육과학기술부령으로 정한다. 〈개정 2008.2.29〉

② 제1항에 따른 교원은 「대학교원 자격기준 등에 관한 규정」 별표에 따른 자격기준에 해당하는 자로서 다음 각 호의 어느 하나에 해당하는 자를 겸임시킬 수 있다. 이 경우 겸임되는 자(이하 "겸임교원"이라 한다)를 산정하는 기준은 교육과학기술부령으로 정한다. 〈개정 2008.2.29, 2012.2.29〉

1. 「고등교육법」 제14조제1항 및 제2항에 따른 교원
2. 국공립연구소 및 민간연구소의 연구원
3. 사업장의 임직원

[시행일 : 2012.7.22] 제41조

제42조(사내대학 학칙의 개정) ① 사내대학의 장이 학칙을 개정하려는 경우에는 학칙으로 정하는 바에 따라 개정안의 사전공고, 심의 및 공포의 절차를 거쳐야 한다.

② 사내대학의 장은 학칙을 개정하면 지체 없이 교육과학기술부장관에게 보고하여야 한다. 〈개정 2008.2.29〉

③ 교육과학기술부장관은 제2항에 따라 보고된 학칙 중 법령을 위반하는 사항이 있다고 인정되면 그 시정을 요구할 수 있다. 〈개정 2008.2.29〉

제43조(사내대학의 학년도·학기 등) ① 사내대학의 학년도는 3월 1일부터 다음 해 2월 말일까지로 하되, 필요한 경우 학칙으로 달리 정할 수 있다. 〈개정 2009.8.11〉

② 사내대학의 수업연한은 제44조제1항에 따른 전문학사학위과정의 경우에는 2년 이상으로 하고, 학사학위과정의 경우에는 2년 또는 4년 이상으로 한다. 다만, 학사학위과정(2년제 학사학위과정은 제외한다)의 경우 학칙으로 정하는 학점 이상을 취득한 자에 대하여는 1년의 범위에서 수업연한을 단축할 수 있다.

③ 사내대학의 학기는 매 학년도 2학기 또는 3학기로 하며, 매 학기의 수업일수는 15주 이상으로 한다.

④ 사내대학은 매 학기 취득기준학점의 2분의 1을 넘지 아니하는 범위에서 계

절제수업을 운영할 수 있다.

⑤ 사내대학의 수업일수 감축, 휴업일, 학점당 이수시간 및 학생의 전공이수 등에 관하여는 「고등교육법 시행령」 제11조제2항, 제12조, 제14조 및 제19조를 준용한다.

제44조(사내대학의 교육과정운영 등) ① 사내대학에는 전문학사학위과정 또는 학사학위과정을 운영하되, 전문학사학위과정과 학사학위과정을 병설하여 둘 수 있다.

② 사내대학은 학칙으로 정하는 바에 따라 교육과정을 운영하며, 교과의 이수는 평점 및 학점제 등을 따를 수 있다.

③ 사내대학은 「고등교육법」 제2조에 따른 학교, 다른 사내대학 또는 제50조에 따른 원격대학 형태의 평생교육시설에서 취득한 학점과 「학점인정 등에 관한 법률」에 따른 평가인정과목을 이수하고 취득한 학점을 졸업에 필요한 학점의 2분의 1의 범위에서 해당 사내대학의 학점으로 인정할 수 있다. 〈개정 2008.6.5〉

④ 사내대학은 학칙으로 정하는 바에 따라 학생 외의 자를 대상으로 하는 공개강좌를 둘 수 있다.

⑤ 사내대학은 제45조제1항에 따른 입학자격이 있는 자에게 시간제로 등록하여 해당 사내대학의 수업을 받게 할 수 있다. 이 경우 선발방법은 학칙으로 정하되, 시간제로 등록한 자가 신청할 수 있는 학점은 매 학기 취득기준학점의 2분의 1을 넘을 수 없다.

제45조(사내대학의 입학·편입학 등) ① 사내대학에 입학할 수 있는 자는 고등학교를 졸업한 자 또는 법령에 따라 이와 같은 수준 이상의 학력이 있다고 인정된 자로서 해당 사업장에 근무하고 있는 자(해당 사업장에 고용된 종업원 및 해당 사업장에서 일하는 다른 업체 종업원을 포함한다. 이하 이 조에서 같다)로 한다. 다만, 2년제 학사학위과정의 경우에는 전문대학을 졸업한 자 또는 법령에 따라 이와 같은 수준 이상의 학력이 있다고 인정된 자로서 해당 사업장에서 근무하고 있는 자로 한다. 〈개정 2009.8.11〉

② 사내대학의 학생정원, 입학 및 편입학에 관하여는 「고등교육법 시행령」 제28조제1항부터 제3항까지 및 제29조제1항을 준용한다.

제46조(사내대학의 학위수여) 사내대학의 장은 학칙으로 정한 전문학사학위과정을 이수한 자에게는 전문학사학위를 수여하고, 학사학위과정을 이수한 자에게는 학사학위를 수여한다. 이 경우 학위의 종류 및 수여에 필요한 사항은 학칙으로

정한다.

제47조(사내대학의 폐쇄신고) ①법 제32조제4항에 따라 사내대학을 폐쇄하려는 자는 다음 각 호의 사항이 기재된 서류를 갖추어 폐쇄예정일 30일 전까지 교육과학기술부장관에게 신고하여야 한다. 〈개정 2008.2.29〉

1. 폐쇄사유
2. 폐쇄연월일
3. 학생 및 학적부의 처리방법

② 제1항에 따라 폐쇄된 사내대학의 학적부 관리에 관하여는 교육과학기술부장관이 정하는 바에 따른다. 〈개정 2008.2.29〉

제48조(원격교육 형태의 평생교육시설의 신고대상)법 제33조제2항 전단에 따라 교육과학기술부장관에게 신고하여야 하는 원격교육 형태의 평생교육시설(이하 "원격평생교육시설"이라 한다)은 학습비를 받고 10명 이상의 불특정 학습자에게 30시간 이상의 교습과정에 따라 화상강의 또는 인터넷강의 등을 통하여 지식·기술·기능 및 예능에 관한 교육을 하는 시설로 한다. 〈개정 2008.2.29〉

제49조(원격평생교육시설의 신고절차 등) ① 원격평생교육시설을 운영하려는 자는 다음 각 호의 사항을 기재한 신고서에 운영규칙 및 교육과학기술부령으로 정하는 서류를 첨부하여 교육과학기술부장관에게 제출하여야 한다. 〈개정 2008.2.29〉

1. 명칭
2. 목적
3. 설치자
4. 위치
5. 시설·설비
6. 개설예정일

② 제1항의 운영규칙에는 다음 각 호의 사항을 기재하여야 한다.

1. 명칭, 목적 및 위치
2. 교육과정·정원
3. 입학·퇴학 및 수료와 상벌
4. 교육기간·휴강
5. 학습비
6. 그 밖에 시설의 운영에 필요한 사항

③ 교육과학기술부장관은 제1항에 따른 신고가 있는 경우에는 이를 검토하여 요건에 해당하면 교육과학기술부령으로 정하는 신고증을 교부하여야 한다. 〈개정 2008.2.29〉

④ 원격평생교육시설 설치자의 지위를 승계하는 자는 교육과학기술부령으로 정하는 서류를 갖추어 교육과학기술부장관에게 신고하여야 한다. 〈개정 2008.2.29〉

⑤ 법 제33조제2항 후단에 따라 원격평생교육시설을 폐쇄하려는 자는 그 사유, 폐쇄연월일 및 남은 업무의 처리방법 등을 기재한 서류를 갖추어 폐쇄예정일 30일 전까지 교육과학기술부장관에게 통보하여야 한다. 〈개정 2008.2.29〉

제50조(원격대학 형태의 평생교육시설의 설치자)법 제33조제3항에 따른 원격대학 형태의 평생교육시설의 설치인가를 받을 수 있는 자는 다음 각 호의 어느 하나에 해당하는 자로 한다. 〈개정 2008.6.5〉

1. 지방자치단체
2. 학교법인
3. 「민법」 제32조에 따른 재단법인 또는 특별법에 따라 설립된 비영리법인

제51조(원격대학 형태의 평생교육시설의 설치인가) ① 법 제33조제3항에 따라 원격대학 형태의 평생교육시설의 설치인가를 받으려는 자는 다음 각 호의 사항을 기재한 원격대학 형태의 평생교육시설 설치계획서에 교육과학기술부령으로 정하는 서류를 첨부하여 매년 3월 31일까지 교육과학기술부장관에게 제출하여야 한다. 〈개정 2008.2.29, 2008.6.5〉

1. 명칭
2. 목적
3. 설치자
4. 위치
5. 학칙
6. 향후 4년간(전문대학졸업자와 같은 수준의 학력·학위가 인정되는 원격대학 형태의 평생교육시설의 경우에는 2년간)의 재정운영계획
7. 향후 4년간(전문대학졸업자와 같은 수준의 학력·학위가 인정되는 원격대학 형태의 평생교육시설의 경우에는 2년간)의 교육·연구용 시설·설비 확보 계획
8. 실습이 필요한 경우에는 실습시설·설비 확보계획
9. 교원확보계획

10. 학사운영에 관한 계획

11. 원격교육프로그램 운영 및 품질관리 계획

12. 개교예정일

② 제1항제1호의 명칭에는 "원격", "사이버" 또는 "가상" 등 원격대학임을 나타내는 용어가 포함되어야 한다.

③ 학칙의 기재사항에 관하여는 「고등교육법 시행령」 제4조제1항을 준용한다.

④ 교육과학기술부장관은 제1항에 따라 원격대학 형태의 평생교육시설 설치계획서 등을 받으면 제36조제4항부터 제8항까지의 절차를 준용하여 처리한다. 이 경우 "사내대학"은 "원격대학 형태의 평생교육시설"로 본다. 〈개정 2008.2.29, 2008.6.5, 2008.10.20〉

[제목개정 2008.6.5]

제52조(원격대학 형태의 평생교육시설의 폐쇄신고) ①법 제33조제3항 후단에 따라 원격대학 형태의 평생교육시설을 폐쇄하려는 자는 다음 각 호의 사항이 기재된 서류를 갖추어 폐쇄예정일 30일 전까지 교육과학기술부장관에게 신고하여야 한다. 〈개정 2008.2.29, 2008.6.5〉

1. 폐쇄사유

2. 폐쇄연월일

3. 학생 및 학적부의 처리방법

② 제1항에 따라 폐쇄된 원격대학 형태의 평생교육시설의 학적부 관리에 관하여는 교육과학기술부장관이 정하는 바에 따른다. 〈개정 2008.2.29, 2008.6.5〉

[제목개정 2008.6.5]

제53조(원격대학 형태의 평생교육시설의 설치기준)법 제33조제5항에 따른 원격대학 형태의 평생교육시설의 설치기준은 다음 각 호와 같다. 〈개정 2008.6.5〉

1. 제54조에 따른 교사 및 설비를 확보할 것

2. 제55조에 따른 교원을 확보할 것

3. 제56조에 따른 수익용 기본재산을 확보할 것

[제목개정 2008.6.5]

제54조(원격대학 형태의 평생교육시설의 교사 · 설비) ① 원격대학 형태의 평생교육시설은 표 8의 구분에 따른 교사를 확보하여야 하되, 이는 설치자의 소유이어야 한다. 다만, 「고등교육법」 제2조에 따른 학교의 설립·경영자가 타인과 공동

으로 제50조제2호 또는 제3호의 법인을 설립하여 원격대학 형태의 평생교육시설을 설치하는 경우에는 그 학교의 교사로 이를 대신할 수 있다. 〈개정 2008.6.5〉

② 원격대학 형태의 평생교육시설은 각종 서버, 통신장비 및 매체제작장비 등 원격교육에 필요한 설비를 확보하여야 한다. 이 경우 원격교육설비의 세부기준은 교육과학기술부장관이 정한다. 〈개정 2008.2.29, 2008.6.5〉

[제목개정 2008.6.5]

제55조(원격대학 형태의 평생교육시설의 조직 및 교원 등) ① 원격대학 형태의 평생교육시설에는 학과 또는 학부를 두고, 교원은 학과 또는 학부에 소속되는 것을 원칙으로 한다. 〈개정 2008.6.5〉

② 원격대학 형태의 평생교육시설에는 전임교원 및 조교를 각각 학과 또는 학부에 두는 전공별로 1명 이상 두어야 하며, 원활한 수업에 필요한 겸임교원 및 시간강사 등을 확보하여야 한다. 〈개정 2008.6.5〉

③ 교원 및 조교의 자격기준에 관하여는 「교수자격기준 등에 관한 규정」을 준용한다.

④ 원격대학 형태의 평생교육시설의 교원 임면권자는 교원을 임면한 경우에는 임면한 날부터 7일 이내에 그 사실을 교육과학기술부장관에게 보고하여야 한다. 〈개정 2008.6.5〉

[제목개정 2008.6.5]

제55조(원격대학 형태의 평생교육시설의 조직 및 교원 등) ① 원격대학 형태의 평생교육시설에는 학과 또는 학부를 두고, 교원은 학과 또는 학부에 소속되는 것을 원칙으로 한다. 〈개정 2008.6.5〉

② 원격대학 형태의 평생교육시설에는 전임교원 및 조교를 각각 학과 또는 학부에 두는 전공별로 1명 이상 두어야 하며, 원활한 수업에 필요한 겸임교원 및 시간강사 등을 확보하여야 한다. 〈개정 2008.6.5〉

③ 교원 및 조교의 자격기준에 관하여는 「대학교원 자격기준 등에 관한 규정」을 준용한다. 〈개정 2012.2.29〉

④ 원격대학 형태의 평생교육시설의 교원 임면권자는 교원을 임면한 경우에는 임면한 날부터 7일 이내에 그 사실을 교육과학기술부장관에게 보고하여야 한다. 〈개정 2008.6.5〉

[제목개정 2008.6.5]

[시행일 : 2012.7.22] 제55조

제56조(원격대학 형태의 평생교육시설의 수익용 기본재산) ① 제50조제1호의 지방자치단체를 제외한 원격대학 형태의 평생교육시설의 설치자는 연간 학교회계 운영수익 총액에 해당하는 가액의 수익용 기본재산을 확보하여야 하며, 이에 필요한 사항은 「사이버대학 설립·운영 규정」 제7조제2항부터 제4항까지의 규정을 준용한다. 〈개정 2008.6.5〉

② 원격대학 형태의 평생교육시설의 설치자는 매년 연간 학교회계 운영수익 총액(편제완성연도 이전의 경우에는 해당 학년도의 연간 학교회계 운영수익 총액으로 한다)에 해당하는 가액을 보험금으로 하는 보증보험에 가입함으로써 제1항에 따른 수익용 기본재산의 확보를 갈음할 수 있다. 〈개정 2008.6.5〉

[제목개정 2008.6.5]

제57조(원격대학 형태의 평생교육시설의 학년도, 학기 및 교육과정 등) ① 원격대학 형태의 평생교육시설의 학칙 개정, 학년도, 학기 및 교육과정 등에 관하여는 제42조·제43조 및 제44조제1항부터 제4항까지의 규정을 준용하되, 제43조제2항 본문 중 "2년 또는 4년 이상"은 "4년 이상"으로 본다. 〈개정 2008.6.5〉

② 원격대학 형태의 평생교육시설의 시간제등록생은 고등학교를 졸업한 자 또는 법령에 의하여 이와 동등 이상의 학력이 있다고 인정한 자 중에서 선발할 수 있으며, 그 등록인원은 해당 원격대학 형태의 평생교육시설의 편제정원에 해당하는 인원수 이내에서 학칙으로 정한다. 이 경우 시간제로 등록한 자가 신청할 수 있는 학점은 매 학기 취득기준학점의 2분의 1을 넘을 수 없다. 〈신설 2008.6.5〉

[제목개정 2008.6.5]

제58조(원격대학 형태의 평생교육시설의 수업 등) ① 원격대학 형태의 평생교육시설의 수업은 화상강의 및 인터넷강의 등의 방법으로 하되, 원격수업을 보조하여 출석수업을 할 수 있다. 이 경우 수업 운영에 필요한 사항은 학칙으로 정한다. 〈개정 2008.6.5〉

② 원격대학 형태의 평생교육시설의 학생의 학업성취도 평가는 통신에 의하여 하되, 출석평가를 병행할 수 있다. 이 경우 평가방법에 필요한 사항은 학칙으로 정한다. 〈개정 2008.6.5〉

[제목개정 2008.6.5]

제59조(원격대학 형태의 평생교육시설의 입학 · 편입학 등) ① 원격대학 형태의

평생교육시설에 입학할 수 있는 자는 고등학교를 졸업한 자나 법령에 따라 이와 같은 수준 이상의 학력이 있다고 인정된 자로 한다. 〈개정 2008.6.5〉

② 원격대학 형태의 평생교육시설의 학생은 제1항에 따른 자격이 있는 자 중에서 선발하되, 선발의 방법 및 절차 등에 관한 사항은 학칙으로 정한다. 〈개정 2008.6.5〉

③ 원격대학 형태의 평생교육시설의 학생정원, 입학 및 편입학에 관하여는 「고등교육법 시행령」 제28조제1항부터 제3항까지 및 제29조제1항을 준용한다. 다만, 「장애인 등에 대한 특수교육법」 제15조에 따른 특수교육대상자는 모집인원에 제한을 두지 아니하며 그 정원은 따로 있는 것으로 본다. 〈개정 2008.6.5〉

④ 제62조에 따른 산업체 위탁생의 입학 및 편입학의 경우에는 제3항에도 불구하고 학칙으로 정하는 모집단위별 입학정원의 100분의 20을 넘지 아니하는 범위에서 그 정원이 따로 있는 것으로 본다.

[제목개정 2008.6.5]

제60조(원격대학 형태의 평생교육시설의 학위수여) 원격대학 형태의 평생교육시설의 학위수여에 관하여는 제46조를 준용하되, 학위를 받기 위하여는 다음 각 호의 구분에 따른 학점을 취득하여야 한다. 〈개정 2008.6.5〉

1. 전문학사학위과정: 80학점 이상
2. 학사학위과정: 140학점 이상

[제목개정 2008.6.5]

제61조(수업료 등) ① 원격대학 형태의 평생교육시설의 설치자는 학칙으로 정하는 바에 따라 입학금, 수업료, 그 밖의 납부금을 받을 수 있다. 〈개정 2008.6.5〉

② 입학금, 수업료, 그 밖의 납부금의 징수 및 반환 등에 필요한 사항은 교육과학기술부령으로 정한다. 〈개정 2008.2.29〉

제62조(산업체 위탁교육) ① 원격대학 형태의 평생교육시설은 산업체(산업체를 구성원으로 하는 단체를 포함한다)로부터 위탁받아 교육을 할 수 있다. 〈개정 2008.6.5〉

② 위탁교육에 관하여는 「고등교육법 시행령」 제53조의2를 준용한다.

제63조(재무ㆍ회계) ① 원격대학 형태의 평생교육시설에 속하는 회계의 회계연도는 그 원격대학 형태의 평생교육시설의 학년도에 따른다.

②법 제34조에 따라 준용하는 「사립학교법」 제28조에 관하여는 「사립학교법 시행령」 제11조에서 정하는 사이버대학의 기준을 준용한다.

[전문개정 2008.6.5]

제64조(사업장 부설 평생교육시설의 설치신고) ①법 제35조제1항에서 "대통령령으로 정하는 규모 이상의 사업장"이란 종업원이 100명 이상인 사업장을 말한다. 〈개정 2011.3.29〉

②법 제35조제2항에 따른 사업장 부설 평생교육시설의 설치신고, 처리절차 및 폐쇄통보 등에 관하여는 제49조를 준용한다. 이 경우 "교육과학기술부장관"은 "교육감"으로 본다. 〈개정 2008.2.29〉

제65조(시민사회단체 부설 평생교육시설의 설치신고) ①법 제36조제2항에서 "대통령령으로 정하는 시민사회단체"란 다음 각 호의 어느 하나에 해당하는 시민사회단체를 말한다.

1. 법인인 시민사회단체
2. 법령에 따라 주무관청에 등록된 시민사회단체
3. 회원이 300명 이상인 시민사회단체

②법 제36조제3항에 따른 시민사회단체 부설 평생교육시설의 설치신고, 처리절차 및 폐쇄통보 등에 관하여는 제49조를 준용한다. 이 경우 "교육과학기술부장관"은 "교육감"으로 본다. 〈개정 2008.2.29〉

제66조(언론기관 부설 평생교육시설의 설치신고) ①법 제37조제2항에서 "대통령령으로 정하는 언론기관"이란 다음 각 호의 어느 하나에 해당하는 기관을 말한다. 〈개정 2008.2.29, 2008.12.3, 2010.1.27〉

1. 「신문 등의 진흥에 관한 법률」 제9조제1항에 따라 등록한 일간신문·주간신문·인터넷신문 및 「잡지 등 정기간행물의 진흥에 관한 법률」 제15조제1항에 따라 등록한 월간잡지를 발행하는 자
2. 「방송법」 제2조제1호에 따른 방송을 하는 법인
3. 「뉴스·통신진흥에 관한 법률」 제8조에 따라 등록한 뉴스통신사업을 경영하는 법인

② 법 제37조제3항에 따른 언론기관 부설 평생교육시설의 설치신고, 처리절차 및 폐쇄통보 등에 관하여는 제49조를 준용한다. 이 경우 "교육과학기술부장관"은 "교육감"으로 본다. 〈개정 2008.2.29〉

제67조(지식 · 인력개발사업 관련 평생교육시설의 설치신고) ①법 제38조제2항에서 "대통령령으로 정하는 자"란 지식정보의 제공사업, 교육훈련 및 연구용역사업, 교육위탁사업, 교육훈련기관의 경영진단 및 평가사업, 교육자문 및 상담사업, 교수·학습프로그램의 개발 및 공급사업 등을 1년 이상 경영한 실적이 있는 자로서 자본금 또는 자산이 3억원 이상이고 전문인력을 5명 이상 확보하고 있는 법인을 말한다.

②법 제38조제3항에 따른 지식·인력개발사업 관련 평생교육시설의 설치신고, 처리절차 및 폐쇄통보 등에 관하여는 제49조를 준용한다. 이 경우 "교육과학기술부장관"은 "교육감"으로 본다. 〈개정 2008.2.29〉

제6장 문자해득교육

제68조(문자해득교육 프로그램의 설치 · 운영 및 지정) ① 교육감은법 제39조제2항에 따라 문자해득교육 프로그램을법 제30조에 따른 초등학교·중학교 부설 평생교육시설에서 실시하거나, 기존의 학교시설을 활용한 문자해득교육 프로그램을 설치·운영할 수 있다.

②법 제39조제2항에 따라 교육감이 지정할 수 있는 문자해득교육 프로그램은 다음 각 호와 같다.

1. 국가·지방자치단체 또는 그 소속 기관이 운영하는 문자해득교육 프로그램
2. 평생교육기관에서 운영하는 문자해득교육 프로그램
3. 문자해득교육을 주된 목적으로 하는 비영리 시설, 법인 또는 단체 등에서 운영하는 문자해득교육 프로그램
4. 그 밖에 교육감이 정하는 문자해득교육 프로그램

③ 제1항 및 제2항에 따른 문자해득교육 프로그램의 설치 및 지정, 그 밖에 필요한 사항은 교육감이 정한다.

제69조(문자해득교육 프로그램의 지정) ①법 제39조제2항에 따라 문자해득교육 프로그램으로 지정받으려는 자는 다음 각 호의 사항을 기재한 문자해득교육 프로그램 지정신청서에 교육과학기술부령으로 정하는 서류를 첨부하여 교육감에게 제출하여야 한다. 〈개정 2008.2.29〉

1. 명칭
2. 목적

3. 위치

4. 과정별 학급수·정원·학습비

5. 교육과정 편성

6. 교원의 정수

7. 필요한 경비의 조달계획

8. 시설현황 및 시설확충계획

9. 교구와 그 밖의 설비현황 및 설비확충계획

10. 개설예정일

② 교육감은 제1항에 따른 지정신청을 받으면 이를 검토하여 지정기준에 맞는 경우교육과학기술부령으로 정하는 지정서를 신청인에게 교부하여야 한다. 〈개정 2008.2.29〉

제70조(문자해득교육 프로그램의 설치 및 지정기준) ①법 제39조에 따른 문자해득교육 프로그램의 설치 및 지정기준은 다음 각 호와 같다.

1. 초등학교과정의 교원은 대학 졸업 또는 이와 같은 수준의 학력을 가진 자, 중학교과정의 교원은 「초·중등교육법」 제21조제2항의 교사자격을 가진 자로서 각각 진흥원 또는 시·도진흥원에서 운영하는 문자해득교육 교원연수과정을 이수한 교원을 확보할 것. 다만, 초등학교과정의 교원은 고졸 이상 학력소지자로서 진흥원 또는 시·도진흥원에서 운영하는 문자해득교육 교원연수과정을 이수하고 제76조제1항에 따른 문자해득교육심의위원회에서 인정하는 자로 확보할 수 있다.

2. 교육 활동에 적합한 시설 및 설비를 갖출 것

3. 초등학교 또는 중학교 수준에 상응하는 문자해득교육과정을 운영할 것

② 제1항에 따른 교원, 시설·설비 및 교육과정 등에 관한 세부기준은 교육과학기술부령으로 정한다. 〈개정 2008.2.29〉

제71조(문자해득교육 프로그램 지정의 취소 등) ① 교육감은 문자해득교육 프로그램 실시기관이 거짓 등 부정한 방법으로 문자해득교육 프로그램을 지정받아 운영하는 경우 그 지정을 취소할 수 있다.

② 교육감은 문자해득교육 프로그램을 운영하는 기관에 대하여 이 영에 따른 기준을 충족하는지를 정기적으로 평가하여 그 결과를 공개하여야 한다.

제72조(문자해득교육의 지원) ① 관계 중앙행정기관의 장 및 지방자치단체는 법 제39조제3항에 따라 다음 각 호에 해당하는 경비를 지원할 수 있다.

1. 문자해득교육 프로그램 실시기관 운영비

2. 문자해득교육 교재비 및 교구비

3. 문자해득교육 교원의 인건비 및 연수비 등

② 제1항에 따른 문자해득교육 프로그램의 지원에 필요한 사항은 관계 중앙행정기관의 장 및 지방자치단체의 장이 정한다.

제73조(문자해득교육 프로그램 운영자의 폐지 신고) 제70조에 따라 문자해득교육 프로그램을 지정받아 운영하는 자가 해당 과정을 폐지하려는 경우에는 그 사유, 폐지연월일 및 재학생 학적관리 등 남은 업무의 처리방법 등을 기재한 서류를 갖추어 폐지예정일 30일 전까지 교육감에게 신고하여야 한다.

제74조(문자해득교육 프로그램 이수자의 학력인정절차) ①법 제40조에 따른 문자해득교육 프로그램을 이수한 자가 학력인정을 받으려는 때에는 교육과학기술부령으로 정하는 신청서류를 교육감에게 제출하여야 한다. 〈개정 2008.2.29〉

② 교육감은 제1항에 따른 신청을 받은 경우 학력인정 기준에 맞는지의 여부를 조사하여 학력 인정 여부를 결정한 후 신청인에게 교육과학기술부령으로 정하는 학력인정서를 교부하여야 한다. 〈개정 2008.2.29〉

제75조(문자해득교육 프로그램 이수자의 학력인정기준 등) ① 초등학교·중학교 학력인정 문자해득교육 프로그램에 입학할 수 있는 자는 만 18세 이상인 자로 한다.

② 학습자가 법 제40조에 따라 초등학교 또는 중학교 졸업자와 같은 수준의 학력을 인정받기 위하여는 제70조제1항제3호의 교육과정을 이수하여야 한다.

③ 학습자가 제14조에 따른 학습계좌에서 관리하는 교육과정 중 문자해득교육에 관련된 과정을 이수한 경우에는 교육과학기술부령으로 정하는 바에 따라 제74조제2항에 따른 학력인정 기준에 필요한 교육과정의 3분의 2 범위에서 해당 교육과정을 이수한 것으로 인정할 수 있다. 〈개정 2010.12.20〉

④ 교육감은 제2항에 따른 문자해득교육 프로그램 이수자의 문자해득 수준을 측정하기 위한 평가제도를 수립·실시할 수 있다.

제76조(문자해득교육심의위원회 등의 구성) ① 문자해득교육 제도의 개선, 문자해득교육 교원의 자격 인정 등에 관한 사항을 심의하기 위하여 진흥원에 문자해득교육심의위원회를 두며, 이에 필요한 사항은 진흥원장이 정한다.

② 문자해득교육 프로그램 설치·지정 기준 및 그 충족 여부, 문자해득교육 프로그램 이수자의 학력인정 기준 및 그 충족 여부 등을 심사하기 위하여 교육감 소

속으로 문자해득교육심사위원회를 두며, 이에 필요한 사항은 교육감이 정한다.

제77조(권한의 위임) 교육과학기술부장관은 법 제44조에 따라 다음 각 호의 구분에 따라 그 권한을 대학기관의 장 또는 교육감에게 위임한다. 〈개정 2008.2.29, 2009.8.11〉

1. 「고등교육법」 제2조에 따른 학교 또는 이와 같은 수준 이상의 학력을 인정할 수 있는 기관에서 별표 1의 자격기준을 갖춘 경우법 제24조제1항에 따른 평생교육사 자격증의 교부: 해당 국내 대학기관의 장

2. 법 제33조제2항에 따른 원격평생교육시설의 신고의 수리 및 폐쇄통보의 접수: 그 원격평생교육시설 중 주된 시설의 소재지를 관할하는 교육감

제78조(과태료의 부과기준)법 제46조에 따른 과태료의 부과기준은 별표 9와 같다.

[본조신설 2011.3.29]

부칙 〈대통령령 제20607호, 2008.2.14〉

제1조 (시행일) 이 영은 2008년 2월 15일부터 시행한다. 다만, 제68조부터 제75조까지의 개정규정 중 중학교 학력인정 문자해득교육 프로그램에 관한 사항은 2011년 2월 15일부터 시행한다.

제2조 (연령제한에 대한 적용례) 제27조제2항제1호의 개정규정은 이 영 시행 후 3년이 경과한 날부터 적용한다.

제3조 (평생교육사 등급별 자격요건에 관한 적용례) 별표 1의 개정규정 중 평생교육사 2급의 제1호 및 제2호, 평생교육사 3급의 제1호에 해당하는 자격기준은 2009학년도 3월 1일 이후 대학 또는 대학원에 입학하는 자부터 적용한다.

제4조 (평생교육사 등급별 자격요건에 대한 경과조치) 이 영 시행 당시 대학 또는 대학원에 재학 중이거나 2008학년도에 대학 또는 대학원에 입학하는 자에 대하여는 별표 1의 개정규정에도 불구하고 종전의 규정을 적용한다. 다만, 종전의 평생교육사 1급의 제1호에 관한 규정은 2007학년도 대학원 입학자까지만 적용한다.

제5조 (사회교육전문요원에 관한 경과조치) 2000년 3월 13일 당시 종전의 「사회교육법 시행령」에 따라 취득한 사회교육전문요원 1급은 평생교육사 2급으로, 사회교육전문요원 2급은 평생교육사 3급으로 그 자격을 취득한 것으로 본다.

제6조 (다른 법령의 개정) ① 학점인정 등에 관한 법률 시행령 일부를 다음과 같이 개정한다.

제4조제1항 중 "「정부출연연구기관 등의 설립·운영 및 육성에 관한 법률」 제8조의 규정에 의하여 설립된 한국교육개발원의 장(이하 "원장"이라 한다)"을 "「평생교육법」 제19조에 따른 평생교육진흥원의 장(이하 "원장"이라 한다)"으로 하고, 제20조제1항 각 호 외의 부분 중 "한국교육개발원"을 "평생교육진흥원"으로 한다.

② 독학에의한학위취득에관한법률시행령 일부를 다음과 같이 개정한다.

제4조의 제목, 같은 조 제1항 및 제2항 중 "위임"을 각각 "위탁"으로 하고, 같은 조 제1항 중 "한국방송통신대학교총장(이하 "총장"이라 한다)"을 "평생교육진흥원장(이하 "원장"이라 한다)"으로 한다.

제4조제2항·제3항, 제5조제3항·제5항, 제6조제5호, 제7조제3항, 제8조제3항, 제9조제1항제4호, 제10조제1항·제2항, 제11조 및 제15조 중 "총장"을 각각 "원장"으로 하고, 제5조제1항 중 "한국방송통신대학교"를 "평생교육진흥원"으로 한다.

③ 한국방송통신대학교 설치령 일부를 다음과 개정한다.

제8조제3항 전단 중 "범위(「독학에 의한 학위취득에 관한 법률 시행령」 제4조의 규정에 의하여 위임된 사무를 관장하는 부서를 포함한다)"를 "범위"로 한다.

제7조 (다른 법령과의 관계) 이 영 시행 당시 다른 법령에서 종전의 「평생교육법 시행령」 또는 그 규정을 인용한 경우에 이 영 중 그에 해당하는 규정이 있는 때에는 종전의 규정을 갈음하여 이 영 또는 이 영의 해당 조항을 인용한 것으로 본다.

부칙 〈대통령령 제22530호, 2010.12.20〉

제1조(시행일) 이 영은 공포 후 2개월이 경과한 날부터 시행한다.

제2조(평가인정 유효기간에 관한 경과조치) 이 영 시행 전에 종전의 규정에 따라 평가인정을 받은 학습과정의 평가인정 유효기간은 제14조의2제5항의 개정규정에도 불구하고 이 영 시행일부터 5년으로 한다.

부칙 〈대통령령 제22749호, 2011.3.29〉

제1조(시행일) 이 영은 공포한 날부터 시행한다.

제2조(과태료에 관한 경과조치) ① 이 영 시행 전의 위반행위에 대하여 과태료의 부과기준을 적용할 때에는 별표 9의 개정규정에도 불구하고 종전의 예에 따른다.

② 이 영 시행 전의 위반행위로 받은 과태료 부과처분은 별표 9의 개정규정에 따른 위반행위의 횟수 산정에 포함하지 아니한다.

부칙 〈대통령령 제23488호, 2012.1.6〉(민감정보 및 고유식별정보 처리 근거 마

련을 위한 과세자료의 제출 및 관리에 관한 법률 시행령 등 일부개정령)

제1조(시행일) 이 영은 공포한 날부터 시행한다. 〈단서 생략〉

제2조 생략

[별표 1] 평생교육사의 등급별 자격요건(제15조 및 제16조제2항 관련)

[별표 2] 평생교육사 배치대상기관 및 배치기준(제22조 관련)

[별표 3] 학습비 반환기준(제23조제2항 관련)

[별표 4] 사내대학의 계열별 구분(제39조제3항 관련)

[별표 5] 사내대학 교사의 구분(제40조제1항 관련)

[별표 6] 사내대학 교사의 기준면적(제40조제2항 관련)

[별표 7] 사내대학의 교원산출기준(제41조제1항 관련)

[별표 8] 원격대학 형태의 평생교육시설의 교사(제54조제1항 관련)

[별표 9] 과태료의 부과기준(제78조 관련)

[별표 1] <개정 2009.8.11>

평생교육사의 등급별 자격요건(제15조 및 제16조제2항 관련)

등급	자격기준
평생교육사 1급	평생교육사 2급 자격증을 취득한 후, 교육과학기술부장관이 정하는 평생교육과 관련된 업무(이하 "관련업무"라 한다)에 5년 이상 종사한 경력이 있는 자로서 진흥원이 운영하는 평생교육사 1급 승급과정을 이수한 자
평생교육사 2급	1. 「고등교육법」 제29조 및 제30조에 따른 대학원에서 교육과학기술부령으로 정하는 평생교육과 관련된 과목(이하 "관련과목"이라 한다) 중 필수과목을 15학점 이상 이수하고 석사 또는 박사학위를 취득한 자. 다만, 「고등교육법」 제2조에 따른 학교(이하 "대학"이라 한다)에서 필수과목을 이수한 경우에는 선택과목으로 필수과목 학점을 대체할 수 있다. 2. 대학 또는 이와 같은 수준 이상의 학력을 인정할 수 있는 기관, 「학점인정 등에 관한 법률」에 따라 평가인정을 받은 학습과정을 운영하는 교육훈련기관(이하 "학점은행기관"이라 한다)에서 관련과목을 30학점 이상 이수하고 학위를 취득한 자 3. 대학을 졸업한 자 또는 이와 같은 수준 이상의 학력이 있다고 인정되는 자로서 다음 각 목의 어느 하나에 해당하는 기관에서 관련과목을 30학점 이상 이수한 자 가. 대학 또는 이와 같은 수준 이상의 학력을 인정할 수 있는 기관 나. 법 제25조제1항에 따른 평생교육사 양성기관(이하 "지정양성기관"이라 한다) 다. 학점은행기관 4. 평생교육사 3급 자격증을 보유하고 관련업무에 3년 이상 종사한 경력이 있는 자로서 진흥원이나 지정양성기관이 운영하는 평생교육사 2급 승급과정을 이수한 자
평생교육사 3급	1. 대학 또는 이와 같은 수준 이상의 학력을 인정할 수 있는 기관, 학점은행기관에서 관련과목을 21학점 이상 이수하고 학위를 취득한 자 2. 대학을 졸업한 자 또는 이와 같은 수준 이상의 학력이 있다고 인정되는 자로서 다음 각 목의 어느 하나에 해당하는 기관에서 관련과목을 21학점 이상 이수한 자 가. 대학 또는 이와 같은 수준 이상의 학력을 인정할 수 있는 기관 나. 지정양성기관 다. 학점은행기관 3. 관련업무에 2년 이상 종사한 경력이 있는 자로서 진흥원이나 지정양성기관이 운영하는 평생교육사 3급 양성과정을 이수한 자 4. 관련업무에 1년 이상 종사한 경력이 있는 공무원 및 「초·중등교육법」 제2조 제2호부터 제6호까지의 학교 또는 학력인정 평생교육시설의 교원으로서 진흥원이나 지정양성기관이 운영하는 평생교육사 3급 양성과정을 이수한 자

[별표 2] <개정 2008.6.5>

평생교육사 배치대상기관 및 배치기준(제22조 관련)

배치대상	배치기준
1. 진흥원, 시·도진흥원	○ 1급 평생교육사 1명 이상을 포함한 5명 이상
2. 시·군·구평생학습관	○ 정규직원 20명 이상: 1급 또는 2급 평생교육사 1명을 포함한 2명 이상 ○ 정규직원 20명 미만: 1급 또는 2급 평생교육사 1명 이상
3. 법 제30조에서 제38조까지의 규정에 따른 평생교육시설(학력인정 평생교육시설은 제외한다), 「학점인정 등에 관한 법률」 제3조제1항에 따라 평가인정을 받은 학습과정을 운영하는 교육훈련기관 및 법 제2조제2호다목의 시설·법인 또는 단체	○ 평생교육사 1명 이상

[별표 3]

학습비 반환기준(제23조제2항 관련)

<table>
<tr><th colspan="2">구분</th><th>반환사유 발생일</th><th>반환금액</th></tr>
<tr><td colspan="2">1. 제23조제2항제1호 및 제2호에 따른 반환사유의 경우</td><td>수업을 할 수 없거나, 수업 장소를 제공할 수 없게 된 날</td><td>이미 낸 학습비를 일할 계산한 금액</td></tr>
<tr><td rowspan="6">2. 제23조제2항제3호의 반환사유에 따른 경우</td><td rowspan="4">가. 학습비 징수기간이 1개월 이내인 경우</td><td>수업시작 전</td><td>이미 낸 학습비 전액</td></tr>
<tr><td>총수업시간의 1/3이 지나기 전</td><td>이미 낸 학습비의 2/3 해당액</td></tr>
<tr><td>총수업시간의 1/2이 지나기 전</td><td>이미 낸 학습비의 1/2 해당액</td></tr>
<tr><td>총수업시간의 1/2이 지나기 후</td><td>반환하지 아니함</td></tr>
<tr><td rowspan="2">나. 학습비 징수기간이 1개월을 초과하는 경우</td><td>수업시작 전</td><td>이미 낸 학습비 전액</td></tr>
<tr><td>수업시작 후</td><td>반환사유가 발생한 그 달의 반환대상 학습비(학습비 징수기간이 1개월 이내인 경우에 준하여 산출된 학습비를 말한다)와 나머지 달의 학습비 전액을 합산한 금액</td></tr>
<tr><td colspan="2">비고</td><td colspan="2">총수업시간은 학습비 징수기간 중의 총수업시간을 말하며, 반환금액의 산정은 반환사유가 발생한 날까지 경과된 수업시간을 기준으로 한다.</td></tr>
</table>

[별표 4]

사내대학의 계열별 구분(제39조제3항 관련)

계열	소계열
인문·사회·예체능 계열	어학·문학·사회·신학·음악·미술·체육·무용 등
자연과학·공학계열	이학·해양·농학·수산·보건·약학·한약부·공학 등

[별표 5]

사내대학 교사의 구분(제40조제1항 관련)

교사	구분
교육기본시설	강의실(원격교육시설 포함), 실험실습실, 교수연구실 및 그 부대시설
지원시설	도서관, 학생복지시설, 행정실 및 그 부대시설

[별표 6]

사내대학 교사의 기준면적(제40조제2항 관련)

구분 \ 계열별	인문·사회·예체능계	자연과학·공학계
학생 1명당 교사기준면적	10제곱미터	15제곱미터

[별표 7]

사내대학의 교원산출기준(제41조제1항 관련)

구분 \ 계열별	인문·사회·예체능계	자연과학·공학계
교원 1명당 학생수	25명	20명

[별표 8] <개정 2008.6.5>

원격대학 형태의 평생교육시설의 교사(제54조제1항 관련)

	구분
교사	행정실, 교수연구실, 서버 및 통신장비관리실, PC 실습실, 세미나실

비고

1. 원격대학 형태의 평생교육시설의 교사에 쓰이는 건물의 바닥면적 합계는 660제곱미터 이상이어야 한다.
2. 실험실습이 필요한 경우에는 그에 필요한 실습실과 실습기자재를 갖추어야 한다.

[별표 9] <신설 2011.3.29>

과태료의 부과기준(제78조 관련)

1. 일반기준

가. 위반행위의 횟수에 따른 과태료의 부과기준은 최근 1년간 같은 위반행위로 과태료를 부과받은 경우에 적용한다. 이 경우 위반행위에 대하여 과태료 부과처분을 한 날과 다시 같은 위반행위를 적발한 날을 기준으로 하여 위반횟수를 계산한다.

나. 과태료 부과권자는 다음의 어느 하나에 해당하는 경우에는 개별기준에 따른 과태료 금액의 2분의 1의 범위에서 그 금액을 감경할 수 있다. 다만, 과태료를 체납하고 있는 위반행위자의 경우에는 그러하지 아니한다.

1) 위반행위가 사소한 부주의나 오류에 인한 것으로 인정되는 경우

2) 위반행위자가 처음 해당 위반행위를 한 경우로서, 업무를 모범적으로 영위한 사실이 인정되는 경우

3) 그 밖에 위반행의 정도, 위반행위의 동기와 그 결과 등을 고려하여 감경할 필요가 있다고 인정되는 경우

2. 개별기준

위반행위	근거 법조문	과태료 금액(만원)		
		1회	2회	3회 이상
가. 법 제18조제2항을 위반하여 자료를 제출하지 않거나 거짓의 자료를 제출한 경우	법 제46조제1항제1호	100	200	400
나. 법 제32조제4항을 위반하여 사내대학형태의 평생교육시설의 폐쇄신고를 태만히 한 경우	법 제46조제1항제2호			
1) 1개월 이상 하지 않은 경우		200		
2) 3개월 이상 하지 않은 경우		300		
3) 6개월 이상 하지 않은 경우		500		

다. 법 제33조제2항을 위반하여 원격교육 등의 실시신고를 태만히 한 경우	법 제46조제1항제2호			
1) 1개월 이상 하지 않은 경우		100		
2) 3개월 이상 하지 않은 경우		200		
3) 6개월 이상 하지 않은 경우		400		
라. 법 제33조제3항을 위반하여 원격대학형태의 평생교육시설의 폐쇄신고를 태만히 한 경우	법 제46조제1항제2호			
1) 1개월 이상 하지 않은 경우		200		
2) 3개월 이상 하지 않은 경우		300		
3) 6개월 이상 하지 않은 경우		500		
마. 법 제35조제2항을 위반하여 사업장 부설 평생교육시설의 설치신고를 태만히 한 경우	법 제46조제1항제2호			
1) 1개월 이상 하지 않은 경우		100		
2) 3개월 이상 하지 않은 경우		200		
3) 6개월 이상 하지 않은 경우		400		
바. 법 제36조제3항을 위반하여 시민사회단체 부설 평생교육시설의 설치신고를 태만히 한 경우	법 제46조제1항제2호			
1) 1개월 이상 하지 않은 경우		100		
2) 3개월 이상 하지 않은 경우		200		
3) 6개월 이상 하지 않은 경우		400		
사. 법 제37조제3항을 위반하여 언론기관 부설 평생교육시설의 설치신고를 태만히 한 경우	법 제46조제1항제2호			
1) 1개월 이상 하지 않은 경우		100		
2) 3개월 이상 하지 않은 경우		200		
3) 6개월 이상 하지 않은 경우		400		
아. 법 제38조제3항을 위반하여 지식·인력개발사업과 관련한 평생교육시설의 설치신고를 태만히 한 경우	법 제46조제1항제2호			
1) 1개월 이상 하지 않은 경우		100		
2) 3개월 이상 하지 않은 경우		200		
3) 6개월 이상 신고를 않은 경우		400		
자. 법 제45조를 위반하여 진흥위원회, 진흥원, 평생교육협의회 또는 평생학습관과 유사한 명칭을 사용한 경우	법 제46조제1항제3호	500		

평생교육법 시행규칙

[시행 2011.2.21] [교육과학기술부령 제91호, 2011.1.27, 일부개정]
교육과학기술부(평생학습정책과), 02-2100-6373, 6379

제1조 (목적) 이 규칙은 「평생교육법」 및 같은 법 시행령에서 위임된 사항과 그 시행에 필요한 사항을 규정함을 목적으로 한다.

제2조 (평생교육실무조정위원회) ① 「평생교육법 시행령」(이하 "영"이라 한다) 제5조제8항에 따른 평생교육실무조정위원회(이하 "실무조정위원회"라 한다)는 위원장 1명 및 부위원장 1명을 포함한 15명 이내의 위원으로 구성하되, 위원장은 교육과학기술부 제1차관이 되고, 부위원장은 평생직업교육국장이 된다. 〈개정 2008.3.4, 2008.9.29〉

② 위원은 기획재정부, 국방부, 행정안전부, 문화체육관광부, 농림수산식품부, 지식경제부, 보건복지부, 환경부, 고용노동부 및 여성가족부의 고위공무원단에 속하는 일반직공무원 또는 이에 상당하는 특정직공무원 중 소속기관의 장이 지정한 자와 평생교육에 관한 학식과 경험이 풍부한 자 중에서 위원장이 위촉하는 자가 된다. 〈개정 2008.3.4, 2008.9.29, 2010.8.19〉

③ 실무조정위원회 위원의 임기는 당연직 위원의 경우 그 직(職)에 재직하는 동안으로 하고, 그 밖에 위촉된 위원의 임기는 2년으로 하되, 연임할 수 있다.

④ 영 제5조제3항부터 제6항까지의 규정은 실무조정위원회의 운영에 준용한다.

제3조 (전문인력정보은행제의 운영)영 제13조제4항에 따른 강사에 관한 정보의 범위는 다음 각 호와 같다.

1. 성명, 주민등록번호, 주소 및 직장
2. 학력
3. 자격증
4. 강의·연구실적 및 저서
5. 그 밖에 특기할 사항

제4조 (학습계좌의 운영)영 제14조제5항에 따라 학습계좌에 수록되는 정보의

범위는 다음 각 호와 같다.

1. 성명, 주민등록번호, 주소 및 직장
2. 학력
3. 자격증
4. 분야별 평생교육 이수실적
5. 그 밖에 특기할 사항

제4조의2(학습과정 평가인정의 신청) ①영 제14조의2제1항에 따라 학습과정의 평가인정을 받으려는 평생교육기관은 별지 제1호서식의 학습과정 평가인정 신청서에 영 제14조의2제3항에 따른 공고에서 제출하도록 한 서류를 첨부하여 교육과학기술부장관에게 제출하여야 한다.

② 교육과학기술부장관은 제1항에 따른 신청서를 받으면 「전자정부법」 제36조제1항에 따른 행정정보의 공동이용을 통하여 해당 기관의 건축물대장 등본 및 토지대장 등본의 내용을 확인하여야 한다.

[본조신설 2011.1.27]

제4조의3(학습계좌 자문위원회) ① 영 제14조의2제2항에 따른 학습과정 평가인정의 기준 및 제4조의4제1항에 따른 학습과정 평가단의 평가 결과 등에 관한 교육과학기술부장관의 자문에 응하게 하기 위하여 교육과학기술부 소속으로 관계 전문가 등으로 구성되는 학습계좌 자문위원회를 구성·운영할 수 있다.

② 제1항에 따른 학습계좌 자문위원회의 구성과 운영에 필요한 사항은 교육과학기술부장관이 정한다.

[본조신설 2011.1.27]

제4조의4(학습과정 평가단) ① 교육과학기술부장관은 영 제14조의2제4항에 따라 평가인정을 신청한 교육과정이 같은 조 제2항에 따른 기준에 적합한지를 검토·평가하기 위하여 관계 전문가 등으로 구성되는 학습과정 평가단을 구성·운영할 수 있다.

② 제1항에 따른 학습과정 평가단의 구성과 운영에 필요한 사항은 교육과학기술부장관이 정한다.

[본조신설 2011.1.27]

제5조 (평생교육 관련 과목) ①영 제16조제2항 및영 별표 1에 따른 평생교육과 관련된 과목은 별표 1과 같다.

② 영 제18조제1항 및 영 별표 1에 따른 승급과정의 이수과목은 교육과학기술부장관이 정한다. 〈개정 2008.3.4〉

제6조 (평생교육사 자격증의 수여 등) ① 영 제20조제1항에 따른 평생교육사 자격증 발급신청서는 별지제1호의 1서식에 따른다. 〈개정 2011.1.27〉

② 영 제20조제1항에서 "교육과학기술부령으로 정하는 서류"란 다음 각 호의 서류를 말한다. 〈개정 2008.3.4, 2010.8.19〉

1. 최종학력 증명서
2. 최종학교 성적증명서
3. 경력증명서
4.별지 제2호서식의 평생교육 현장실습 평가서(현장실습이 면제되는 자는 제외한다)
4의2. 「가족관계의 등록 등에 관한 법률」에 따른 신청인의 기본증명서
5. 그 밖에 평생교육사 자격증명에 필요한 서류

③ 삭제 〈2010.8.19〉

④ 교육과학기술부장관 또는 해당 대학기관의 장은 제1항에 따른 평생교육사 자격증 발급신청서를 검토하여 평생교육사 자격요건에 맞는 경우에는 별지 제3호서식의 평생교육사 자격증을 교부하고, 이를 별지 제4호서식의 평생교육사 자격증 발급대장에 기재하여야 한다. 〈개정 2008.3.4〉

제7조 (평생교육사 자격증의 재발급) ①영 제20조제2항에 따른 평생교육사 자격증 재발급신청서는 별지 제5호서식에 따른다.

② 영 제20조제2항에서 "교육과학기술부령으로 정하는 서류"란 다음 각 호의 서류를 말한다. 〈개정 2010.8.19〉

1. 평생교육사 자격증(훼손되거나 기재사항이 변경된 경우에만 해당한다)
2. 「가족관계의 등록 등에 관한 법률」에 따른 신청인의 기본증명서(성명을 정정하는 경우에만 해당한다)

③ 교육과학기술부장관 또는 해당 대학기관의 장은 제1항에 따른 평생교육사 자격증 재발급신청서를 받으면 「전자정부법」 제36조제1항에 따른 행정정보의 공동이용을 통하여 신청인의 주민등록표 초본(주민등록번호를 정정하는 경우에만 해당한다)의 내용을 확인하여야 한다. 다만, 신청인이 확인에 동의하지 아니하는 경우에는 해당 서류를 첨부하도록 하여야 한다. 〈개정 2010.8.19〉

제8조 (평생교육사 양성기관 지정의 신청) ①영 제21조제2항에 따른 평생교육사 양성기관 지정신청서는 별지 제6호서식에 따른다.

② 영 제21조제2항에서 "교육과학기술부령으로 정하는 서류"란 다음 각 호의 서류를 말한다. 〈개정 2008.3.4, 2008.9.29〉

1. 교수요원 채용계획서
2. 시설·설비 현황표
3. 교육과정 편성표
4. 평생교육사 재직증명서 및 자격증 사본
5. 평생교육사 양성과정 및 과정별 정원표
6. 학습비를 포함한 경비와 시설의 유지방법에 관한 내역서

③ 영 제21조제3항에 따른 평생교육사 양성기관 지정서는 별지 제7호서식에 따른다.

제9조 (학교 부설 평생교육시설의 설치보고)영 제24조에 따른 학교 부설 평생교육시설 설치보고서는 별지 제8호서식에 따른다.

제10조 (학교형태의 평생교육시설의 시설·설비 기준)영 제25조제2항에 따른 학교형태의 평생교육시설의 시설·설비의 기준은 별표 2와 같다.

제11조 (학교형태의 평생교육시설의 등록신청) ①영 제26조제1항에 따라 학교형태의 평생교육시설의 등록신청을 하려는 자는 별지 제9호서식의 학교형태의 평생교육시설 등록신청서에 다음 각 호의 서류를 첨부하여 교육감에게 제출하여야 한다.

1. 운영규칙
2. 교육과정 편성표
3. 학습비를 포함한 경비와 시설의 유지방법에 관한 내역서
4. 시설·설비 현황표
5. 시설배치도
6. 재산목록 및 그 증명서류
7. 학교형태의 평생교육시설의 재산이 다른 사람의 소유인 경우에는 그 재산의 사용에 관한 전세 또는 임대차 계약서의 사본

② 교육감은 제1항에 따른 학교형태의 평생교육시설 등록신청서를 받으면 「전자정부법」 제36조제1항에 따른 행정정보의 공동이용을 통하여 해당 시설의 건축

물대장 등본 및 토지대장 등본의 내용을 확인하여야 한다. 〈개정 2010.8.19〉

③ 영 제26조제3항에 따른 학교형태의 평생교육시설 등록증은 별지 제10호서식에 따른다.

제12조 (학력인정시설의 지정 신청 등) ①영 제28조제1항에 따른 학력인정시설 지정신청서는 별지 제11호서식에 따른다.

② 영 제28조제1항에서 "교육과학기술부령으로 정하는 서류"란 다음 각 호의 서류를 말한다. 〈개정 2008.3.4〉

1. 운영규칙
2. 교육과정 편성표 및 교원의 정수표
3. 필요한 경비의 조달계획서
4. 시설현황 및 확충계획서
5. 교구(校具)와 그 밖의 설비 현황 및 확충계획서
6. 시설평면도 및 시설배치도
7. 지적도 및 위치도
8. 법인의 정관 및 설립에 관한 총회 또는 이사회 회의록 사본
9. 재산목록 및 그 증명서류

③ 교육감은 제1항에 따른 학력인정시설 지정신청서를 받으면 「전자정부법」 제36조제1항에 따른 행정정보의 공동이용을 통하여 법인의 등기사항증명서의 내용을 확인하여야 한다. 〈개정 2010.8.19〉

④ 영 제28조제2항에 따른 학력인정시설 지정서는 별지 제12호서식에 따른다.

제13조 (전문대학 학력인정 평생교육시설 설치계획서) ①영 제31조제1항에 따른 전문대학 학력인정 평생교육시설 설치계획서는 별지 제13호서식에 따른다.

② 영 제31조제1항에서 "교육과학기술부령으로 정하는 서류"란 다음 각 호의 서류를 말한다. 〈개정 2008.3.4〉

1. 학칙
2. 재정운영 현황표
3. 향후 2년간 재정운영계획서
4. 교육·연구용 시설 및 설비 확보현황표
5. 향후 2년간 교육·연구 시설 및 설비 확보계획서
6. 실습시설 및 설비확보 계획서

7. 교원확보 계획서

8. 시설평면도 및 시설배치도

9. 지적도 및 위치도

10. 법인의 정관 및 설립에 관한 총회 또는 이사회 회의록 사본

11. 재산목록 및 그 증명서류

③ 교육과학기술부장관은 제1항에 따른 전문대학 학력인정 평생교육시설 설치 계획서를 받으면 「전자정부법」 제36조제1항에 따른 행정정보의 공동이용을 통하여 법인의 등기사항증명서의 내용을 확인하여야 한다. 〈개정 2010.8.19〉

제14조 (사내대학 설치인가의 신청)영 제36조제1항에서 "교육과학기술부령으로 정하는 서류"란 다음 각 호의 서류를 말한다. 〈개정 2008.3.4〉

1. 재산목록 및 그 증명서류

2. 사내대학 형태의 평생교육시설(이하 "사내대학"이라 한다)의 재산이 다른 사람의 소유인 경우에는 그 재산의 사용에 관한 전세 또는 임대차 계약서의 사본

제15조 (계열별 학생정원의 환산방법 등) ① 영 제40조제2항 후단 및 제41조제1항 후단에 따른 계열별 학생정원을 합한 학생정원(이하 "총정원"이라 한다)이 50명 미만인 경우 계열별로 학생정원을 환산하는 방법은 다음과 같다.

계열별 환산정원 = (50 - 총정원) × (계열별 학생정원/총정원) + 계열별 학생정원

② 영 제40조제3항에서 "교육과학기술부령으로 정하는 원격교육시설"이란 다음 각 호와 같다. 〈개정 2008.3.4〉

1. 100제곱미터 이상의 원격교육 학사관리실 1실 이상

2. 100제곱미터 이상의 서버(컴퓨터통신망에서 사용자의 명령어를 처리하는 컴퓨터를 말한다. 이하 같다) 및 통신장비 관리실

3. 원격교육의 운영을 위한 1대 이상의 서버와 네트워크장비

제16조 (겸임교원의 산정기준)영 제41조제2항에 따른 겸임교원의 수는 계열별로 겸임교원이 담당하는 주당 교수시간을 합산한 시간을 9시간으로 나누어 산정한다. 이 경우 소수점 이하는 버린다.

제17조 (원격평생교육시설의 신고 등) ① 영 제49조제1항에 따른 원격평생교육시설 신고서는 별지 제14호서식에 따른다.

② 영 제49조제1항에서 "교육과학기술부령으로 정하는 서류"란 다음 각 호의

서류를 말한다. 〈개정 2008.3.4, 2008.9.29, 2011.1.27〉

1. 위치도

2. 시설배치도

3. 시설·설비 현황표

4. 평생교육사 재직증명서 및 자격증 사본

5. 설치자가 개인인 경우에는 이력서

6. 설치자가 법인인 경우에는 정관 및 설립에 관한 총회 또는 이사회 회의록 사본

6의2. 설치자가 학교인 경우에는 학칙

7. 재산목록 및 그 증명서류

8. 원격평생교육시설의 재산이 다른 사람의 소유인 경우에는 그 재산의 사용에 관한 전세 또는 임대차 계약서의 사본

③ 교육과학기술부장관은 제1항에 따른 원격평생교육시설 신고서를 받으면 「전자정부법」 제36조제1항에 따른 행정정보의 공동이용을 통하여 다음 각 호의 내용을 확인하여야 한다. 다만, 제1호의 경우 설치자가 확인에 동의하지 아니하는 경우에는 해당 서류를 첨부하도록 하여야 한다. 〈개정 2010.8.19〉

1. 설치자가 개인인 경우에는 주민등록표 초본

2. 설치자가 법인인 경우에는 등기사항증명서

④ 영 제49조제3항에 따른 원격평생교육시설 신고증은 별지 제15호서식에 따른다.

⑤ 교육과학기술부장관은 제4항에 따른 신고증을 교부하는 경우에는 별지 제16호서식의 원격평생교육시설 신고대장에 그 신고사항을 기재한다. 〈개정 2008.3.4〉

⑥ 영 제49조제4항에 따른 원격평생교육시설 설치자의 지위승계신청은 별지 제17호서식의 원격평생교육시설 설치자 지위승계 신고서에 따른다.

⑦ 영 제49조제4항에서 "교육과학기술부령으로 정하는 서류"란 다음 각 호의 서류를 말한다. 〈개정 2008.3.4, 2010.8.19〉

1. 인계인수서

2. 인수자가 개인인 경우에는 이력서

3. 인수자가 법인인 경우에는 정관 및 설립에 관한 총회 또는 이사회 회의록 사본

4. 재산목록 및 그 증명서류

5. 원격평생교육시설의 재산이 다른 사람의 소유인 경우에는 그 재산의 사용에 관한 전세 또는 임대차 계약서의 사본

⑧ 교육과학기술부장관은 제6항에 따른 원격평생교육시설 설치자 지위승계 신고서를 받으면 「전자정부법」 제36조제1항에 따른 행정정보의 공동이용을 통하여 다음 각 호의 내용을 확인하여야 한다. 다만, 제1호의 경우 인수자가 확인에 동의하지 아니하는 경우에는 해당 서류를 첨부하도록 하여야 한다. 〈개정 2010.8.19〉

1. 인수자가 개인인 경우에는 주민등록표 초본
2. 인수자가 법인인 경우에는 등기사항증명서

제18조 (원격대학형태의 평생교육시설의 설치인가 신청서류) ①영 제51조제1항에서 "교육과학기술부령으로 정하는 서류"란 법인의 정관 및 설립에 관한 총회 또는 이사회 회의록 사본(영 제50조제2호 및 제3호의 경우에만 해당한다)을 말한다. 〈개정 2008.3.4, 2010.8.19〉

② 교육과학기술부장관은영 제51조제1항에 따른 원격대학 형태의 평생교육시설의 설치계획서를 받으면 「전자정부법」 제36조제1항에 따른 행정정보의 공동이용을 통하여 법인의 등기사항증명서를 확인하여야 한다. 〈신설 2010.8.19〉

[제목개정 2008.9.29]

제19조 (원격대학형태의 평생교육시설의 수업료 등의 징수 및 반환 등)영 제61조제2항에 따른 원격대학형태의 평생교육시설의 수업료는 학점별로 징수하되, 입학금, 수업료, 그 밖의 납부금의 징수와 반환 등에 관하여는 「대학 수업료 및 입학금에 관한 규칙」을 준용한다. 〈개정 2008.9.29〉

[제목개정 2008.9.29]

제20조 (원격대학형태의 평생교육시설의 재무·회계)영 제63조제4항에 따른 원격대학형태의 평생교육시설의 재무·회계에 관하여는 「사학기관 재무·회계 규칙에 대한 특례규칙」을 준용한다. 〈개정 2008.9.29〉

[제목개정 2008.9.29]

제21조 (문자해득교육 프로그램의 지정 등) ① 영 제69조제1항에 따른 문자해득교육 프로그램 지정신청서는 별지 제18호서식에 따른다.

② 영 제69조제1항에서 "교육과학기술부령으로 정하는 서류"란 다음 각 호의 서류를 말한다. 〈개정 2008.3.4, 2010.8.19〉

1. 위치도

2. 교육과정 편성표 및 교원 정수표

3. 시설·설비·교구 등의 설치현황 및 확충계획서

4. 학습비를 포함한 경비와 시설의 유지방법에 관한 내역서

5. 설치자가 개인인 경우에는 이력서

6. 설치자가 법인인 경우 정관 및 설립에 관한 총회 또는 이사회 회의록 사본

③ 교육감은 제1항에 따른 문자해득교육 프로그램 지정신청서가 제출된 경우 「전자정부법」 제36조제1항에 따른 행정정보의 공동이용을 통하여 다음 각 호의 내용을 확인하여야 한다. 다만, 제1호의 경우 신청인이 확인에 동의하지 아니하는 경우에는 해당 서류를 첨부하도록 하여야 한다. 〈개정 2010.8.19〉

1. 개인인 경우 주민등록표 초본

2. 법인인 경우 등기사항증명서

④영 제69조제2항에 따른 문자해득교육 프로그램 지정서는 별지 제19호서식에 따른다.

제22조 (문자해득교육 프로그램의 교원의 배치 등) ① 영 제70조제1항에 따른 문자해득교육 프로그램의 교원은 초등학교과정에는 학급마다 1명 이상을 두고, 중학교과정은 3학급까지는 학급마다 1명을, 3학급을 초과할 때에는 1학급 증가할 때마다 1.5명 이상의 비율로 더 배치한다. 이 경우 소수점 이하는 반올림 한다.

② 제1항에 해당하는 한 학급의 규모는 초·중학교과정 모두 각각 30명을 초과하여서는 아니 된다.

③ 영 제70조제1항에 따른 문자해득교육 프로그램은 별표 3에 따른 교육 활동에 적합한 시설 및 설비기준을 갖추어야 한다.

④ 문자해득교육 프로그램의 교육과정은 성인 학습자의 학습능력과 경험 등을 고려하여 교육과학기술부장관이 정한다. 〈개정 2008.3.4〉

⑤ 교육과학기술부장관은 제4항에 따른 교육과정을 포함한 문자해득교과용 도서를 개발·보급할 수 있다. 이 경우 문자해득교과용 도서의 저작(著作) 등에 관하여는 교육과학기술부장관이 정한다. 〈개정 2008.3.4〉

제23조 (문자해득교육 프로그램 이수자의 학력인정절차) ① 영 제74조제1항에 따라 문자해득교육 프로그램 이수자가 학력인정을 받으려면 별지 제20호서식의 학력인정 신청서에 다음 각 호의 서류를 첨부하여 교육감에게 제출하여야 한다.

1. 교육과정 이수 내역서

2. 그 밖의 과정 이수 증명서류

② 교육감은 제1항에 따른 학력인정 신청서를 받으면 「전자정부법」 제36조제1항에 따른 행정정보의 공동이용을 통하여 신청자의 주민등록표 초본 또는 등본의 내용을 확인하여야 한다. 다만, 신청인이 확인에 동의하지 아니하는 경우에는 해당 서류를 첨부하도록 하여야 한다. 〈개정 2010.8.19〉

③ 영 제74조제2항에 따른 학력인정서는 별지 제21호서식에 따른다.

제23조의2(문자해득교육 관련 학습과정 이수자의 인정절차) ①영 제75조제3항에 따라 학습계좌에서 관리하는 교육과정 중 문자해득교육에 관련된 과정을 이수한 학습자가 문자해득교육 프로그램의 이수를 인정받으려면 해당 과정의 이수를 증명하는 서류를 문자해득교육 프로그램 실시기관의 장에게 제출하여야 한다.

② 제1항에 따른 신청을 받은 문자해득교육 프로그램 실시기관의 장은 해당 이수 내용이 영 제74조제2항에 따른 학력인정 기준에 적합하면 문자해득교육 프로그램의 이수를 인정하여야 한다.

[본조신설 2011.1.27]

제24조 (직인의 관리) 다음 각 호의 어느 하나에 해당하는 평생교육시설에서 사용하는 직인에 관하여는 「사무관리규정 시행규칙」 제52조부터 제59조까지의 규정과 「학교법인 및 사립학교 직인 규칙」 제3조부터 제8조까지의 규정을 준용한다. 〈개정 2008.3.4, 2008.9.29〉

1. 학력인정시설로 지정된 학교형태의 평생교육시설
2. 교육과학기술부장관의 인가를 받은 사내대학
3. 교육과학기술부장관의 인가를 받은 원격대학형태의 평생교육시설
4. 문자해득교육 프로그램 실시 기관

제25조 삭제 〈2011.1.27〉

부칙 〈교육인적자원부령 제927호, 2008.2.18〉부칙 더보기(전체보기)

제1조 (시행일) 이 규칙은 공포한 날부터 시행한다. 다만, 제21조부터 제23조까지의 개정규정 중 중학교 학력인정 문자해득교육 프로그램에 관한 사항은 2011년 2월 15일부터 시행한다.

제2조 (평생교육 관련과목에 관한 적용례) 별표 1의 개정규정은 2009학년도 3월 1일 이후 대학 또는 대학원에 입학하는 자부터 적용한다.

제3조 (다른 법령과의 관계) 이 규칙 시행 당시 다른 법령에서 종전의 「평생교육법 시행규칙」 또는 그 규정을 인용한 경우에 이 규칙 중 그에 해당하는 규정이 있을 때에는 종전의 규정을 갈음하여 이 규칙 또는 이 규칙의 해당 조항을 인용한 것으로 본다.

부칙 〈교육과학기술부령 제1호, 2008.3.4〉(교육과학기술부와 그 소속기관 직제 시행규칙)부칙 더보기(전체보기)

제1조(시행일) 이 영은 공포한 날부터 시행한다.

제2조부터 제4조까지 생략

제5조(다른 법령의 개정) ①부터 〈39〉까지 생략

〈40〉 평생교육법 시행규칙 일부를 다음과 같이 개정한다.

제2조제1항 중 "교육인적자원부"를 "교육과학기술부"로 하고, 같은 조 제2항 중 "국방부, 행정자치부, 문화관광부, 농림부, 산업자원부, 정보통신부, 보건복지부, 환경부, 노동부, 여성가족부, 기획예산처, 국가청소년위원회"를 "기획재정부, 국방부, 행정안전부, 문화체육관광부, 농수산식품부,지식경제부, 보건복지가족부, 여성가족부"로 한다.

제5조제2항, 제24조제2호 및 제3호 중 "교육인적자원부장관"을 각각 "교육과학기술부장관"으로 한다.

제6조제2항 각 호 외의 부분 중 "교육인적자원부령으로 정하는 서류"를 "교육과학기술부령으로 정하는 서류"로 하고, 같은 조 제4항 중 "교육인적자원부장관"을 "교육과학기술부장관"으로 한다.

제7조제2항, 제8조제2항 각 호 외의 부분, 제12조제2항 각 호 외의 부분, 제13조제2항 각 호 외의 부분, 제14조 각 호 외의 부분, 제18조 및 제21조제2항 각 호 외의 부분 중 "교육인적자원부령으로 정하는 서류"를 각각 "교육과학기술부령으로 정하는 서류"로 한다.

제15조제2항 각 호 외의 부분 중 "교육인적자원부령으로 정하는 원격교육시설"을 "교육과학기술부령으로 정하는 원격교육시설"로 한다.

제17조제2항 각 호 외의 부분 중 "교육인적자원부령으로 정하는 서류"를 "교육과학기술부령으로 정하는 서류"로 하고, 같은 조 제5항 중 "교육인적자원부장관"을 "교육과학기술부장관"으로 하며, 같은 조 제7항 각 호 외의 부분 중 "교육인적자원부령으로 정하는 서류"를 "교육과학기술부령으로 정하는 서류"로 한다.

제22조제4항, 같은 조 제5항 전단·후단 중 "교육인적자원부장관"을 각각 "교육과학기술부장관"으로 한다.

별지 제3호서식, 별지 제6호서식, 별지 제7호서식, 별지 제13호서식, 별지 제14호서식, 별지 제15호서식 및 별지 제17호서식 중 "교육인적자원부장관"을 "교육과학기술부장관"으로 한다.

〈41〉부터 〈63〉까지 생략

부칙 〈교육과학기술부령 제15호, 2008.9.29〉

이 규칙은 공포한 날부터 시행한다.

부칙 〈교육과학기술부령 제24호, 2008.12.31〉(교육과학기술부와 그 소속기관 직제 시행규칙)부칙 더보기(전체보기)

제1조(시행일) 이 규칙은 2009년 1월 1일부터 시행한다.

제2조(다른 법령의 개정) ①부터 ⑧까지 생략

⑨ 평생교육법 시행규칙 중 일부를 다음과 같이 개정한다.

별지 제1호 서식, 별지 제5호 서식 및 별지 제6호 서식 중 "교육부"를 각각 "교육과학기술부"로 한다.

⑩ 생략

부칙 〈교육과학기술부령 제67호, 2010.8.19〉

이 규칙은 공포한 날부터 시행한다.

부칙 〈교육과학기술부령 제91호, 2011.1.27〉부칙 더보기(요약보기)

제1조(시행일) 이 규칙은 2011년 2월 21일부터 시행한다. 다만, 제6조제1항, 제17조제2항제6호의2, 별지 제1호의2서식(종전의 별지 제1호서식) 및 별지 제2호서식부터 별지 제21호서식까지의 개정규정은 공포한 날부터 시행한다.

제2조(서식 개정에 따른 경과조치) 이 규칙 시행 당시 종전의 규정에 따라 제출하거나 교부받은 신청서, 신고서, 지정서 등은 이 규칙에 따라 제출하거나 교부받은 것으로 본다.

[별표 1] 평생교육 관련 과목(제5조제1항 관련)

[별표 2] 학교형태의 평생교육시설의 시설·설비 기준(제10조 관련)

[별표 3] 문자해득교육 프로그램 실시기관의 시설·설비 기준(제22조제3항 관련)

[서식 1] 학습과정 평가인정 신청서

[서식 1의2] 평생교육사 자격증 발급신청서
[서식 2] 평생교육 현장실습 평가서
[서식 3] 평생교육사 자격증[서식 4] 평생교육사 자격증 발급대장
[서식 5] 평생교육사 자격증 재발급신청서[서식 6] 평생교육사 양성기관 지정신청서
[서식 7] 평생교육사 양성기관 지정
[서식 8] 학교 부설 평생교육시설 설치보고서
[서식 9] 학교형태의 평생교육시설 등록신청서
[서식 10] 학교형태의 평생교육시설 등록증
[서식 11] 학력인정시설 지정신청서
[서식 12] 학력인정시설 지정서
[서식 13] 전문대학 학력인정 평생교육시설 설치계획서
[서식 14] 평생교육시설 신고서
[서식 15] 평생교육시설 신고증
[서식 16] (원격, 사업장 부설, 시민사회단체 부설, 언론기관 부설, 지식·인력 개발사업 관련) 평생교육시설 신고대장
[서식 17] 평생교육시설 설치자 지위승계 신고서
[서식 18] 문자해득교육 프로그램 지정신청서
[서식 19] 문자해득교육 프로그램 지정서
[서식 20] 학력인정서
[서식 21] 학력인정서

[별지 제1호서식] <신설 2011.1.27>

학습과정 평가인정 신청서

(앞 쪽)

접수번호	접수일자	처리일자	처리기간 ※

정부부처명(지자체명)		분류영역	

개설 과정 현황	순	학습과정명	운영기간(주)	총 이수시간	주당 수업시간	학급당 정원	총 정원	실제 이수 인원

기관 개요						
	기관명			교육기관 유형	평생교육법	
					타 법령	
	대표자			전화번호		
	사업자 등록번호			설립일		
	직원(명)	평생 교육사		홈페이지 주소		
		강 사	전임( ), 겸임( ), 시간제( )/총( )			
		행정원				
	담당자	성명		담당자 연락처	TEL	
		담당부서			H.P	
		직급			이메일	
	설립목적					
	주소					

「평생교육법」 제23조제2항, 같은 법 시행령 제14조의2제1항 및 같은 법 시행규칙 제4조의2에 따라 위와 같이 학습과정의 평가인정을 신청합니다.

년 월 일

신청인 (서명 또는 인)

교육과학기술부장관 귀하

신청인(대표자) 제출서류	「평생교육법 시행령」 제14조의2제3항에 따른 공고에서 제출하도록 한 서류	수수료
담당 공무원 확인사항	1. 건축물대장 등본 2. 토지대장 등본	없음

처리절차

신청서 작성	➔	접수 및 확인	➔	평가	➔	자문	➔	통보
신청인		교육과학기술부		교육과학기술부 (학습과정 평가단)		교육과학기술부 (학습계좌 자문위원회)		

※ 처리기간은 유동적일 수 있음

[별지 제1호의2서식] <개정 2011.1.27>

평생교육사 자격증 발급신청서

(앞 쪽)

접수번호	접수일자	처리일자	처리기간 15일

신청인	성명(한글)		(한자)
	주민등록번호		전화번호
	주소		
	출신 학교	학교명	전공
		기간 입학 . . . ~ 졸업 . . .	학위등록번호
	대학 양성 기관	명칭	이수증번호
		기간 입학 . . . ~ 졸업 . . .	총 이수시간

신청내용	자격등급	평생교육사 급
	자격요건	평생교육사 급 제 호
	이수과목 및 경력	제 2면과 같음

「평생교육법」 제24조제4항, 같은 법 시행령 제20조제1항 및 같은 법 시행규칙 제6조제1항에 따라 위와 같이 평생교육사 자격증의 발급을 신청합니다.

년 월 일

신청인 (서명 또는 인)

교육과학기술부장관 귀하

제출서류	1. 최종학력 증명서 1부 2. 최종학교 성적증명서 1부 3. 경력증명서 1부 4. 별지 제2호서식의 평생교육 현장실습 평가서(현장실습이 면제되는 자는 제외한다) 1부 5. 「가족관계의 등록 등에 관한 법률」에 따른 기본증명서 1부 6. 그 밖에 평생교육사 자격증명에 필요한 서류 1부	수수료 없음

처리절차

신청서 작성	➔	접수 및 확인	➔	결재	➔	자격증 작성	➔	발급대장 기재	➔	교부
신청인		교육과학기술부·대학 (평생교육업무 담당 부서)		교육과학기술부·대학 (평생교육업무 담당 부서)		교육과학기술부·대학 (평생교육업무 담당 부서)		교육과학기술부·대학 (평생교육업무 담당 부서)		

210㎜×297㎜[보존용지(1종) 70g/㎡]

- 이수과목 및 경력 -

대학 · 양성기관명	

이수과목

구분	과목	학점	이수 시간	구분	과목	학점	이수 시간
필수 과목				선택 과목			
	소계				소계		
합계							

경력

기관명	부서명	근무기간	근무월수	비고
		~		
		~		
		~		
		~		
		~		
		~		
		~		

[별지 제2호서식] <개정 2011.1.27>

평생교육 현장실습 평가서

1. 실습기관명 :

2. 실습기간 : 년 월 일 ~ 년 월 일(주)

3. 실습지도자 :

직명	성명	담당	내용	비고

4. 실습내용 :

제 1 주	제 2 주	제 3 주	제 4 주

5. 실습상황

실습생 성명	학과명	근무태도 (10%)	자질 (15%)	학습지도 능력 (50%)	연구조사 활동 (15%)	학급경영 및 사무처리능력 (10%)	총평 (100%)	비고

위 사실을 증명함

년 월 일

실습기관의 장 직인

210mm×297mm[보존용지(1종) 70g/㎡]

[별지 제3호서식] <개정 2011.1.27>

제 호

평생교육사 자격증

1. 성명:

2. 주민등록번호:

3. 자격등급: 평생교육사 급

「평생교육법」에 정하여진 자격기준에 따라 위의 자격이 있음을 인정하고 이 증서를 수여합니다.

년 월 일

교육과학기술부장관
총(학) 장 직인

※ 법정 해당 자격요건은 「평생교육법 시행령」 별표 1에 규정되어 있습니다.

210mm×297mm[보존용지(1종) 120g/㎡]

[별지 제4호서식] <개정 2011.1.27>

평생교육사 자격증 발급대장

자격증 번호	성명	성별	주민등록번호	발급 연월일	자격요건		출신대학 (양성기관)	재발급	확인
					등급	제 호			

210mm×297mm[보존용지(1종) 70g/㎡]

[별지 제5호서식] <개정 2011.1.27>

평생교육사 자격증 재발급신청서

접수번호	접수일자	처리일자	처리기간 10일

신청인	성명(한글)		(한자)	
	주민등록번호		전화번호	
	주소			
신청내용	자격등급	평생교육사 급		
	자격증번호	* 최초 자격증번호 부여	발급연월일	
	출신대학 (양성기관)			
	재발급 신청사유			

「평생교육법 시행령」 제20조제2항 및 같은 법 시행규칙 제7조제1항에 따라 위와 같이 평생교육사 자격증의 재발급을 신청합니다.

년 월 일

신청인 (서명 또는 인)

교육과학기술부장관 귀하

신청인(대표자) 제출서류	1. 평생교육사 자격증(훼손되거나 기재사항이 변경된 경우에만 해당합니다) 1부 2. 「가족관계의 등록 등에 관한 법률」에 따른 기본증명서(성명을 정정하는 경우에만 해당합니다) 1부	수수료 없음
담당 공무원 확인사항	주민등록표 초본(주민등록번호를 정정하는 경우에만 해당합니다)	

행정정보 공동이용 동의서

본인은 이 건 업무처리와 관련하여 담당 공무원이 「전자정부법」 제36조제1항에 따른 행정정보의 공동이용을 통하여 위의 담당 공무원 확인사항을 확인하는 것에 동의합니다. ※ 동의하지 아니하는 경우 해당 서류를 제출하여야 합니다.

신청인(대표자) (서명 또는 인)

처리절차

신청서 작성	➔	접수 및 확인	➔	결재	➔	자격증 작성	➔	발급대장 기재	➔	교부
신청인		교육과학기술부·대학 (평생교육업무 담당 부서)		교육과학기술부·대학 (평생교육업무 담당 부서)		교육과학기술부·대학 (평생교육업무 담당 부서)		교육과학기술부·대학 (평생교육업무 담당 부서)		

210㎜×297㎜[보존용지(1종) 70g/㎡]

[별지 제6호서식] <개정 2011.1.27>

평생교육사 양성기관 지정신청서

접수번호	접수일자	처리일자	처리기간 30일

신청인	기관명(법인명)	대표자
	주소 (인터넷주소 포함)	전화번호

신청내용	명칭	
	목적	
	개설예정일	전화번호
	위치	

「평생교육법」 제25조, 같은 법 시행령 제21조제2항 및 같은 법 시행규칙 제8조제1항에 따라 위와 같이 평생교육사 양성기관 지정을 신청합니다.

년 월 일

신청인 (서명 또는 인)

교육과학기술부장관 귀하

제출서류	1. 교수요원 채용계획서 1부 2. 시설·설비 현황표 1부 3. 교육과정 편성표 1부 4. 평생교육사 재직증명서 및 자격증 사본 1부 5. 평생교육사 양성과정 및 과정별 정원표 1부 6. 학습비를 포함한 경비와 시설의 유지방법에 관한 내역서 1부	수수료 없음

처리절차

신청서 작성	➔	접수 및 확인	➔	결 재	➔	지정서 작성	➔	대장 기재	➔	교 부
신청인		교육과학기술부·대학 (평생교육업무 담당 부서)		교육과학기술부·대학 (평생교육업무 담당 부서)		교육과학기술부·대학 (평생교육업무 담당 부서)		교육과학기술부·대학 (평생교육업무 담당 부서)		

210㎜×297㎜[보존용지(1종) 70g/㎡]

[별지 제7호서식] <개정 2011.1.27>

제 호

평생교육사 양성기관 지정서

1. 기 관 명 :

2. 위치 :

「평생교육법」 제25조, 같은 법 시행령 제21조제3항 및 같은 법 시행규칙 제8조제3항에 따라 위 기관을 평생교육사 양성기관으로 지정하였기에 이 증서를 교부합니다.

년 월 일

교육과학기술부장관 직인

210mm×297mm[보존용지(1종) 120g/㎡]

[별지 제8호서식] <개정 2011.1.27>

학교 부설 평생교육시설 설치보고서

보고 학교	학교명		학교장	
	위치		전화번호	

학교 부설 평생 교육 시설 내역	명칭
	목적
	위치
	전화번호
	운영규칙 ※ 별지에 기재
	교육과정 ※ 별지에 기재
	학습비를 포함한 경비와 시설의 유지방법 ※ 별지에 기재
	시설·설비 현황 ※ 별지에 기재
	평생교육사 배치현황
	개설연월일

「평생교육법」 제30조제1항, 같은 법 시행령 제24조 및 같은 법 시행규칙 제9조에 따라 위와 같이 학교 부설 평생교육시설 설치보고서를 제출합니다.

년 월 일

학교명 (인)

( ) 교육감 귀하

작성방법	운영규칙, 교육과정, 학습비를 포함한 경비와 시설의 유지방법 및 시설·설비 현황에 관한 사항은 별지에 기재하시기 바랍니다.	수수료 없음

210mm×297mm[보존용지(1종) 70g/㎡]

[별지 제9호서식] <개정 2011.1.27>

학교형태의 평생교육시설 등록신청서

접수번호	접수일자	처리일자	처리기간 10일

신청인 (대표자)	성명(기관명)	주민등록번호
	주소	전화번호

신청내용	
	명칭
	목적
	위치
	교육과정 편성 ※ 교육과정 편성표로 갈음함
	경비와 시설의 유지방법 ※ 학습비를 포함한 경비와 시설의 유지방법에 관한 내역서로 갈음함
	시설ㆍ설비 ※ 시설ㆍ설비 현황표로 갈음함
	개설예정일

「평생교육법」 제31조제1항, 같은 법 시행령 제26조제1항 및 같은 법 시행규칙 제11조제1항에 따라 학교형태의 평생교육시설 등록을 신청합니다.

년 월 일

신청인 (서명 또는 인)

( ) 교육감 귀하

신청인(대표자) 제출서류	1. 운영규칙 1부 2. 교육과정 편성표 1부 3. 학습비를 포함한 경비와 시설의 유지방법에 관한 내역서 1부 4. 시설ㆍ설비 현황표 1부 5. 시설배치도 1부 6. 재산목록 및 그 증명서류 각 1부 7. 학교형태의 평생교육시설의 재산이 다른 사람의 소유인 경우에는 그 재산의 사용에 관한 전세 또는 임대차 계약서의 사본 1부	수수료 없음
담당 공무원 확인사항	1. 건축물대장 등본 2. 토지대장 등본	

처리절차

신청서 작성	➔	접수 및 검토	➔	결 재	➔	등록증 작성	➔	대장 기재	➔	교 부
신청인		시ㆍ도교육청 (평생교육업무 담당 부서)		시ㆍ도교육청 (평생교육업무 담당 부서)		시ㆍ도교육청 (평생교육업무 담당 부서)		시ㆍ도교육청 (평생교육업무 담당 부서)		

210㎜×297㎜[보존용지(1종) 70g/㎡]

[별지 제10호서식] <개정 2011.1.27>

제　　　호

학교형태의 평생교육시설 등록증

1. 명　칭:

2. 설치자:

3. 위　치:

「평생교육법」 제31조제1항, 같은 법 시행령 제26조제3항 및 같은 법 시행규칙 제11조제3항에 따라 위와 같이 학교형태의 평생교육시설로 등록하였기에 이 증서를 교부합니다.

년　　　월　　　일

(　　　　　　)교육감 [인]

주: 1. 관계 규정을 준수하고 위의 평생교육시설의 운영은 운영규칙이 정한 바에 따라 운영하시기 바랍니다.
2. 이 증서가 실효되는 경우에는 관할 교육청에 반환하여야 합니다.
3. 위 평생교육시설의 명칭·위치 및 교육과정 편성 등을 변경하거나 위 평생교육시설을 폐쇄하려는 경우에는 미리 관할 교육청에 통보하여 주시기 바랍니다.

210mm×297mm[보존용지(1종) 120g/㎡]

[별지 제11호서식] <개정 2011.1.27>

학력인정시설 지정신청서

(앞 쪽)

접수번호	접수일자	처리일자	처리기간 13일

신청인 (대표자)	기관명	설립일
	대표자	사업자등록번호
	주소	전화번호

신청내용					
	명칭				
	목적				
	위치				
	홈페이지 주소				
	구분 / 과정	학급수	정원	1인당학습비(월별)	비고
	중학교 과정				
	고등학교 과정				
	합계				
	교육과정 편성 ※ 교육과정편성표로 갈음함				
	교원의 정수 ※ 교원의 정수표로 갈음함				
	필요한 경비의 조달계획 ※ 필요한 경비의 조달계획서로 갈음함				
	시설현황 및 시설확충계획 ※ 시설현황 및 확충계획서로 갈음함				
	교구와 그 밖의 설비현황 및 확충계획 ※ 교구와 그 밖의 설비현황 및 확충계획서로 갈음함				
	개설예정일				

「평생교육법」 제31조제2항·제5항, 같은 법 시행령 제28조제1항 및 같은 법 시행규칙 제12조제1항에 따라 위와 같이 학력인정시설의 지정을 신청합니다.

년 월 일

신청인 (서명 또는 인)

( ) 교육감 귀하

210㎜×297㎜[보존용지 70g/㎡]

신청인(대표자) 제출서류	1. 운영규칙 1부 2. 교육과정 편성표 및 교원의 정수표 각 1부 3. 필요한 경비의 조달계획서 1부 4. 시설현황 및 확충계획서 1부 5. 교구와 그 밖의 설비 현황 및 확충계획서 1부 6. 시설평면도 및 시설배치도 각 1부 7. 지적도 및 위치도 각 1부 8. 법인의 정관 및 설립에 관한 총회 또는 이사회 회의록 사본 각 1부 9. 재산목록 및 그 증명서류 각 1부	수수료 없음
담당 공무원 확인사항	법인의 등기사항증명서	

처리절차

신청서 작성	➔	접수 및 검토	➔	결 재	➔	지정서 작성	➔	대장 기재	➔	교 부
신청인		시·도교육청 (평생교육업무 담당 부서)		시·도교육청 (평생교육업무 담당 부서)		시·도교육청 (평생교육업무 담당 부서)		시·도교육청 (평생교육업무 담당 부서)		

[별지 제12호서식] <개정 2011.1.27>

제　　호

학력인정시설 지정서

1. 기 관 명 :

2. 위 치 :

「평생교육법」 제31조제2항ㆍ제5항, 같은 법 시행령 제28조제2항 및 같은 법 시행규칙 제12조제4항에 따라 위 기관을 학력인정시설로 지정하였으므로 이 증서를 교부합니다.

년　　월　　일

(　　　　　)교육감 [인]

※ 위 평생교육시설의 명칭ㆍ목적 및 위치를 변경하거나 위 평생교육시설을 폐쇄하려는 경우에는 미리 관할 교육청에 통보하여 주시기 바랍니다.

210mm×297mm[보존용지(1종) 120g/㎡]

[별지 제13호서식] <개정 2011.1.27>

전문대학 학력인정 평생교육시설 설치계획서

신청인	명칭	설립일
	대표자	주민등록번호
	주소	전화번호

신청내용	명칭
	목적
	위치
	전화번호
	법인 정관 ※법인 정관 내용으로 갈음함
	학칙 ※ 학칙 내용으로 갈음함
	재정운영상태 ※ 현재 재정운영 현황표로 갈음함
	향후 2년간 재정운영계획 ※ 향후 2년간 재정운영계획서로 갈음함
	교육·연구용 시설 및 설비 확보현황 ※ 현재 교육·연구용 시설 및 설비 확보현황표로 갈음함

「평생교육법」 제31조제4항·제5항, 같은 법 시행령 제31조제1항 및 같은 법 시행규칙 제13조에 따라 위와 같이 전문대학 학력인정 평생교육시설의 인가를 신청합니다.

년 월 일

신청인 (서명 또는 인)

교육과학기술부장관 귀하

신청인(대표자) 제출서류	1. 학칙 1부 2. 재정운영 현황표 1부 3. 향후 2년간 재정운영계획서 1부 4. 교육·연구용 시설 및 설비 확보현황표 1부 5. 향후 2년간 교육·연구용 시설 및 설비 확보계획서 1부 6. 실습시설 및 설비확보 계획서 1부 7. 교원확보 계획서 1부 8. 시설평면도 및 시설배치도 각 1부 9. 지적도 및 위치도 각 1부 10. 법인의 정관 및 설립에 관한 총회 또는 이사회 회의록 사본 각 1부 11. 재산목록 및 그 증명서류 각 1부	수수료 없음
담당 공무원 확인사항	법인의 등기사항증명서	

210㎜×297㎜[보존용지(1종) 70g/㎡]

[별지 제14호서식] <개정 2011.1.27>

평생교육시설 신고서

※ [ ]에는 해당되는 곳에 √ 표시를 합니다. (앞 쪽)

접수번호	접수일자	처리일자	처리기간 10일

신고인 (대표자)	성명 (기관명)	주민등록번호
	주소	전화번호

신고내용	구분	[ ] 원격 [ ] 사업장부설 [ ] 시민사회단체 부설 [ ] 언론기관 부설 [ ] 지식·인력개발사업 관련
	명칭	
	목적	
	위치	
	전화번호	
	시설·설비	※ 시설·설비 현황표로 갈음함
	개설예정일	

「평생교육법」 제33조제2항(또는 제35조제2항, 제36조제3항, 제37조제3항, 제38조제3항), 같은 법 시행령 제49조제1항(또는 제64조제2항, 제65조제2항, 제66조제2항, 제67조제2항) 및 같은 법 시행규칙 제17조제1항에 따라 원격(사업장 부설, 시민사회단체 부설, 언론기관 부설, 지식·인력개발사업 관련) 평생교육시설 설치를 신고합니다.

년 월 일

신고인 (서명 또는 인)

교육과학기술부장관 귀하
( ) 교육감 귀하

210㎜×297㎜[보존용지(1종) 70g/㎡]

신고인(대표자) 제출서류	1. 운영규칙 1부 2. 위치도 1부 3. 시설배치도 1부 4. 시설·설비 현황표 1부 5. 재직증명서 및 자격증 사본 1부 6. 설치자가 개인인 경우에는 이력서 1부 7. 설치자가 법인인 경우에는 정관 및 설립에 관한 총회 또는 이사회 회의록 사본 각 1부 8. 설치자가 학교인 경우에는 학칙 1부 9. 재산목록 및 그 증명서류 각 1부 10. 원격평생교육시설의 재산이 다른 사람의 소유인 경우에는 그 재산의 사용에 관한 전세 또는 임대차 계약서의 사본 1부	수수료 없음
담당 공무원 확인사항	1. 개인인 경우 주민등록표 초본 2. 법인인 경우 등기사항증명서	

행정정보 공동이용 동의서

본인은 이 건 업무처리와 관련하여 담당 공무원이 「전자정부법」 제36조제1항에 따른 행정정보의 공동이용을 통하여 위의 담당 공무원 확인사항을 확인하는 것에 동의합니다. ※ 주민등록표 초본을 확인하는 것에 동의하지 아니하는 경우에는 해당 서류를 제출하여야 합니다.

신고인(대표자) (서명 또는 인)

처리절차

신고서 작성	➔	접수 및 검토	➔	결 재	➔	신고증 작성	➔	대장 기재	➔	교 부
신고인		시·도교육청 (평생교육업무 담당 부서)		시·도교육청 (평생교육업무 담당 부서)		시·도교육청 (평생교육업무 담당 부서)		시·도교육청 (평생교육업무 담당 부서)		

[별지 제15호서식] <개정 2011.1.27>

제　　호

(　　　　)평생교육시설 신고증

1. 명　칭 :

2. 설치자 :

3. 위　치 :

「평생교육법」 제33조제2항(또는 제35조제2항, 제36조제3항, 제37조제3항, 제38조제3항), 같은 법 시행령 제49조제3항(또는 제64조제2항, 제65조제2항, 제66조제2항, 제67조제2항) 및 같은 법 시행규칙 제17조제4항에 따라 원격(사업장 부설, 시민사회단체 부설, 언론기관 부설, 지식·인력개발사업 관련)평생교육시설로 신고하였기에 이 증서를 교부합니다.

년　　월　　일

교육과학기술부장관
(　　　　)교육감　직인

※ 관계 규정을 준수하고 평생교육시설의 운영은 운영규칙이 정한 바에 따라 운영하시기 바랍니다.
※ 위 평생교육시설의 명칭 및 위치를 변경하거나 위 평생교육시설을 폐쇄하려는 경우에는 미리 관할 교육청에 통보하여 주시기 바랍니다.
※ 이 증서가 실효되는 경우에는 반환하여야 합니다.

210mm×297mm[보존용지(1종) 120g/㎡]

[별지 제16호서식] <개정 2011.1.27>

[ ]원격 [ ]사업장 부설 [ ]시민사회단체 부설 [ ]언론기관 부설 [ ]지식 · 인력개발사업 관련 평생교육시설 신고대장

신고번호	신고(변경) 일자	평생교육시설				설치자			전화번호	폐쇄일자	폐쇄 사유	비고 (확인)
		명칭	위치	교습과정	정원	성명 (한자)	주민등록번호	주소				
	(　)					(　)						
	(　)					(　)						
	(　)					(　)						
	(　)					(　)						
	(　)					(　)						
	(　)					(　)						

364mm×257mm[보존용지(1종) 70g/㎡]

[별지 제17호서식] <개정 2011.1.27>

평생교육시설 설치자 지위승계 신고서

(앞 쪽)

접수번호	접수일자	처리일자	처리기간 10일

신고기관	명칭		전화번호
	주소		

신고내용	구분	[ ] 원격 [ ] 사업장부설 [ ] 시민사회단체 부설 [ ] 언론기관 부설 [ ] 지식·인력개발사업 관련	
	인계자	성명(법인명)	(한자)
		주민등록번호	전화번호
		주소	
	인수자	성명(법인명)	(한자)
		주민등록번호	전화번호
		주소	
	승계사유		

「평생교육법 시행령」 제49조제4항(또는 제64조제2항, 제65조제2항, 제66조제2항, 제67조제2항) 및 같은 법 시행규칙 제17조제6항에 따라 원격(사업장 부설, 시민사회단체 부설, 언론기관 부설, 지식·인력개발사업 관련) 평생교육시설 설치자의 지위승계를 위와 같이 신고합니다.

년 월 일

신고인 인계자 (서명 또는 인)

인수자 (서명 또는 인)

교육과학기술부장관 귀하
( ) 교육감 귀하

210㎜×297㎜[보존용지(1종) 70g/㎡]

신고인(대표자) 제출서류	1. 인계인수서 1부 2. 인수자가 개인인 경우에는 이력서 1부 3. 인수자가 법인인 경우에는 정관 및 설립에 관한 총회 또는 이사회 회의록 사본 각 1부 4. 재산목록 및 그 증명서류 각 1부 5. 원격평생교육시설의 재산이 다른 사람의 소유인 경우에는 그 재산의 사용에 관한 전세 또는 임대차 계약서의 사본 1부	수수료 없음
담당 공무원 확인사항	1. 개인인 경우 주민등록표 초본 2. 법인인 경우 등기사항증명서	

행정정보 공동이용 동의서

본인은 이 건 업무처리와 관련하여 담당 공무원이 「전자정부법」 제36조제1항에 따른 행정정보의 공동이용을 통하여 위의 담당 공무원 확인사항을 확인하는 것에 동의합니다. ※ 주민등록표 초본을 확인하는 것에 동의하지 아니하는 경우에는 해당 서류를 제출하여야 합니다.

신고인(대표자) (서명 또는 인)

처리절차

신고서 작성	→	접수 및 검토	→	결 재	→	신고증 작성	→	대장 기재	→	교 부
신고인		시·도교육청 (평생교육업무 담당 부서)		시·도교육청 (평생교육업무 담당 부서)		시·도교육청 (평생교육업무 담당 부서)		시·도교육청 (평생교육업무 담당 부서)		

[별지 제18호서식] <개정 2011.1.27>

문자해득교육 프로그램 지정신청서

(앞 쪽)

접수번호	접수일자	처리일자	처리기간 13일

<table>
<tr><td rowspan="3">신청인
(대표자)</td><td>명칭</td><td>설립일</td></tr>
<tr><td>대표자</td><td>생년월일(사업자등록번호)</td></tr>
<tr><td>주소</td><td>전화번호</td></tr>
</table>

<table>
<tr><td rowspan="13">신청내용</td><td colspan="5">명칭</td></tr>
<tr><td colspan="5">목적</td></tr>
<tr><td colspan="5">위치</td></tr>
<tr><td colspan="5">홈페이지 주소</td></tr>
<tr><td>구분
과정</td><td>학급 수</td><td>정원</td><td>1명당 학습비(월별)</td><td>비고</td></tr>
<tr><td>초등학교 과정</td><td></td><td></td><td></td><td></td></tr>
<tr><td>중학교 과정</td><td></td><td></td><td></td><td></td></tr>
<tr><td>합계</td><td></td><td></td><td></td><td></td></tr>
<tr><td colspan="5">교육과정 편성 ※ 교육과정편성표로 갈음함</td></tr>
<tr><td colspan="5">교원의 정수 ※ 교원의 정수표로 갈음함</td></tr>
<tr><td colspan="5">시설 · 설비 · 교구 등 ※ 시설 · 설비 · 교구 설치현황 및 설치계획서로 갈음함</td></tr>
<tr><td colspan="5">개설예정일</td></tr>
</table>

「평생교육법」 제40조, 같은 법 시행령 제69조제1항 및 같은 법 시행규칙 제21조제1항에 따라 위와 같이 문자해득교육 프로그램의 지정을 신청합니다.

년 월 일

신청인 (서명 또는 인)

( ) 교육감 귀하

210㎜×297㎜[보존용지(1종) 70g/㎡]

신청인(대표자) 제출서류	1. 위치도 1부 2. 교육과정 편성표 및 교원 정수표 각 1부 3. 시설·설비·교구 등의 설치현황 및 확충계획서 1부 4. 학습비를 포함한 경비와 시설의 유지방법에 관한 내역서 1부 5. 설치자가 개인인 경우에는 이력서 1부 6. 설치자가 법인인 경우 정관 및 설립에 관한 총회 또는 이사회 회의록 사본 각 1부	수수료 없음
담당 공무원 확인사항	1. 개인인 경우 주민등록표 초본 2. 법인인 경우 등기사항증명서	

행정정보 공동이용 동의서

본인은 이 건 업무처리와 관련하여 담당 공무원이 「전자정부법」 제36조제1항에 따른 행정정보의 공동이용을 통하여 위의 담당 공무원 확인사항을 확인하는 것에 동의합니다. ※ 주민등록표 초본을 확인하는 것에 동의하지 아니하는 경우에는 해당 서류를 제출하여야 합니다.

신청인(대표자) (서명 또는 인)

처리절차

신청서 작성	➔	접수 및 검토	➔	심의	➔	결재	➔	지정서 작성 및 대장 기재	➔	교부
신청인		시·도교육청 (문자해득교육 담당 부서)		시·도교육청 (문자해득교육 담당 부서)		시·도교육청 (문자해득교육 담당 부서)		시·도교육청 (문자해득교육 담당 부서)		

[별지 제19호서식] <개정 2011.1.27>

제　　호

문자해득교육 프로그램 지정서

<table>
<tr><td rowspan="6">신청기관</td><td>기관명</td><td colspan="4"></td></tr>
<tr><td>주소</td><td colspan="4">(전화번호:　　　　)</td></tr>
<tr><td>사업자등록번호</td><td colspan="4"></td></tr>
<tr><td rowspan="3">대표자</td><td>성명</td><td colspan="3">(한자)</td></tr>
<tr><td>주소</td><td colspan="3">(전화번호:　　　　)</td></tr>
<tr><td>생년월일</td><td colspan="3"></td></tr>
<tr><td rowspan="7">인정내용</td><td>과목명</td><td>단계명</td><td>이수기간(주)</td><td>시간/주</td><td>비고</td></tr>
<tr><td rowspan="3">초등학교 과정</td><td>1단계</td><td rowspan="3"></td><td rowspan="3"></td><td rowspan="3"></td></tr>
<tr><td>2단계</td></tr>
<tr><td>3단계</td></tr>
<tr><td rowspan="3">중학교 과정</td><td>1단계</td><td rowspan="3"></td><td rowspan="3"></td><td rowspan="3"></td></tr>
<tr><td>2단계</td></tr>
<tr><td>3단계</td></tr>
</table>

「평생교육법」 제40조, 같은 법 시행령 제69조제2항 및 같은 법 시행규칙 제21조 제4항에 따라 위와 같이 지정합니다.

년　　　월　　　일

(　　　　　　)교육감 직인

210mm×297mm[보존용지(1종) 70g/㎡]

[별지 제20호서식] <개정 2011.1.27>

문자해득교육 프로그램 이수 학력인정 신청서

(앞 쪽)

접수번호	접수일자	처리일자	처리기간 13일

신청인	성명(한글)	(한자)
	주민등록번호	전화번호
	주소	

신청내용	과정명	단계명	이수기관명	이수기간	총이수시간
	총계				

「평생교육법」 제40조, 같은 법 시행령 제74조제1항 및 같은 법 시행규칙 제23조제1항에 따라 위와 같이 문자해득교육 프로그램 이수에 따른 학력인정을 신청합니다.

년 월 일

신청인 (서명 또는 인)

( ) 교육감 귀하

210mm×297mm[보존용지(1종) 70g/㎡]

신청인(대표자) 제출서류	1. 교육과정 이수 내역서 1부 2. 그 밖의 과정 이수 증명서류 1부	수수료 없음
담당 공무원 확인사항	주민등록표 초본 또는 등본	

행정정보 공동이용 동의서

본인은 이 건 업무처리와 관련하여 담당 공무원이 「전자정부법」 제36조제1항에 따른 행정정보의 공동이용을 통하여 위의 담당 공무원 확인사항을 확인하는 것에 동의합니다. ※ 동의하지 아니하는 경우 해당 서류를 제출하여야 합니다.

신청인(대표자) (서명 또는 인)

처리절차

신청서 작성	➔	접수	➔	검토	➔	결재	➔	인정서 작성 및 대장기재	➔	교부
신청인		시·도교육청 (문자해득교육 담당 부서)		시·도교육청 (문자해득교육 담당 부서)		시·도교육청 (문자해득교육 담당 부서)		시·도교육청 (문자해득교육 담당 부서)		

[별지 제21호서식] <개정 2011.1.27>

제　　호

학력인정서

1. 성명 :

2. 주민등록번호 :

3. 과정명 :

위 사람은 「평생교육법」 제40조에 따라 (　　　　) 졸업 학력이 있음을 증명합니다.

년　　　월　　　일

(　　　　　　　)교육감 직인

210mm×297mm[보존용지(1종) 120g/㎡]

참고문헌

강문규(1996), [시민참여 시대], 서울:도서출판 한울.

구갑문(1998), 변혁적리더십이 구서원의 직무만족과 조직시민행동에 미치는 영향에 관한 연구, 상지대학교 대학원 박사학위 논문.

권기성·최진석(2000), [리더십-이론과 적용-], 형설출판사.

김경일(1990), [공동체 이론], 서울: 문학과 지성사.

김교창(2005), [표준 회의 진행법], 서울 : (주)법률신문사.

김남선(2002), [지역사회개발론], 서울: 두남 출판사.

김남선(2001), [평생교육개론], 서울: 형설출판사.

김남선(2002), [평생교육론], 서울: 형설출판사.

김남선(2002), [평생교육방법론], 서울: 두남출판사.

김남선·김만희(1999), "우리나라 비정부조직(NGO)의 특성과 그 발전과제에 관한 연구", [마을개발학술지], Vol. 9,No. 2, 한국국제마을개발학회.

김남선(1998), "A Study on community Development through Nonprofit organization organization', [지역사회개발학술지], Vol. 8, No. 2, 한국국제지역사회개발학회.

김남선(2001), "지역사회봉사형 학습동아리 활성화 방안", 한국마을교육협의회.

김남선(2002), "지역사회민간단체의 리더십활성화를 통한 사회자본 극대화 방안", [지역사회개발학술지], Vol. No. 2, 한국국제마을개발학회.

김남선(2002), "신조류이론에 근거한 리더십측정에 관한 고찰", [지역사회개발학술지], Vol. No. 1, 한국국제마을개발학회.

김남선(2003), "지역사회평생교육관련 민간조직의 리더십활성화를 통한 사회자본 극대화 방안", 평생교육학연구 제9권 제2호, 한국마을평생교육학회.

김남현(1996), 조직의 문화유형, 리더십 유형 및 행동성과에 관한 실증연구, 계명

대학교 대학원 박사학위 논문.
김대운 외(1997), [조직과 리더십], 형설출판사.
김수현(1998), "비정부민간단체의 과제와 자기진다', 지방자치 5월호.
김영종(1999), [사회복지조사방법론], 학지사.
김종천(1999), [사회복지조사방법론], 대학출판사.
김혁래(1997), "한국의 시민사회와 비정부단체9NGO)연구", 동서연구 9권 2호, 연세대학교 동서문제연구원.
김혜선(1998), "비정부조직(NGO)의 조직문화와 조직효율성에 관 한 연구", 이화여자대학교대학원, 석사학위논문.
남세진·최성재(1988), [사회복지조사방법론], 서울대학교 출판부.
박기동(1994), [조직행동론], 박영사.
박내희(1987), [현대리더십론], 법문사.
박정근(1997), 심리측정적 접근:리더십 측정 검사지에 관한 연구, 한국스포츠심리학회.
박태국(2000), 국회법, 서울 : 박영사.
박호강(1996), "공동체의 개념적 분석과 이념적 역할", 마을개발논총 제3집, 한사대학마을개발연구소.
백기복(2000), [이슈리더십], 창민사.
송 복(1994), 시민단체의 활성화 방안, 연세대학교 사회발전연구소.
송인섭 외(2001), [아동연구방법], 학지사.
신복기 외(1995), "공공사회복지체계와 민간사회복지체계의 연계모델", [사회복지연구], 부산:부산대학교 사회복지연구소.
신용하(1994), "공동체에 대한 현대인의 추구", 공동체이론, 서울: 문학과 지성사.
신유근(1983), [조직행위론], 다산출판사.
신응섭 외(2001), [리더십의 이론과 실제], 학지사.
양병찬 외(2002), "마을을 살리기 위한 평생교육마을, 도시만들기", 한국교육개발원.
양병찬 외(2001), 군포시 평생교육도시건설 계획, 군포시:군포시청.
연세대학교 사회발전연구소(1994), "공동체이념의 실천을 위한 시민단체 활성화 방안", 공보처.

오석홍 외(2000), [조직학의 주요이론], 법문사.
오세덕 외(1995), [현대조직관리 이론], 서울 : 법문사.
오정수(1998), "우리나라 민간복지 부문의 기능과 구조개선 방안", [사회복지], 제136호, 서울:한국사회복지협의회.
유승동(1999), 변혁적 리더십이 구성원의 임파워먼트와 창의성에 미치는 영향 관계, 품질경영학회지 .
이만갑·한완상·김경동(1987), [사회조사방법론], 학창사.
이병택(1998), 지방지도자가 알아야 할 12가지, 서울 : 서문당.
이상석(1999), 리더십, 조직공정성 및 신뢰와 조직유효성이 관계에 관한 연구. 충남대학교 대학원 석사학위 논문.
이 성(1998), 지역사회개발과 지역사회리더십. 한국농촌지도학회지, 제5권, 제1호, 5월.
이영환(1999), "지역사회문화의 기능에 관한 이론적 연구", 지역사회개발연구, 제24집 2호, 한국지역사회개발학회.
이외순(1986), "비영리조직의 성과 저표 및 그 측정방법에 관한 여구", 서울대학교 대학원석사학위논문.
이재열(1998), "민주주의, 사회적 신뢰, 사회적 자본", 계간 사상 여름호.
이정표(2001), "평생교육에 대한 국민의식과 정책적 함의", 마을평생교육학연구, 제7권 제1호, 한국평생교육학회.
이한검(1994), [인간행동론], 형설출판사.
이홍균(1997), "국가와 시민사회 그리고 비정부조직: 서구와 한국의 비교연구", 동서연구 9권 2호, 연세대학교 동서문제연구원.
이한검(1994), [인간행동론], 형설출판사.
이희수(2001), "학습사회에서 학습경제로의 전환논리와 그 의미", 평생교육학연구, 제7권 제1호, 한국마을평생교육학회.
임승빈(1999), "일본 마을에 있어 전통적 주민조직의 역할", 지방행정연구 12권 1호, 지방행정연구원.
전해황(2001), 地域社會類型別 民間社會安全網 構築方案에 관한 硏究,대구대학교 대학원 박사논문.
전해황(2005), [평생교육방법론], 대전 : 미화옵셋.
전해황 외(2008), [지역사회복지론], 서울 : 양서원

정무성(1999), “민간사회안정망의 필요성과 효율적 구축방안‘, [민간사회안전망을 위한 세미나 자료집], 서울: 실업극복국민운동위원회.

정무장관 제1실(1997), [시민운동의 활성화를 위한 민간단체 육성방안 연구“, 정무장관 제1실.

정종오(1999), “마을NGO와 시민과 연대 현안제기”, 뉴스피플 4월호.

조영달(1997), [한국시민사회의 전개와 공동체 시민의식], 서울: 교육과학사.

조일현 역(2000). [조직의 리더십], 도서출판 자작.

주성수(1999), [시민사회와 제3섹터], 한양대 출판부.

최민수(1998), [지방의회운영], 서울 : 서강출판사.

최일섭·류진석(1996), [지역사회복지론], 서울:서울대학교 출판부.

최재원(1993), “주민공동체와 지역사회개발”, 지역사회개발학술지 제3집, 한국지역사회개발협회.

하나후사(1997), 새로운 세상을 여는 공동체 이야기, 서울: 내일을 여는 책.

황규대 외(1999), [조직행위론], 서울 : 박영사.

황규대 외(2001), [조직행동의 이해], 박영사.

B. M. Bass(1985), Leadership and performance Beyond Expectation. New York : Free Press.

Coleman, J(1990), Foundations of Social Theory, Cambridge: Belknap Press

Charles E. Redfield(1953), Communication in Management c Chicag University Press.

Dunham, Arther(1970), The Community Organization, New York: Thomas Y. Crowell Company

Edwards, B. and Foley, M.W(1998), "Civil Society and Social Capital beyond Putnam", The American Behavioral Scientist.

Fox, Dennis R(1985), Psychology, Ideology, Utopia and the Commons, American Psychologist

Fukuyama, F(1995), Trust: The Social Virtues and the Creation of Prosperity, N.Y. : Free Press

Fukuyama, F(1999), "Social Capital and Civil Society", Prepared for delivery at the IMF Conference on Second Generation Reforms.

George D. Kieffer(1988), 「The strategy of Meetings」

Hemphill & coons(1957), "Development of the leader behavior description questionnaire", Bureau of Business Research. Ohio State University.

Janda, K.F(1960) "Towards the explication of the concept of leadership in terms of the concept of power." Human Relations.

Jacobs, T.O(1970) Leadership and exchange in formal organizations. Alexandria, Virginia : Human Resources Research Organization

Stogdill. R. M(1974), handbook of leadership: A survey of theory and research. New York : Free Press

J. Freenberg & R. A. Baron(1993), Behavior in Organization : Understanding and Managing the Human side of Work. Allyn and Bacon.

Kochan, T.A., Schmidt, S.S., and De Cotiis, T.A(1975), "Superior subordinate relations:Leadership and headship." Human Relations.Tannenvaum, R., Weschler, I.R., and Massarik, F. 1961. "Leadership and organization." New York: McGraw-Hill

Paul Hersey and ken Blanchard(1982), Management of Organizational Behavior. 4th ed., Englewood Cliffs. N. J. : Prentice-Hall Inc.

Poplin, Dennis E(1979), Community, New York: Macmillan Publishing Company

Putnam, R(1993)a. Making Democracy Work: Civic tradition in Modern Italy, N.J.: Princeton University Press.

Shaw. TM(1990), "Popular Participation in Non-Governmental Structures in Africa: Implications for Democratic Development," Africa Today

Weisbrod, BA(1988), The Nonprofit Economy. Cambridge, MA: Harvard University Press

Weisbrod, BA(ed.)(1998), To Profit or Not to profit: The Commercial transformation of the Nonprofit Sector. cambridge, England: Cambridge University Press